처음 만나는
ESG

조진형 지음

지은이 조진형 enish27@daum.net

조진형 박사(경제학)는 매일경제신문 · 중앙일보 취재기자로 일했으며, 현대자동차 전략기획담당 책임매니저를 거쳐 현재 카카오 연구위원으로 재직 중이다. 박사학위 논문 「Three Essays on Korean Capital Market」의 첫 에세이인 'Chaebols, ESG and Stock Price Crash'에서 우리나라 기업의 ESG 지표 중 G(지배구조) 세부 지표인 '주주 보호(Stockholder protection)'의 주가급락위험 억제 경향을 분석했다. ESG와 기업집단(재벌)을 주제로 다수의 SCI(E) · SSCI · KCI 논문을 작성했으며, 최근엔 인공지능(AI)을 활용한 ESG 연구에 매진하고 있다. 2021년 기업집단의 ESG 성과와 주가급락위험을 다룬 논문으로 한국재무관리학회 남곡학술상을 수상했다.

감수 이정환

- 한양대학교 경제금융대학 부교수(경제학 박사)
- 한양대학교 ESG정책분석센터 부센터장

처음 만나는 ESG

초판발행 2024년 1월 10일
2쇄발행 2024년 8월 15일

지은이 조진형 / **감수** 이정환 / **펴낸이** 전태호
펴낸곳 한빛아카데미(주) / **주소** 서울시 서대문구 연희로2길 62 한빛아카데미(주) 2층
전화 02-336-7112 / **팩스** 02-336-7199
등록 2013년 1월 14일 제2017-000063호 / **ISBN** 979-11-5664-017-2 03320

총괄 김현용 / **책임편집** 김현용 / **기획 · 편집** 권오상 / **교정** 김정미 / **진행** 권오상
디자인 표지, 내지 윤혜원 / **전산편집** 김미경 / **제작** 박성우, 김정우
영업 김태진, 김성삼, 이정훈, 임현기, 이성훈, 김주성 / **마케팅** 김호철, 심지연

이 책에 대한 의견이나 오탈자 및 잘못된 내용에 대한 수정 정보는 아래 이메일로 알려주십시오.
파본은 구매처에서 교환하실 수 있습니다. 책값은 뒤표지에 표시되어 있습니다.
홈페이지 www.hanbit.co.kr / 이메일 question@hanbit.co.kr

지금 하지 않으면 할 수 없는 일이 있습니다.
책으로 펴내고 싶은 아이디어나 원고를 메일(writer@hanbit.co.kr)로 보내주세요.
한빛아카데미(주)는 여러분의 소중한 경험과 지식을 기다리고 있습니다.

SOCIAL

ENVIRONMENTAL

GOVERNANCE

누구나 쉽게 읽는
47가지
ESG 경영 이야기

처음 만나는
ESG

조진형 지음

한빛아카데미
Hanbit Academy, Inc.

서문

안녕하세요. 카카오 조진형 박사입니다. 저는 박사과정 시절 재무금융을 공부했고, 평소 ESG에 많은 관심을 갖고 있어 관련 논문과 도서를 읽는 것이 저의 일상입니다. 지난해, 서점에서 ESG 관련 도서를 읽던 저는 일반인과 학생들의 눈높이에 맞는 ESG 도서가 많지 않다는 것을 알아차렸습니다.

전 세계적으로 ESG 경영이 중요시되고 있는데 우리나라 대학생과 초중고교생 가운데 ESG와 ESG 경영의 중요성을 명확히 인식하는 이들이 얼마나 될지 의구심이 들었습니다. 뿐만 아니라 탄소배출권거래제를 비롯하여 다양한 ESG 관련 제도가 도입되는 추세이지만, 관련 직무를 담당하지 않는 대부분의 직장인에게 ESG는 여전히 멀게만 느껴지는 개념입니다.

저는 일반인부터 대학생에 이르기까지 다양한 ESG 경영 사례를 최대한 쉽고, 재미있게 읽었으면 하는 바람으로 집필을 시작했습니다. 이 책『처음 만나는 ESG』는 대학생과 취업준비생, 직장인, 그리고 자영업자에 이르기까지 다양한 독자를 대상으로 ESG 경영의 중요성을 전달합니다. 또한 ESG 개념과 관련된 대리인 이론(Agency theory), 주가급락위험(Stock price crash) 등 다양한 경제·경영 이론 및 개념도 함께 소개합니다. ESG 경영이 어렵게만 느껴졌던 분들은 이 책을 통해 ESG 중심의 관점과 사고방식을 터득할 수 있을 것이라 생각합니다.

저는 ESG가 가족애, 더 나아가 인류애와 관련이 있다고 생각합니다. ESG는 우리가 마땅히 지켜야 할 기업 경영 가치로 자리를 잡고 있습니다. 경영인과 지역 사회의 인식 변화와 노력이 뒤따라야 그 가치는 확산될 것입니다. 글로벌 트렌드에 맞춰 ESG 경영을 도입하는 기업들의 노력은 격려해야 한다고 생각합니다.

『처음 만나는 ESG』는 총 13개의 장과 47개의 에피소드, 그리고 국내외 ESG 전문가들의 인터뷰로 구성됩니다. 1장 'ESG는 무엇일까?'는 ESG가 만들어지고 확산된 배경을 언급하며, CSR과 ESG의 차이점, ESG 평가 방식을 소개합니다. 2장 'ESG도 순서가 있다'는 개별 환경(E)·사회(S)·지배구조(G) 항목의 의미 및 함의를 자세히 살펴보며, 우리나라에서 CSR이 시작된 배경을 소개합니다. 이어 한국 기업에 지배구조(G)가 특히 중요한 이유, 사회(S) 항목의 중요성과 역사적 논의를 다룹니다. 3장 'ESG 글로벌 기업 이야기'는 국내외 기업의 ESG 경영 및 성과를 자세히 들여다봅니다. 글로벌 기업이 투자자 및 투자기관의 기대에 부응하고자 경영 체질을 바꾸는 이유, 우리나라 굴지의 IT 기업인 삼성전자의 RE100 선언이 늦은 이유, 그리고 전기차의 친환경성 여부를 살펴봅니다.

4장 'ESG 국내 기업 이야기'는 국내 기업을 중심으로 ESG 공시 제도의 도입 및 현황, 대기업과 중소기업의 ESG 경영, 사외이사 다양성 이슈를 다룹니다. 5장 'ESG 와 기업 가치'는 현장 경영 차원에서 ESG를 다룹니다. ESG와 다양한 재무 지표의 관계, 코로나19 기간에 ESG 성과가 높은 기업들의 수익률, ESG 성과와 주가급락 위험의 관계, 기업의 탄소배출량 공개 문제를 설명합니다. 이어 6장 'ESG와 기업 경영'은 다양한 ESG 경영 사례를 살펴봅니다. 기업의 인수합병 (M&A) 시 ESG가 고려되는 이유, 탄소세와 기업의 조세 투명성, 기업의 ESG 성과와 신용평가의 관계, 그리고 기후변화와 기업의 소송 리스크 현황을 자세히 언급합니다.

7장 'ESG와 금융 투자'는 투자 관점에서 ESG를 다룹니다. ESG 기업의 주식 수익률, 부동산 투자에 ESG가 고려되는 배경을 소개하며, ESG 투자자가 암호화폐에 관심을 갖게 된 배경과 기업 자금 조달의 원천으로 ESG 채권이 부각된 이유를 살펴봅니다. 이어 8장 'ESG와 국내 산업'은 ESG 공급망 차원에서 협력사 관리가 중요해진 이유, 기후위험이 은행 자산에 미치는 영향과 시중 은행 기후 시나리오 분석 도구를 도입한 배경을 다룹니다. ESG와 더불어 중요해진 사회적 가치와 측정 방법 역시 자세히 설명합니다. 9장 'ESG와 경제 성장'은 거시경제 관점에서 기후위험과 ESG 경영을 조명합니다. 각국의 중앙은행이 통화정책 마련에 있어 친환경성을 중요시하고, 직접 기후위험을 예측하게 된 배경을 설명합니다. 또한 ESG가 인플레이션을 발생시키는 이유, 경기 침체가 발생하면 경영인들이 ESG 경영을 외면하게 되는 이유에 대해서도 자세히 다룹니다.

10장 'ESG와 기술 윤리'는 기업들의 기술 혁신이 ESG 경영을 어떻게 촉진시키는지 설명하며, 기업의 위장환경주의인 그린워싱에 대해 자세히 살펴봅니다. 또한 우크라이나 전쟁을 사례로, 방위산업을 ESG 산업으로 볼 수 있는지 다루며, ESG가 국내외 기업에 만연한 오너 리스크를 방지하는지도 설명합니다. 11장 'ESG와 미래 산업'은 보다 미래 산업 관점에서 ESG 경영을 조망합니다. 기업의 ESG 성과는 연구개발(R&D) 성과와 어떤 관련이 있으며 특허 등 기술 활동 증가로 이어질

수 있는지, ESG 규제는 어떻게 기업의 법적 분쟁을 증가시키는지 설명합니다. 또한 의료기관 경영에 ESG가 왜 중요하며, ESG가 블록체인 기술과 결합하여 더 큰 가치를 창출할 수 있다는 점도 언급합니다.

12장 'ESG와 다양한 산업'은 게임, 스포츠, 담배, 건설(업) 등 다양한 산업 관점에서 ESG 경영을 다룹니다. 마지막으로 13장 'ESG의 미래는?'은 우리나라 환경교육의 현황과 발전 과정을 소개하고, 지난 2022년 ESG 개념에 대한 무용론을 제기한 영국 이코노미스트지에 대한 저의 반박의견을 제시합니다. 아울러 ESG와 ESG 경영의 미래에 대한 저의 제언 역시 전해드립니다.

책의 인터뷰 코너에는 중소벤처기업연구원 나수미 박사(중소기업), 스위스 프리부르대학의 로메인 듀크렛 박사(코리아 디스카운트), 앤트세무법인의 김신언 세무사(탄소세), 삼일회계법인 조용두 고문(거시경제), 우르헨다 재단의 반 베르켈 변호사(기후소송) 등 각 분야의 전문가 인터뷰가 수록되어 있습니다.

책이 만들어지기까지 많은 분의 도움을 받았습니다. 먼저 책의 감수자이자 저의 지도교수님인 이정환 한양대학교 경제금융대학 교수님(한양대학교 ESG정책분석센터 부센터장)께 깊은 감사의 말씀을 드립니다. 아울러, 제 책의 전문 용어를 꼼꼼하게 점검해주고 값진 의견을 준 회사 동료 로스비(박훈영, 서울대학교 대기과학 박사, 현 카카오 ESG경영팀), 책 기획부터 출판에 이르기까지 조언과 응원을 아끼지 않은 션(조세훈, 현 카카오 대외파트)과 와트니(황승택, 현 카카오 인권과 기술윤리팀)에게도 고맙다는 말을 전합니다.

혹시라도 책 내용상 오류가 존재한다면 모두 저의 책임입니다. 수많은 논문과 자료의 인용 및 해석 과정에서 잘못 기술한 것이 있다면, 제 이메일(enish27@daum.net)로 피드백 부탁드립니다. 독자분들의 비판과 의견은 언제든 겸허히 받아들이겠습니다.

끝으로, 퇴근 이후에도 원고 작성에 몰입해야 했던 저를 이해해준 아내 이승연과 딸 예린이, 그리고 양가 부모님께 깊은 감사의 말씀을 전합니다.

2023년 12월
저자 조진형 드림

추천사

이준서 _동국대학교 경영학과 교수, 제41대 한국증권학회 회장

ESG는 이제 피할 수 없는 시대적 명제입니다. 하지만 관련 주제가 다양하고 효과에 대한 의견도 분분합니다. ESG 관련 서적들이 난무하고 있는 이유입니다. 『처음 만나는 ESG』책 한 권이면 ESG의 처음부터 끝까지 함께할 수 있을 것이라 생각합니다. 이 책은 ESG의 종합판입니다.

이 책은 기업가치, 기업경영, 금융투자 등 ESG와 관련된 모든 주제를 다룹니다. 손흥민의 토트넘, 담배회사의 그린워싱, 블록체인 등 흥미 있는 주제와도 연결 짓습니다. CSR과의 차이점이나 ESG 평가 등 학술적, 실무적 정의도 명확화합니다. 또한 가장 최근의 문헌이나 자료 등을 인용해 현장감을 살렸으며, ESG 무용론을 포함한 전망을 통해 ESG 미래에 대한 시각도 제시합니다. 무엇보다도 책이 쉽게 쓰여있고 체계적으로 구성되어 독자들의 가독성을 높였습니다. 각 장의 마지막에 수록된 〈ESG 사례 분석〉, 〈한 줄 요약〉, 〈토론 주제〉 등은 교재로 활용하기에도 충분합니다. 많은 분들이 이 책을 통해 ESG를 보다 깊이 이해할 수 있게 되기를 바랍니다.

강형구 _한양대학교 경영대학 교수, 제42대 한국재무관리학회 회장

시중에 나와 있는 ESG 도서는 다소 딱딱한 실무용 도서가 주를 이뤘습니다. 그러다 보니 학생, 직장인이 ESG라는 주제에 접근하기란 쉽지 않았습니다. 『처음 만나는 ESG』는 ESG를 다각적인 시각에서 다룬 최초의 대중 도서라고 평가할 수 있습니다. 이 책은 ESG 경영의 중요성, ESG 투자와 기업가치, 기후변화 위험 등 폭넓은 주제를 일반인의 눈높이에 맞춰 설명해주고 있습니다. 상당히 친절한 책이라고 할 수 있습니다. 『처음 만나는 ESG』는 저자의 ESG 연구에 대한 진지한 관심, 풍부한 기업체 실무 경험, 그리고 쉬운 글쓰기 능력이 조합된 결과물입니다. 이 책을 접하는 누구든지 ESG를 친근하고 재밌게 접할 수 있을 것으로 기대합니다.

김영익_서강대학교 경제대학원 교수

조진형 박사는 언론사 기자와 대기업 실무진 경력을 바탕으로 ESG의 중요성을 최대한 쉽게 정리하였습니다. 『처음 만나는 ESG』는 조진형 박사의 비판의식과 ESG 연구에 대한 애정의 산물입니다. 이 책은 경제와 경영에 관심을 가진 학생들에게 적극적으로 추천할 만합니다. 중앙은행이 금리를 인상하면 기업의 ESG 경영에 어떤 영향이 생길까요? 우리나라 자본시장에 흔하게 발생하는 오너 리스크는 기업의 ESG와 무슨 관계가 있을까요? 한때 이런 주제는 전문 연구자들의 전유물로 여겨졌지만, 이제는 일반인도 쉽게 접근할 수 있도록 저자가 많은 공을 들였습니다. 『처음 만나는 ESG』는 ESG의 중요성을 알려주는 훌륭한 지침서가 될 것입니다.

목차

목차

목차

CHAPTER 01

ESG는
무엇일까?

01
ESG는 어떻게 만들어지고, 확산하였을까?

1972년, 『성장의 한계(The Limits to Growth)』라는 책에서 다음과 같이 예측했다: "인구 증가, 빠른 공업화, 식량 부족, 환경오염, 자원 고갈 등의 문제로 인해, 현재의 추세가 지속된다면 세계 경제의 성장은 100년 이내에 반드시 멈추게 될 것이다." 이 책의 저자는 로마클럽 회원들로, 이 클럽은 세계 25개국의 과학자, 경제학자, 경영자 등이 창립한 민간단체다. 이들은 기업의 경영 활동 중 무차별적인 탄소 배출과 이로 인한 환경 파괴의 심각성을 인지하고, 경제, 사회, 환경 측면에서 '지속가능성'의 중요성을 인식하게 되었다. 이후, 1987년 유엔환경계획(UNEP)이 '우리 공동의 미래(Our Common Future)'를 채택하면서 지속가능성은 세계적인 의제로 등장하였다.

이러한 지속가능성의 환경(E) 측면에 기업의 투명성을 강조하는 지배구조(G), 직원과 지역사회와의 공존을 강조하는 사회(S) 측면이 결합되어 'ESG'라는 개념이 만들어졌다. ESG는 기업의 환경(Environmental), 사회(Social), 그리고 지배구조

(Governance)를 의미하는 비재무 지표다. ESG 경영은 기업이 친환경적이고 사회적 책임을 지며, 투명한 경영을 통해 지속가능한 발전을 추구하는 경영 활동을 말한다. 이후 자세히 다룰 CSR은 기업이 (지역) 사회와의 관계를 성장시키기 위해 취하는 자발적인 행동을 규정한 것이며, 비교적 추상적인 개념이다.

ESG라는 개념은 2004년 UN 글로벌 콤팩트(UNGC)의 '돕는 자가 이긴다(Who Cares Wins)'라는 보고서에서 처음 언급되었다. 이 보고서는 기업의 ESG 요소가 재무적 영향을 미친다는 것을 강조하며, 투자자와 투자기관에 투자 대상 기업의 ESG 특성을 고려한 자산 배분 및 포트폴리오 구성을 권장하였다.

2006년에는 국제 투자기관 연합인 UN PRI(Principles for Responsible Investment)가 투자 원칙으로 ESG를 도입하였다. PRI는 ESG 투자를 활성화하기 위해 결성된 세계 최대 책임투자 협의체로, 가입 기관은 5,100개 이상이며, 이들이 운용하는 자산은 약 121조 달러(약 16경 원)에 이른다(2022년 기준).

그 후로도 기업의 사회적 책임과 ESG 투자를 강조하는 다양한 어젠더가 등장하였는데 그중에서 기후변화, 자본주의 4.0[1] 코로나19 등이 대표적이다. 이러한 흐름 속에서 ESG 정보는 ESG 투자의 핵심 요소로 자리잡게 되었고, 기업 입장에서도 ESG 경영 도입은 선택이 아닌 필수가 되었다.

그림 1-1 **마리오네트 인형**

기업이 ESG 경영을 도입하는 방식은 '마리오네트(Marionnette)'라는 프랑스의 전통적인 인형 조종 방식을 비유로 들 수 있다. 이 인형은 사람이 나무로 만든 형상

---

1   영국의 저널리스트인 아나톨 칼레츠키(Anatole Kaletsky)가 제시한 개념으로, 자본주의가 다양한 위기를 통해 재탄생과 재건을 거듭하며 진화하는 시스템.

에 줄을 달고 위에서 조종하는 원리로, 조종자의 움직임에 따라 인형의 동작이 결정된다. 이 원리는 정부, 투자기관, 그리고 기업 간의 관계를 쉽게 이해할 수 있게 한다. 주식을 다량 보유한 투자기관들은 각자의 투자 철학과 성향에 따라 기업에 다양한 요구사항을 제시한다. 또한 기후변화와 같은 큰 이슈에 대응하기 위해 정부 기관들도 기업에 대한 규제를 강화한다. 이러한 투자기관과 정부의 요구를 수용해야 하는 기업들은 이를 경영 목표에 반영한다. 정부와 투자기관이 기업에 ESG 활동 및 성과를 요구하는 인형사라면, 기업은 이를 이행하는 줄인형이다.

기업의 ESG 활동을 유도하는 정부와 투자기관의 주요 전략은 다음과 같다.

첫째, 투자자 및 투자기관의 ESG 정보 공개 요구 강화이다. 예를 들어, 기업들은 자사의 ESG 활동 공개를 통해 지속가능한 경영 보고서를 작성한다. 기업이 대면하는 ESG 관련 위험이 사업에 큰 영향을 미치는 경우, 이에 대한 대응 계획을 상세하게 보고서에 기재해야 한다. 이 보고서는 투자자와 투자기관이 투자 결정을 내리는 데 중요한 참고 자료가 된다.

둘째, 국내외 ESG 규제의 확대이다. 유럽연합(EU)은 2026년부터 철강, 시멘트, 알루미늄, 비료, 전기, 수소 등 6개 품목에 '탄소 국경 조정 제도'를 도입하여 세금을 부과할 계획이다. 뿐만 아니라 미국의 조 바이든 대통령도 미국 내 물가 상승을 억제하고 기후변화에 대응하기 위해 '인플레이션 감축법(IRA)'을 제정하였다. 이 법은 친환경 전기차에 보조금을 지급하는 것이 주요 골자이다. 이는 우리나라 자동차 산업에 큰 영향을 미칠 것이다. 결국, ESG 관련 규제가 국내외적으로 확대될수록 기업들은 이에 대응하며 체질 개선을 진행해야 한다.

셋째, ESG 관련 평가 및 공시 의무화가 국내외에서 진행되고 있다. 한국에서는 2021년 산업통상자원부가 'K-ESG 가이드라인'을 발표하였다. 이는 국내외 주요 13개 ESG 평가기관의 지표와 항목을 분석하여 '한국형 ESG'의 평가 기준을 제시한 것이다. 이어 금융위원회는 ESG 공시의 단계적 의무화 일정을 발표하였다. 당초 금융위원회는 2025년부터 자산 2조 원 상장기업을 중심으로 ESG 공시를 의무화해 2030년까지 그 대상을 코스피 상장기업으로 확대하려고 했다. 하지만 재계 부담을 고려해 자산 2조 원 이상의 코스피 상장기업에 대한 ESG 공시 의무화를 2026년 이후 시행하기로 했다. 유럽연합(EU)에서는 2014년에 비재무 정보 공개 지침을 법제화하였고, 2018년에는 (ESG를 비롯한) 비재무 정보 공시를 의무화하였다. 아시아권에서는 2016년에 중국이 기업들에 2020년까지 비재무 정보 공시를 의무화할 것을 요청하였고, 일본에서는 2020년에 기업들에 ESG 정보 공개 가이드라인을 배포하였다. 이처럼, 전 세계적으로 기업들은 ESG 활동에 대한 투명한 정보 공개를 요구받고 있다.

결론적으로, ESG 정보 공개 및 규제 요구가 강화됨에 따라 기업들은 책임을 갖게 되며, 이는 기업들이 '주주 이익 최대화'를 중심으로 한 경영에서 '지속가능한 경영'으로 보다 장기적인 프레임으로 이동하는 계기가 될 것이다.

자세한 내용은 2장에서 다루겠지만, 국내외 정부와 투자기관들의 요구에 따라 기업들이 사업과 재무 구조에 ESG를 반영하는 움직임은 더욱 두드러질 것이다.

투자기관들의 접근 방식 중 하나는 ESG 관련 지표와 방법론을 활용하는 것이다. 그들은 사회 책임 투자, 임팩트 투자와 함께 ESG 투자를 확대하고 있다. 사회 책임 투자는 도덕적 신념과 종교적 가치관에 기반하여 투자하는 방식으로, 재무적 이익 창출보다는 사회적 및 환경적 성과에 중점을 두는 투자 방식이다. ESG 투자는 이와는 약간 다른 특성을 가지고 있다. ESG 투자는 재무적 요소와 ESG 요소를 함께 고려하여 투자 포트폴리오의 장기적 수익을 극대화하고 위험을 관리하는 투자 방식이다. ESG 투자의 하나인 임팩트 투자는 재무적 수익과 더불어 측정 가능하고 긍정적인 사회적, 환경적 영향을 내는 것을 목표로 하는 투자 방식이다.

이러한 다양한 투자 방식들이 각각의 차이를 가지고 있지만, 공통점은 이들 모두 기업들이 사회적 책임과 ESG 성과를 실현하도록 유도하는 역할을 한다.

🌡 ESG 사례 분석

전후방 파급 효과가 큰 자동차 산업…. ESG 경영 변화를 보여주는 현대자동차

ESG 경영은 당연히 기업의 책임이다. 특히, 기업들은 제품의 생산 및 판매 과정에서 ESG 요소를 고려해야 한다. 만약 기존의 주력 제품이 환경에 유해한 탄소를 과도하게 배출하는 것이라면, 기업이 ESG 경영으로 전환하는 것은 간단한 일이 아니다.

대표적인 사례가 자동차 산업이다. 자동차 기업들은 연구 개발, 제품의 지속가능성, 지속가능한 공급망 관리, 부품 조달 과정에서의 환경적 책임 등 제품 생산 과정에서 환경 영향을 다양한 측면에서 고려해야 한다.

자동차 기업의 영향력은 고객에게 직접 판매되는 '전방 산업'부터 부품 및 제조 설비 등을 생산하는 '후방 산업'까지 파급되는데, 이러한 파급 효과는 매우 크다(그림 1-2). 통계청의 조사에 따르면 제조업 생산의 13.6%, 고용의 11.8%, 그리고 부가가치의 12.0%를 차지하는 것이 이를 증명하고 있다.

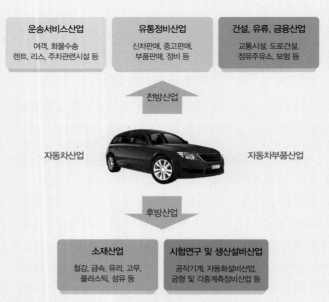

그림 1-2 **자동차 산업의 전·후방 연관 산업도** (출처: 한국고용정보원)

자동차 기업들은 본사 공장에서부터 협력 업체, 관련 산업에 이르는 광범위한 제품 공급망을 갖고 있으므로 ESG 경영 도입으로 인한 부담이 클 수 있다. 이런 관점에서 보면, 국내 자동차 시장에서 점유율 1위인 현대자동차와 기아(82.7%, 2020년 자동차산업협회 집계 기준)의 ESG 경영 노력은 주목할 만하다. 현대자동차의 프리미엄 브랜드인 제네시스는 2025년부터 모든 신차를 배터리 및 수소 전기차로만 출시하며, 2030년부터는 내연기관 차량 판매를 사실상 중단하고 친환경 차량만 판매하기로 했다. 이 두 가지 계획을 통해 2035년까지 탄소 순배출량을 '제로'로 만드는 탄소중립을 달성하겠다는 것이다.

제네시스 브랜드 외에도, 현대자동차는 2030년까지 자사 차량의 전기차 비중을 30%로, 2040년에는 80%로 늘리고, 2045년에는 모든 차량을 전동화 차량으로 전환하여 100% 전기차로 구성하겠다는 계획을 세웠다. 또한, 현대자동차는 사용자 편의를 향상시키기 위해 스마트 모빌리티 환경을 조성하고, 제품 생산 전 과정(LCA)에 친환경 가치를 반영하여 지속가능한 기업 생태계를 구축하려는 계획을 갖고 있다.

내연기관 중심인 현대자동차가 이러한 변화를 계획하는 이유는 글로벌 ESG 트렌드와 표준, 그리고 투자기관의 요구를 무시할 수 없기 때문이다. 자동차 기업들은 방대한 공급망을 가지고 있어, 국내외 자동차 판매 계획을 수립할 때 협력 업체와 제품 공급 업체에 이르기까지 ESG 기준을 철저히 적용해야 한다. 즉, 자동차 기업을 중심으로 한 국내 기업들의 ESG 경영 도입은 재무 부담뿐만 아니라 사업 방향, 관계사 관리 등 다양한 요소를 세밀하게 관리해야 하는 부담이 따른다. 이는 ESG 경영을 유도하는 것은 투자자와 투자기관의 역할이지만, 실행하고 책임지는 것은 결국 기업이라는 점을 잘 보여주는 사례라고 할 수 있다.

한 줄 요약

- ESG의 개념은 2004년 UN 글로벌 콤팩트(UNGC)가 처음 소개하였고, 이후 2006년에는 국제 투자기관 연합인 UN PRI가 투자 원칙으로 채택하였다.
- ESG 투자기관과 기업 간의 관계는 인형사와 줄인형으로 비유될 수 있다.
- 정부와 투자기관들은 ESG 정보의 공개 강화, ESG 관련 규제 확대, 그리고 ESG 공시 의무화를 통해 기업들의 ESG 활동을 촉진하고 있다.

토론 주제

- 투자기관의 ESG 정보 공개 요구와 관련 규제로부터 자유로운 기업은 존재할 수 있을까?
- 만약 그런 기업이 존재할 수 있다면, 그것이 기업의 주주에게 이익이 될까, 아니면 해가 될까?

02
CSR과 ESG,
어떻게 다른가?

최근 국내 대기업의 실무진들 사이에서 이런 이야기가 나왔다.

"요즘 CSR 활동 좀 하라고 경영진에서 강조하는데 말이야. 도대체 ESG가 뭐길래 우리가 ESG까지 챙겨야 해?"

이런 이야기는 CSR과 ESG의 차이를 정확히 알고 있지 못하고 있다는 것을 보여주며, 이는 두 개념을 명확히 구분하지 못하는 실무진들의 인식에서 나타난 문제라 할 수 있다.

최근 산업계 뉴스에서 주로 다루는 주제로 CSR(Corporate Social Responsibility)과 ESG(Environmental, Social, Governance)가 있다. 두 키워드는 밀접하게 연결되어 있다. CSR은 기업이 자발적으로 사회에 기여하는 활동을 의미하며, 이는 기업 경영의 한 방향으로 볼 수 있다. 한편, ESG는 기업의 비재무적 성과를 평가하는 투자 지표로 활용된다. 즉, CSR은 기업의 사회적 책임을 담당하고 ESG는 투자자의 관점에서 비재무적 성과를 평가하는 기준으로 볼 수 있다.

구체적으로 설명하면, CSR은 일반적으로 기부나 봉사 활동과 같이 기업의 자발적인 활동으로 인식되며 개별적으로 측정하거나 점수를 매기는 개념이 아니다. 반면, ESG는 측정 가능한 지표로, 많은 국내외 기업들은 자신들의 ESG 성과를 ESG 평가기관에 제출하여 평가를 받는다. 이러한 기관들은 각 기업의 ESG 성과를 평가하여 기업의 지속가능한 경영 활동을 기반으로 등급과 점수를 매긴다. CSR과 ESG의 대표적인 차이점은 〈표 1-1〉에서 확인할 수 있다.

표 1-1 CSR과 ESG의 차이점

구분	CSR	ESG
개념	자발적 성격의 사회적 공헌 활동	기업의 비재무적 성과 지표
주체	기업	투자기관
활용 형태	기업의 윤리, 법적 책임 평가	투자자(기관)의 투자 기준

기업의 ESG 성과는 다양한 방면에서 입증되고 있으며, 이 중 가장 주목할 만한 것은 '기업 가치(Firm Value)'이다. 기업 가치는 기업이 시장에서 받는 평가를 의미한다. ESG가 세계적인 트렌드로 자리매김하면서, 기업의 ESG 성과와 기업 가치 사이의 상관관계나 인과관계에 대한 연구가 활발하게 진행되고 있다. 7장에서 더욱 자세히 다루겠지만, 최근의 연구 결과들은 기업의 ESG 성과가 기업의 밸류에이션[2]을 개선시킨다는 사실을 일관되게 입증하고 있다. 따라서 투자기관과 투자자들은 기업의 ESG 성과를 무시할 수 없는 중요한 지표로 인식하고 있다.

또한, 기업의 ESG 성과는 신용평가에도 반영되고 있다. 2022년에 실시된 한 연구에 따르면, 기업의 ESG 성과가 높을수록 신용평가 등급이 상승하는 경향이 있었다.[3] 이는 ESG의 개별 요소인 환경(E), 사회(S), 지배구조(G)의 성과에서도 동일하게 나타났다. 기업의 ESG 활동 성과는 신용등급과 유사하게 기업 가치 향상에 기여할 수 있다는 점이 확인된 것이다.

ESG를 국내외 기업에 전파시키기 위해서는 극복해야 할 여러 장벽이 존재한다.

---

2 기업, 업종, 시장 등 다양한 대상의 내재된 가치에 비해 시장에서 어떻게 평가되고 있는지를 나타내는 지표.

3 임욱빈, 김동현 and 김병진, 기업의 ESG 성과가 신용평가에 미치는 영향, 세무와회계저널, 23(3), 2022, pp.41-67.

첫째, ESG 경영에 대한 주주와 이해관계자들 사이의 공감대가 필요하다. 미국의 주류 경제학자 밀턴 프리드먼은 통화주의(Monetarism)를 제창하면서 1971년에 자신의 논문[4]을 통해 "기업의 사회적 책임은 이익을 많이 내는 것"이라고 주장했다. 이는 기업의 궁극적 목표가 이윤 극대화(Profit Maximization)라는 주장이며, 경제학 교재에서 언급하는 기업의 존재 이유와 크게 다르지 않다.

예를 들어, 한 투자기관이 국내의 유명 자동차 기업에 큰 지분을 가지고 있다고 가정해보자. 이 기업은 최근 ESG 트렌드에 따라 친환경 자동차 엔진 개발을 위해 상당한 비용을 투입하기로 발표했다. 이 결정으로 인해 기업은 수천억 원을 들이고, 많은 양의 부채가 생길 가능성이 있다. 이로 인해 기업의 경영 지표가 악화되어 신용등급이 떨어진다면, 투자기관은 이 기업에 투자를 계속할지 고민하게 될 것이다. 주주인 투자기관의 입장에서 보면, 다량의 주식을 보유한 기업이 위기에 처하게 된다면, 여전히 이 기업의 ESG 경영을 지지할 수 있을까? 이러한 상황은 주주(Stockholder)와 이해관계자(Stakeholder)의 입장에 따라 ESG가 매우 모순적으로 보일 수 있다는 것을 보여준다.

이는 대한상공회의소가 2021년 5월에 발표한 'ESG 경영과 기업의 역할에 대한 국민인식 조사'의 결과와도 일치한다. 이 조사에서는 기업의 역할이 '주주의 이익 극대화'라고 답한 응답자는 9.0%에 불과했지만, '주주가 아닌 사회 구성원의 이익'이라고 답한 응답자는 39.7%에 달했다. 기업의 본질적인 목적이 '이윤 극대화'일지라도, 이를 바라보는 소비자들의 입장에서는 그들의 사회적 책임이 중요하다. 결국, ESG 경영의 핵심은 이윤 극대화와 사회적 책임을 동시에 추구하는 것이라고 볼 수 있다.

둘째, ESG가 기업의 경쟁력에 어떻게 통합될 수 있는지에 대한 논의가 필요하다. 국내의 주요 자동차 회사인 현대자동차를 예로 들어보자. 최근 현대자동차는 '2045 탄소중립 실현 선언'을 통해 전동화 전환, 수소 사업 시너지, 사업장 탄소중립 등의 탄소 저감 계획을 발표하였다. 이러한 결정은 기후변화를 줄이기 위한 주요한 노력으로, 전기차를 주력으로 생산하게 되어 ESG에 중점을 둔 이해관계자와 소비자들은 이를 반길 것이다.

그러나 사업의 목표가 아무리 훌륭하더라도, 기업의 주요 목적에 변화를 가져오면 당장의 매출과 사업 구조에 부정적인 영향을 미칠 수 있다. 자동차 회사 입장에

---

4 Milton Friedman, A Friedman doctrine – The Social Responsibility Of Business Is to Increase Its Profits, The New York Times, Sept. 13, 1970.

서는 탄소 배출을 줄이는 장치를 도입하는 것은 큰 비용이 필요하기 때문에 수익성과 투자 성과가 떨어질 수 있다. 따라서 현대자동차와 같이 재무 위험을 감수할 수 있는 기업이 아니라면, 재무 구조가 악화되거나 유동성 위험이 증가할 가능성이 있으므로 ESG 경영을 쉽게 생각해서는 안 된다. 사회적 책임을 수행하기 위해서, 기업은 투자자를 잃을 수 있는 위험을 감수해야 하며, 나아가 기업 신용등급이 하락할 위험에 직면할 수 있다는 것을 염두에 두어야 한다.

셋째, 기업의 경영 목표는 ESG 활동과 자연스럽게 연계되어야 한다. 전 세계적으로 기업들이 ESG를 추구하는 것은 분명한 경영 트렌드이지만, 강제로 ESG 경영을 추진하게 되면 사업의 핵심을 손상시킬 수 있다. 따라서 기업의 기본적인 목적인 '이익 최대화'를 잊지 않아야 한다. 외부 투자기관과 투자자의 기대치에 따라 ESG 평가에만 초점을 둔다면, 이는 기업 경영에서 문제를 야기할 수 있다. 가장 큰 문제는 실적을 과장하려는 경향이다. 이는 과거 폭스바겐의 디젤게이트[5]와 엔론 사태[6]에서 보여준 바와 같다. ESG 경영에서도 조작이나 과장이 가능하며, 그린워싱(Green Washing)과 같은 행위로 기업의 ESG 평가를 부당하게 높이려는 유혹이 있을 수 있다. ESG 경영을 성공적으로 실현하기 위해서는 기업의 사업 및 재무 전략과 ESG 경영을 장기적으로 연결하는 노력이 필요하다.

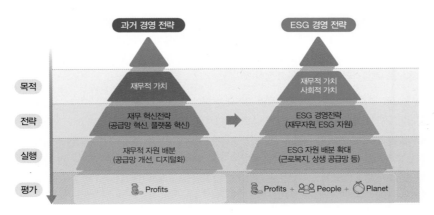

그림 1-3 **기존 경영 전략과 ESG 경영 전략의 비교**[7]

---

5 디젤게이트는 2015년에 공개된 사건으로, 폭스바겐을 중심으로 한 유럽 자동차 제조사들이 유해 질소산화물을 배출하는 디젤 자동차의 배출량을 조작한 사실을 가리키며, 이로 인해 큰 비판을 받았다.

6 엔론 사태는 2001년에 미국의 주요 에너지 회사인 엔론의 부실 재정이 체계적이며, 치밀한 회계 부정으로 은폐되어 왔다는 사실이 드러난 사건을 말한다. 이 사건은 계획적이고 기업의 사기와 부정행위의 대표적인 사례로 꼽힌다.

7 자본시장연구원, 기업의 ESG 경영 촉진을 위한 금융의 역할, 이슈보고서 21-10.

이를 더욱 명확히 이해하기 위해, 〈그림 1-3〉을 참고하면 도움이 될 것이다. 기업이 중요하게 여기던 재무 가치는 사회적 가치와 병행해야 하며, 재무 전략은 재무와 ESG 자원을 통합하는 ESG 경영 전략으로, 재무적 자원 배분은 사회적 자본을 포괄하는 ESG 자원 배분 방식으로 전환되어야 한다. 결국, ESG 경영은 재무 비용만을 고려하는 것이 아니라, 기업의 제품과 서비스가 사회에 어떤 영향을 미치는지까지도 함께 고려해야 한다.

ESG 사례 분석

ESG 경영을 실현하기 위해 기존 사업 부문을 재편한 SK그룹, "브랜드 가치 제고 효과"

전통적인 기업 경영과 ESG 경영은 몇 가지 주요한 차이점을 가지고 있다. 전통적인 기업 경영은 주로 기업의 물적 자원과 인적 자원을 활용하여 조직의 목표를 달성하는 계획을 세우고 이를 실행하는 과정을 의미한다. 그러나 ESG 경영은 기업 경영 과정에서 환경, 사회, 지배구조 측면의 위험을 고려하는 것에 중점을 둔다. 기업 경영이 투자자와 기업 간의 관계에 초점을 맞춘다면, ESG 경영은 고객, 직원, 협력사, 지역사회 등 다양한 이해관계자에 대한 사회적 책임을 강조한다.

기존의 기업 경영과 ESG 경영은 그 방향성과 철학이 상이하다. 이러한 이유로 ESG 경영은 다양한 이해관계자에 대한 고려가 미흡한 기존의 경영 방식을 뒤로하고, 새로운 방식을 채택하기도 한다. '친환경'을 ESG 경영의 중심으로 두는 SK그룹이 대표적인 사례다. 2020년에는 SK네트웍스가 주유소 사업을 경쟁사인 현대오일뱅크에 매각하고, SK종합화학과 SK루브리컨츠의 지분도 매각했다. 이는 ESG 경영과 부합하지 않는 사업 부문을 재편하는 과정으로, 계열사의 사업 구조를 조정한 것이다.

학계에서는 이러한 방향성 변화와 사업 구조의 변화가 기업 가치뿐만 아니라, 고객, 근로자, 공급망, 지역사회 등에 재무적 가치와 사회적 가치를 증가시키는 효과가 있다고 인식하고 있다. 구체적으로, 친환경 경영을 선도하는 기업은 브랜드 가치를 향상시켜 수익성과 성장성을 증진시킬 수 있으며, 장기적으로는 낮은 이자 비용으로 자금을 조달하면서 기업 가치를 높일 수 있다. 더불어, 고객들은 친환경 기업의 제품을 구매하면서 더 큰 가치를 느낄 수 있다는 점을 연구진은 지적하고 있다.[8]

---

8 김현수, ESG 경영성과에 대한 연구의 현황과 발전방향 -한국과 중국을 중심으로-, 한중사회과학연구, 19(3), 2021, pp.64-83.

 **한 줄 요약**

- CSR은 기업 경영의 시각에서, ESG는 재무적 시각에서 기업을 바라보는 관점이다.

- 기업의 ESG 관점은 당사자가 주주인지, 이해관계자인지에 따라 변한다.

- ESG 경영의 핵심은 '이윤 최대화'와 '사회적 책임'이라는 두 가지 목표를 동시에 달성하는 것이다.

 토론 주제

- 기업의 전문 경영진은 단기적인 사업 목표와 장기적인 ESG 성과를 동시에 달성해야 한다. 만약 당신이 그들의 자리에 있다면, 어떤 목표에 우선순위를 두겠는가?

- 기업의 경영 목표와 ESG 활동이 어떻게 연결될 수 있는지, 그리고 이러한 연계가 기업의 주력 사업이나 업종, 산업에 어떤 영향을 끼치는지에 대해 논하시오.

03
ESG 평가는 어떻게 이뤄질까?

매년 ESG 평가 결과가 발표될 때, 기업의 ESG 평가 담당자들은 높은 기대와 긴장감 속에 결과를 기다린다. 전년 대비 상승한 등급을 받을 경우 안도감을 느끼지만, 그렇지 못한 경우에는 감당해야 할 큰 부담감을 안게 된다. 이러한 ESG 평가는 국내외 다양한 기관들이 수행하며, 평가 방법과 기준은 기관마다 조금씩 다르다.

한국에서 ESG 평가를 진행하는 대표적인 기관은 한국ESG기준원(KCGS)과 서스틴베스트(Sustinvest)가 있다. 두 기관 모두 평가 대상 요소는 같지만 평가 방법과 절차에서는 약간의 차이점이 있다.

두 기관은 매년 환경(E), 사회(S), 지배구조(G)의 세 가지 영역에 대해 상장기업의 ESG 등급을 평가한다. 한국ESG기준원(KCGS)는 연말에 한 번, 서스틴베스트(Sustinvest)는 연 중 상반기와 하반기에 각각 한 번씩, 총 두 번의 평가를 실시한다. 이렇게 각기 다른 시기에 각기 다른 방식으로 실시되는 ESG 평가는 기업의 지속가능성을 평가하는 중요한 지표이다.

한국ESG기준원은 2003년부터 기업의 지배구조를, 2011년부터는 사회 책임과 환경 경영이 포함된 ESG에 대한 평가를 국내 상장기업을 대상으로 매년 진행하고 있다. 평가는 '기초 데이터 수집', '기본 평가 및 심화 평가', '평가 검증 및 기업 피드백'의 과정을 거친다. 평가에 필요한 기초 데이터는 사업 보고서, 지속가능성 경영 보고서, 기업 홈페이지, 뉴스 등의 공개 자료를 통해 수집하며(기초 데이터 수집), 이후 ESG 리스크 관리 시스템이 잘 구축되어 있는지를 24개 대분류 항목을 기반으로 평가한다(기본 평가). 추가로, 57개의 핵심 평가 항목을 통해 기업의 ESG 이슈를 철저히 검토한다(심화 평가). 이후로, 다양한 데이터의 검증 과정을 거쳐 ESG 등급을 결정하며(평가 검증), 마지막으로 기업의 피드백을 받아 양방향 소통을 통한 평가를 완성한다(기업 피드백).

또 다른 국내 ESG 평가기관인 서스틴베스트의 평가 절차도 한국ESG기준원과 크게 다르지 않다. 이 기관은 '평가 모델 업데이트', '데이터 수집', '데이터 검증', '최종 점수/등급 산출'의 절차를 거친다. 서스틴베스트는 환경 4가지(혁신활동, 생산 공정, 공급망관리, 고객관리), 사회 4가지(인적자원관리, 공급망관리, 고객관리, 사회공헌 및 지역사회), 지배구조 6가지(주주의 권리, 정보의 투명성, 이사회의 구성과 활동, 이사의 보수, 관계사 위험, 지속가능경영 인프라) 등 각 분야의 다양한 항목을 기반으로 한 ESGValue 모형을 활용한다(2021년 보고서 기준). 한국ESG기준원과의 차이점은 서스틴베스트가 기업별 ESG 평가 등급을 상반기와 하반기로 나눠 부여한다는 점이다.

해외에서도 다양한 ESG 평가기관들이 국내 기업의 ESG 성과를 평가하고 있다. 대표적인 기관 중 하나는 MSCI로, ESG 평가 모델인 'MSCI ESG 평가(MSCI ESG Rating)'는 환경, 사회, 지배구조의 세 가지 영역을 10개 대분류로 나누어 기업의 ESG 성과를 평가한다. 이 평가 분야는 환경적으로는 기후변화, 자연 자본, 공해 및 폐기물, 환경적 기회 등이며, 사회적으로는 인적자본, 제품에 대한 책임, 이해관계 상충, 사회적 기회 등이고, 지배구조적으로는 기업 지배구조와 기업 행동을 평가한다.

다른 주요 지표로는 '다우존스 지속가능경영지수(DJSI)'가 있다. 이는 글로벌 금융 정보 기업인 다우존스(S&P DOW Jones)와 스위스의 자산 관리사 로베코샘(RobecoSAM)이 공동으로 개발한 것으로, MSCI와는 달리 기업이 직접 작성한 설문지를 바탕으로 ESG 성과를 평가하는 방식을 취한다. 이들은 자체적으로 61개 산업을 분류하여 각 산업별로 설문 조사를 실시하는 것이 특징이다. 해외 ESG 평가 기관들의 특징은 〈표 1-2〉에서 자세히 확인할 수 있다.

표 1-2 **국내 기업의 ESG 평가기관**

구분	평가 방법	평가 항목
KCGS	• 공개정보 기반 평가 • 기업과 쌍방향 피드백 등	• 24개 ESG 항목 대분류 • 323개 핵심 평가 항목
서스틴베스트	• 공개정보 기반 평가 • 데이터 검증 등	• 14개 ESG 항목 대분류 • 38개 핵심 평가 항목
MSCI	• 공개정보 기반 평가 • 피평가사, 정보 검증 참여 가능	• 37개 이슈로 구분 • 이슈별 세부 평가 항목
다우존스 지속가능 경영지수(DJSI)	피평가사의 답변 기반 평가 등	61개 산업 분류에 따라 80~120문항 구성 설문 조사

출처: 각 기관 홈페이지

ESG 등급이 기업에는 어떤 의미가 있을까? ESG 등급은 국내외 자본시장에 피평가 기업이 지속가능성을 위해 노력하고 있다는 긍정적인 신호로 해석될 수 있다. ESG 평가는 ESG 투자 활동에서 매우 중요한 요소를 차지하고 있다. 최근 들어 ESG 투자의 규모가 확대되면서 투자자나 투자기관을 포함한 이해관계자들은 ESG 평가기관이 부여하는 기업별 ESG 등급을 핵심 투자 참고 자료로 활용하고 있다는 것이 그 이유다.

증권사와 언론사 등을 중심으로 국내외에서 다양한 ESG 평가기관이 등장하는 추세다. 이들 기관의 역할은 자본 시장의 선봉장에 서 있다는 것은 누구도 부인하지 못하는 사실이지만, 일부에서는 걱정하는 목소리도 함께 들린다. 그 우려의 원인은 다음과 같다.

먼저, ESG 평가의 신뢰성에 관한 문제다. 평가와 관련하여 일반적으로 제기되는 문제는 △기관 평가 간 낮은 상관관계, △평가기관 간 비교의 어려움, △정보의 투명성 부족 등이다. 평가에 고려되는 항목은 기관마다 수십에서 수백 개에 이르지만, 평가 방법론은 기관들이 자세하게 공개하지 않는 추세이기 때문에 평가기관 간의 등급(점수) 비교가 어렵고, 투명성 또한 떨어진다는 것이다. Berg 등(2022)은 주요 평가기관 간의 기업별 ESG 점수의 상관관계가 낮다는 점을 지적한 적이 있다. 평가 요소와 평가 방법론, 그리고 가중치가 다르기 때문에 각 사의 평가 점수의 상관관계는 서로 다르다는 점(표 1-3)을 지적한 것이다.[9] (상관관계의 중요성은 다음 장에서 자세히 다룬다.)

---

[9] Berg, Koelbel, Rigobon, "Aggregate Confusion: The Divergence of ESG Ratings," Review of Finance, 2022, pp. 1-30.

표 1-3 **주요 글로벌 평가기관 ESG 점수의 상관관계**[10]

	KL SA	KL MO	KL SP	KL RE	KL MS	SA MO	SA SP	SA RE	SA MS	MO SP	MO RE	MO MS	SP RE	SP MS	RE MS	Average
ESG	0.53	0.49	0.44	0.42	0.53	0.71	0.67	0.67	0.46	0.7	0.69	0.42	0.62	0.38	0.38	0.54
E	0.59	0.55	0.54	0.54	0.37	0.68	0.66	0.64	0.37	0.73	0.66	0.35	0.7	0.29	0.23	0.53
S	0.31	0.33	0.21	0.22	0.41	0.58	0.55	0.55	0.27	0.68	0.66	0.28	0.65	0.26	0.27	0.42
G	0.02	0.01	-0.01	-0.05	0.16	0.54	0.51	0.49	0.16	0.76	0.76	0.14	0.79	0.11	0.07	0.30

출처: https://academic.oup.com/rof/article/26/6/1315/6590670

또 다른 문제는 평가 대상 기업과의 이해관계 충돌이다. ESG 평가기관이 기업의 지속가능성을 보장하는 데 중요한 역할을 하는 것은 사실이지만, 반면에 이들과 기업 간에 장기간 형성된 (피)평가 관계로 인해 잠재적인 이해관계 충돌이 발생할 가능성이 있다. 특히, ESG 평가에 대한 설문 답변을 컨설팅하거나 자문하는 경우에는 보다 객관적인 평가가 이루어지기 어려울 수 있고, 컨설팅이나 자문을 받지 못한 회사들은 차별에 대해 불만을 제기할 수 있다. 결국 이는 'ESG 평가를 위한 자문'의 탄생으로 이어질 수 있다. 이와 관련하여 장윤제(2021)는 2021년 한국기업지배구조원이 KB국민은행과 ESG 평가 관련 업무 협약을 체결하거나, 서스틴베스트가 기업에 대한 자문 서비스를 자사의 서비스 영역으로 명시한 사례를 "이해관계 충돌이 우려되는 사례"로 지적한 바 있다.[11]

또 다른 문제점은 새로운 ESG 평가기관들이 증가하고 있다는 점이다. 특히 국내 경제 신문사의 ESG 평가 사례가 늘어나는 추세인데, 이러한 상황은 ESG 평가 시장의 규모를 키우고 다양한 기업 검증을 가능하게 하는 긍정적인 측면도 있지만, 반면에 신문사가 기업과 얽혀 있는 광고비 등의 관계로 인해 그들의 ESG 평가가 순수하게 '투자자의 수요'에 의해 이루어지고 있다고 보기 어려울 수 있다. 뿐만 아니라 신생 ESG 평가기관이 전문 인력을 확보하고 충분한 ESG 평가 전문성을 갖추었는지도 중요한 문제로 제기된다.[12]

그렇다면, ESG 평가기관에 대한 이슈는 어떻게 해결할 수 있을까? 전문가들은 내부 통제를 강화하여 ESG 평가기관의 데이터 객관성을 보장하고, 기관 간에 표준화된 공시를 통해 투명성을 확보하는 방안을 제시한다. 이러한 제안들은 ESG 평

10　SA, SP, MO, RE, KL, and MS 등의 약어는 각각 서스틴애널리틱스(Sustainalytics), S&P Global, Moody's ESG, Refinitiv, KLD, 그리고 MSCI를 뜻한다. 출처는 Berg et al.(2022).

11　장윤제, ESG 평가기관의 현황과 문제점 및 규제 방향, 상사판례연구, 34(3), 2021, PP.423-471.

12　이 점은 장윤제(2021) 역시 각주 11의 논문에서 언급하고 있다.

가가 자의적으로 이루어지는 것을 방지하는 데 중점을 두고 있다. 또한, ESG 평가의 과도한 증가를 어느 정도 제어하면서도, 새로운 평가기관의 시장 진입을 제한하지 않는 균형 잡힌 방안이 필요하다는 주장도 있다. 이를 위해서는 기존 평가기관의 성장과 신규 사업자의 진입, 이 두 가지 목표를 동시에 달성하기 위한 적절한 기준 설정이 요구된다.

🌡 ESG 사례 분석

정부, 'K-ESG 가이드라인'을 통해 ESG 대응에 어려움을 겪는 중소기업 지원

국내 ESG 평가는 주로 기업의 공개 자료를 토대로 이루어지지만, 비상장 혹은 중소기업들은 이러한 정보가 부족할 뿐만 아니라 ESG에 대한 인식도 떨어져 이들 기업의 ESG 성과를 공정하게 평가하는 데 한계가 있다는 지적이 있다. 비록 비상장이지만 기업 집단의 계열사이거나 공기업인 경우에만 ESG 평가에 참여하며, ESG 대응이 어려운 대부분의 중소기업들은 도전하기 힘든 실정이다.

이러한 실정은 국내 중소기업의 설문 조사를 통해 명확하게 드러난다. 중소벤처기업진흥공단이 1,000개의 중소기업을 대상으로 한 설문 조사 결과에 따르면, 응답한 기업 중 25.7%만이 "ESG 경영에 대응하고 있거나 대응을 준비 중"이라고 답했으며, 76.3%는 "ESG 관련 전담 조직이 없다"라고 답했다.

다행스럽게도 정부는 중소기업의 ESG 활동을 지원하기 위한 정책을 마련하였다. 2022년 중소벤처기업부는 중소기업에 특화된 '공급망 실사 대응을 위한 K-ESG 가이드라인'을 구축하고, 중소기업을 대상으로 평가 지표를 개발해 ESG 수준을 자체 진단하도록 하였다. 중소기업들은 이 가이드라인에 명시된 공급망 실사 진단 항목을 활용해 EU를 비롯한 글로벌 기업의 공급망 실사에 효과적으로 대응할 수 있으며, ESG 전담 조직은 ESG 업무 표준 매뉴얼을 참고할 수 있게 되었다. 가이드라인에 포함된 기본 진단 항목은 〈표 1-4〉와 같다.

표 1-4 중소벤처기업부의 '공급망 실사 대응을 위한 K-ESG 가이드라인'에 명시된 기초 진단 항목

항목	지표	내용
환경	환경경영체계	환경정책 수립, 환경 인허가 획득
	자원	원부자재 사용량
	에너지 및 온실가스	에너지 사용량, 온실가스 배출량
	유해물질	제품 내 유해물질 관리, 사업장 내 화학물질 관리, 폐기물 배출량
	대기오염	대기 및 소음 관리
	수질오염	용수 및 폐수 관리
사회	노동	단체교섭 및 집회 참여
	인권	강제노동 금지, 아동노동 금지, 근무시간 준수, 임금산정 및 지급

사회	안전보건 체계	안전보건 인허가 획득
	작업환경 개선	작업환경 측정, 설비기계 안전 사용, 산업재해율
	산업재해 예상	비상상황 대응체계, 소방안전 관리
지배구조	윤리경영	윤리헌장 및 실천규범, 비윤리 행위 예방 조치, 반경쟁 행위 예방 조치, 공익제보자 보호

2022년에는 대한상공회의소가 중소기업을 위한 '공급망 실사 대응을 위한 K-ESG 가이드라인'을 만들었으며, 한국IR협의회는 같은 해에 'IR전략 수립에 있어서 기업 ESG 영역의 역할 분석'을 발표하였다.

 한 줄 요약

- ESG 평가는 공개 정보에 기반하며, 데이터의 검증과 평가 대상 기업들의 상호 피드백을 통해 이루어진다.
- ESG 평가 과정에서는 평가 항목의 신뢰성 문제와 잠재적인 이해 상충 문제 등이 존재한다.
- 데이터의 객관성 확보와 기관 간의 공시 표준화는 ESG 평가의 공신력을 강화하는 데 중요하다.

 토론 주제

- ESG 평가기관들이 공통적으로 가지는 평가 절차는 어떤 것들이 있을까?
- ESG 평가기관의 신뢰성에 대한 의문이 제기되고 있다. 이는 기업에 ESG 활동의 필요성을 감소시킨다는 의미인가?

CHAPTER 02
ESG도
순서가 있다

04
무엇이 먼저일까?
환경(E), 사회(S), 지배구조(G),
혹은 ESG?

"닭이 먼저냐, 달걀이 먼저냐"라는 질문은 간단해 보이지만 확실한 답을 내릴 수 없는 복잡한 문제다. ESG에 대한 논의에서도 이와 유사한 질문이 제기된다. "환경(E), 사회(S), 그리고 지배구조(G) 중 어느 것이 가장 중요한가?"라는 질문이다. 이 질문에 대한 정답은 각 요소가 모두 중요하다는 것이다. 그 이유는 다음과 같은 사례를 통해 알 수 있다.

🌡 ESG 사례 분석

환경(E), 사회(S), 지배구조(G) 중 한 요소만 집중? 사회적 논란을 낳은 스타벅스코리아

전 세계적인 커피 프랜차이즈인 스타벅스코리아(이하 스타벅스)는 2021년 9월에 재사용 가능한 컵을 활용한 행사를 개최한 바 있다. 이는 글로벌 스타벅스의 50주년을 기념하고 세계 커피의 날인 10월 1일을 맞이하여 음료를 재사용 가능한 컵으로 제공하는 이벤트였다. 이 행사에 많은 고객들이 몰려들어 매장에서는 1시간 가까이 대기해야 하는 상황이 발생했다. 이 행사는 ESG의 환경(E) 요소를 강조하려는 의도에서 기획되었고, 대다수의 고객들에게 환영받았지만, 이로 인해 생긴 노동 부담은 또 다른 문제로 번져나갔다. 스타벅스의 직원들이 고객 서비스에 지나치게 많은 시간과 노력을 투입해야 했던 것이다. 이로 인해 스타벅스의 직원들 사이에서는 힘들어하는 목소리가 높아졌고, "고객이 너무 많아서 도망치고 싶지만, 책임감 때문에 버티고 있다."라는 이야기가 사내 커뮤니티에 공유되었다. 이 행사는 환경보호라는 환경(E) 요소에는 도움이 되었지만, 직원들의 인권 문제와 불편한 근무 환경에 대한 사회(S) 요소에서는 큰 문제가 되었다.

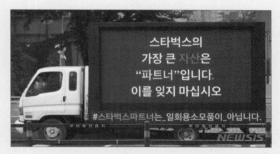

그림 2-1 과도한 업무에 항의하며 트럭 시위를 벌이는 스타벅스코리아 일부 직원
(출처: https://www.donga.com/news/Society/article/all/20211007/109593221/1)

결국, 이 문제로 인해 이전에는 노동조합이 없던 일부 스타벅스 직원들이 단체 행동을 취하게 되었고, 직원들의 권리와 근무 조건 개선을 요구하는 트럭이 서울 도심을 돌게 되었다 (그림 2-1). 이 사례는 ESG의 환경(E) 요소에만 중점을 두고 사회(S) 요소를 소홀히 했을 때 일어날 수 있는 결과를 보여준다. 결국 ESG의 세 가지 요소는 모두 중요하며, 이들이 톱니바퀴처럼 서로 원활하게 연결되어야만 기업이 지속가능한 성장을 이루고 사회적 책임을 수행할 수 있다.

스타벅스 사례를 통해 직원들의 열악한 근무 환경은 기업의 직원 복지 개선과 깊은 연관성이 있음을 알 수 있다. 기업이 서둘러 추가 직원을 채용하지 않는 것은 그것이 재무 부담으로 이어질 수 있기 때문이다. 이와 관련해 ESG 연구들은 반대의 입장을 제시하고 있다. 이들 연구는 기업이 직원의 임금을 올리거나 복지를 개선하는 ESG 활동이 단기적으로 원가를 증가시킬 수는 있지만, 장기적으로 볼 때 이는 직원의 만족도를 높여 이직률을 줄이고, 이로 인한 신규 채용 부담도 감소시킨다는 점을 강조한다. 또한, 만족하는 직원의 생산성은 높아져, 결국 기업의 불필요한 비용을 절감하는 결과를 가져온다는 것이다. 이러한 주장은 높은 이직률이 신규 채용에 따른 추가 비용을 발생시키며, 남은 직원들의 사기를 저하시킨다

는 다른 연구에 의해 지지받고 있다.[1]

이제, 환경(E), 사회(S), 지배구조(G) 요소 각각의 밀접한 연관성을 보다 상세하게 살펴보자. 여기서 중요한 개념은 '상관관계(Correlation)'라는 통계 용어이다. 상관관계는 사회과학(Social Science)을 공부하는 학생들에게 필수적인 통계 개념으로, 변수들 사이의 관련성의 정도를 나타낸다. 실제로, 국내외 주요 ESG 연구를 보면, 기업의 ESG 성과와 각 요소 간의 상관관계가 높게 나타나는 것으로 보고되고 있다.

표 2-1 환경(E)과 사회(S)의 상관관계

구분	$DUVOL_{t+1}$	DTURN	RETURN	SIGMA	ROA	LogTA	LEV	BTD	E	S	G	ESG
$DUVOL_{t+1}$	1											
DTURN	0.15***	1										
RETURN	0.26***	0.22***	1									
SIGMA	0.51***	0.28***	0.48***	1								
ROA	−0.19***	−0.03	0.13***	−0.21***	1							
LogTA	−0.15***	−0.02	−0.08***	−026***	0.14	1						
LEV	0.12***	0.02	−0.06***	0.18***	−0.28***	0.20***	1					
BTD	−0.16***	−0.02	0.08***	−0.18***	0.56***	0.12***	−0.18***	1				
E	−0.04***	−0.00	−0.02	−0.10***	0.07***	0.65***	0.10***	0.06***	1			
S	−0.09***	0.01	−0.02	−0.15***	0.13***	0.62***	0.10***	0.07***	0.66***	1		
G	0.02	−0.00	−0.03	−0.01	0.09***	−0.00	−0.11***	0.03*	0.03**	0.09***	1	
ESG	−0.01	0.01	−0.04*	−0.10**	0.12***	0.50***	0.02	0.08***	0.65***	0.75***	0.59***	1

〈표 2-1〉은 국내 재무학 저널인 '재무관리연구'에 게재된 논문[2]의 상관관계 표를 보여주고 있다. 이 표를 살펴보면, 환경(E), 사회(S), 지배구조(G)를 비롯하여 국내 코스피 기업들의 다양한 지표를 측정한 여러 변수들이 포함되어 있다. 본 책에서는 통계학을 깊게 다루지 않기 때문에 환경(E)과 사회(S)의 상관관계에만 주목하도

---

1 김세희, 선우희연, 이우종 and 정아름, ESG 활동과 기업 가치의 상관관계와 인과관계, 회계저널, 31(3), 2022, pp.31-60.

Dess, G. D. and J. D. Shaw, oluntary turnover, social capital, and organizational performance. Academy of Management Review 26 (3), 2001, pp.446-456.

2 이정환, 조진형 and 장홍준, 기업의 ESG 성과가 비대칭적 변동성에 미치는 영향, 재무관리연구, 39(2), 2022, p.233. https://www.kci.go.kr/kciportal/ci/sereArticleSearch/ciSereArtiView. kci?sereArticleSearchBean.artiId=ART002832655

록 하겠다. 표에서 나타나는 숫자는 다음의 원리를 따른다: 1에 가까운 값은 두 변수 간의 긍정적인 관련성이 강하다는 것을, −1에 가까운 값은 두 변수 간의 부정적인 관련성이 강하다는 것을, 0에 가까운 값은 두 변수 사이의 관련성이 약하다는 것을 나타낸다.

표를 살펴보면, 특히 환경(E)과 사회(S)의 관련성이 0.66으로 나타나는 것이 눈에 띈다. 이는 ESG 요소 중에서도 가장 높은 상관관계를 보여준다. 즉, 기업이 환경(E)과 사회(S) 요소에 대해 밀접한 관련성을 가지며, 환경에 대한 성과가 좋은 기업은 사회에 대한 성과도 좋다는 것을 의미한다.

실제로 ESG에 관한 다양한 연구에서는 국내외의 기업이 환경(E), 사회(S), 지배구조(G) 간에 높은 상관관계를 가지고 있다는 결과를 도출하고 있다. 적어도 환경(E)과 사회(S), 또는 환경(E)과 지배구조(G) 간에는 높은 상관관계가 있음이 확인되었다. 이는 환경(E), 사회(S), 지배구조(G) 요소 간의 밀접한 관련성이 이미 학계에서 확인된 사실임을 의미한다.

한 줄 요약

- 단일 ESG 요소에만 초점을 맞춘 기업은 다른 요소들에 대한 리스크를 간과할 수 있다.
- ESG의 각 요소는 서로 균형을 이루며 회전하는 톱니바퀴와 같아, 지속가능한 기업 성장을 위해서는 이들이 조화롭게 작동해야 한다.
- ESG 각 요소 간의 상관관계는 이미 학문적으로 입증되어 있다.

토론 주제

- ESG 요소 중 하나가 다른 두 요소와의 관련성이 약하다고 가정해보자. 이는 기업 관리진이 해당 요소에 대해 덜 주목해도 됨을 의미하는 것일까?
- ESG 각 요소 간에 높은 관련성이 존재하는 것이 기업의 비용 이슈와 연관되어 있을까?

05
우리나라에서 CSR은
언제 처음 시작했을까?[3]

"국가, 교육, 기업, 그리고 가정 — 이 모든 것의 우선순위를 정하는 것은 복잡한 문제이다. 그러나 개인적인 관점으로 본다면, 순서는 국가, 교육, 기업, 그리고 가정이 될 것이다." 이는 우리나라에서 유명한 제약회사인 유한양행의 창립자, 유일한 박사(1895-1971)의 견해 중 일부다.

우리나라의 자본주의 역사는 미국이나 유럽의 선진국에 비하면 그다지 길지 않지만, 현대적인 CSR 개념을 기업 경영에 통합하려는 노력은 오래전부터 있었다. 이는 일제강점기(1910-1945)로 거슬러 올라간다.

1926년, 유일한 박사가 설립한 유한양행이 이를 대표적으로 보여준다. 국민의 건

---

3 CSR의 역사를 다룬 아래 논문 등을 참고하여 작성하였음.

　이상민, 한국 CSR의 역사, 시민사회와 NGO, 14(1), 2016, pp.93-140.

　이상민, 한국과 일본 CSR의 제도적 배태 비교연구, 시민사회와 NGO, 15(1), 2017, pp.211-242.

강 향상과 교육을 통해 기술 인재를 양성하려는 목표 아래, 그는 1926년에 유한양행을 설립하였다. 10년 뒤인 1936년에는 이 회사를 주식회사로 전환하였고, 이후 1939년에는 한국에서 최초로 종업원지주제(從業員持株制度)를 도입하였다.

직원들에게 주주의 권한과 책임을 부여하는 등, 유한양행은 현대 경영 측면에서 사회적 책임을 완벽히 수행하였다고 볼 수 있다.

한국전쟁(1950-1953) 후, 대한민국의 대기업들의 사회적 책임(CSR) 활동은 유신체제 시작과 동시에 본격화되었다. 대기업들은 원조물자와 귀속재산 부활, 그리고 투융자 기회를 독점하여 크게 성장하였지만, 이 과정에서 생긴 부정 축재의 위협에 직면하게 되었다. 강력한 여론의 '부정 축재자' 엄벌 요구에 따라 정부는 처벌법을 준비하였다.

1961년 군사 쿠데타로 집권한 유신정부는 부정 축재자에 대한 처벌 기준을 완화하면서 "자본주의 경제 질서 유지"라는 명분 하에 대기업들과의 관계를 강화하였다. 박정희 정권의 기업 중심 수출 전략을 기반으로 국내 경제 발전 계획이 수립되었고, 이 과정에서 정부는 기업들에 다양한 특혜를 제공하였다.

그러나 이런 상황은 기업인들에 대한 대중의 비판적인 여론을 촉발하였다. 1964년 한일협상 반대운동, 즉 6·3 사태에서는 "악질 재벌 잡아먹자", "악덕 재벌 처단"이라는 구호까지 등장하였으며, 이를 계기로 반기업 여론이 고조되었다. 이러한 위기 상황을 겪은 기업인들은 이병철 삼성 회장을 초대 회장으로 선출하고, 현재의 전국경제인연합회(전경련)의 전신인 한국경제인협회를 1961년에 발족하였다.

이상민(2016)은 "1960년대 초반, 아직 대기업 재벌들이 완전히 형성되기 전까지는 '기업의 사회적 책임'이라는 표현 자체가 언론에서 자주 사용되지 않았다."라고 기술했다. '사회적 책임'이라는 용어가 언론에 빈번하게 등장하기 시작한 계기가 있었는데, 바로 1964년의 삼분폭리사건(三粉暴利事件)이었다. 이는 설탕, 밀가루, 시멘트를 생산하던 재벌 기업들이 가격 조작 등으로 폭리를 취한 사건이다(그림 2-2). 당시, 설탕 제조업체는 삼성의 제일제당과 삼양사 두 곳뿐이었고, 이 중에서 제일제당이 60% 이상의 시장점유율을 차지하면서 약 15억 원의 폭리를 취했다.[4]

---

4 경향신문, 1964년 '삼분폭리사건' 정치문제로 비화, 2010년 1월 27일.

그림 2-2 **삼분폭리사건을 다룬 당시 신문 기사** (출처: 경향신문)

삼성의 이병철 회장은 이 위기를 극복하기 위해 공익재단을 설립하는 방법을 선택했다. 그는 자신의 생일인 1965년 2월 4일을 기점으로 10억 원의 재산을 기부하여 삼성문화재단을 설립하겠다고 발표했다. 당시의 10억 원은 상상을 초월하는 큰 금액이었기에, 부정적인 여론을 달래는 데 성공적이었다. 이에 대해 이상민 (2016)은 "정부 또한 이 사건 이후로 기업의 사회적 책임이라는 개념을 공식적으로 사용하기 시작했으며, 이는 정부가 기업을 '지도'하는 의미로 사용되었다."라고 덧붙였다.

그림 2-3 **사카린 밀수사건을 다룬 경향신문(1966년 9월 15일)** (출처: 경향신문)

1966년 9월, 삼성그룹에 또 한 번의 고비가 닥쳐왔다. 바로 삼성그룹의 한국비료주식회사가 사카린 밀수를 시도하다 적발된 사건이 발생한 것이다. 한국비료가 1966년 5월 공장 건설을 위해 정부로부터 차입한 약 4,000만 달러로 55톤의 사카린 원료를 구매해, 건설 자재로 위장하여 국내로 수입한 후 이 원료를 다른 회사에 팔려다가 부산세관에서 발각된 사건이다. 이 사건은 당시 박정희 대통령이 '5대 사회악' 중 하나로 규정한 밀수와 관련되어 있어 사회적으로 큰 충격을 주었다. 이 사건에 대한 책임을 지게 된 이병철 회장은 경제계에서 은퇴하고 한국비료의 주식 51%를 국가에 기부했다.

기업에 대한 여론이 냉각된 상황에서, 1980년대를 맞이하며 재벌 기업들의 공익재단 설립이 활발히 이루어지기 시작했다. 이는 표면적으로 기업의 사회적 책임이 확산된 것처럼 보이지만, 실제로는 정부와 대중의 비판에 대응하는 측면이 강하다. 기업의 이런 대응 전략은 지금까지도 이어지고 있다. 새로운 정부가 출범하거나, 새로운 규제가 도입될 때마다 기업들이 고용을 늘리거나 기부를 확대하는 형태의 '보여주기식 CSR' 활동을 펼친다. 이는 기업의 사고 및 사건에 이어서 'CSR 활동을 통한 자성'이라는 패턴을 경제계에서 반복적으로 볼 수 있다는 것을 의미한다.

그러나 국내 기업들의 CSR 활동에 대한 노력을 모두 무시할 수는 없다. 기업들이 CSR을 위해 지출하는 비용이 증가하는 것 자체도 긍정적인 측면으로 볼 수 있다 (그림 2-4). 아직 우리나라 기업의 CSR 활동과 지속가능성을 위한 ESG 성과를 위한 노력이 완전히 이루어지지는 않았지만, 이러한 노력은 계속해서 주의 깊게 지켜봐야 할 필요가 있다.

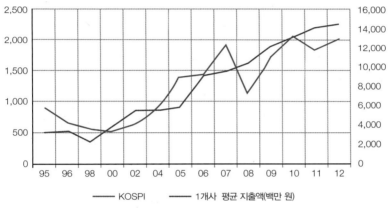

그림 2-4 **한국의 코스피 지수와 국내 기업 CSR 지출 추이**[5]

 ESG 사례 분석

근현대 미국 기업들의 CSR에 대한 미국 경영학자들의 정의

근현대 시대에는 미국의 여러 경영학자들이 기업의 사회적 책임(CSR)에 대해 조금씩 다른 정의를 내렸다. 하지만 그들의 정의에는 공통적으로 "기업이 단순 이익 추구를 넘어 지역사회와 시민에게 기여해야 한다."라는 개념이 포함되어 있다.

1953년에 발행된 '비즈니스맨의 사회적 책임(Social Responsibilities of The Businessman)'의 저자이자 미국 아이오와 대학의 14대 총장인 하워드 보웬(Howard R. Bowen)은 기업가의 의

---

5 이상민, 한국 CSR의 역사, 시민사회와 NGO, 14(1), 2016, p.129.

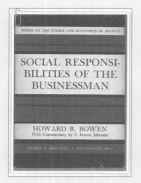

사 결정이 시민의 삶에 큰 영향을 미칠 수 있다고 강조했다. 특히, 그는 기업의 사회적 영향력이 빠르게 증가하고 있음을 지적하였다. 보웬은 "비즈니스맨에게 어떤 사회적 책임(합리적이고 모두가 동의할 수 있는)이 있는가?"라는 질문에 "기업인들이 기업 정책을 만들거나 의사 결정을 할 때, 사회의 목표와 가치에 기반한 바람직한 행동을 고려하는 것이 기업인의 사회적 책임"이라고 답하였다. 이 정의는 국제표준화기구(ISO)가 2010년 11월에 발표한 사회책임 가이드라인인 ISO26000에도 수록되었다.

그림 2-5 하워드 보웬의 저서인 『비즈니스맨의 사회적 책임』 표지

다수의 경영학자들도 각자의 철학에 입각해 CSR을 정의하였다. 미국 캘리포니아 대학의 키스 데이비스(Keith Davis) 교수는 1960년의 '기업은 사회적 책임을 무시할 수 있는가?'라는 논문에서 CSR을 '직접적인 경제적 또는 기술적 이익을 초월한 기업가의 결정과 행동'으로 정의하였다. 또한 미주리 캔자스시티 주립대학의 윌리엄 프레드릭(William C. Frederick) 교수는 '기업의 사회적 책임은 기업이 기업가 개인이나 기업 조직의 이익을 위해 존재하는 좁은 관점이 아닌, 경제적, 사회적, 인적 차원에서의 폭넓은 사회적 목표를 위해 존재한다는 인식과 이를 실천하는 의지'로 설명하였다. 미국 가톨릭 대학의 10대 총장인 클라랜스 C. 월튼(Clarence C. Walton)은 저서인 『사회적 책임 활동(Corporate Social Responsibilities)』에서 '기업가는 기업과 사회가 친밀한 관계를 유지하는 것이 중요하다는 사실을 인식해야 한다.'라는 주장을 하였으며, 이는 외부의 압력(권력, 제도, 관리 감독)이나 이해관계가 아닌 자발적으로 실행되어야 한다는 점을 강조하였다.

더 나아가, 미국 미시간 대학의 패트릭 머피(Patrick Murphy) 교수는 미국 기업의 CSR 활동을 '자선의 시대(산업혁명~1950년대)', '인식의 시대(1953~1967년)', '이슈의 시대(1968년~1973년)', '대응력의 시대(1974~1978년)'의 4단계로 분류하였다.[6] 이는 근현대 경영 관점에서 사회적 책임 활동을 체계적으로 분류한 시도라고 볼 수 있다.

'자선의 시대'에서는 기업들이 자선 단체에 기부하거나 공익재단 등의 자선 단체를 설립하고 운영하였다. '인식의 시대'에서는 기업들이 상품과 서비스 생산에만 몰두하지 않고, 대중과 지역사회에 대한 책임을 인식하고 사회 문제에 참여해야 한다는 개념이 강조되었다. '이슈의 시대'에서는 전통적인 지역 공동체의 붕괴, 인종 차별 및 환경오염과 같은 특정 문제에 초점을 맞추었다. 마지막으로 '대응력의 시대'에서는 미국 기업들이 CSR 문제를 해결하기 위해 체계적인 관리 활동을 시작하고 이를 위한 조직을 만들기 시작하였다. 이 시기의 주요 특징은 경영진이 책임감을 가지고 이사회를 통해 의사를 표명하며, 기업 윤리와 사회

---

6 Murphy, P, An Evolution: Corporate Social Responsiveness, Universityof Michigan Business Review, 30 (6), 1978, pp.19-25.

적 성과를 공개하기 시작하였다는 점이다.

출처: 다른 내용과 비교하여 재작성(https://mryoopm.tistory.com/2596338)

 한 줄 요약

- 우리나라에서는 재벌 기업이 연루된 1964년의 삼분폭리사건을 계기로 '사회적 책임'이라는 용어가 쓰이기 시작했다.
- 기업의 사건 및 사고에 이어 CSR 활동을 통한 자성이 반복되는 관행은 고질적인 문제로 인식되고 있다.

 토론 주제

- 해외 기업이 CSR 활동을 시작하게 된 배경과 우리나라 기업의 경우는 어떤 차이가 있는가? 기업의 위치(선진국 또는 개발도상국)가 중요한 요소라고 할 수 있는가?
- 기업 및 기업 경영인을 둘러싼 사건 및 사고를 줄이기 위한 대책은 무엇인가? 이러한 사건 및 사고를 ESG 점수로 측정하는 것이 가능한가?

06
한국 기업에 G(지배구조)가 가장 중요한 이유

'환경(E), 사회(S), 그리고 지배구조(G)'라는 ESG 요소가 항상 동시에 중요한 것은 아니다. 상황에 따라서는 ESG 중 한 가지 요소가 다른 요소들보다 더 중요할 수 있다. 이는 특히 우리나라의 자본시장에서 두드러지며, 다양한 학자들의 견해를 보더라도 우리나라에서는 지배구조(G)가 ESG 중 가장 중요한 요소라는 의견이 지배적이다. 그 이유는 무엇일까?

우리나라 기업의 지배구조는 선진국에 비해 취약한 편이다. 우리나라 기업들은 미국식 지배구조를 따르는 경향이 있지만, 전근대적인 측면이 아직도 두드러진다는 비판이 있다. 대표적인 예로, 가족기업인 재벌 기업의 경영진 활동을 감시하는 통제 메커니즘이 취약하다. 따라서 기업의 소유 지배에 대한 보완이 필요한 상황이다.[7]

---

7 김병곤 and 김동욱, 한국기업의 지배구조 특성분석 및 개선방안에 관한 연구, 金融工學硏究, 5(1), 2006, pp.179~203.

2022년 5월, 국내 경제학 학회인 한국경제학회에서 경제토론 패널위원 33명을 대상으로 실시한 ESG 관련 설문 조사 결과에 따르면, 국내 경제학자들은 우리나라 기업의 '지배구조(G)'를 가장 취약한 ESG 요소로 진단했다.[8] 응답자 중 33%(11명)가 '우리나라에서 가장 개선이 시급한 ESG 요소'로 지배구조를 지목했다. 반면, 환경(E)과 사회(S)가 중요하다고 답한 응답자는 각각 5명, 2명에 불과했다.

ESG를 구성하는 세 가지 요소 가운데 그 중요성에 비해 현재 한국에서 가장 미흡한 점(혹은 시급하게 추진해야할 점)은 무엇이라 생각하십니까?

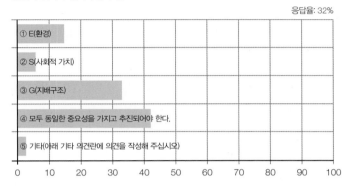

그림 2-6 **한국경제학회 조사** (출처: https://futurechosun.com/archives/64700)

기업의 목적과 역할에 대한 질문에 가장 흔한 응답은 '기업은 주주뿐만 아니라 사회 구성원 전체의 이익을 추구해야 한다.'였으며, 이를 선택한 응답자 비율이 36%였다. 이어서 '주주의 이익 극대화(33%)'와 '주주가 아닌 이해관계자들의 이익(24%)'이라는 전통적인 기업 역할에 대한 선택이 뒤따랐다. 이 질문들에는 '주주'가 반복적으로 언급되는데, 이는 학자들이 지배구조의 중요성을 부각하는 데 주목할 필요가 있다는 것을 보여준다.

실제로, 한국 기업의 지배구조 문제는 오래전부터 국내외 자본시장에서 지속적으로 제기되어 왔다. 이러한 문제는 해외 연구에서도 분명하게 확인할 수 있다. 홍콩에 위치한 아시아기업지배구조협회(ACGA)의 기업 지배구조 평가에 따르면, 대한민국은 12개 국가 중 9위로 순위가 뒤떨어져 있었다(2020년 기준). 이는 2016년과 2018년에 이어 세 번째로 9위에 머물렀다는 점에서 한국 기업의 지배구조 개선의 시급성을 강조하고 있다.

우리나라의 지배구조를 개선하기 위한 방법은 여러 가지가 있을 수 있지만, 자본시장의 전문가들은 주로 '주주행동주의(shareholder activism)'를 대표적인 해결책으

---

8 조선일보 더나은미래, 경제학자들 "국내 기업, ESG 요소 중 '지배구조' 가장 취약", 2022년 5월 10일.

로 제시한다. 주주행동주의란, 주주들이 단순히 이익을 추구하는 것을 넘어서 투자 대상 기업의 지배구조와 경영에 개입하는 행위를 의미한다. 그러나 우리나라에서의 주주행동주의는 어색한 면이 있다. 이는 재벌 기업이 대표적인 예인데, 전문 경영인이 아닌 가족 집단이 기업 경영에 직접적 혹은 간접적으로 참여하는 사례가 존재하기 때문이다.

재벌 문제는 다른 부분에서 자세히 다루겠지만, 가족 집단의 경영 참여는 중소기업 및 중견기업에서도 흔히 볼 수 있는 문제이다. 글로벌 자문사인 머로우 소달리(Morrow Sodali)의 조사 결과에 따르면, 기관투자자들이 주주행동주의를 지지하는 주된 이유 중 하나는 '기업의 취약한 지배구조'를 개선하고자 하는 의지 때문이다.

주주행동주의의 가장 큰 장점은 바로 경영진의 의사 결정을 견제하는 능력이다. 경영진의 결정은 기업을 바람직한 방향으로 이끌 수 있지만, 반대로 기업에 손해를 줄 수도 있다. 주주들은 주주총회에서 자신들의 의견을 적극적으로 표현하거나 경영진에게 압력을 가함으로써 기업의 경영 활동에 대해 철저한 감시와 견제 역할을 수행한다. 이로 인해 기업은 원래의 목적인 '이익 극대화'에 더욱 집중하게 된다. 최근의 사례들을 보면, 주주행동주의는 수익성 증가로 이어지는 추세다. 한 연구 결과에 따르면, 행동주의 투자자의 기업 개입은 해당 기업의 평균 수익률에서 74.8%의 가치를 창출했다고 보고되었다.[9] 따라서 주주행동주의는 기업의 감시 역할을 하는 것뿐만 아니라 기업 가치를 증대시키는 효과도 있다.

그러나 주주 중심의 주주행동주의가 항상 올바른 결정을 내리는 것은 아니다. 주주들은 전문 경영인이 아니며, 회계사나 국제재무분석사(CFA)와 같은 전문적인 지식을 갖추고 있지 않기 때문이다. 즉, 주주들은 잘못된 경영 의사 결정을 지적할 수는 있지만, 항상 더 높은 기업 가치를 창출할 수 있는 조언을 제공하는 것은 아니다. 이 때문에 일부 주주행동주의는 기업의 사업 방향에 일관성을 해칠 수 있다는 점을 유의해야 한다.

주주행동주의의 증가는 부정할 수 없는 현실이다. 신한자산운용의 '2023년 ESG 투자 시장 전망' 보고서를 보면 아시아 지역에서 주주행동주의에 직면한 기업의 수가 크게 증가하고 있으며, 특히 한국의 증가가 눈에 띈다. 2021년에는 아시아에서 주주행동주의의 대상이 된 기업이 134개였으나, 2022년에는 상반기에만 126개로 집계되었다. 한국 기업은 2020년 10개에서 2021년 27개, 2022년 상반기에

---

9 Rui Albuquerque, Vyacheslav Fos and Enrique Schroth, "Value Creation in Shareholder Activism," Journal of Financial Economics, Vol. 145, pp.153-178, August 2022.

는 38개로 크게 증가했다. 이 결과는 한국에서는 지배구조 개선이 필요한 기업들이 더욱 많다는 것을 시사한다.

특히, 투자기관들이 이러한 변화를 주도하는 중이다. 국내외의 행동주의 펀드들은 주주의 의견이 기업의 결정에 반영되도록 다양한 투자 전략을 제시하고 있다. 전문 투자자들은 특정 기업에 대해 주주 배당의 확대, 지배구조의 개선 등 구체적인 요구사항을 제시하기도 한다.

최근 주주행동주의의 대상이 된 기업을 살펴보면, BYC, 아세아시멘트, 태광산업, 조광피혁, 사조산업 등이 주목받았다. 이들 기업은 행동주의 펀드로부터 주주 제안을 받은 적이 있다. 대부분의 제안은 불투명한 경영 방식의 개선이나 주주 친화적인 정책의 확대를 요구하였다. BYC와 아세아시멘트는 주주들로부터 배당금 확대에 대한 제안을 받았고, 사조산업은 기업 합병 과정에서 소액주주들과의 갈등이 이어져 '표 대결'이 벌어진 적도 있다.[10]

주주행동주의가 항상 올바른 해답을 제시하는 것은 아니지만, 한국의 자본시장에서 주주행동주의가 확산하는 것은 긍정적인 변화로 볼 수 있다. 이유는 기업 설명회(IR)와 홍보에 소극적이며, 주주와 언론 등 외부와의 접촉을 꺼리는 기업들이 주주행동주의에 의해 더욱 주의 깊게 자신들의 행동을 고려하게 되었기 때문이다.

🌡 ESG 사례 분석

영국 건설업체의 경미한 지배구조 리스크가 파산으로 이어짐…. 감사법인의 역할이 중요한 이유

이집트의 수에즈 운하(그림 2-6)를 구축한 것으로 잘 알려진 영국의 대형 건설회사 카릴리언(Carillion)은 지배구조 리스크로 인한 파산의 전형적인 사례로 꼽힌다. 이 회사는 당시 영국에서 두 번째로 큰 건설업체였으며, 2018년 1월에 파산하였다. 이는 영국 사업 역사상 가장 대규모의 기업 파산 사례로 기억되며, 그 주된 원인으로 지배구조의 리스크가 지목된다.[11]

카릴리언은 수에즈 운하와 런던의 로열 오페라하우스 등 대형 프로젝트를 담당했다. 또한 군사 시설, 국방 시설, 학교 등 다양한 공공 서비스 사업도 수행했다. 그러나 카릴리언은 과도한 인수합병(M&A)으로 인해 새로운 사업에서 수익을 창출하지 못했고, 퇴직한 직원들에게 지급해야 하는 연금 부담이 크게 증가하였다. 카릴리언의 연금 지급에 따른 손실은 파산 당시 약 6억 파운드(약 1조 11억 원)에 이르렀으며, 이는 회사 자산 가치(약 8억 파운드 또

---

10 한경코리아마켓, 주주행동주의에 끌려 나오는 '은둔 기업들', 2021년 12월 24일.

11 조대형, ESG 글로벌 추진 현황과 사례 분석, 인문사회 21, 12(3), 2012, pp.2651-2662.

는 약 1조 3,350억 원)와 큰 차이가 없었다(2023년 6월 25일 환율 기준).[12]

파산 시점에 카릴리언은 자사의 326개 계열사 이사회의 구성원을 정확히 파악하지 못했으며, 실적 악화에도 불구하고 경영진에게 과도한 보너스를 지급했다. 실제로 경영진은 기업의 구조 조정과 사업 구조

그림 2-7 영국 건설업체 카릴리언이 세운 이집트의 수에즈 운하

변경의 필요성을 외면했으며, 이로 인해 이사회는 회사의 내외부 감독에 실패하였고, 결국 카릴리언은 파산하게 되었다.

카릴리언의 파산 원인 중 하나로 감사법인의 역할이 드러났다. 사실, 카릴리언은 파산 직전 연도에 빅4(Big4) 감사법인[13] 중 하나인 KPMG로부터 적정[14] 감사의견을 받았다. 회사가 감사에서 적정 감사의견을 받았다고 해서 반드시 그 회사의 재무 상태가 건실하다는 의미는 아니지만, 결국 외부 감사에도 불구하고 이 감사법인은 회사 실적에 대한 내외부 감독이 부족했다는 비판을 받았다.

이러한 논란은 당시 빅4 감사법인의 시장지배력 문제로 확대되었다. 이들 대형 감사법인은 독점적인 시장지배력을 갖고 있음에도 불구하고 기업의 감사 품질 향상에 기여하지 못했다. 당시 영국 기업에 대한 빅4 감사법인의 시장점유율은 FTSE 100 기업의 경우 100%, FTSE 350 기업은 95%, 그리고 모든 상장기업에 대해서는 88%에 달했다.[15] 또한, 영국의 회계감사 규제기관인 FRC(Financial ReportingCouncil)의 역할에 대한 의문도 제기되었고, 이로 인해 감독 권한이 강화된 새로운 규제기관인 AGRA(Audit, Reporting and Governance Authority)가 설립되었다.

---

12 조선일보, 英정부, 수에즈운하 만든 건설사 파산시켜… '대마불사' 안 통하네, 2018년 1월 17일.

13 매출과 인지도 측면에서 가장 높은 4대 회계법인을 말한다. Deloitte(딜로이트), KPMG, PwC, EY 가 꼽힌다.

14 회계법인의 감사의견은 총 네 가지로 나뉜다. 적정, 한정, 부적정, 의견 거절이다. 먼저 '적정'은 기업이 기업회계 기준에 맞게 재무제표를 작성했으며, 감사에 필요한 자료를 충분히 제공했다는 뜻이다. '한정'은 감사 범위가 제한되며 회계 기준 위반 사항도 있지만, '부적정'이나 '의견 거절'까지 갈 수준은 아니라는 것이다. '부적정'은 중요한 사안에 대해 기업이 기업회계 기준을 위배하여 재무제표를 작성한 것을 뜻한다. 마지막으로 '의견 거절'은 두 가지로 구분된다. ① 감사인이 감사보고서를 만드는 데 필요한 증거를 얻지 못해 재무제표 전체에 대한 의견 표명이 불가능할 때, ② 기업의 존립에 의문이 들 때로, 감사인의 독립성 결여 등으로 회계감사가 불가능한 상황이다.

15 자본시장연구원, 영국의 회계감사 및 기업지배구조 감독체계 개혁 추진 현황, 자본시장포커스 2021-14호.

한 줄 요약

- 가족기업이 대다수인 우리나라에서는 경영진의 활동을 감독하는 기업의 내외부 통제 메커니즘이 선진국에 비해 상대적으로 취약하다.

- 주주행동주의는 경영진의 잘못된 결정을 감독하고 통제하는 역할을 할 수 있으며, 이를 통해 기업들이 본래 목적인 '이익 극대화'에 집중할 수 있다.

- 최근에는 주주행동주의와 투자기관을 중심으로 ESG 통합 투자, 특정 기업의 포함/배제 전략, 그리고 임팩트 투자 등 다양한 투자 방식이 증가하고 있다.

토론 주제

- 기업 경영진이 주주행동주의의 요구를 무시하면, 이로 인해 기업에는 어떤 구체적인 손해가 발생할 수 있을까?

- 주주행동주의 이외에 우리나라의 기업 지배구조를 개선하기 위해 취해야 하는 조치들은 무엇이 있을까?

07

사회(S) 미스터리
– 형식주의(Check the box)
신드롬을 주의하라

역사적으로 논의가 많았던 ESG 요소는 사회(S)라고 할 수 있다.[16] 이는 실제로 한 세기 이전까지 거슬러 올라간다. 1911년에 현대 경영학의 선구자인 프레더릭 테일러의 저서 『과학적 관리론(Scientific Management)』은 출간 당시에 엄청난 화제가 됐다. 이 책은 직원의 노동력을 다른 투입 자원과 동등하게 다루었다. 관리자에게는 직원의 급여가 비용이었으며, 이는 최소한의 비용으로 최대의 생산량을 달성하는 수단이었다. 즉, 테일러가 생각했던 좋은 경영의 출발점은 최소한의 자원을 투입하여 최대한의 결과를 내는 것이었다.

---

16 대표적인 관련 논문은 아래와 같다.
- Alex Edmans, Does the stock market fully value intangibles? Employee satisfaction and equity prices, Journal of Financial Economics, Volume 101, Issue 3, 2011, pp.621–640.
- Yongtae Kim, Haidan Li, Siqi Li, Corporate social responsibility and stock price crash risk, Journal of Banking & Finance, Volume 43, 2014, pp.1–13.

그림 2-8 『과학적 관리론』의
저자인 프레더릭 테일러

테일러는 관리자와 직원 간의 관계 역시 강조했다. 그는 금전적 보상이 개별 직원의 생산성을 향상시키는 결정적인 요인이라고 믿었다. 즉, 적절한 보상은 직원들의 사기를 높여 결국에는 성과를 향상시키는 방법이라고 주장했다. 이러한 테일러의 이론은 현대의 ESG 관점에서 '직원 보상'이라는 개념을 중심으로 구축되었다. 직원 만족도(Employee satisfaction)는 한 세기 전 프레더릭 테일러가 제시한 과학적 관리론과 현재의 ESG 경영을 관통하는 중요한 키워드이다.

최근에 직원 만족도에 대해 조명한 사람은 바로 영국 런던비즈니스스쿨의 알렉스 에드만스(Alex Edmans) 교수다. 그의 주장은 프레더릭 테일러의 100년 전 이론과 비슷한 측면이 있다. 에드만스 교수는 직원들을 조직의 핵심 자산으로 간주하며, 이들이 새로운 결과물을 창출하거나 고객 관계를 형성하는 중심 역할을 한다고 강조한다. 또한 그는 직원들의 만족도가 주주의 이익에 직접적인 영향을 미친다는 점을 지적하였다.

구체적으로, 에드만스 교수는 포춘지가 1998년부터 매년 1월에 발표하는 '미국에서 가장 일하기 좋은 100대 기업' 리스트를 기반으로 상장기업 주식 포트폴리오를 구성하고 분석하였다. 그의 분석에 따르면, 이러한 기업들의 투자 수익률은 평균적으로 14%로, 평균 산업 지수와 비교해 2.1%포인트(가치 기반 가중치 조정)의 초과 수익률을 기록하였다. 이는 직원의 만족도가 주주 가치 향상으로 이어진다는 점을 학술적으로 증명한 것이다.

다른 연구팀도 직원의 대우가 좋은 기업들이 매년 2~2.7%포인트의 초과 수익률을 얻는다는 연구 결과를 발표하였다. 이는 주식시장이 기업의 직원 만족도를 과소평가하고 있다는 주장을 뒷받침하는 증거로 제시되었다.[17]

일부 글로벌 기업들은 경영진 보상에서 '직원 보상'을 중심으로 ESG 요소를 포함하는 방향으로 움직이고 있다.[18] 스위스의 대표적 식품 회사 네슬레(Nestlé)는 직원들의 건강 및 임금 안정성을 경영진 보상 체계에 적용했으며, 미국의 인기 프랜차이즈 치폴레(Chipotle)는 인종과 성별에 따른 임금 공정성을 유지하고, 조직 발전을 위한 지원 프로그램의 실행 여부를 경영진 보상에 연동하였다(표 2-2 참조).

---

17 Hamid Boustanifar & Young Dae Kang, Employee Satisfaction and Long-Run Stock Returns, 1984 – 2020, Financial Analysts Journal, 78:3, 2022, pp.129–151.

18 ESG 경제, 마스터카드 ESG 성과 보상, 경영진에서 전 직원으로 확대, 2022년 6월 16일.

표 2-2 경영진 성과에 E'S'G를 연동한 글로벌 기업

기업명	국가	경영진 보상 내용
애플(Apple)	미국	• 2021년부터 경영진의 현금 성과급 결정 시 ESG에 대한 경영성과를 반영 • 환경 · 이사회 다양성 · 직원 교육 · 직원 간 통합 · 보안성 등 여섯 가지 항목에 대해 경영진의 노력을 평가한 뒤 성과급 책정
네슬레(Nestlé)	스위스	직원 건강 및 보수의 안정성을 경영진 보상에 포함
치폴레(Chipotle)	미국	경영진 보상액의 10%를 다음 세 가지 ESG 목표에 연동 평가 • 음식 및 동물: 유기농 및 지역의 재생 농산물 구매량 증가 • 직원: 인종 및 성별에 따른 임금 형평성 유지 및 조직 발전을 위한 지원 프로그램 실시 • 환경: 2025년 발표 예정인 스코프 3(Scope 3)[19] 배출량 공개 목표를 2021년 12월 31일까지 앞당길 것

이처럼 사회(S) 성과는 광범위한 전통과 공신력을 가지고 있지만, 한 가지 단점이 있다. 그것은 바로 사회(S) 성과의 관리와 측정이 복잡하다는 것이다. 그렇다면 정말 직원의 만족도를 100% 객관적으로 측정할 수 있을까? (※ 2장에서 ESG가 CSR과 차별화되는 점은 ESG가 측정 가능한 개념이라는 것을 설명하였다.) 예를 들어, 환경(E) 성과인 '탄소 배출량 감축'은 수치로 측정할 수 있으며, 지배구조(G) 성과인 '사외이사 다양성'도 여성 사외이사의 숫자를 계산함으로써 측정할 수 있다.

하지만 사회(S) 성과는 임금이나 여성 직원 비율과 같은 단순한 정량적 요소로만 이루어져 있지 않다. 직원의 만족도는 상사의 태도나 부서 간의 인간관계와 같은 다양한 요소에 의해 영향을 받을 수 있다. 이러한 요소들을 모두 '직원 만족도'라는 ESG 평가에 반영하는 것은 어려울 수 있다. 한 예로 들어보면, 우리가 다니는 회사에 컨설팅사의 실사팀이 방문했다고 가정해보자. 설문지를 받았는데, 그중 하나의 질문이 '현재의 직원 보상 체계에 만족하시나요?'였다. 일부 직원들은 현재의 보상 체계에 만족하지 않을 수 있다. 만약 부서장이 경영진의 기분을 살피고 있다면, 그의 태도는 Top-down 형식으로 직원들에게 전파될 수 있다. 그 결과, 주변의 시선을 의식하여 자신의 진정한 의견과는 다른 응답을 제출하게 될 수도 있는 것이다.

이와 관련하여 알렉스 에드만스 교수는 'Check the box(형식주의적인 표기 방식)' 신드롬이라는 개념을 언급하였다. 이는 곧 보이는 것, 측정 가능한 평가 방식에 과도하게 의존하면 ESG 평가가 조작되기 쉽다는 점을 언급한 것이다. 예를 들어, 직원 보상에 크게 중점을 두지 않는 글로벌 기업이 '인종 다양성'을 강조하면서 소

---

19 스코프 3에 관한 내용은 14장과 21장에서 자세히 다룸.

수 인종인 아시아계 또는 아프리카계의 임원을 고용하는 모습을 보일 수 있다. 이는 표면적으로는 높은 평가를 받을 수 있지만 실제로는 대중과 투자자를 속이는 행위가 될 수 있다.

이러한 문제점에도 불구하고, 사회(S) 성과는 여전히 ESG의 핵심 구성 요소로서 그 가치와 신뢰성이 유지될 것이다. 중요한 문제는 ESG 평가기관이 해당 국가의 기업 문화와 특성을 얼마나 잘 이해하고, 그에 맞게 ESG 평가를 세밀화하는지 여부다. 더욱이, 조직 문화를 개선하고 직원과의 소통을 적극적으로 추구하는 경영진의 의지도 결정적인 요소가 될 것이다.

🌡 ESG 사례 분석

델타 항공의 이윤 분배, 아마존의 기후 행동 촉구. ESG 경영의 성공은 직원의 참여에 달려있다

미국의 주요 항공사 델타 항공(Delta Airlines)은 2005년 항공 산업의 위기로 인해 파산 보호를 신청한 바 있다. 그 과정에서 급여를 크게 줄여야 했던 조종사와 승무원들을 위해 회사는 '이윤 분배 제도'라는 새로운 보상 시스템을 도입하였다. 이 제도를 통해 승무원, 조종사, 사무 노동자 등 모든 직원이 밸런타인데이(2월 14일)에 이윤의 일정 비율을 상여금으로 받게 되었다. 이런 조치는 회사가 어려운 상황에서도 각각의 직원을 존중하고, 그들의 사기를 끌어 올리는 방향으로 작용하였다. 이러한 노력 덕분에 델타 항공은 위기를 극복하고, 2008년에는 노스웨스트 항공(Northwest Airlines)을 흡수합병하여 미국 최대 항공사로 성장하였다.

직원들이 경영진에게 기후변화 대응을 직접 요구한 사례도 있다. 세계 최대 온라인 플랫폼인 아마존의 직원들은 2019년 '기후 정의를 위한 아마존 직원들(Amazon Employees for Climate Justice)'이라는 네트워크를 만들어, CEO 제프 베조스와 이사회에 적극적인 기후 행동을 촉구하였다. 심지어는 직원들이 자신들의 주식을 모아 협상 카드로 활용하였다. 이에 제프 베조스 CEO는 이듬해 인스타그램에 "베조스 어스 펀드(Bezos Earth Fund)'라는 기후 위기 대응 기금 조성을 위해 100억 달러(약 13조 1,200억 원)의 자금으로 참여한다."라고 호응했다.

그림 2-9 **미국 구글 본사에서 임원 성추행에 항의하는 구글 직원들**
출처: https://www.hani.co.kr/arti/international/america/868520.html

반면, 직원의 의견을 무시한 결과로 위기에 처한 기업도 있다. 2018년, 구글(Google)은 세계 40여 지사에서 일어난 '동맹 파업'으로 인한 '미투 스캔들'에 휩싸였다. 이 파업은 '안드로이드의 아버지'라 불리는 앤디 루빈의 성추행 사실을 은폐하고, 거액의 퇴직금까지 지급한 사실이 언론에 보도된 뒤 발생한 것이었다. 구글이 루빈에게 4년 동안 9천만 달러의 보상금을 지급한 사실이 공개되었고, 회사는 이 사실을 부인하지 못하였다.

 한 줄 요약

- 좋은 경영의 출발점은 최소한의 자원을 투입하여 최대한의 결과를 내는 것이다(프레드릭 테일러).
- 직원들을 조직의 핵심 자산으로 간주하며, 이들이 새로운 결과물을 창출하거나 고객 관계를 형성하는 중심 역할을 한다(알렉스 에드만스).
- 측정 가능한 평가 방식에 과도하게 의존하면 ESG 평가가 조작되기 쉽다(Check the box 신드롬).

 토론 주제

- 프레드릭 테일러와 알렉스 에드만스 교수는 각각 경영진과 직원의 관계와 직원 만족도에 대해 서로 다른 시각을 제시하였다. 이 두 학자의 관점에서 볼 때, 공통점과 차이점은 무엇인가?
- 앞서 언급한 바와 같이 사회(S) 성과 측정은 다양한 이유로 어려움이 있다. 그렇다면 당신이 생각하기에 국내 기업의 어떤 문화가 객관적이고 정확한 사회(S) 성과 측정을 어렵게 만든다고 생각하는가?

CHAPTER 03
ESG 글로벌
기업 이야기

08
글로벌 기업의 ESG 노력과 성과

"앞으로 ESG를 전략적으로 채택하지 않는 기업에는 투자하지 않겠다."라는 결단을 밝힌 블랙록(BlackRock)의 CEO 래리 핑크는 약 9조 달러(1경 2,000조 원 정도)의 자산을 관리하는 세계적인 자산운용사를 이끌고 있다. 이 발언은 2019년 미국에서 열린 BRT(Business Round Table) 행사에서 이루어졌는데, 이 행사에는 영향력 있는 기업 최고경영자(CEO) 200여 명이 참석했다. 이 발언을 단지 래리 핑크의 개인적인 철학으로 간주할 수도 있겠지만, 투자자들과 투자기관들의 기대에 부응해야 하는 글로벌 기업 CEO들에게는 투자기업 CEO의 말 한마디도 중요하게 여겨질 것이다.

글로벌 기업들은 투자자들과 투자기관들의 요구를 충족시키기 위해 '친(親)ESG 기업'으로 기업 체질을 바꾸고 있다. 이러한 변화는 주로 ① 정부, 투자기관, 시민사회 등 외부 요구에 따른 ESG 경영 도입 ② CEO를 중심으로 한 주요 사업 변화 및 새로운 사업 기회 발굴 ③ ESG 투자자금을 통한 스타트업의 성장 자본 활용 ④ 협력 업

체에 대한 ESG 경영 문화 확산 등 네 가지 유형으로 나타난다.[1]

첫 번째 유형은 정부, 투자기관, 시민사회 등 외부 요구에 따른 ESG 경영 도입이다. ESG의 중요성을 뒤늦게 인식하고 그 흐름에 맞춰 기업 전략을 변경하는 경우가 이에 해당한다. 일본의 '세븐&아이홀딩스'를 예로 들 수 있다(우리나라의 '세븐일레븐' 편의점 체인). 이 회사는 2020년에 주유 시설을 갖춘 미국 편의점 체인 '스피드웨이(Speedway)'를 약 2조 엔(약 18조 5,600억 원)에 인수하였는데, 이는 그해 세계에서 가장 큰 인수합병 거래 중 하나였다. 하지만 이 인수는 문제가 있었다. '세븐&아이홀딩스'가 인수한 '스피드웨이'는 일반 편의점이 아니라 주유소와 함께 운영되는 편의점이었기 때문이다.

'세븐&아이홀딩스'의 의도는 전 세계적으로 편의점 사업을 확장하는 것이었지만, 투자기관들과 언론은 이를 '탈탄소' 움직임에 반하는 행동으로 보았다. 결국 '세븐&아이홀딩스'는 비판에 직면하게 되자 다양한 ESG 경영 계획을 발표하였다. 이 계획 중 2050년까지 음식 쓰레기 배출량을 75% 줄이기로 한 것이 가장 대표적이다. 더불어, 2021년 2분기부터는 이산화탄소(CO_2) 배출량을 임원 급여와 연동하였다. 이산화탄소 배출량을 2% 감축할 때마다 임원들의 급여를 5% 올리고, 이산화탄소 배출량이 2% 증가할 때마다 급여를 10% 줄이기로 한 것이다. 이러한 방식으로 자사의 친환경 경영에 대한 의지를 확고히 하였다.

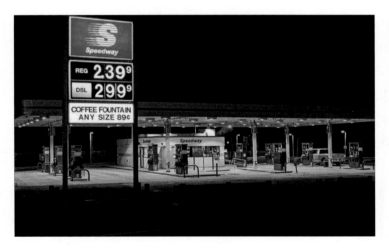

그림 3-1 미국의 편의점 체인 '스피드웨이' 매장

---

1   일부 유형 및 사례는 대한무역투자진흥공사(KOTRA)가 펴낸 「해외 기업의 ESG 대응 성공사례」 자료를 참고하여 재작성함을 밝힘.

두 번째 유형은 CEO를 중심으로 한 주요 사업 변화 및 새로운 사업 기회 발굴이다. 이는 고탄소 배출 화석연료 사업의 비중을 줄이고, 저탄소 분야로 사업을 다각화하는 전략이다. 대표적인 예로는 컴퓨터 운영 체제(OS)인 '윈도즈(Windows)'로 잘 알려진 미국의 '마이크로소프트(Microsoft)'가 있다. 이 기업은 2020년 1월에 10억 달러 규모의 기후혁신 펀드를 설립하여 2030년까지 탄소 제거 기술을 개발하기로 하였다. 또한, 2030년을 목표로 업무용 차량을 전기차로 전환하고, 2025년까지 데이터센터와 사무실을 100% 재생에너지로 운영하는 등 다양한 친환경 사업을 추진하고 있다.

이러한 변화의 배경에는 창업자 빌 게이츠의 환경주의 철학이 큰 역할을 하였다. 그는 2021년에 출간한 '빌 게이츠, 기후재앙을 피하는 법'에서 "기후재앙을 피하기 위해서는 전기와 식량, 물건을 생산하고 건물을 냉방하거나 난방하는 모든 행위로 인한 탄소 배출을 줄여나가야 한다."라고 강조하였다. 이처럼 마이크로소프트의 사업 변화는 창업자인 빌 게이츠의 강력한 친환경 경영 의지와 추진력이 반영된 결과로 볼 수 있다.

세 번째 유형은 ESG 투자자금을 통한 스타트업의 성장 자본 활용이다. '바이탈 팜스(Vital Farms)'라는 미국의 유제품 판매 회사는 '윤리적인 식품(ethical food)을 제공한다.'라는 회사 철학을 실현하기 위해 비슷한 농장 운영 철학을 가진 소규모 가족 농장들과 장기적인 협력 관계를 유지해왔다. 이들 농장과 함께 성장하기 위해 바이탈 팜스는 납품 가격을 동종업계 평균보다 높게 설정했으며, 이를 위한 자금은 'SJF 벤처스(SJF Ventures)', '선라이즈 스트래티직 파트너스(Sunrise Strategic Partners)' 등의 투자기관으로부터 1~2년 주기로 조달해왔다.

이러한 윤리적인 경영 방식으로 바이탈 팜스는 소비자들의 큰 호응을 이끌어냈고, 이를 바탕으로 2020년 초에는 기업공개상장(Initial Public Offering, IPO)을 통해 약 2억 달러(약 2조 6천억 원)의 자금을 유치하였다. 이는 중소 농장과의 공생을 통해 '착한 기업' 이미지와 좋은 평판을 얻어낸 성공적인 사례로 여겨질 수 있다.

네 번째 유형은 협력 업체에 대한 ESG 경영 문화 확산이다. RE100에 가입한 글로벌 기업들이 자사와 거래하는 협력 업체에 재생에너지 사용을 권장하는 것이 이를 대표하는 예이다. 특히 애플(Apple)과 월마트(Walmart) 같은 미국의 주요 IT 및 유통 기업들이 선두를 지휘하며, 재생에너지 사용을 계약 조건으로 명시하는 사례가 증가하고 있다.

애플은 전 세계 110개 이상의 협력 업체에 100% 재생에너지를 사용해 제품을 생산할 것을 요구했고, 이를 위한 '청정에너지 포털'을 운영하고 있다. 더 나아가, 제품을 납품하는 협력 업체의 탄소 배출 절감량을 자사의 이산화탄소 배출량 절감 목표에 포함하였다. 이는 글로벌 기업들이 ESG 경영의 중요성을 인지하고 이를 실천하는 데 그치지 않고, 협력 업체를 포함한 주변 기업에도 이러한 가치를 전파하는 모범적인 사례로 여겨진다. 각기 다른 유형을 가진 글로벌 기업들이 자신들의 주요 사업과 문화에 적합한 ESG 경영을 추진하고 있다는 점은 분명하다.

금융회사의 ESG 경영 접근법은 약간 다르다. 금융회사에서 가장 중요시하는 ESG 경영의 핵심 요소는 '지속가능 금융(Sustainable Finance)'이다. 국제통화기금(IMF)이 처음 도입한 이 개념은 ESG 원칙을 기업의 경영 의사 결정, 경제 개발 및 투자 전략에 통합하는 것을 의미한다. 그리고 이것이 궁극적으로 지역사회에 긍정적인 영향을 미친다는 것이 핵심이다.

금융회사의 사업 특성상 대출 기관(기업 고객)에 주식이나 채권 발행을 위한 자금을 조달하거나 기업 분석 등의 정보 서비스를 제공한다. 이런 기업 고객에게 지속가능 금융의 실천을 돕기 위해 금융회사들은 기업 관여(engagement)와 의결권 행사(proxy voting) 등의 방식을 활용한다(그림 3-2 참조).

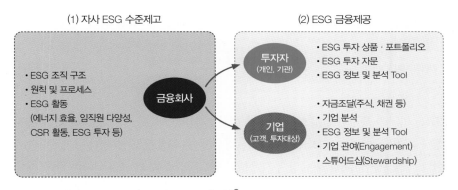

그림 3-2 금융회사와 대출 기업 간의 ESG 경영(금융)[2]

먼저, 기업 관여란 금융회사가 자사의 ESG 역량과 기준을 기업 고객에게 전달하는 과정을 말한다. 구체적으로 보면, 투자은행이나 자산운용사와 같은 금융회사가 자사의 ESG 관련 정보를 공유하고, 이에 대한 고객 기업의 공시 개선을 요구하는 행위이다.

이러한 활동은 금융회사가 자신의 ESG 기준에 따라 기업 고객의 ESG 성과를 요

---

2 출처는 다음 자료의 '그림 II-1'임. 자본시장연구원, 해외 금융회사의 ESG 경영 현황 및 시사점, 이슈 보고서 21-16.

구하는 것이므로 금융회사 스스로 높은 ESG 역량을 갖추는 것이 중요하다는 점을 강조한다.

이와 같은 접근법을 사용하는 대표적인 사례로는 글로벌 자산운용사인 블랙록이 있다. 블랙록은 이사회의 독립성, 조직의 다양성, 기후변화 대응 전략 등 투자 대상 기업의 장기 성장에 있어서 중요한 요소들이 자신들의 ESG 요구 수준을 반영할 수 있도록 가이드라인을 제공하고 있다(표 3-1 참조).

표 3-1 글로벌 자산운용사 블랙록(BlackRock)의 기업 관여 가이드라인 [3]

항목	내용
이사회 질 및 효력	• 독립적, 비임원 이사회 이사에 대한 접근성 • 이사회 구성 및 다양성에 관한 정보 제공
기후 및 자연 자원	• 탄소중립 달성을 위한 회사 시나리오 설명 • TCFD(Task Force on Climate-related Financial Disclosures)에 부합한 탄소 배출(scope 1,2) 및 감축 목표 • 지속가능성을 위한 자원 활용에 대한 기업 경영 활동의 부합성 공개
전략, 목적 및 재무적 견고성	• 기업의 장기성장 계획에 중요한 지속가능 리스크 및 기회를 어떻게 반영하는지 설명 • SASB(지속가능성 회계기준위원회) 기준에 부합한 산업별 주요 지표 제공
가치 창출을 위한 인센티브 부합성	기업의 장기 지속가능 가치 창출을 위한 전략 및 실행 계획에 부합한 보상 및 인센티브 구조 여부
기업의 사회적 임팩트	• 조직 다양성 제고 등의 정책 및 대응 사례 정보 제공 • 이해관계자 가치 제고를 위한 기업의 노력 정보 제공

또한, 의결권 행사란 금융회사가 투자 대상 기업의 이사회 안건 중 자사의 의결권 행사 지침(stewardship code)을 위반하는 경우 반대 의결권을 행사하는 행위를 의미한다. 예를 들면, 미국의 유명 투자은행인 골드만삭스(Goldman Sachs)는 당사 자산운용 사업 부문(Goldman Sachs Asset Management)의 의결권 행사 지침에 기업 임직원의 다양성을 반영하고 있다.

구체적으로 말하면, 투자 대상 기업의 이사회에 최소 1명의 여성 이사가 없는 경우 골드만삭스는 해당 기업의 이사회 안건에 대해 반대 의결권을 행사한다. 이처럼 금융회사들은 다양한 ESG 관련 이슈에 대해 기업 고객에게 ESG 경영을 위한 목소리를 내고 있다.

---

3 자본시장연구원이 2021년 발행한 「해외 금융회사의 ESG 경영 현황 및 시사점」의 표 II-3을 재인용 및 재구성함. 또한 기업 공시 기준 관련 개념인 TCFD와 SASB는 추후 '11. ESG 공시, 기업들이 떨고 있다'에서 자세히 다루고자 한다.

ESG 사례 분석

기후변화에 무관심하고 오해를 불러일으키는 여론 전파…. 대중의 신뢰를 잃은 엑슨모빌

친환경 흐름에 제때 적응하지 못하고 기후변화에 대한 잘못된 여론을 확산하다가 '안티 ESG 기업'으로 낙인찍힌 글로벌 기업이 있다. 그 기업이 바로 미국의 석유회사 엑슨모빌 (ExxonMobil)이다. 이 회사는 주유소 사업뿐 아니라 천연가스의 시추부터 판매에 이르기까지 글로벌 정유업계의 대기업으로 널리 알려져 있다. 이들의 주 사업인 석유가 환경친화적이지 않다는 점은 알려져 있었고, 이 회사는 기후변화 위기를 일찌감치 인식했음에도 불구하고 오히려 대중에게 잘못된 정보를 전파하는 시도를 하다가 대중의 비난을 받았다.

특히, 엑슨모빌은 기후변화 위기가 악화되기 전인 1970년대부터 이미 기후변화 위험을 인식하고 있었다는 것이 밝혀져 대중의 분노를 불러일으켰다. 국제학술지 '사이언스 (Science)'[4]에 따르면, 미국 하버드 대학과 독일 포츠담 대학 등의 국제 공동 연구팀이 엑슨모빌의 과학자들이 1977년에서 2002년 사이에 작성한 것으로 보이는 내부 문서 32건과 논문 72건을 분석한 결과, 화석연료가 기후변화에 영향을 미치며, 화석연료의 사용으로 인해 지구 온도가 10년마다 0.2도씩 상승하고 있음을 발견했다.

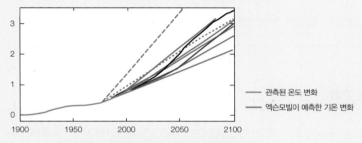
범례: 관측된 온도 변화 / 엑슨모빌이 예측한 기온 변화

그림 3-3 **엑슨모빌이 예측한 기온 변화(검은색)와 실제 기온변화(회색)**

이 논문에 따르면, 엑슨모빌의 과학자들은 실제로 측정된 온도 변화와 일치하는 예측을 하였으며, 2000년을 전후로 사람들이 지구온난화를 체감할 것이라는 점도 정확히 예측했다는 것이 밝혀졌다. 그러나 이들은 내부적으로는 기후변화 위기에 대한 실질적인 사실을 알고 있음에도 불구하고, 외부적으로는 자사와 연관된 연구기관들을 통해 잘못된 정보를 확산하였다는 사실이 밝혀졌다.[5] 더욱이 2020년에는 친환경 대체에너지에 대한 투자를 확대하는 경쟁사인 셰브런(Chevron), 로열 더치 쉘(Royal Dutch Shell), BP와는 달리 이산화탄소 배출량을 2025년까지 더욱 증가시킬 계획이라는 사실이 밝혀졌다.[6]

---

4 G. Supran et al., Assessing ExxonMobil's global warming projections.Science379, eabk0063(2023).

5 조대형, ESG 글로벌 추진 현황과 사례 분석, 인문사회 21, 12(3), 2021, pp.2651-2662.

6 Bloomberg, Exxon's Plan for Surging Carbon Emissions Revealed in Leaked Documents, 2020.10.05.

결국, 친환경 에너지 흐름의 변화에 적절히 대응하지 못하고 투자기관과 대중의 신뢰를 잃은 엑슨모빌은 한때 그들의 경쟁사인 셰브런에 시가총액 1위 자리를 내주었다(2020년 기준). 이러한 엑슨모빌의 사례는 친환경 경영과 같은 시대의 흐름을 따르지 못하면 기업의 평판이 크게 떨어질 수 있다는 것을 보여준다.

한 줄 요약

- 글로벌 기업들이 ESG 경영을 도입하는 유형은 다음의 네 가지로 분류된다: ① 정부, 투자기관, 시민사회 등 외부 요구에 따른 ESG 경영 도입, ② CEO를 중심으로 한 주요 사업 변화 및 새로운 사업 기회 발굴, ③ ESG 투자자금을 통한 스타트업의 성장 자본 활용, ④ 협력 업체에 대한 ESG 경영 문화 확산

- 친환경적 변화를 무시하고 기후변화 위기에 대한 잘못된 정보를 대중에게 전파하는 것은 장기적으로 기업의 이미지와 신뢰도를 손상시키는 결과를 초래할 수 있다.

- 금융 기업들은 기업 관여 및 의결권 행사를 통해 ESG 금융(또는 경영)을 실천하고 있다.

토론 주제

- 주요 사업이 화석연료와 관련된 기업들은 ESG 경영 도입에 상당한 시간과 비용이 필요할 수밖에 없다. 이런 상황에서 한정된 임기를 가진 경영자들이 이사회, 지역 커뮤니티, 주주 등 이해관계자들의 동의를 얻기 위해 어떠한 노력을 기울여야 할까?

- 잘 알고 있는 국내 기업 한 곳을 선정해보자. 이 장에서 언급된 네 가지 ESG 경영 도입 유형 중에서 어떤 것이 선정한 기업의 ESG 경영 전환에 가장 적합할 것 같은가?

09

삼성전자는 왜 RE100 선언이 늦었을까?

화석연료 사용 감소는 기후변화에 대한 중요한 대응 방안이며, 그 핵심은 대체에 너지의 활용이다. 그러나 이익을 추구하는 기업들에게 제품 생산에 필요한 대체 에너지 없이 화석연료를 줄이라는 요구는 사실상 경영 활동을 중단하라는 것과 같 다. 이러한 문제를 해결하기 위한 'RE100 캠페인'은 이산화탄소 배출량을 줄이는 동시에 환경에 무해한 재생에너지를 사용하도록 장려하고 있다.

RE100이란 'Renewable Energy 100%'의 줄임말로, 기업이 자신의 경영 활동에 필요한 에너지를 100% 재생에너지[7]로 대체하겠다는 의미이다. 비영리 기관인 더

---

7 일부 언론에서는 '신재생에너지'와 '재생에너지'를 혼용하여 쓰지만, 두 단어는 명확하게 다른 개념이 다. 재생에너지는 '재생 가능한 에너지를 변환시켜 이용하는 에너지'를 말한다. '신재생에너지'는 '신에 너지와 재생에너지'를 합친 것으로, 우리나라에서만 사용하는 용어다. 두 단어의 혼용이 문제가 되는 가장 큰 이유는, 신재생에너지를 구성하는 '신에너지'에 기존 화석연료가 변형된 에너지원들이 포함 되어 있기 때문이다. 다시 말해, 이산화탄소를 배출하는 에너지원임에도 불구하고 마치 환경친화적인 재생에너지와 같은 것으로 받아들여질 우려가 있다.

클라이밋그룹(The Climate Group)과 탄소정보공개프로젝트(Carbon Disclosure Project, CDP)가 협력하여 2014년 9월 유엔(UN) 기후정상회의에서 시작한 이 캠페인은 현재까지 총 410곳의 기업들이 참여하고 있다.[8]

국내 연구에 따르면, RE100에 참여하는 기업들의 에너지 총소비량은 연간 329TWh[9]를 넘어가며, 이 중 약 47%를 재생에너지로 충당하고 있다는 결과가 나왔다.[10] 이는 RE100 참여 기업들이 화석연료 대체에 강한 의지가 있다는 것으로 해석할 수 있다.

더클라이밋그룹과 CDP는 매년 각 기업의 RE100 선언과 참여 상황을 연간 보고서로 공개하고 있다. 이 보고서에 따르면, 여러 기업들은 환경 책임, 고객의 기대, 그리고 주주들의 요구를 충족시키기 위해 RE100에 가입하고 있다. 이는 정부와 투자기관의 친환경적 경영 요구를 받아들이는 것이다.

그러나 RE100 참여를 주저하게 만드는 요인들도 존재한다. 화석연료 사용에 의존하던 기업들에는 재생에너지를 구매하고 사용하는 과정이 까다로울 수 있다. 재생에너지는 가격부터 관련 인프라 설치까지 상당한 비용이 들어가기도 한다.

그럼에도 불구하고 RE100에 참여한 글로벌 기업들은 계획대로 재생에너지 전환을 순차적으로 진행하고 있다. 예를 들어, 애플은 2018년에 전 세계 매장과 법인 사무실에서 100% 재생에너지 사용을 실현했으며, 2030년까지는 제조 공급망 및 제품의 전체 생애주기를 포함하여 탄소중립을 달성할 목표를 세웠다. 경쟁업체인 구글과 페이스북도 최근에 100% 재생에너지 사용을 달성했다. 이렇게 목표를 달성한 기업들은 매년 더클라이밋그룹과 CDP에 재생에너지 사용 실적을 보고하고, 그 결과를 검증받는다.

제조업체들의 재생에너지 사용의 이행실적은 상대적으로 떨어지는 경향이 있다. 더클라이밋그룹과 CDP의 2023년 보고서에 따르면, IT 기업인 미국의 애플과 알파벳(Alphabet, 구 Google)은 2021년 재생에너지 이행 실적(RE 검증)이 각각 99.3%와 55%에 이르렀다. 반면, 자동차 제조업체인 미국의 GM(General Motors)과 인도

---

8 https://www.there100.org/re100-members
9 TWh(테라와트시)는 전력량을 세는 단위이다. 전력은 힘이고, 전력량은 그 힘을 이용한 시간(h) 동안의 양을 의미한다. 가장 작은 전력 단위는 1W(와트)이며 시간을 곱하면 Wh(와트시)라고 읽는다. 그런데 전력량이 높아지면 편의상 사용하는 단위가 바뀐다. 예를 들어 100,000Wh는 100kWh(킬로와트시)와 같으며, 1,000,000,000,000Wh는 1TWh와 같다.
10 신훈영 and 박종배, 국내외 RE100 운영현황 분석 및 국내 RE100 활성화를 위한 방안, 전기학회논문지, 70(11), 2021, pp.1645-1654.

의 타타모터스(Tata Motors)는 각각 23%, 19%를 기록했다.

이 결과는 데이터센터의 전력 사용이 전부인 IT 기업에 비해, 자동차 제조 과정에서 많은 탄소를 배출하는 자동차 제조업체들이 '탈탄소 전환'에 더 큰 부담을 느끼는 현실을 반영하고 있다.

표 3-2 **RE100에 참여하는 글로벌 기업들의 목표 및 현황**[11]

기업	국가	업종	100% 목표연도	2021년 이행 실적 (RE 검증)	2020년 이행 실적 (RE 자기 보고)
애플	미국	IT	2021년	99.3%	100%
GM	미국	제조업	2035년	23%	24%
알파벳(구 Google)	미국	IT	2017년	55%	100%
Tata Motors	인도	제조업	2030년	19%	20%

10년 전에는 없었던 RE100이라는 개념이 최근에는 글로벌 기업들의 친환경 경영을 주도하는 핵심 이슈로 부상한 배경에는 ① 전 세계적인 친환경 에너지 정책 여건 조성, ② 재생에너지 글로벌 시장 활성화, ③ 글로벌 소비자의 소비 패턴 변화 등과 같은 요인이 있다.[12]

첫째, 선진국을 중심으로 각국의 정부 기관들이 친환경 산업 정책을 통해 기업들의 친환경 에너지 사용을 촉진하고 있다. 2021년 6월에 미국 정부는 약 1.2조 달러(약 1,550조 원)의 인프라 투자 계획을 발표하였는데, 이는 청정 교통, 청정 수자원, 범용 광대역 인프라, 청정 전력 인프라 및 송전선 건설 등을 통해 재생에너지 산업을 지원하는 방안이 포함되어 있다.

유럽연합(EU)도 2019년에 제안한 유럽 그린딜(Green Deal)의 일환으로 2023년 2월에 '그린딜 산업 계획(Green Deal Industrial Plan)'을 제안하였다. 이 계획을 통해 친환경 산업에 관한 규제 개선, 자금조달 원활화, 숙련된 인력의 역량 강화 및 관련 산업의 교역 활성화 등을 추진한다는 방침을 세웠다.

둘째, 글로벌 재생에너지 시장의 활성화가 기업들의 RE100 참여를 촉진하고 있다. 최근에는 코로나19의 영향으로 전 세계적으로 부품 가격, 원자재 및 물류비가 상승하였지만 재생에너지의 보급, 특히 전력부문에서의 재생에너지 사용은 상승

---

11 더클라이밋그룹과 CDP가 펴낸 RE100 annual disclosure report 2022를 참고하여 재구성함을 밝힘.
12 각 유형은 포스코경영연구원(POSRI)이 2018년 10월 펴낸 「글로벌 기업이 약속하는 재생에너지로의 전환, RE100」을 부분적으로 참고함을 밝힌다.

추세를 유지하고 있다.

연구 결과에 따르면, 신규로 보급된 재생에너지 발전설비의 용량은 315GW[13]에 달하며, 이는 전체 발전설비 신규 도입 용량의 84%를 차지한다. 더욱 주목할 점은 재생에너지 발전 비중이 지난 10년 동안 8%포인트 증가하였다는 점이다.[14]

셋째, 글로벌 소비자들의 소비 패턴 변화이다. 젊은 세대를 중심으로 친환경 제품에 대한 소비가 급증하고 있다. 이러한 소비자들은 단순히 기업이 친환경 제품을 개발하는 것뿐만 아니라, 제품의 생산부터 공정에 이르는 전 과정에서 친환경 요소를 고려한 기업들을 선호하는 경향이 있다.

PwC의 글로벌 소비자 조사 결과에 따르면, 응답자의 53%가 친환경 제품을 구매하며, 친환경 포장재를 사용하는 제품을 선호한다고 응답했다.[15] 이러한 변화를 반영하여 최근 '그린(Green)'과 '컨슈머(Consumer)'를 결합한 '그린슈머(Greensumer)'라는 개념이 등장하였다.

그린슈머의 주요 특징은 ① 환경보호를 위해 비싼 제품에 대한 구매 의사가 분명하다는 점, ② 제품의 생산 방식, 포장재, 원료 등에서 친환경적 요소를 중요하게 생각한다는 점, ③ 친환경 경영을 실천하는 기업을 선호한다는 점으로 요약할 수 있다.[16]

이처럼 정부의 친환경 정책, 재생에너지 시장의 활성화, 그리고 소비자들의 소비 패턴 변화는 국내외 기업들이 RE100에 참여하도록 유도하는 결정적인 요인으로 작용하고 있다. 이러한 변화에 적응하며 재생에너지라는 새로운 비즈니스 기회를 찾아가는 것은 우리나라 기업들이 직면한 중요한 과제이다. 또한, 국내 기업들이 재생에너지를 더욱 쉽게 확보할 수 있도록 정부의 정책적 지원도 필수라고 할 수 있다.

---

13 W(와트)는 '단위시간' 동안 생산 및 공급되는 전력 에너지를 뜻하며, 1GW(기가 와트)는 1,000,000,000W를 의미한다.

14 장연재 and 공지영, 국제 신재생에너지 정책변화 및 시장분석. 에너지경제연구원.

15 PwC Survey(2021)

16 한국무역협회, 친환경 소비시대, 부상하는 그린슈머를 공략하라!: 팬데믹으로 강화된 친환경 소비트렌드 대응전략. 2022년 9호.

왜 삼성전자는 대만 TSMC보다 RE100 선언이 늦어졌을까?

전 세계적으로 유명한 기업인 삼성전자와 대만의 TSMC는 세계 반도체 시장에서 선두를 다투고 있다. 메모리 반도체를 주력으로 하는 삼성전자와 반도체 위탁생산을 주로 하는 TSMC는 이 분야에서 엎치락뒤치락하며 경쟁하고 있다.

이런 상황에서 삼성전자가 TSMC에 비해 상당히 뒤처진 부분이 RE100 참여이다. TSMC는 2020년 7월에 RE100에 가입하였고, 삼성전자는 이 보다 2년 2개월 늦은 2022년 9월에 가입하였다. 구글, 애플, GM 등의 글로벌 기업들은 훨씬 이전에 RE100에 가입하였기 때문에 "삼성전자는 친환경 경영에 무관심한가?"라는 오해를 사기도 했다.

삼성전자뿐만 아니라 국내 다른 기업들이 RE100에 가입하는 데 큰 걸림돌은 한국의 재생에너지 비용이 높다는 것이다. 재생에너지 공급가격을 보여주는 REC의 경우, kWh당 평균 가격은 43원으로(2022년 9월 기준), 중국과 미국의 1.2원에 비해 40배가량 많다. 발전단가를 비교해보아도 큰 차이를 보인다. 태양광의 경우, 한국의 kWh당 발전단가는 116원으로, 중국의 42원, 미국의 48원에 비해 2배 이상 높다. 이와 같은 비용 차이는 최종적으로 가격 경쟁력 저하로 이어질 수밖에 없으며, 이로 인해 제조업을 기반으로 하는 우리나라 기업들은 RE100에 적극적으로 참여하기 어려워질 수 있다.

뿐만 아니라 정부의 제도적, 정책적 지원이 부족하다 보니, 상황은 더욱 어려워질 수밖에 없다. 대한상공회의소가 국내 제조업체 300개 사를 대상으로 조사한 결과, 국내 기업 중 35%가 RE100 가입의 가장 큰 어려움으로 '비용 부담'을 지적하였다.[17] 대만 정부가 TSMC를 지원하는 모습은 참고할 만하다. TSMC가 덴마크의 풍력기업 오스테드(Ørsted)와 920MW급 해상풍력 발전소로부터 20년 동안 전력을 구매하기로 하는 장기 계약을 체결할 때, 대만 정부는 송전망 이용료의 90%를 지원하기로 하였다.[18]

---

17 대한상공회의소, 국내 제조기업의 RE100 참여 현황과 정책과제 조사, 2022년 8월 29일.

18 매일경제, "RE100 기준 맞추려면 대만 TSMC처럼 정부가 지원을", 2022년 9월 14일.

한 줄 요약

- 다양한 기업들이 환경적 책임, 고객의 기대치 충족, 그리고 주주들의 요구를 충족시키기 위해 RE100에 참여하고 있다.

- 높은 재생에너지 비용은 국내 기업들이 RE100 참여를 망설이는 주요 원인이다.

- 기업들이 RE100에 참여하게 된 배경에는 전 세계적인 친환경 에너지 정책의 조성, 글로벌 재생에너지 시장의 활성화, 그리고 글로벌 소비자의 소비 패턴의 변화가 있다.

토론 주제

- 기업들의 RE100 참여와 그에 따른 재생에너지 확보 노력이 장기적, 단기적으로 그들의 제품 가격 경쟁력에 어떤 영향을 끼치는가?

- 자신이 그린슈머라고 느껴지는가? 만약 그렇다면 당신의 친환경적인 소비 행위가 국내 기업의 친환경 경영에 어떤 영향을 미치고 있다고 생각하는가? 또, 그렇지 않다면 어떤 방법으로 기업의 친환경 경영을 독려할 수 있을까?

10

전기차는 항상 친환경적일까?
– 전과정평가(LCA)가 중요해진 이유

탈탄소화를 추구하는 글로벌 기업들 중에서도 자동차 제조업은 전환 비용이 상당히 높은 편이다. 기존의 내연기관 중심의 자동차 시장에서 친환경적 방향으로 전환하기 위해서는 전기자동차 같은 친환경 이동 수단의 생산 비중을 늘려야 하기 때문이다. 친환경 규제 강화와 그린슈머의 수요 증가에 따라 전기자동차의 인기는 계속해서 상승하고 있다.

미국의 테슬라(Tesla)는 이런 변화의 주도권을 잡고 있으며, 그들의 글로벌 시장점유율은 크게 높아졌다. 2022년에 테슬라는 전 세계적으로 총 130만 대의 전기자동차를 판매하였으며, 이는 2위를 차지한 중국의 비야디(BYD)의 90만 대, 3위 독일의 폭스바겐(Volkswagen) 그룹의 60만 대, 그리고 4위 한국의 현대자동차의 40만 대를 웃도는 숫자다.[19] 2003년 설립된 테슬라는 상대적으로 역사가 짧은 신생

---

19 https://www.tesla.com/ko_kr/impact/environment

기업임에도 불구하고 오랜 역사를 지닌 경쟁사들보다 눈부신 성과를 내고 있다.

전기자동차가 '친환경 자동차'라고 불리는 이유는 굉장히 단순하다. 전기자동차는 운행 중에 이산화탄소를 배출하지 않기 때문이다. 화석연료 기반의 가솔린이나 디젤 엔진 대신 배터리를 이용한 순수 전기 에너지를 동력으로 사용한다. 최근에는 전기자동차를 '미래의 자동차'로 인식하는 대중의 관심이 증가하면서, 전기 충전소의 인프라 확충을 포함한 다양한 친환경 정책들이 각국의 정부에 의해 잇따라 도입되고 있다.

여기서 주의해야 할 점이 있다. 앞서 말한 것처럼 전기자동차가 '친환경 자동차'로 불리는 것은 그것이 운행 중에 이산화탄소를 배출하지 않기 때문이라는 것이다. 하지만 이는 사용자가 전기자동차를 운전하는 동안에는 이산화탄소를 배출하지 않는다는 것이지, 자동차가 제조되는 과정에서 이산화탄소 배출이 없다는 것을 의미하지는 않는다.

전과정평가(Life Cycle Assessment, LCA)라는 개념은 제품이 생산되어 최종 폐기될 때까지의 전체 과정에서 발생하는 이산화탄소를 총체적으로 고려하는 것을 말한다. 이는 '탄소 발자국'이라고도 불린다. 모래사장을 걸으면 발자국이 남는 것처럼 제품 또한 제조부터 폐기에 이르는 과정에서 다양한 흔적을 남기기 때문이다.

LCA는 전기자동차를 예로 들면 동력원(엔진), 배터리와 차체의 제조 및 가공 과정, 운송 및 유통, 사용, 재활용, 그리고 마지막으로 폐기에 이르는 전 생애 과정에서 소비되는 에너지와 원료, 그리고 배출되는 오염물질의 배출량을 포괄적으로 고려한다. 이러한 전 과정 분석이 바로 LCA의 핵심 개념이다.

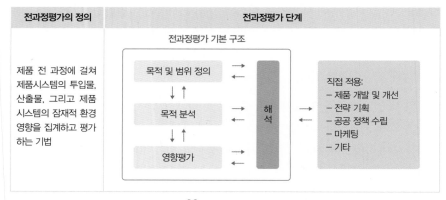

그림 3-4 **전과정평가(LCA)의 정의 및 적용**[20]

---

20 한국자동차연구원, 車 환경규제의 새 길잡이, 전과정평가(LCA), 2021년 1월 25일.

내연기관 중심의 자동차 업계에서 생명주기 전체의 탄소 발자국을 고려하는 LCA 적용을 가장 먼저 검토한 지역은 유럽이다. 유럽연합(EU)은 2019년부터 자동차에 대한 LCA 기준을 논의하기 시작했고, 이후 유럽의회와 유럽위원회도 EU에 LCA 규제의 도입과 적용을 검토하라는 요청을 했다. 이에 따라, 2023년까지 승용차와 경상용차의 이산화탄소 배출에 관한 EU의 공통 LCA 방법론과 그에 따른 법적 정책 등을 보고하기로 했다.

LCA 적용을 검토하는 곳은 유럽만이 아니다. 중국 역시 2025년 이후 LCA 기준 도입을 계획하고 있으며, 미국에서도 바이든 행정부의 친환경 정책에 따라 앞으로 LCA 도입 가능성이 높아 보인다.

만약 LCA가 자동차 산업에 완전히 적용된다면, 관련 산업 전체에 큰 변화가 예상된다. 한국자동차연구원은 2021년 펴낸 「차 환경규제의 새 길잡이, 전과정평가(LCA)」에서 자동차 산업에 LCA 규제가 적용되면 ① 하이브리드 자동차[21]의 재조명, ② 친환경 가치사슬의 중요성 증대, ③ 사용 후 배터리[22] 관련 산업의 활성화 등 변화가 있을 것으로 예상했다.

첫째, 하이브리드 자동차는 고용량 배터리를 사용하는 전기자동차와 비슷한 수준의 생명주기 이산화탄소 배출량을 가지고 있다는 사실이 밝혀졌다. 실제로, 자동차 산업 및 학계에서는 하이브리드 자동차와 전기자동차의 탄소 배출량이 큰 차이가 없다는 결과를 보여주는 연구들이 제시되었다.

둘째, 친환경 가치사슬의 중요성이 강조되었다. 완성차 제조사의 친환경 가치사슬을 관리하는 능력이 중요해지면서, 이들과 협력하는 친환경 공정기술을 보유한 부품 제조사의 역할이 점차 중요해지게 되었다.

셋째, 사용 후 배터리 관련 산업의 활성화가 예상된다. 전기차는 배터리 순환 과정에서 상당량의 이산화탄소를 배출하기 때문에 사용 후 배터리를 에너지저장시스템(Energy Storage System, ESS) 등으로 재활용하여 전기자동차 제조 과정의 환경적 영향을 줄이는 노력이 증가할 것으로 예상된다.

LCA 적용을 고려하더라도, 장기적인 관점에서 전기자동차가 내연기관 차량보다 더 친환경적인 이동 수단일 것으로 전망된다. 이는 배터리와 차체 제조 및 공정 과정에서 신재생에너지의 사용이 증가하면 이산화탄소 배출량이 줄어들기 때문이

---

21 하이브리드 자동차는 휘발유 또는 경유를 사용하는 엔진과 배터리를 이용한 모터가 함께 탑재되어 있는 차량이다. 이는 전기자동차와 달리 엔진을 통해 직접 차량을 구동할 수 있는 특징을 가지고 있다.
22 전기자동차에서 한 번 쓰고 난 이후의 배터리를 의미한다.

다. 또한, 전기자동차 배터리의 수명이 연장되고 재사용 및 재활용 기술이 개선됨에 따라 배터리 생산 과정에서의 이산화탄소 발생량이 줄어들 것으로 예상된다.

무엇보다 글로벌 자동차 제조사들이 전기자동차의 생산 및 판매 비중을 늘리는 동시에 해당 차량의 친환경성을 강조하고 있는데 이는 매우 긍정적인 현상이다. 대표적인 예로 독일의 폭스바겐 그룹은 '가장 적은 이산화탄소를 배출하는 전기자동차(Electric Vehicles with Lowest CO_2 Emissions)'라는 주제로 자사 차량의 전 과정 이산화탄소 배출량을 계산해 공개한 사례가 있다.[23]

이 자료에 따르면, 폭스바겐의 디젤 차량인 Golf TDI는 LCA에 걸쳐 내뿜는 탄소 배출량이 km당 140g인 반면, 전기자동차인 e-Golf는 119g에 불과한 것으로 나타났다. 자동차 생산 단계에선 e-Golf의 탄소 배출량이 km당 57g으로 Golf TDI(km당 29g)의 2배에 가깝지만, 운전자의 운행 과정에서는 e-Golf의 탄소 배출량이 km당 62g으로 Golf TDI(km당 111g)의 절반에 가까웠다. 이처럼 전기자동차에 대해 구체적인 정보를 알리는 것은 자사의 주주와 지역사회 등 이해관계자에 대한 책무에 충실한 것으로 평가할 수 있다.

🌡 ESG 사례 분석

하이브리드 자동차가 전기자동차보다 더 친환경적일까?

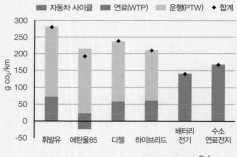

그림 3-5 km당 자동차 LCA 이산화탄소 배출량 비교[24]

'Well(원유 산지)-to-Wheel(바퀴)'이라는 표현은 자동차의 LCA 중 '사용 단계'를 나타낸다. 이를 'WTW 단계'라고도 부른다. 미국의 아르곤 국립 연구소(ANL)는 이 WTW 단계를 기반으로 GREET(Greenhouse Gases, Regulated Emissions, and Energy use in Technologies) 모델을 개발했다. 이 모델은 2003년부터 미국 환경보호국(EPA)에서 공식적으로 재생에너지 정책에 활용하고 있으며, 100가지 이상의 연료 데이터를 제공함으로써 여러 컨설팅 회사와 학계에서 자동차에 대한 LCA 분석에 활용되고 있는 오픈 소스 모델이다.

23 Volkswagen Group News, Electric Vehicles with Lowest CO2 Emissions, 2019년 4월 24일.
24 Auto Journal, 기후변화와 자동차 LCA. 2021년 5월호.

〈그림 3-5〉는 GREET 모델을 활용하여 재구성된 미국 중형 세단의 LCA 이산화탄소 배출량을 보여준다. 〈그림 3-5〉를 보면, 배터리 전기차와 수소전기차가 km당 가장 적은 이산화탄소를 배출하며, 85% 에탄올 자동차와 하이브리드 자동차가 그 뒤를 잇는다. 이는 전기자동차의 모터가 전자기적 효율이 80～90%로, 내연기관 엔진(40%)보다 월등히 높기 때문이다. 그러나 재료 및 제조 과정에서는 전기자동차가 내연기관(휘발유, 하이브리드 등)에 비해 더 많은 이산화탄소를 배출한다. 배터리의 재료와 생산 과정에서 고강도 이산화탄소 복합재료가 사용되는 것이 주요 원인이다. 따라서 자동차 제조 및 생산 과정에서 재생에너지가 활용되지 않는 한, 전기자동차는 기존 내연기관 차량에 비해 환경에 더 부담을 주는 것으로 판단할 수 있다.

한 줄 요약

- 전기자동차는 운행 중에는 이산화탄소를 배출하지 않아 친환경적으로 인식되지만, LCA 기준에서는 생산 단계에서의 많은 이산화탄소 배출로 한계를 가지고 있다.

- LCA 규제가 전반적으로 적용되면 ① 하이브리드 자동차의 재조명, ② 친환경 가치사슬의 중요성 증대, ③ 사용 후 배터리 관련 산업의 활성화 등이 예상된다.

- 전 세계의 자동차 회사들은 자사 웹사이트와 보도자료를 통해 자사의 전기자동차의 친환경성을 강조하고 있으며, 이는 주주와 지역사회 등 이해관계자에 대한 책임을 다하는 것이다.

토론 주제

- 자동차 구매 시 친환경적인 요소를 고려하는가? 그렇다면 그 이유는 무엇인가?

- 국내 자동차 산업의 탈탄소화를 가속화하기 위한 정부의 지원 방안은 어떤 것이 있을까?

CHAPTER 04
ESG
국내 기업 이야기

11

ESG 공시, 기업들이 떨고 있다

식품이 판매되는 미국의 체인점에는 독특한 특징이 하나 있다. 바로 각각의 식품에 칼로리가 표시되어 있다는 점이다. 이는 2018년부터 시작된 미국 식품의약국 (FDA)의 '메뉴 라벨링 규정'에 의한 결과이며, 20개 이상의 매장을 운영하는 모든 식품 소매판매업체와 레스토랑은 메뉴에 칼로리를 명시해야 한다. 이는 소비자의 권리를 보호하고 건강을 증진시키기 위한 조치로 간주된다.

식품 칼로리 표시 의무화는 기업의 ESG 정보 공시와 비교될 수 있다. 식품 체인점들이 소비자의 권리와 건강을 증진하기 위해 메뉴의 칼로리와 영양 정보를 공개하는 것처럼, 기업들도 자사의 ESG 성과에 대한 정보를 투자자와 투자기관에 공시해야 한다.

ESG 정보의 투명성이 중요한 이유는 ESG 정보 공시가 ESG 투자의 핵심 요소이기 때문이다. 주주와 투자자들이 연간 사업보고서를 통해 기업의 재무성과를 판단하는 것처럼 그들은 기업의 ESG 정보 공시를 통해 그 기업의 경영 활동이 지속가능성을 얼마나 잘 반영하고 있는지를 평가한다. 기업들은 지속가능경영보고서 (Sustainability Report)를 다양한 경로를 통해 ESG 정보를 공개할 수 있으며, 이는 그들의 경영 활동의 지속가능성을 외부에 전달하는 데 중요한 역할을 한다.

하지만 기업들은 ESG 정보 공시에 있어 선택적 공시 문제를 초래할 가능성이 있다. 기업은 자신의 산업 분야, 재무 상태, 그리고 투자자들의 정보 선호도에 따라 어떤 정보를 공시할지 선택할 수 있다. 다시 말해, 기업은 특정 정보를 공개하는 것에 따른 이익과 비용을 고려할 수 있는 것이다. 국내 자동차 제조사가 내연기관에서 전기차로의 전환 계획을 발표하는 경우를 생각해보자. 이는 장기적인 관점에서 보면 지속가능성이라는 글로벌 스탠더드를 충족하지만, 단기적으로 보면 기업에 상당한 재무적 부담을 가져올 수 있다. 이러한 이유로, 기업들은 선택적으로 정보를 공개하려는 유인을 제공할 수 있다.

지속가능경영보고서도 선택적 공시 문제를 초래할 수 있다. 사업보고서에서 기업이 재무성과를 제시하는 것처럼, 지속가능경영보고서는 기업의 환경(E), 사회(S), 지배구조(G) 성과를 담아 주주와 다양한 이해관계자들에게 소통의 창구로 활용한다.[1]

기업은 자체적인 판단에 따라 ESG 정보를 사업보고서에 포함시키거나 지속가능경영보고서에 반영할 수 있다.[2] 잘못된 ESG 정보를 지속가능경영보고서에 공개하게 되면, 투자기관에서는 이를 문제시하고, 정부 당국에서는 처벌할 수 있다. 그래서 기업들은 ESG 정보의 공시 여부 및 사실성을 회계법인과 같은 외부기관의 검증을 통해 확인하고 있다.

---

1 자본시장연구원이 2021년 펴낸 '지속가능보고 의무공시 이행을 위한 논의 방향'에 따르면, 지속가능경영보고서와 사업보고서의 차이는 다음과 같다. 첫째, 지속가능경영보고서의 정보 공개 범위와 대상이 사업보고서보다 다양하다. 특히, 환경(E), 사회(S), 지배구조(G) 의제 정보가 이해관계자에게 중요도(materiality) 관점에서 전달되어야 한다. 사업보고서의 이해관계자가 재무 투자자라면, 지속가능경영보고서의 이해관계자는 재무 투자자뿐 아니라, 주주와 소비자, 공공 부문 등 그 범위가 더욱 확대된다. 둘째, 지속가능경영보고서가 (사업보고서에 비하여) 기업의 장기적인 성장 측면의 내용을 더욱 다룬다는 것이다. 사업보고서는 단일 사업연도에 대하여 과거 정보를 바탕으로 기술되기 때문에 향후 지속가능한 가치 창출 여부에 대한 정보가 부족하다고 할 수 있다.

2 우리나라에서 재무제표를 비롯한 사업보고서상 내용은 자본시장법에 따르며, 지속가능경영보고서는 한국거래소 규정에 따른다.

그림 4-1 **삼성전자와 애플의 2022년 지속가능경영보고서 표지** (출처: 삼성전자와 애플 홈페이지)

최근 ESG 정보 공시의 트렌드는 '의무화'와 '표준화'로 요약된다. 유럽연합(EU)은 2018년부터 종업원 수 500인 이상의 대형 상장기업, 그리고 은행 및 보험 등의 금융 기업에 대해 '비재무정보 보고지침(Non-Financial Reporting Directive, NFRD)'을 통한 공시 의무화를 실시했다. 그러나 이 지침은 공시 정보에 대한 상당한 재량권을 기업에 부여한 탓에 개정 논의가 계속되었고, 결국 2021년 4월, 기업의 지속가능성 보고 요건을 강화한 '지속가능성 보고지침(Corporate Sustainability Reporting Directive, CSRD)'이 발표되었다.

미국 증권거래위원회(SEC)는 2022년 3월에 기후 관련 정보 공시의 의무화를 발표했다. 이에 따르면, 기업들은 사업보고서 등의 공시 자료에 별도로 기후 관련 공시 부문을 설정하고 해당 내용을 작성해야 한다. 구체적으로는 기후변화 리스크가 기업의 전략, 사업 모델, 그리고 전망에 미치는 영향, 이사회와 경영진의 기후 관련 리스크에 대한 감독과 거버넌스 정보, 기후 관련 위험을 식별, 평가, 관리하기 위한 절차 및 그 효과성, 그리고 온실가스 배출량에 대한 정보 등이 포함되어야 한다.

ESG 공시 기준의 표준화가 전 세계적으로 진행되고 있는 추세다. 이를 대표하는 사례로 2020년 9월, ESG 정보 공시 관련 주요 이니셔티브[3] 기관들이 ESG 정보 공시 표준화를 위한 통합 작업 공동의향서를 발표한 것이다. 이에 참여한 기관들은 탄소정보공개프로젝트(Carbon Disclosure Project, CDP), 기후정보공개표준위원회(Climate Disclosure Standards Board, CDSB), 지속가능회계기준위원회(Sustainability Accounting Standards Board, SASB), 글로벌보고이니셔티브(Global Reporting Initiative, GRI), 그리고 국제통합보고위원회(International Integrated Reporting Council, IIRC) 등이다.

---

3 이니셔티브는 각 산업계에 속한 글로벌 기업들의 행동강령 또는 가이드라인 형태의 자율 규범을 만들어 상호 이행을 독려하고 협력하는 기업 단체를 의미한다.

표 4-1 ESG 정보 공시와 관련된 대표적인 글로벌 이니셔티브 기관

명칭	설립 연도	기능 및 역할
CDP	2000년	국내외 기업에 기후변화 대응 및 환경경영 관련 정보 공개 요구
CDSB	2007년	기후변화 관련 정보를 주류 재무보고에 통합하여 투자자 및 금융 시장에 중요한 정보를 제공
GRI	1997년	국내외 기업의 지속가능성 보고(지속가능경영보고서)를 위한 글로벌 프레임워크 제공
IIRC	2010년	기업의 재무 및 비재무성과를 통합적으로 공개하는 기준 제정
SASB	2011년	기업의 지속가능성 보고에서 (재무성과와 연계된) ESG 요소 중심으로 세부 지침 제공
TCFD	2015년	기업의 비즈니스 및 투자 결정에 적용될 수 있도록 기후 관련 위험 및 기회의 재무 영향 관련 정보 공개 프레임워크 개발 및 제공

당시에 참여한 기관들은 재무와 비재무 정보 통합 등 보다 통합적이고 유기적인 기업 정보 보고 체계 구축을 지향한다는 공동의향서를 발표했다. 이들은 기후변화, 질병(코로나19), 지속가능성 성과, 재무 위험, 그리고 기업 수익 간의 상관관계가 점점 더 강화되는 상황에서 ESG 공시 표준화의 필요성을 주장했다. 같은 해, 지속가능회계기준위원회(SASB)와 기후정보공개표준위원회(CDSB)는 공동으로 기후변화 관련 재무정보공개 협의체(Task Force on Climate-related Financial Disclosures, TCFD)의 권고안에 관한 실행 가이드와 핸드북을 발간했다. 더불어, 글로벌보고이니셔티브(GRI)와 지속가능회계기준위원회(SASB)는 공동으로 기준 제정을 위한 협업 시행 계획을 발표하였다.

이러한 이니셔티브 기관들의 활발한 움직임은 ESG 공시 표준화에 대한 요구가 증가한 결과이다. 특히, 자산운용사 블랙록의 래리 핑크 회장이 기후 관련 TCFD 및 SASB의 공시를 의무화하도록 요청한 이후로, ESG 공시를 도입한 기업의 수가 크게 증가하였다. 예를 들어, 2018년 말에 SASB 표준이 공개된 이후 이를 활용한 기업의 수는 2019년 117개에서 2020년에는 540개로, 거의 4배 이상으로 증가하였다.

향후 ESG 정보 공시 분야에서 주목할 만한 기관은 국제회계기준재단(IFRS 재단)이다. IFRS 재단은 정보 공시 기준을 제정하는 전문성과 절차를 갖추고 있으며, 다양한 이해관계자로부터 의견을 수렴하고 다양한 국가의 정부 및 표준 제정 기구와의 공식적인 협력 관계를 유지하고 있다(그림 4-2). 따라서 현재 진행 중인 여러 이니셔티브의 ESG 공시 표준화 노력은 결국 IFRS로 수렴할 것으로 예상된다.

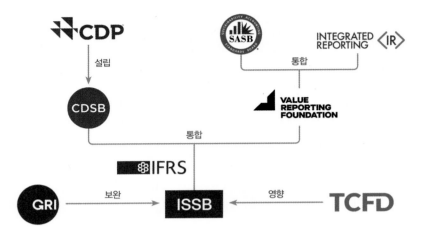

그림 4-2 **ESG 정보 공시 관련 이니셔티브기관 및 IFRS, ISSB의 관계도** (출처: https://www.auditboard. com/blog/beyond—esg—issb—consolidation—heralds—a—new—era—in—corporate—reporting—and—assurance/)

IFRS 재단은 2021년 11월에 국제지속가능성기준위원회(ISSB)를 설립한 후, 'IFRS 지속가능성 공시 기준' 제정을 적극적으로 추진해왔다(그림 4-2). ISSB는 2022년 3월 31일에 'IFRS S1 일반 요구사항(IFRS S1)'과 'IFRS S2 기후 관련 공시(IFRS S2)'의 초안을 발표하였다. IFRS S1은 재무 정보의 지속가능성에 중점을 둔 지배구조, 전략, 위험 관리, 지표 및 목표 등 네 가지 주요 요소를 공시하도록 요구하며, IFRS S2는 기업이 이 네 가지 핵심 요소를 고려하여 기후 관련 위험과 기회에 대한 정보를 공시하도록 구체적인 요구사항을 제시한다.

한편, 한국의 ESG 공시 표준은 한국회계기준위원회 내 지속가능성기준위원회 (KSSB)가 ISSB 기준을 국내 상황에 맞게 개발할 예정이다. KSSB는 산업계 및 투자자 등 다양한 이해관계자로부터 의견을 수렴하며, 금융위원회 주도의 ESG금융 추진단회의나 민관합동 ESG정책협의회를 통해 ESG 공시 표준에 대해 논의하고 있다. 추가로, ESG 공시의 세부 항목과 데이터의 단위 기준 설정 등에 관한 작업은 한국거래소 산하 한국ESG기준원의 연구 능력을 활용하고 있다.

🌡 ESG 사례 분석

우리나라 코스피 기업에 ESG 공시 의무화…. 스코프 3 공시 등 주요 쟁점

우리나라에서는 1995년 포스코(POSCO)가 환경보고서를 처음으로 발행한 이후 2003년에는 기아가 사회·환경보고서를, 2004년에는 삼성SDI가 국내 기업 중 처음으로 지속가능경영보고서를 발행하였다. 이러한 ESG 관련 공시는 약 20년 동안 GRI 기준을 기반으로 이루어져 왔으며[4], 일부 기업들은 TCFD, SASB 등의 기준을 따르기도 했다.

그러나 ESG 공시 표준화 작업이 IFRS를 기반으로 전 세계적으로 이루어지면서, 우리나라 기업들은 이제 ESG 공시를 한 가지 기준에 맞추어 표준화해야 하는 상황에 직면했다. ESG 공시 기준이 다르면 투자자와 투자기관들이 기업들을 비교하기 어렵기 때문이다.[5]

이러한 변화에 대응하기 위해, 정부는 2023년 하반기까지 국내 ESG 공시 기준을 확정하겠다는 방침을 밝혔다. 먼저, 2025년부터 자산 규모 2조 원 이상의 코스피 상장사에 대해 ESG 공시를 의무화할 계획이며, 이는 2030년까지 코스피 상장사 전체로 확대한다는 계획이었다. 그러나 재계 부담에 따라 ESG 공시 시점을 2025년에서 2026년 이후로 미루기로 결정했다. 현재 정부가 제안한 ESG 공시 기준은 공시 항목, 공시 시기, 산업별 기준, 온실가스 배출량 공시 범위 등을 포함하고 있다.

그러나 이 과정에서 몇 가지 주요 쟁점이 부상하였는데, 그중 세 가지는 ① 사업보고서와 ESG 정보의 동시 공시 여부 ② 이산화탄소 배출량 정보 공시의 경우 스코프 3(Scope 3)[6] 온실가스 배출량 포함 여부, ③ ESG 정보 공시에 대한 제3자 검증 의무화 여부이다.

이와 관련하여 국제적인 ESG 공시 표준을 제정 중인 ISSB와 EU의 유럽지속가능성공시기준(European Sustainability Reporting Standards, ESRS)은 기본적으로 ESG 정보를 사업보고서와 동시에 공시하며, 스코프 3 공시를 의무화하고 있다. 또한, 공시 내용에 대한 제3자 검증 역시 의무 사항으로 지정하고 있다.

---

4 Deloitte Insights, 혼란의 ESG 공시… 어떤 기준 따라야 할까, 한국딜로이트그룹 금융산업 특집호.
5 이와 관련하여 한국 딜로이트는 국내 기업의 경우 "기존에 ESG 공시를 하던 기업은 기존 GRI 기준에 더해 IFRS 공시 기준을 추가할 가능성이 높다."라고 보고 있다. 반면 "ESG를 처음 시작하는 기업은 2개의 공시 기준이 부담될 것이며, 선택적으로 대응할 듯 보인다."라고 언급하였다.
6 기업의 탄소 배출량은 정의와 측정 범위에 따라 스코프(Scope) 1, 2, 3으로 분류된다. 스코프 1은 제품 생산 단계에서 발생하는 직접 배출, 스코프 2는 사업장에서 쓰는 전기와 동력을 만드는 과정에서 발생하는 간접 배출을 뜻한다. 본문에 나온 스코프 3은 직접적인 제품 생산 외에 협력 업체, 물류는 물론, 제품 사용부터 폐기 과정에서 발생하는 외부 탄소 배출량의 총합을 의미한다.

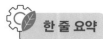

한 줄 요약

- 미국 식약청의 메뉴 라벨링 규정이 소비자의 건강 향상과 권리 보호에 도움이 되는 것처럼, ESG 정보의 공시는 투자자와 투자기관이 지속가능한 투자를 결정하는 데 도움을 준다.

- 사업보고서에서 기업이 재무성과를 제시하는 것처럼, 지속가능경영보고서는 기업의 환경(E), 사회(S), 지배구조(G) 성과를 담아 주주와 다양한 이해관계자들에게 소통의 창구로 활용한다.

- 한국 정부는 2025년부터 자산 규모 2조 원 이상의 코스피 상장사에 ESG 공시를 의무화하며, 2030년까지는 코스피 상장사 전체를 대상으로 공시 의무화 범위를 확장할 계획이다.

토론 주제

- 임기가 제한된 기업의 경영진이 탄소 배출 저감과 관련된 비용 증가가 예상되는 사업을 계획한다고 가정해보자. 이런 정보는 기업의 재무 보고서 혹은 지속가능경영보고서 중 어디에 반영되어야 할까?

- ISSB의 IFRS S2는 기업이 기후변화와 관련된 위험과 기회에 대한 정보를 공시하도록 요구하고 있다. 기업의 '기후 관련 위험과 기회'에는 어떤 것들이 있을까?

12

ESG에도 양극화가 있다
– 웃는 대기업, 우는 중소기업

많은 격투기 스포츠, 예를 들어 권투나 유도와 같은 종목들은 체급이 있다. 체급의 구분이 없다면 덩치가 크거나 몸무게가 많이 나가는 선수들이 대체로 유리할 것이다. 기업 역시 체급으로 구분된다. 그것은 바로 대기업과 중소기업[7]이다. 대

---

7 법률적으로 중견기업과 중소기업은 엄연히 다른 개념이다. 중견기업은 자산의 규모가 5,000억 원 이상 10조 미만인 기업을 말한다. 쉽게 말해, 대기업에는 못 미치지만, 중소기업보다는 우수한 기업이다. 중견기업법 기준은 다음 기준으로 분류된다. ① 중소기업기본법 제2조 제3항에 따라 중소기업이 아닌 기업, ② 공정거래법상 상호출자제한 기업군에 속하지 않는 기업, ③ 공공기관의 운영에 관한 법률 제4조에 따라 공공기관, 공기업 등 대통령령으로 정하는 기관이 아닌 기업, ④ 금융업, 보험 및 연금업, 금융 및 보험 관련 서비스업에 해당하지 않는 기업이다. 반면, 중소기업은 종업원 5인 이하인 영세기업을 제외하고, 3년 평균 매출액이 1,500억 미만, 자산이 5,000억 이하인 기업을 말한다. 단, 이 책에서는 국내 ESG 경영 및 공시 표준화 흐름이 대기업 위주로 진행되어왔다는 점과 대기업과 비교하여 중견기업과 중소기업의 열악한 현실이 크게 다르지 않다는 점을 고려하여 중견기업과 중소기업을 '중소기업'으로 통일하여 일컫는다.

기업과 중소기업을 구별하는 다양한 기준들이 있지만, 가장 주목받고 일반적인 기준 중 하나는 중소기업이 대기업에 비해 매출액, 자본 등의 자산 규모가 훨씬 작다는 것이다. 국내의 ESG 평가기관인 한국ESG기준원(KCGS)은 ESG 경영 도입 및 공시 적용 과정에서 중소기업들이 직면하는 고충들을 다음과 같이 요약하였다.[8]

환경(E) 측면에서 중소기업들이 직면하는 고충들은 대부분의 중소기업은 그들의 사업 특성에 맞는 환경 경영 전략이 부족하며, 이를 수행할 전담 조직마저도 제대로 갖추지 못하고 있다. 이러한 상황은 대기업에 비하여 규모가 상대적으로 작은 조직이 전문 ESG 조직을 갖추기보다는 기존의 ESG와 무관한 조직들이 그들의 주요 업무와 병행하여 ESG 관련 업무를 담당하고 있기 때문이다.

사회(S) 측면에서 중소기업들은 특히 공정거래 정책 및 그에 대한 실행력이 부족한 것으로 확인되었다. 대기업에 비해 부패 방지에 대한 내부 지침을 수립한 기업의 숫자와 비율이 모두 떨어지며, 협력사에 대한 동반성장 정책을 적용하는 데도 어려움이 있는 것으로 나타났다. 이러한 상황은 국내 공급사슬의 문제로, 중소기업이 대기업을 따르는 후발 주자의 위치에 있어 공정한 거래를 이끌 위치에 있지 않기 때문이다. 다시 말해, 중소기업이 동반성장 정책을 세우는 주체가 아니라, 대기업의 동반성장 정책에 따라 '혜택을 받는' 기업의 위치에 있기 때문에 이러한 지표 관리에 내재적인 어려움을 겪는다.

지배구조(G) 측면에서 중소기업들 중 기업지배구조 헌장과 임직원 윤리규정을 도입한 기업은 많지 않으며, 지배구조에 대한 인식이 아직 성숙하지 못한 상태이다. 중소기업의 경우 규모가 작고, 이사회의 활동이 미흡하며, ESG를 포함한 경영 공시도 불충분한 것이 주요 원인이다. 더불어, 감사기구의 강화 및 활성화도 미흡하고, 이사회 운영 역시 상당히 부진한 것으로 분석되었다. 이러한 상황은 정부 및 감독 기관의 규제가 주로 대기업과 기업집단에 맞추어져 있어, 중소기업이 상대적으로 주목받지 못하는 것이 주요 원인이다.

중소기업들이 ESG 경영을 도입하는 데 부딪히는 어려움 역시 기업의 규모와 연관이 있다. 한국중견기업연합회의 조사[9]에 따르면, 중견기업의 78.2%가 "ESG 경영이 필요하다."라는 인식을 하고 있음에도 불구하고, 실제로 ESG 경영을 실행하는 데 있어서 준비 상태가 낮다고 응답한 비율이 39.6%에 이르는 것으로 파악되었다. 이들 기업이 ESG 경영을 추진하는 데 가장 큰 장애물로 '업무량 및 비용의 증가(47.5%)'를 지적하였다. 중소기업들에는 제품 제조 과정에서 친환경적인 요소

---

8 한국ESG기준원, 중소·중견기업의 ESG 현황 분석, 기업지배구조리뷰.

9 한국중견기업연합회 보도자료, 'ESG 경영에 대한 중견기업계 의견 조사', 2021년 6월 14일.

를 고려하는 것뿐만 아니라, 단기간에 이사회 구조를 마련하거나 공정거래 기준을 도입하는 것이 부담스럽기 때문이다. 더불어, 세계적인 ESG 경영 트렌드에 따라 중소기업들은 국내외 평가기관에 대응할 수 있는 체계를 구축해야 하는데, 이로 인해 인력 확보와 컨설팅 등의 재무적 비용이 증가할 수밖에 없다.

중소기업들이 ESG 경영에 직면하는 주요 요소 중에서 비용 문제를 제외하면 환경(E) 요소가 가장 큰 영향을 받는다. 중소벤처기업진흥공단의 조사 결과[10]에 따르면, 중소기업들이 ESG 경영 준비에 있어 가장 어려움을 느끼는 부분이 환경(E)이라는 응답률이 47.7%로 절반에 가까운 것으로 나타났다. 그 다음으로는 사회(32.8%), 지배구조(15.1%) 순이었다. 조사 결과를 통해 중소기업들이 탄소 배출량 감축과 에너지 및 자원 소비 절감 부문에서 실행에 어려움을 겪는다는 것을 알 수 있다.

중소기업들이 ESG 경영 도입에 어려움을 느끼는 근본적인 이유는 대기업과의 관계에 있다. 상당수 중소기업들이 '협력사' 또는 '하청 업체'로서 대기업의 경영 활동에 자사의 ESG 성과가 결부되어 있다. 또한, 제품의 생산 및 판매 측면에서 대기업과 경쟁하는 동시에 공급망 관계에 있어, 중소기업들은 '불편한 관계'를 유지해야 하는 상황에 직면하게 된다. 구체적인 이유는 다음과 같다.

첫째, ESG 공급망 관리의 관점에서 중소기업들은 거래 상대인 대기업에 비해 열위에 서 있다. 대기업의 공급망 관리 방식에 따라 중소기업의 ESG 성과가 영향을 받을 수밖에 없다. 예를 들어, 삼성전자나 LG전자와 같은 국내 대기업들은 '책임감 있는 비즈니스 연합(The Responsible Business Alliance, RBA)'[11]에 가입하여 자사 협력사들의 ESG 위험 관리에 적극적으로 나서고 있다. 이는 반대로, 중소기업들이 ESG 경영 준비가 충분하지 않음에도 불구하고, 대기업이 요구하는 ESG 경영 스탠더드를 따라야 한다는 의미이다. 1장에서 서술한 것처럼 일부 중소기업들은 ESG 경영 도입이 기업 존속을 위협할 정도로 부담스러울 수 있다. 이러한 상황에서 경영진은 ESG 경영이 그들의 기업 가치에 반드시 이롭게 작용하는지 신중하게 평가해야 할 필요가 있다.

둘째, 그린슈머(Greensumer)와 윤리적 소비 확대 등 ESG를 중요시하는 소비 트렌드가 점점 확산하고 있다. 상대적으로 풍부한 경영 자원을 갖춘 대기업들은 ESG를 강조하는 상품이나 서비스를 출시하는 데 있어 상대적으로 부담이 적을 수 있

---

10 중소벤처기업진흥공단, KOSME 이슈포커스, 2021년 7월.
11 글로벌 산업 연합체인 RBA는 가입한 IT 기업들을 대상으로, 생산 공정에서 기업의 사회적 책임 이행 수준과 공정성, 인권, 지속가능성 등을 평가하여 등급을 부여한다.

다. 반면, 중소기업들은 자신들의 상품을 대기업과의 거래관계까지 고려하여 차별화해야 한다. 만약 자사의 제품 생산 과정에서 환경에 해로운 물질이 다량 배출된다면, 거래 상대인 대기업의 공급망 평가에서 부정적인 점수를 받을 수 있다. 이는 협력사로서 공급망 평가가 낮게 나올 경우, 대기업이 요구하는 ESG 경영 스탠더드를 따르지 못하는 것으로 간주될 수 있으며, 결과적으로 거래 감소나 심각한 경우 거래 중단의 위험에 놓일 수 있다. 한정된 경영 자원으로 제품 생산 과정과 기업 이미지를 개선해야 하는 중소기업은 ESG 소비 트렌드까지 고려해야 하는 재무적인 부담이 무겁게 느껴질 수밖에 없다.[12]

다행스럽게도, 정부는 중소기업의 ESG 경영을 적극적으로 지원하려는 방침을 가지고 있다. 정부는 2021년 12월에 국내 기업의 공시 활성화를 위해 공시, 환경, 사회, 지배구조의 4가지 분야와 총 61개 항목을 포함한 K–ESG 가이드라인을 발표하였으며, 이 가운데 중소기업이 우선적으로 적용할 수 있는 27개 항목을 선별하였다. 이는 중소기업을 고려한 ESG 기준을 도입하고 있다는 것을 보여준다. 또한, 정부는 ESG 경영기획, 평가 대응 등을 위한 사내 전문가 육성 교육프로그램을 운영하고 있으며, 중소기업에 대한 ESG 경영 교육을 강화하고 있다. 특히, 대기업 협력사인 중소기업에 대한 ESG 경영 지원 실적은 동반성장지수 평가지표에 반영되어 대기업과 중소기업 사이의 동반성장을 위한 인센티브를 제공하고 있다(표 4–2).

표 4-2 중소기업의 ESG 경영 지원을 위한 우리나라 정부의 주요 지원책 (참조: 나라경제 2022년 5월호, 성창훈)

정부의 주요 지원책	내용
ESG 가이드라인 제공	2021년 공시 · 환경 · 사회 · 지배구조 4개 분야, 총 61개 항목이 담긴 K–ESG 가이드라인 발표 이후 중소기업에 우선 적용 가능한 27개 문항 선별
ESG 경영을 위한 교육 · 컨설팅 강화	ESG 경영기획, 평가 대응 등을 위한 중소기업 사내 전문가 육성 교육프로그램 운영 및 온라인 교육 병행
수출기업과 대기업 협력기업에 대한 지원 강화	대기업 협력사에 대한 ESG 경영 지원 실적을 동반성장지수 평가지표에 반영. 협력 중소기업에 대한 지원비용은 연구 개발 세액공제 추가
ESG 우수 기업에 대한 인센티브 제공	중소기업의 ESG 관련 정부 포상 확대 및 포상기업에 대한 정부의 재정사업 지원 우대
금융상품 다양화	중소기업의 지속가능연계채권(Sustainability-Linked Bond, SLB)과 지속가능연계대출(Sustainability-linked loan, SLL) 도입 및 확대

---

12 국내 연구 결과(서정태 외, 2022)에 따르면, 중소기업의 환경적 책임 경영은 긍정적인 기업 이미지를 매개 효과로 소비자의 구매 의도에 긍정적인 영향을 미치는 것으로 나타났다. 이는 기업 규모가 작은 대신 경영 방향 전환이 상대적으로 유연할 수 있는 중소기업이 '친환경 이미지'를 쌓는 데 보다 유리할 수 있다는 점을 시사한다. 원문: 서정태, 이승용, 김현홍, 배정호 and 공혜정, 중소기업의 ESG 경영이 소비자의 구매 의도에 미치는 영향, 문화산업연구, 22(1), 2022, pp.141–149.

ESG 경영 도입의 부담? 경영 전략 변화로 성공한 중소기업

이산화탄소를 줄이는 대체육(代替肉) 생산(지구인컴퍼니), 작업 현장의 고충을 공유하는 임직원 간 커뮤니케이션 강화(세영기업), 동반성장을 위한 최소한의 프랜차이즈 비용 설정(이삭토스트) 등 중소기업들이 ESG 경영을 성공적으로 실천하고 있는 사례가 국내 연구[13][14]에서 언급되었다. 이러한 기업들의 공통점은 자사의 특성에 맞춘 ESG 경영 도입에 성공했다는 것이다.

그림 4-3 푸드테크 스타트업인 지구인컴퍼니가 생산한 대체육 제품

식물성 고기를 개발 및 판매하는 푸드테크 스타트업 지구인컴퍼니는 대체육 생산을 통해 이산화탄소 절감에 기여하고 있다 (그림 4-3). 이 회사는 고수분 대체육 제조 방식인 HMMA(High Moisture Meat Analogs)와 LMMA(Low Moisture Meat Analogs) TVP(Textured Vegetable Protein) 기술력을 확보하면서 고기와 유사한 질감을 구현하였다. 또한, 국내 농산물 사용과 100% 친환경 포장재 사용 등 환경(E)과 관련한 다양한 노력을 이어가고 있다.

포스코와 긴밀히 협력하는 제조업체인 세영기업은 회사의 그룹웨어를 활용해 일선에서 발생하는 문제를 임직원들과 공유하며 원활한 소통에 앞장서고 있으며, 안전교육 과정을 마련하여 현장 중심의 안전 및 보건 활동을 장려하고 있다.

'이삭토스트'라는 토스트 전문점은 동반성장을 위한 기업으로 주목받았다. 이삭토스트는 가맹점의 매출 규모와 상관없이 약 11만 원의 가맹비만 받고, 식자재 공급 과정에서 물류 마진을 최소화하기 위해 노력하고 있다. 또한, 300m 이내에 새로운 점포를 설치하지 않고, 일부 식자재는 본점 외의 판매처에서 구매하는 것을 허용하는 등 가맹점과의 상생을 위한 다양한 방안을 적용하고 있다.

13 임형철 and 정무섭, 국내외 ESG 사례를 통해 본 중소기업 ESG 경영 활성화 방안, 아태비즈니스연구, 12(4), 2021, pp.179-192.

14 녹색경제신문, [ESG 경영] 대한상의, 중소·중견기업 우수사례… 유진테크·동림푸드·HK이노엔·이수화학 성과는, 2023년 4월 23일.

- 중소기업들은 ESG 경영의 중요성에 대해 인지하고 있으나, 실제 준비 상황은 아직 미흡한 것으로 파악되었다(한국중견기업연합회 조사).

- 중소기업의 약 절반이 ESG 요소 중 환경(E) 부분에 가장 큰 어려움을 겪고 있다는 결과가 나왔다(중소벤처기업진흥공단 조사).

- 한국의 중소기업들이 ESG 경영을 도입하게 되는 과정은 주로 '대기업과의 관계'라는 맥락에서 이해해야 한다. 중소기업들은 주로 '협력 업체' 또는 '하청 업체'로서 대기업과 관련이 있기 때문이다.

 토론 주제

- 중소기업이 ESG 경영을 도입하는 과정에서 마주치는 가장 큰 어려움은 업종에 따라 어떻게 다른가?

- ESG 성과가 저조한 대기업은 그들의 협력 업체인 중소기업의 ESG 경영에 어떠한 방식으로 악영향을 미치게 될까?

13
기업의 이사회 다양성이
중요한 이유는?

국회에 야당(野黨)이 있는 것처럼 기업에도 사외이사(社外理事)가 존재한다. 이러한 비교는 사외이사가 기업의 경영진을 모니터링하고 체크하는 역할을 하기 때문에 가능하다. 일반적으로, 전문적인 경영진이 기업 운영을 담당하지만 이 과정에서 자신의 이익을 위해 조작하려는 유인이 생길 수 있다. 이는 외부 주주와의 정보 불균형과 부족한 감시 때문에 발생하는 문제이다. 이러한 문제를 해결하기 위해 대리인 비용이 필요하다는 것이 1976년 재무학자 마이클 젠슨(Michael Jensen)과 윌리엄 멕클링(William Meckling)이 제시한 대리인 이론(Agency Theory)[15]의 핵심 내용이다. 이 이론에 따르면, 대리인 관계는 한 사람 이상의 사람들(주주)이 자신의 의사 결정을 대신할 수 있는 다른 사람(경영자)에게 맡기는 형태로 구성된다.

---

15 Michael C. Jensen, William H. Meckling, Theory of the firm: Managerial behavior, agency costs and ownership structure, Journal of Financial Economics, Volume 3, Issue 4, 1976, pp.305-360.

사외이사 제도는 국내외 이사회를 보유한 기업들에 설치되어 있으며, 기업의 소유자(주주)와 경영자 사이에 분리가 발생한 상황에서 이기적이거나 기회주의적인 경영자의 행동을 감시하고 제한하는 역할을 한다. 이는 대리인 이론에 기초를 두고 있다. 대리인 이론을 기반으로 한 다양한 연구에서도 확인할 수 있듯이, 사외이사는 독립적인 위치를 유지함으로써 경영진보다 효율적으로 기업의 경영 활동을 모니터링한다. 이를 통해 사외이사는 기업 가치 증진에 있어 핵심적인 역할을 수행하게 된다.[16]

ESG 경영에서 사외이사의 역할은 매우 중요하다. 기업들은 ESG 경영을 강화하고 이를 관리하고 감독하기 위해 ESG 위원회를 설치하고 있으며, 위원회 내에서 사외이사의 비율을 증가시켜 더욱 투명하고 독립적인 모니터링을 요구하고 있다. 또한, 이사회의 구성과 운영에서는 여성 사외이사의 참여를 고려하는 등 이사회의 다양성이 중요시되고 있다. 특히, 국내외 연구에서 여성 사외이사의 선임이 기업 가치와 투명성의 증진[17], 그리고 환경적 성과 개선[18]에 기여한다는 결과는 여성 사외이사의 중요성을 더욱 강조한다.

선진국들은 오래전부터 이사회의 다양성을 강조해 왔다. 유럽연합(EU)은 2010년부터 여성 사외이사의 비율을 높이기 위한 노력을 시작했다. 2012년 11월에는 EU 집행위원회가 여성 사외이사 할당제 법률안을 채택했고, 이후 27개 회원국 중 24개국에서 여성 이사의 숫자가 증가했다.[19] 2012년부터 2013년 사이에 유럽연합 여성 이사의 비율은 2.2%포인트 상승하여 15.8%를 기록하였고, 사내이사는

16 참고해 볼 만한 관련 국내외 연구는 다음과 같다.
- Jensen, M.C, The Modern Industrial Revolution, Exit, and the Failure of Internal Control Systems, The Journal of Finance, 48, 1993, pp.831–880.
- David Yermack, Higher market valuation of companies with a small board of directors, Journal of Financial Economics, Volume 40, Issue 2, 1996, pp.185–211.
- 강윤식 and 국찬표, 사외이사의 독립성과 기업 가치. 재무연구, 25(3), 2012, pp.451–498.

17 관련 논문은 다음과 같다.
- 이상철, 문창진 and 이윤근, 여성의 이사회 참여가 연구개발투자와 기업 가치에 미치는 영향. 회계 · 세무와 감사 연구, 62(3), 2020, pp.119–170.
- 김수인 and 홍지연, 이사회 내 여성 임원의 수가 기업 투명성에 미치는 영향, 국제회계연구, 59, 2015, pp.69–100.

18 Basil Al-Najjar, Aly Salama, Mind the gap: Are female directors and executives more sensitive to the environment in high-tech us firms?, Technological Forecasting and Social Change, Volume 184, 2022.

19 한국ESG기준원, EU 여성 사외이사 할당제의 성과와 국내외 동향, 2023년 3호 CGS Report.

15%에서 17%로, 사외이사는 8.9%에서 10%로 각각 증가했다. 특히, 이탈리아는 단 10개월 만에 여성 이사 비율이 4.8%포인트 상승하였고, 2011년에 할당제를 도입한 프랑스는 2012년 10월 기준으로 유럽연합 국가 중 최초로 모든 대형 상장 기업의 이사회에 여성 이사가 포함되었다.

선진국의 이사회 다양성에 대한 노력에 힘입어, 최근 우리나라에서도 여성 이사 비율을 높이고 이사회의 다양성을 개선하려는 움직임이 활발하다. 이러한 노력의 대표적인 예가 2022년에 도입된 여성 이사 할당제 의무화[20]이다. 이 제도는 자산 이 2조 원 이상인 국내 상장기업이 이사회를 '특정 성별'만으로 구성할 수 없도록 했으며, 적어도 한 명 이상의 여성 이사를 이사회에 포함시키도록 법률에 명시하였다. 이 법의 도입 이후, 우리나라 기업들에서 여성 사외이사의 비율이 점진적으로 증가하고 있다. 2023년에 한국ESG기준원(KCGS)이 국내 100대 상장기업의 사외이사 187명을 대상으로 한 조사에서는 새롭게 선임된 사외이사 중 여성이 25%에 달했다. 이는 2022년 기준으로 국내 100대 상장기업의 사외이사 465명 중 여성 사외이사 비율이 22%(100명)인 것과 비교했을 때, 신규 여성 사외이사 비중이 늘어난 것이다.[21]

이처럼 여성 사외이사 비중을 높이기 위한 노력을 하고 있지만, 아직 미국과 같은 선진국에 비해서는 낮은 수준에 머무르고 있다. 미국의 글로벌 컨설팅 회사인 스펜서 스튜어트의 보고서에 따르면, 스탠더드 앤드 푸어스(Standard & Poor's; S&P)500 지수에 속한 기업들의 여성 이사 비율은 전체 이사의 30%를 차지하며, 2명 이상의 여성 이사를 보유한 회사의 비율은 96%에 달한다. 또한, 신규 사외이사 중에서도 여성의 비율이 40%를 유지하고 있다는 결과가 나왔다. 우리나라에서의 여성 사외이사 비중이 25%(KCGS 조사 결과)인 것을 고려하면, 이사회 다양성을 위한 노력이 아직 부족하다는 평가를 받을 수 있다. 2019년 영국의 이코노미스트(Economist)지에서 발표한 유리천장지수에서 한국은 OECD 국가 중 7년 연속으로 꼴찌를 기록하였고, 특히 여성 이사와 임원 비율에서 최하위를 기록하였다.[22]

---

20 자본시장법 제165조의 20(이사회의 성별 구성에 관한 특례)은 2년의 유예 기간을 걸쳐 2022년 8월부터 의무화되었다.

21 조선일보 더나은미래, 한국ESG평가원 "상장 대기업 신임 사외이사, 여성은 4명 중 1명", 2023년 5월 18일.

22 https://www.economist.com/graphic-detail/2019/03/08/the-glass-ceiling-index

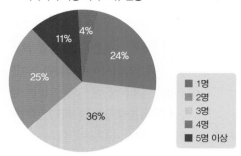

이사회의 여성 이사 보유 현황

- 1명
- 2명
- 3명
- 4명
- 5명 이상

그림 4-4 미국 S&P500 기업 이사회의 여성 이사 보유 현황(2021년 기준)[23]

비금융회사에 비해 우리나라 금융회사에서의 여성 이사 비율은 상대적으로 더 낮다. 2021년 보험연구원의 조사에 따르면, 국내 금융회사 이사회에서 여성 참여율은 약 4.1%에 불과했다. 특히 은행, 증권, 보험회사의 사외이사 209명 중 12명(5.7%)이 여성이었고, 사내이사 129명 중 여성은 단 2명(1.6%)이었다.

이에 대해 보험연구원은 "이사회에서 여성 이사 비율의 증가는 다양성과 포용성을 강조하는 조직 문화에 중요하다."고 지적하면서, "단순히 여성 이사의 수 증가만을 추구하는 것이 아니라, 전문성과 소통 능력을 고려한 여성 이사 선임이 필요하다."라고 강조하였다.[24]

즉, 이사회의 성별 다양성을 추구하는 것이 중요하지만, 그 이전에 이사의 전문성과 독립성이 우선적으로 고려되어야 한다. 이 원칙은 단지 금융회사에만 적용되는 것이 아니라, 국내외 모든 기업의 이사회에 보편적으로 적용될 필요가 있다.

---

23 SpencerStuart, 2021 U.S. Board Index.

24 보험연구원, 이사회 다양성 추구와 금융회사 시사점, KIRI 리포트 포커스, 2021년 11월 1일.

🌡 ESG 사례 분석

이사회 다양성을 강조하는 해외 투자기관의 노력

'1. ESG는 어떻게 만들어지고, 확산하였을까?'를 설명하면서 정부와 투자기관을 '인형사'로, 기업을 '줄인형'으로 비유하였다. 이것은 이사회 다양성에도 동일하게 적용된다. 세계적인 투자기관들은 이사회의 다양성을 증대시키기 위해 기업에 직접적으로 의견을 전달하거나 이사회 구성에 반대 의결권을 행사하는 등 다양한 방법을 통해 노력하고 있다.

예를 들어, 2022년 미국에서 두 번째로 큰 연금기금인 캘리포니아 교직원 퇴직연금(CalSTRS, 캘스터스)은 이사회 다양성을 증대하고, 탄소 배출 정보를 공개하도록 촉구하는 의결권을 행사할 계획이라고 발표했다.[25]

구체적으로, 캘스터스는 여성 이사가 없는 투자 대상 기업에 대해 주주총회에서 모든 이사진에 대한 반대 투표를 진행하며, 여성 이사 비율이 30% 미만인 기업에 대해서는 이사 후보 추천위원회 선임에 반대 의사를 표명하였다.

또한, 2017년 뉴욕 연기금(NYC Pension Funds)은 총 151개 기업에 이사회의 성별, 인종, 능력을 행렬 형태로 공시하도록 요구하는 서한을 보냈고, 캐나다 공적 연기금(Canada Pension Plan Investment Board, CPPIB)은 여성 임원이 없는 45개 기업의 임원 추천위원회 선임에 반대 의사를 밝히는 동시에 성별 다양성을 증대시키는 방향으로 의견을 표명하기도 했다.[26]

이처럼, 글로벌 기관들이 여성 이사 선임을 위한 활동을 강하게 주도하는 것은 전통적인 남성 위주의 경영 감시 체제를 벗어나 다양한 이해관계자의 의견을 수용하고 경영 결정에 반영하기 위한 것이다. 이러한 노력은 결국 보다 효율적인 기업 감독 및 모니터링에 장기적으로 도움이 될 것이라는 판단에서 비롯된 것이다.

---

25 한국경제TV, 미국 2위 연기금 "여성 이사 없는 기업 이사진에 반대표 던질 것", 2022년 3월 31일.
26 한국ESG기준원, 국내 상장기업의 이사회 규모 및 구성 추이, KCGS Report, 제9권 3·4호, 2019년 4월.

 **한 줄 요약**

- 사외이사의 역할은 국회의 야당(野黨)처럼 경영진의 행동을 감독하고 제어하는 것으로 볼 수 있다.

- 여성 이사 할당제 의무화 제도를 비롯하여 우리나라에서도 여성 이사 비율을 높이려는 제도적 움직임이 활발하다.

- 여성 사외이사의 확보는 이사회의 다양성을 추구하는 한 방법이지만 우선적으로 고려되어야 하는 것은 이사들의 다양성과 전문성이다.

 토론 주제

- 기업이 이사회 내에서 여성 사외이사 비중을 높이는 데 집중한다고 가정해보자. 이는 이사회의 다양성을 높이는 긍정적인 조치이다. 그러나 이 기업이 그들의 사업 분야나 전문성과 무관한 여성 사외이사를 주로 선임한다면, 이를 어떻게 평가해야 할까?

- 여성 사외이사의 비중이 증가하면서 기업의 실질적인 경영 활동이 개선되려면 어떠한 추가적인 노력이 필요한가?

CHAPTER 05
ESG와
기업 가치

14
ESG로 기업의 건강을 진단한다

사람이 건강 검진을 통해 건강 상태를 확인하는 것처럼, 기업도 주요 재무 지표를 통해 미래의 건강을 확인할 수 있다. 대표적인 재무 지표로는 PER(주가수익배수), ROE(자기자본이익률), 주가순자산(PBR) 등이 있다.[1] 이러한 지표들의 공통점은 기업의 성장 가능성을 평가하는 데 사용된다는 것이다. 이는 대중적인 기업 가치 분석 기법의 하나로, 가치평가(Valuation)라고도 한다. 각 재무 지표의 관계를 시장 가치와 재무제표 차원에서 도식화하면 〈그림 5-1〉과 같다.

---

1 각 재무 지표의 뜻을 정리하면 다음과 같다. PER은 기업의 주가와 수익의 비율로, 시가총액을 순이익으로 나눈 값이다. 여기서 시가총액은 현재 주가와 주식 수를 곱한 값이다. 이를 재정리하면 현재 주가와 주식 수의 곱을 순이익으로 나눈 값이 된다. 또한 분자의 주식 수를 순이익으로 나눈 것이 주당 순이익(Earning Per Share, EPS)이다. 따라서 PER은 현재 주가와 EPS의 곱이라고 볼 수 있다. PBR은 한 주당 순자산과 주가의 비율로, 시가총액을 순자산으로 나눈 값과 같다. 여기서 1주당 순자산은 BPS(Book Value Per Share)라고 한다. ROE는 자기자본(순자산)에 대한 순이익의 비율로, 기업이 자기자본을 얼마나 효율적으로 활용하여 순이익을 벌어들였는지를 나타낸다.

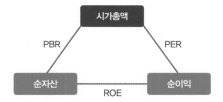

그림 5-1 **ROE, PER, PBR의 관계** (출처: PER−PBR−ROE−이해하기, https://mg−112.tistory.com/)

최근 학계에서는 기업의 ESG 성과를 분석하여 기업의 건강 상태(미래 재무 지표)를 예측하는 연구가 진행되고 있다. 예를 들면, 기업의 ESG 성과와 미래의 재무 지표가 양(+)의 관계를 보이면 전통적인 이해관계자 이론(Stakeholder Theory)에 부합함을 의미한다. 이는 밀턴 프리드먼의 "기업의 사회적 책임은 이윤을 극대화하는 것"이라는 주장과도 일치한다.[2]

'기업의 최고 목표가 주주 이익의 극대화'라는 가정을 기반으로 하며, 더 나아가 기업의 이해관계자 개념을 주주뿐만 아니라 채권자, 종업원, 소비자, 그리고 지역 사회와 환경에까지 이르는 넓은 범위를 포함하고 있다. 이러한 측면에서 이해관계자 이론은 기업의 사회적 지출이 다양한 이해관계자들의 이익을 고려해야 하는 경영의 의무이다. 이러한 의무의 이행이 사회적 투자로 인식될 수 있다는 점을 강조하고 있으며, 이 과정을 통해 기업의 사회적 책임 활동(CSR) 측면의 지출은 결국 이윤의 극대화로 이어진다는 것이다.

반면에 기업의 ESG 성과와 미래의 재무 지표가 음(−)의 관계를 보이면 전통적인 경영 이론과 부합함을 의미한다. 이 이론은 기업의 CSR 관련 지출이 운영 비용을 증가시키는 것으로, 기업의 존재 목적인 수익 극대화와 상반되는 것이라고 주장한다. 즉, 기업의 CSR 관련 지출은 부정적인 재무성과로 이어진다는 것이다. 이와 관련해서 국내 연구자 Yoon et al.(2023)은 기업의 ROA 등의 재무 지표가 사회(S) 및 지배구조(G) 성과와 음(−)의 관계를 보인다는 연구 결과를 제시했다.[3] 국내 기업으로 한정해 보면, ESG와 재무 지표의 관계는 전통적인 경영 이론과 부합한다는 것이다.

ESG 경영은 지속가능성을 고려한 기업의 경영 전략이므로, 기업은 자사의 ESG 성과를 다양한 재무 목표와 연동시킬 수 있다. 그러나 이해관계자 이론과 전통적

---

2 Milton Friedman, "A Friedman Doctrine − The Social Responsibility Of Business Is to Increase Its Profits", The New York Times, Sept. 13, 1970.

3 Bohyun Yoon, Jeong Hwan Lee, Jinhyung Cho, "Corporate Social Responsibility and Financial Performance: New Evidence From the Korean Market", Working Paper.

인 경영 이론의 관점으로 볼 때, 기업의 ESG 성과에는 여러 측면이 존재한다. 단기적으로는 재무 비용의 증가와 같은 부정적인 측면이 있을 수 있지만(전통적 경영 이론), 장기적으로는 기업의 지속가능성을 담보함으로써 주주와 다양한 이해관계자의 수요를 충족시키는 측면이 존재한다(이해관계자 이론). 이는 기업 경영자가 ESG를 단기적인 마케팅 수단으로 활용할지, 아니면 장기적인 기업 쇄신 수단으로 활용할지의 관점에서도 고려해 볼 수 있는 문제이다.

재무 지표인 PER, ROE, PBR 외에도 기업의 ESG 성과는 다양한 방식으로 기업 가치에 영향을 미치고 있다. 예를 들어, 기업의 ESG 성과는 소비자 선호도를 높여 매출액을 증가시키거나,[4] 인적자원을 안정적으로 운영하여 유능한 인재를 영입함으로써 생산성 및 원가 구조를 획기적으로 개선할 수 있다.[5] 더불어, 기업의 ESG 성과가 기업 운영의 효율성을 높여 제품의 매출 원가와 경영상 영업비용을 절감시켜주는 효과를 낼 수 있다는 연구 결과도 있다.[6]

기업의 ESG 성과와 기업 가치 관계는 투자 효율성 차원에서 살펴볼 수 있다. ESG 성과는 기업의 경영인과 외부 주주 사이의 정보 비대칭에 따른 대리인 문제[7]를 완화할 수 있으며, 나아가 투자 효율성을 높일 수 있다. 특히, 이와 같은 문제의 완화는 기업의 ESG 개별 요소인 지배구조(G)와 깊은 관련이 있다. 지배구조 평가는 기업 배당, 주주총회, 공시, 이사회 독립성과 다양성, 이사회 운영 실적, 감사기구 및 감사인 독립성 등과 연결되며, 이러한 다양한 지배구조 평가를 통해 기업의 경영 활동을 투명하게 관찰함으로써 장기적으로 기업의 가치를 높일 수 있다.

반면, 환경(E), 사회(S)와 같은 개별 ESG 요소가 대리인 문제를 얼마나 해소할 수 있는지는 명확하지 않다. 실제로, 이러한 요소들은 경영 측면에 많은 재무 비용을 초래할 수 있어 단기적으로는 경영에 부담이 될 수 있다.[8] 특히, 자본시장에서는

---

4 Lev, Baruch, Christine Petrovits and Suresh Radhakrishnan. "Is Doing Good Good For You? How Corporate Charitable Contributions Enhance Revenue Growth." Strategic Management Journal 31, no. 2, 2010, pp.182-200.

5 Turban, Daniel B., and Daniel W. Greening. "Corporate Social Performance and Organizational Attractiveness to Prospective Employees." The Academy of Management Journal 40, no. 3, 1997, pp.658-672.

6 Aral, K., Giambona, E., Vam Wassenhov, L.N., 2021, Stakeholder orientation and operations outcomes: Evidence from constituency statutes, SSRN working paper.

7 대리인 이론에서 말하는 대리인 관계는 한 사람 이상의 사람들(주주)의 의사 결정을 자신을 대신하는 타인(경영자)에게 의뢰함으로써 형성되며, 이 관계 안에서 경영자가 주주의 이익이 아닌 자신의 사익에 따른 경영 의사 결정을 내릴 때 도덕적 문제가 발생한다. 앞서 13장에서 살펴본 바 있다.

8 전진규, ESG와 투자효율성에 대한 실증연구. 금융정보연구, 11(1), 2022, pp.33-52.

기업의 환경(E)과 사회(S) 성과를 위한 지출을 재무 관리 차원에서 위험 요소로 간주하기도 한다. 에너지 사용 제한이나 친환경 투자 확대와 같은 ESG 관련 규제를 비용 증가의 원인으로 인식하는 경향이 있다.[9]

이 외에도 기업의 ESG 성과와 기업 가치에 관한 연구 결과는 다양하다. 한 가지 분명한 것은 장기적으로 재무성과를 내지 못하는 기업의 ESG 성과는 주주와 이해관계자로부터 적극적인 지지를 받기 어렵다는 것이다.[10] 재무성과를 내지 못하는 기업의 ESG 활동은 그 취지가 아무리 바람직하더라도 경영진의 우선적인 의사 결정으로 고려될 수 없으며, 이사회와 외부 투자자의 동의를 얻기도 어려울 수 있다.[11]

🌡 ESG 사례 분석

ESG 경영을 계기로 '이해관계자 자본주의' 도래

그림 5-2 이해관계자 자본주의를 천명한 미국 BRT 소속 CEO. 왼쪽 위부터 시계 방향으로 제프 베이조스(아마존), 메리 배라(GM), 래리 핑크(블랙록), 로버트 스미스(비스타에퀴티 파트너스), 팀 쿡(애플), 브라이언 모이니헌(뱅크오브아메리카), 줄리 스위트(액센츄어 북미지역 총괄책임자) (출처: https://www.nytimes.com/2019/08/19/business /business-roundtable-ceos-corporations.html)

전통적으로 기업의 존재 목적은 '주주의 이익 극대화'로 간주되었으며, 이는 대부분의 경영학 원론 교과서에서 기본 개념으로 언급하고 있다. 최근에는 또 다른 견해가 힘을 얻고 있다. 이 견해는 주주뿐만 아니라 직원, 소비자, 채권자, 협력업체, 지역사회 등 다양한 이해관계자가 기업의 주인이라는 것이다. 즉, 주주만을 우선으로 하는 주주 자본주의가 아닌, 다양한 이해관계자를 고려하는 '이해관계자 자본주의(Stakeholder Capitalism)'의 시대가 도래한 것이다.

이해관계자 자본주의가 언급된 계기는 미국 기업들이 ESG 경영을 도입하면서 '이해관계자 중시'를 천명하기 시작한 때부터다. 미국의 200대 대기업 협의체인 '비즈니스라운드테이블(BRT)'에서 애플의 팀 쿡, 아마존의 제프 베이조스, JP모건의 제이미 다이먼, GM의 메리 베라, 보잉의 데니스 뮬런버그 등 181명의 최고경영자(CEO)는 "기업의 목적을 변경해 '주주 가치의 극대화'라는 단일 문구를 삭제하기로 했다."라고 선언했다(2019년 8월).[11] 대신,

---

9   Patrick Bolton, Marcin T. Kacperczyk. Global Pricing of Carbon-Transition Risk, Journal of Finance, Forthcoming.

10 자본시장연구원, ESG 활동의 가치 관련성 제고를 위한 개선과제, 연구보고서 22-04.

11 https://www.businessroundtable.org/business-roundtable-redefines-the-purpose-of-a-corporation-to-promote-an-economy-that-serves-all-americans

△고객에게 가치 전달, △종업원에 투자, △협력업체에 대한 공정하고 윤리적인 대우, △지역사회 지원, △주주를 위한 장기적 가치 창출 등의 새로운 목적을 발표했다.

이들의 발표는 다양한 이해관계자를 뛰어넘어 기업의 목적이 주주인 것으로 단정짓는 것은 아니었다. 그러나 주주의 순위가 맨 뒤로 밀리고, 기업의 목적이 '장기적 가치'를 창출하는 것이라고 주주에게 강조한 것은 '단기 이익' 위주의 경영에서 벗어나겠다는 의지의 표현으로 해석할 수 있다. 이는 주주 자본주의에서 벗어나 다양한 이해관계자를 포용하려는 의미에서 이해관계자 자본주의를 강조하고 있다. 이러한 선언은 단기적인 측면의 전통 경영 이론보다는 장기적인 측면에서 가치 창출을 강조하는 이해관계자 이론과 일치한다고 평가할 수 있다.

한 줄 요약

- 기업의 ESG 성과와 미래의 재무 지표가 양(+)의 관계를 보이면 전통적인 이해관계자 이론(Stakeholder theory)에 부합한다고 볼 수 있다.
- 기업의 ESG 성과와 미래의 재무 지표가 음(−)의 관계를 보이면 전통적인 경영 이론에 부합한다고 볼 수 있다.
- ESG 성과는 기업의 경영인과 외부 주주 사이의 정보 비대칭에 따른 대리인 문제를 완화할 수 있으며, 이는 투자 효율성을 높일 수 있다는 연구 결과가 있다.

토론 주제

- PER, ROE, PBR 외에 기업의 ESG 성과와 연관된 기업의 재무 지표로 어떤 것들이 있는가? 그 이유는 무엇인가?
- 기업의 장기적인 경영 성과와 지속가능성을 다각적으로 예측하기 위해 어떤 재무 지표가 가장 적절한지, 선택한 이유는 무엇인가?

15

코로나19를 막아낸 기업의 ESG 성과

회복탄력성(Resilience)은 역경과 실패를 극복하고 빠르게 회복해 도약하는 능력을 말한다. 이 개념은 미국 펜실베이니아대학교 심리학과 교수 마틴 셀리그먼이 저서인 『긍정심리학(Positive Psychology)』에서 제시한 것으로, 흔히 말하는 '오뚝이 정신'이라고 한다. 지난 2020년, 국내외 기업들의 '오뚝이 정신', 즉 회복탄력성을 시험대에 올린 사건이 발생하였다. 바로 전 세계적으로 약 690만 명 이상의 목숨을 앗아간 코로나19(COVID-19) 전염병이다(2023년 7월 19일 기준).

코로나19는 1930년대 대공황 이후로 가장 큰 글로벌 경제위기를 초래했다. 국제통화기금(IMF)은 코로나19가 발생한 2019년 12월 이후의 이듬해 세계 경제 성장률을 -4.4%로 집계했는데, 이는 외환위기(2.6%)와 글로벌 금융위기(-0.07%)보다도 낮은 수치였다. 코로나19의 전 세계적 확산은 국내외 기업의 경제 활동에 큰 타격을 주었다. 각국에서 이어진 이동 제한과 봉쇄 조치로 인해 민간 소비가 줄어들었고, 그 결과 기업의 제품 생산과 투자는 감소하였다. 자금난에 빠진 많은 기업은 심각한 유동성 부족에 시달렸으며, 결국 부채 상환 능력이 급격히 저하되었다. 이로 인해 몇몇 기업은 주가가 하락하고, 상품 판매와 이에 따른 매출액이 줄어들어 기업 가치가 훼손되었다.

특히, 미국에서는 투자등급 하한(BBB-)에 있던 많은 양의 회사채가 투기등급으로 강등되었고, 이와 동시에 투기등급 회사채 스프레드는 급등했다. 국제금융센터의 자료에 따르면, 올해 들어 S&P, 무디스(Moody's), 피치(Fitch) 등 미국의 3대 신용평가사들은 상당수 기업의 신용등급을 투자등급(BBB-)에서 투기등급(BB+)으로 일제히 강등시켰다.[12] 심지어 미국의 자동차 제조업체인 포드(Ford)마저도 현금 흐름 악화를 이유로 투기등급으로 강등되는 사태가 발생했다.[13]

코로나19는 상당수 기업의 재무 상황에 부정적인 영향을 끼쳤다. 그러나 ESG 경영을 차근차근 실현해 나간 기업들은 상황이 조금 달랐다. 이들 기업은 ESG라는 글로벌 트렌드를 기반으로 업종을 변경하거나, 친환경 수익원을 창출하는 등 코로나19 확산에 따른 경영 리스크에 철저히 대응해 나간 공통점이 있다.

ESG 경영의 목적이 지속가능한 측면에서 투자 기회와 리스크를 식별한다는 점을 고려하면, 이들 기업의 환경(E), 사회(S), 지배구조(G) 성과는 코로나19에 맞서 기업 체질을 변화시키는 '백신' 역할을 한 것이다. 평소 ESG 경영에 집중한 기업은 외부 리스크에도 불구하고 경영 노하우를 효과적으로 활용할 수 있다. 예를 들면, 저탄소 배출 사업으로의 전환(환경), 사업장 내 작업 환경 및 근로자의 복지 개선(사회), 안정적인 경영 계획 수립 및 체계적인 모니터링(지배구조) 등은 장기적인 경영 리스크에 대한 대응 전략으로 이어지기 때문이다.

코로나19에서 살아남은 국내외 기업에서 관찰된 공통적인 특징은 바로 '사후적 회복력(Enterprise Resilience)'이었다. 이는 기업이 경영 위기에 처하더라도 이를 극복하고 더 크게 성장할 수 있는 능력을 의미한다. 이때 소니와 같은 글로벌 기업들에 주효했던 것은 ESG 경영의 내공이었다. 기존 사업 구조와 경영 체계를 ESG와 지속가능성을 결합하는 방식으로, 기업의 회복탄력성(Resilience)을 끌어올렸으며, ESG 경영 전략을 기반으로 주주 및 이해관계자와의 신뢰 관계를 강화하였다. 쉽게 말해, ESG 성과는 기업이 코로나19와 같은 사태로 경영 위기에 처했을 때 '오뚝이'처럼 일어날 수 있는 '방패막이' 역할을 했다.

---

12 기술과혁신, 코로나19 위기의 기업 생존전략, Special Issue 04.
13 연합인포맥스, S&P, 포드차 신용등급 '정크'로 강등, 2020년 3월 26일.

표 5-1 **코로나19에 맞서 ESG 경영을 실천한 글로벌 기업들의 재무성과**[14]

기업명	국가	실적	내용
구글 (Alphabet)	미국	코로나19 기간 주가 11% 상승 (19년 4분기~20년 5월)	사회적 책임 관련 사업 포트폴리오 구축
애브비 (Abbvie)	미국	코로나19 기간 순이익 7.1% 상승 (19년 4분기~20년 1분기)	코로나19 대안 치료제 '칼레트라'의 복제약 사용을 위해 글로벌 특허 포기
필립스 (Philips)	네덜란드	코로나19 기간 주가 0.8% 상승 (20년 2월~20년 5월)	친환경 제품 판매액 총매출 대비 15% 달성 등

코로나19가 전 세계를 경제위기로 몰아넣으며 국내외 기업에 경각심을 준 것은 분명하다. 첫째, 코로나19로 인해 사람들은 인류의 기본적인 권리인 건강과 안전에 대해 큰 관심을 가지게 되었다. 기업들은 소비자의 건강부터 산업 현장의 근로자에 이르기까지 가치사슬 전반에 걸쳐 고려하게 되었으며, 이는 코로나19로 부각된 인류의 기본적인 권리에 대한 강조가 기업의 경쟁력, 지속가능성과도 연계된다고 볼 수 있다. 둘째, 투자자와 투자기관의 ESG 투자가 앞으로 더욱 증가할 것이다. 코로나19 위기 상황에서도 ESG 성과가 높은 기업의 주가는 높게 평가되고 있음이 이를 증명하고 있다. MSCI에 따르면, ESG 등급이 높은 회사채와 주식은 MSCI 벤치마크 지수를 크게 앞질렀으며, 미국 신용평가사인 S&P가 ESG 투자자산 비중이 높은 미국 상위 17곳의 기업을 조사한 결과, 12곳이 기준 지수인 S&P500보다 높은 수익률을 기록한 것으로 나타났다.

ESG 기업 주가의 높은 수익률은 국내 자본시장을 다룬 연구에서도 확인되었다. 박혜진(2021)은 국내 개별 ESG 등급이 존재하는 867개 기업을 대상으로 환경(E), 사회(S) 등급이 높은 기업군과 등급이 낮은 기업군으로 구분하여 코로나19 발병 이듬해인 2020년의 주가 급락 기간(2월 24일~3월 18일까지)의 주식수익률을 분석하였다. 그 결과, 환경(E)과 사회(S) 등급이 높은 '그룹4'는 환경(E), 사회(S) 등급이 낮은 '그룹1'에 비해 평균적으로 4.7%포인트 정도 더 높은 기간 수익률을 달성한 것으로 나타났다.[15] 〈그림 5-3〉을 보면 환경(E)과 사회(S) 성과가 좋은 기업(그룹4)의 주식수익률이 성과가 좋지 못한 기업(그룹1)보다 상대적으로 더 높은 회복력을 보이는 것을 알 수 있다.

---

14 기업윤리 브리프스, 포스트 코로나, 뉴노멀 시대의 사회적 가치 경영, 2021 January. 인용 및 재구성.
15 자본시장연구원, 코로나19와 환경·사회책임 우수기업 주식의 성과, 2021-04호.

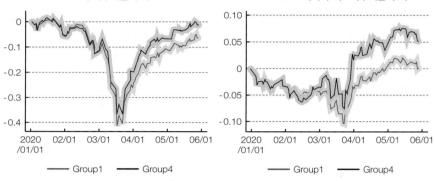

누적수익률 추이	KOSPI 대비 누적초과수익률 추이

그림 5-3 **환경(E)과 사회(S) 성과 수준별 누적수익률**

🔖 왼쪽 그림은 누적수익률의 평균값, 오른쪽 그림은 KOSPI 대비 누적초과수익률의 평균값, 음영 표시된 부분은 90% 신뢰 구간 표시 (출처: 자본시장연구원, 코로나19와 환경 · 사회책임 우수기업 주식의 성과, 2021-04호)

코로나19가 발생한 가운데 기업의 ESG 성과와 기업 가치의 관계에 관한 국내외 연구가 활발하게 진행되고 있다. 전반적으로 이러한 관계가 기업 가치에 긍정적인 영향을 미치는지, 혹은 부정적인 영향을 미치는지에 대한 의견은 다소 혼재되어 있지만, 현재로서는 긍정적인 측면을 조명하는 연구가 더 증가하는 추세이다. 국내외 연구를 조금 더 구체적으로 살펴보면, 기업의 ESG 성과를 통해 이미지와 평판, 그리고 신뢰가 개선되기 때문에 코로나19와 같은 돌발 사태에 따른 소비자 이탈을 줄이고, 기업에 수준 높은 회복탄력성을 갖추게 된다는 점을 제시하고 있다.[16]

최근 코로나19의 근본적인 원인이 기후변화와 환경 파괴에 있다는 공감대가 형성되면서, 환경 보호에 관한 관심이 더욱 커질 것으로 예상된다.[17] 또한, 기업의 ESG 경영 도입 여부와 주주, 직원, 지역사회의 관계 역시 더욱 중요한 변수로 떠오를 것이다. ESG 경영은 단순한 홍보나 겉치레가 아닌, '제2의 코로나19'에 대비한 안정적인 기업 경영 전략으로 부상할 것이라는 의견이 제기되고 있다.

---

16 Flammer, 2015, Does corporate social responsibility lead to superior financial performance? A regression discontinuity approachLin et al. 2017, Social capital, trust, and firm performance: The value of corporate socialresponsibtility during the financial crisis.

17 그린피스, 코로나19 사태가 기후변화에 주는 교훈, https://www.greenpeace.org/korea/ update/13106/blog-ce-pandemic-alarm-climate-change-covid-19/

ESG 사례 분석

코로나19에 ESG에 기반한 '업종 전환'으로 기업 가치 올린 '소니'

2020년 코로나19가 한창이던 시기에 일본의 대표적 전자기업인 소니(Sony)의 매출은 8조 9,999억 엔(약 81조 원), 당기순이익은 1조 1,718억 엔(약 10조 6,000억 원)에 이르렀다. 이는 1946년 소니 창립 이래 최대 실적이다. 미국 월스트리트저널(WSJ)은 코로나19로 인해 많은 국내외 기업의 재무성과가 악화되고 있는 중에도 이와 같은 눈부신 경영 실적을 낸 소니를 '2020년 지속가능한 세계 100대 기업(The 100 Most Sustainably Managed Companies in the World)' 1위로 선정했다. 한때 워크맨 등으로 세계 전자업계를 주름잡았던 소니는 코로나19 이전에 심각한 경영 위기에 처해 있었다. TV·노트북 사업은 우리나라 IT 기업에 밀리기 시작하였고, 2011년에는 역대 최악의 4,600억 엔(약 4조 2,000억 원) 적자를 기록하기도 했다.

소니는 코로나19가 발생하기 이전부터 점진적으로 사업 전환을 시도했다. 소니가 추진한 사업 전략은 '원소스-멀티유즈(One Source-Multi Use)' 방식이었다. 이는 기술력과 콘텐츠를 융합하여 단일 콘텐츠를 가전, 스마트폰, 게임기에서 모두 사용할 수 있게 한 것이다. 소니의 2020년 매출 비율을 살펴보면, 게임이 31%, 전자 제품이 22%, 음악이 19%였다. 이러한 비율을 보면 사실상 미디어 기업으로 봐도 무방할 정도였다.

그림 5-4 **소니의 지속가능경영 목표인 '로드 투 제로(Road to Zero)'** 로고 (출처: https://www.sony.com/en/SonyInfo/IR/library/presen/esg_technology/pdf/2020/presen3_E.pdf, 2.)

한 가지 주목할 점은 소니의 업종 전환이 ESG 경영과 밀접한 관련이 있다는 것이다. 탄소를 배출하던 기존 전자업에서 콘텐츠업으로 기업의 체질이 바뀌면서 '저탄소 경영'으로 이어진 것이다. 그 결과, MSCI(Morgan Stanley Capital International)는 소니의 ESG 등급을 기존 A등급에서 AA등급을 거쳐 최고등급인 AAA로 상향 조정했다. 또 눈에 띄는 점은 소니가 지속가능경영 보고서를 통해 자사 철학에 기반한 지속가능경영 전략을 공개했다는 것이다.

소니의 첫 번째 전략은 '지속가능경영 체계와 비즈니스 체계의 시스템적 통합', 두 번째 전략은 '제품과 서비스를 통한 지속가능성의 실현'이다. 특히, 소니는 '로드 투 제로(Road to Zero)' 목표를 세워 2050년까지 환경에 미치는 영향을 '0'으로 만들겠다는 계획을 밝혔다. 이러한 목표를 달성하기 위해 소니는 2025년까지 환경 중기 목표로 'Green Management 2025'를 설정했다. 중기 목표의 주요 내용은 △제품 1대당 플라스틱 사용량 10% 절감, △신규 설계 소형 제품의 플라스틱 포장재 폐지, △사무실 이산화탄소 배출량 5% 절감, △총 전력 사용량 중 재생에너지를 통한 전력 사용량 15% 이상 증가 등이다.

한 줄 요약

- ESG 성과는 기업이 코로나19로 인해 경영 위기에 처했을 때 '오뚝이' 역할을 하여 회복의 방패가 된다.

- 일본의 전자기업 소니는 업종 전환을 통해 코로나19 사태 속에서도 최대 매출과 당기순이익을 기록했으며, 이는 ESG 경영을 기반으로 기업의 체질을 바꾼 결과라고 할 수 있다.

- 국내외 연구 역시 ESG 성과가 우수한 기업이 경영 위기에서 더 높은 회복력을 갖는다는 것을 증명하고 있다.

토론 주제

- 국내외 기업의 ESG 경영과 관련하여 코로나19 외에 시험대에 오를만한 다른 이슈는 무엇인가?

- 국내외 연구가 증명한 바와 같이, 기업의 ESG 성과는 경영 위기 상황에서도 회복탄력성을 개선하였다. 이러한 회복탄력성의 향상이 일어난 구체적인 경로는 어떠한 것들이 있는가?

16

기업의 ESG 성과가
주가 급락 위험을 막을 수 있을까?

주가는 기업의 미래 시장 가치를 반영한다. 만약 기업의 수익성이 좋을 것으로 예상된다면 주가는 상승하게 되고, 투자자는 기존에 구매한 주식 거래액 대비 큰 차익을 얻을 수 있게 된다. 주가 상승은 기업 가치의 상승을 의미하므로, 사람들은 자연스럽게 호재라고 생각하기 마련이다. 반면, 주가 하락은 기업 가치의 하락을 의미하며, 큰 폭의 주가 하락은 기업의 자본조달을 어렵게 만든다. 이러한 상황은 금융과 벤처투자업계에 부정적인 영향을 미치게 되며, 금융자산의 가치가 떨어져 소비자들의 소비 위축으로 이어진다. 결국 전반적인 경제 성장을 둔화시키게 된다.

주가 하락을 정보 비대칭에 따른 경영 리스크 차원에서 확대하여 해석한 재무학 개념이 있다. 그것은 Chen et al.(2001)이 제시한 주가급락위험(stock price crash)

이다.[18] 주가급락위험은 13장과 14장에서 언급한 대리인 이론의 관점에서 살펴볼 수 있다. 결론적으로 주가급락위험은 기업 경영인의 부정적 뉴스 축적(bad new hoarding)에 따른 것이다.

그렇다면 기업의 ESG 성과가 경영인의 부정적 뉴스 축적 유인을 줄이면서 주가급락위험을 억제할 수 있을까? 기업이 경영인의 사적 유인을 적절히 통제하기 위해서는 어떤 ESG 요소에 신경을 써야 할까? 이를 이해하기 위해서는 먼저 재무학에서 설명하는 주가급락위험의 원리를 자세히 살펴볼 필요가 있다.

예를 들어, A 대기업이 많은 자금을 투입해서 추진하던 사업이 중단될 위기에 처했다고 가정해보자. 이러한 소식은 주식시장에 커다란 악재가 될 것이다. A 대기업의 경영자가 경영 임기 종료를 앞두고 있다면, 이와 관련된 정보를 숨기려는 유인이 생길 수 있다. 이 경영인이 부정적인 정보를 감추기 위해 투자자와 투자기관에 대한 공시를 장기간 지연시킨다면, 이 기업의 주가는 실질 가치에 비해 높게 평가될 것이다(실제로 주가는 하락해야 할 상황이다).

그러나 경영인들이 부정적 정보를 영원히 감출 수 있는 것은 아니다. 경영인이 숨기려고 한 부정적 정보가 누적되어 '임계점'에 이르면, 어느 순간 시장에 퍼지게 된다. 이로 인한 결과로 고평가되었던 주가는 급격히 내려가게 된다. 이것이 바로 주가급락위험의 원리이다.

상당수의 국내외 연구를 살펴보면, 주가급락위험은 환경(E), 사회(S), 지배구조(G) 중에서 지배구조(G)와 관련성이 높은 것으로 분석된다. 이는 주가급락위험이 대리인 이론으로 설명할 수 있기 때문이며, 이 이론의 핵심인 경영인과 외부 주주 간의 정보 비대칭 측면 때문이다. 기업의 다양한 정보가 투자자들에게 제대로 제공되지 않는다면, 이사회, 투자자, 투자기관의 감시 기능은 효율적으로 작동할 수 없다. 그 결과 경영상의 적절한 조치를 취하기 어려워지며, 이러한 상황은 주가가 급락할 때까지 지속된다.

주가급락을 다룬 국내외 연구에서 기업의 지배구조 개선이 주가급락위험을 낮추는 효과가 있다고 강조하고 있다.[19] 중국의 국영 기업과 민영 기업의 주가급락위

---

18 Chen, J., Hong, H., and Stein, J., "Forecasting crashes: Trading volume, past returns, and conditional skewness in stock prices," Journal of Financial Economics, Vol. 61, 2001, pp.345-381.

19 ESG와 주가급락위험의 문제를 다룬 대표적인 논문. Yongtae Kim, Haidan Li, Siqi Li, Corporate social responsibility and stock price crash risk, Journal of Banking & Finance, Vol.43, 2014, pp.1-13.

험 여부를 분석한 연구에서는 소유 집중도와 기업 특성이 주가급락위험과 음(−)의 관련성이 있음을 증명했다.[20] 또한 다른 국내 연구에서도 대리인 문제가 높은 기업의 사회적 책임 활동과 비대칭적 변동성 간에 양(+)의 관계를 발견했다. 특히 이사회 규모, 감사위원회 설치 여부, 사외이사 비율, 재무분석가의 수, 국민연금 관리공단의 5% 이상 지분 보유 여부, 외국인 투자자 비율 등의 기업에 대한 감시 체계가 개선될수록 이러한 관계가 유의하게 줄어든다는 사실을 제시하였다.[21] 즉, 기업에 대한 모니터링을 강화하면 대리인 문제가 높은 기업의 주가 리스크를 줄일 수 있다.

국내에서 우리나라 기업의 ESG 성과와 주가급락위험을 다룬 연구는 조진형과 이정환(2023)[22]의 연구가 있다. 이 연구에서는 기업의 지배구조(G) 성과 세부 지표인 '주주보호(stockholder protection)' 성과가 높아질수록 주가급락위험이 낮아진다고 분석하였다. 주식회사의 특성상 소유권과 지배권, 경영권이 분리되기 때문에 경영진, 지배주주, 소액주주, 외부 이해관계자 등 회사 주변의 다양한 이해관계자 간에 갈등이 발생할 수 있다. 이러한 상황이 우리나라 자본시장에서는 소액주주에게 특히 불리하다는 점을 고려하면, 상당히 타당한 주장이라고 볼 수 있다.

또 다른 국내 연구에서는 한국 코스피 상장기업을 대상으로 ESG 등급과 주가급락위험의 관계를 분석하였다. 이 연구에 따르면, 기업의 ESG 등급 성과가 높을수록 주가급락위험이 억제되는 것으로 나타났으며, 이 경향은 특히 예산 사정이 제약된(financially constrained) 기업일수록 더욱 완화되는 것으로 나타났다.[23]

주가급락위험은 주식 수익률 그 자체가 아니라 주식 수익률의 분포를 의미하므로, 투자자와 투자기관이 투자 다각화(Diversification)를 통해 리스크를 분산시키기는 어렵다. 이러한 측면에서 주가급락위험은 ESG 투자를 고려하는 투자자와 경영자 모두에게 중요한 문제이며, ESG 평가기관의 증가와 그 등급에 대한 활용이 높아질수록 ESG 경영 리스크는 더 많은 기업의 주가에 영향을 미칠 것이다.

---

20 Gao, W., Li, Q. and A. Drougas, "Ownership Structure and Stock Price Crash Risk: Evidence from China," Journal of Applied Business and Economics, 19(4), 2017, pp.65−78.

21 신영직, 남기만, 이재형, "기업의 사회적 책임(CSR) 활동과 주가급락위험 간의 관계에 관한 연구: 대리인 문제의 관점에서", 회계저널, 제28권 제5호, 2019, pp.43−84.

22 조진형, 이정환, "ESG, Chaebols and Stock Price Crash", Working paper.

23 김명인, 배진철 and Xiaotong Yang, ESG and Stock Price Crash Risk: Role of Financial Constraints, Asia−Pacific Journal of Financial Studies, 50(5), 2021, pp.556−581.

뿐만 아니라, 기업의 ESG 경영 리스크가 미디어를 통해 노출되면, 다양한 투자자와 투자기관의 거래 행태에 영향을 미치기 때문에 우리나라 기업의 주가급락위험은 기업의 지속가능성을 평가하는 주요 잣대가 될 수 있다.

🌡 ESG 사례 분석

통계로 살펴본 주가급락위험의 원리

Chen et al. (2021)이 소개한 주가급락위험은 통계적인 관점에서 살펴볼 수 있다. 여기서 왜도(skewness)라는 개념이 사용되며, 이는 데이터 비대칭성의 정도를 나타낸다. 데이터의 전반적인 분포가 평균에서 얼마나 떨어져 있는지를 양(+)의 방향 또는 음(-)의 방향으로 움직이는 경향을 측정한 것이다. 양(+)의 방향(오른쪽)으로 치우친 데이터와 음(-)의 방향(왼쪽)으로 치우친 데이터들의 평균과 중앙값은 〈그림 5-5〉와 같은 관계를 보인다.

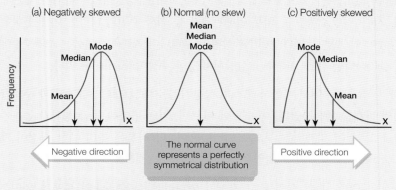

그림 5-5 왜도, 평균, 중간값의 관계 (출처: https://2stndard.tistory.com/140)

평균값이 중앙값보다 크다면 양의 방향으로 치우친 데이터이다. 이 경우, 최빈값(Mode)은 중앙값(Median)보다 작고, 중앙값은 평균(Mean)보다 작다. 중앙값을 기준으로 왼쪽에 최빈값, 오른쪽에 평균이 위치하므로, 전체적인 분포는 오른쪽으로 더 길게 치우친 꼬리를 가지게 된다. 반대로, 평균값이 중앙값보다 작다면 데이터는 음의 방향으로 치우친 것이다. 이 데이터의 경우, 최빈값은 중앙값보다 크고, 중앙값은 평균값보다 크다. 따라서 중앙값을 기준으로 최빈값은 가장 오른쪽에, 평균은 가장 왼쪽에 위치하게 되며, 전체적인 분포는 왼쪽으로 더 길게 치우친 꼬리를 갖게 된다.

기업의 주가급락위험이 왼쪽으로 꼬리가 긴 분포를 이루며 음의 왜도(negative skewness)를 갖는 분포를 가지는 이유는 무엇일까? 예를 들어, 시장청산가격[24]이 주당 1만 원에 거

---

24 매수자의 수요와 매도자의 공급이 일치한 가격을 말한다.

래된다고 가정했을 때 특정 악재 정보를 보유한 전문 투자자는 이 주식의 실질 가치를 1만 원보다 낮은 5,000원 안팎으로 평가하고 있다. 그러나 이 '특정 정보'는 숨겨진 가운데 주가를 낙관적으로 평가했던 투자자들이 매도에 동참하면, 기존에 1만 원에 주식을 거래했던 비관적인 투자자들은 이 주가에 대한 '지지 매수자'가 될 것이다. 이들은 가격 하락 추세에 예민하게 반응할 것이며, '핵심 정보'가 조금씩 공개되면 주가는 급격히 하락할 것이다. 따라서 처음부터 고평가된 주식은 음의 왜도를 띠며, 상대적으로 많은 최빈값을 가진 분포를 형성하게 된다. 애초에 기업의 정보가 투명하게 공개되었다면, 기업 내부에 부정적 정보가 축적될 가능성이 낮아져 미래의 주가급락위험은 줄어들게 된다. 이러한 측면에서 주가급락위험은 대리인 이론에서 말하는 정보의 비대칭성과 밀접한 관련이 있다.

한 줄 요약

- 주가급락위험은 기업 경영인의 부정적 뉴스 축적에 따른 결과라고 볼 수 있다.

- 주가급락위험은 환경(E), 사회(S), 지배구조(G) 요소 가운데 지배구조(G)와 밀접한 관계가 있다. 이는 경영인과 외부 주주의 정보 비대칭이 핵심인 대리인 이론이 작용하기 때문이다.

- 기업 정보가 다양한 방식으로 대중에게 노출되면 기업의 주가급락위험은 더욱 높아질 수 있다.

토론 주제

- 대리인 이론의 관점에서 볼 때, 기업의 환경(E)과 사회(S) 요소가 주가급락위험을 어떻게 낮출 수 있는가?

- 주가급락위험은 재무학 연구에서 주로 언급되는 학술적 개념이다. 일반 투자자와 투자기관이 주가급락위험에 신경을 써야 하는 이유는 무엇인가?

17

기업의 탄소 배출,
반드시 공개해야 할까?

368억 톤. 국제에너지기구(IEA)가 「2022년 이산화탄소 배출량」 보고서를 통해 공개한 2022년 전 세계 이산화탄소 배출량의 수치다(그림 5-6). 매년 전 세계 이산화탄소 배출량은 최고치를 경신하고 있다. 최근에는 전기차의 보급 확산과 재생에너지 산업의 성장으로 인해 이산화탄소 배출량의 증가율이 예상보다 낮게 나타났다. IEA의 사무총장 파티 비롤(Fatih Birol)은 "우려한 만큼 탄소 배출량이 많이 증가한 것은 아니며, 이는 재생에너지, 전기차, 히트펌프, 에너지 효율 기술 등의 두드러진 성장 덕분이다. 그렇지 않았다면 이산화탄소 배출량 증가율은 거의 3배나 높았을 것"이라고 언급한 바 있다.

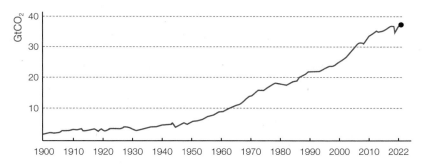

그림 5-6 1900~2022년 에너지 관련 전 세계 이산화탄소 배출량 추이 [25] (출처: https://iea.blob.core. windows.net/assets/525166b4-1201-47bf-8413-9cf3fededbfd/CO2Emissionsin2022.pdf, 5.)

글로벌 기업들의 탄소 배출량 증가 추세를 늦추는 또 다른 요인은 글로벌 규제기관들의 탄소 배출량 공시 규제다. 만약 기업들이 불충분하게 혹은 불성실하게 자사의 탄소 배출량을 공시한다면, 불충분한 공시 또는 그린워싱(green-washing)[26]을 이유로 각종 소송 위험[27]에 처하게 될 수 있다. 이에 따라 기업들의 투명한 탄소 배출량 공시를 위한 국내외 규제는 강화되는 추세다.

2022년 3월, 국제지속가능성기준위원회(ISSB)는 기후 관련 재무 공시에 대한 태스크포스(TCFD), 세계경제포럼(WEF), 가치보고재단(VRF), 기후정보공개표준위원회(CDSB), 국제회계기준위원회(IASB) 등 관계기관과 함께 기후 관련 공시 초안을 공개했다. 이 초안은 기업이 공시해야 하는 일곱 가지 산업 전반의 지표 범주를 제시하였으며, 그중 대표적인 것은 이산화탄소 배출량 지표이다. 스코프 1과 스코프 2는 연결기업(지배기업과 그 종속기업), 그리고 그 외 관계기업, 공동기업, 비연결대상 종속기업 혹은 계열사의 배출량을 분리해 별도로 공시하도록 했다. 스코프 3는 측정 시 업스트림(소재의 생산, 공급사 협력 등 공급자인 기업 중심의 항목)과 다운스트림(제품의 유통 과정 등 소비자 중심의 항목)의 배출량을 포함하였다.[28] 간단히 말해, 이는 기업이 제품 생산 과정에서 발생하는 탄소 배출량 전반에 대한

---

25 IEA, CO₂ Emissions in 2022.

26 친환경을 뜻하는 'green'과 세탁을 뜻하는 'white washing'의 합성어다. 이른바 '위장 환경주의'를 말한다. 실제로는 친환경 경영을 하지 않는 기업이 대중과 소비자에게 마치 친환경 경영을 하는 것처럼 기만하는 행위를 말한다.

27 Setzer, J., Higham, C., 2021, Global trends in climate change litigation: 2021 snapshot, Grantham Research Institute on Climate Change and the Environment.

28 스코프 1은 기업이 제품을 생산하는 단계에서 발생하는 직접적인 배출량을 의미한다. 스코프 2는 기업 내 사업장에서 쓰는 전기·동력을 만드는 과정에서 발생하는 간접 배출량을 뜻한다. 스코프 3는 협력업체와 물류·사용·폐기 등 공급사슬 전반의 과정에서 발생하는 외부 배출량을 말한다.

투명한 정보 공개를 요구한 것이다.

기업들의 탄소 배출량 공시는 기업 가치의 증대로 이어지기 때문에 자본시장에서 반기고 있다. 대표적인 예로 탄소 프리미엄(Carbon premium)이 있는데, 이는 탄소 배출량이 많은 기업의 주식에 양(+)의 초과수익률이 존재한다는 것을 의미한다. 이와 관련하여 천재지변과 같은 기후변화의 소식이 전해질 때, 해당 리스크에 노출된 기업의 주가가 어떻게 변동하는지, 탄소 배출과 관련된 정책 도입이 주가에 어떠한 영향을 미치는지 등의 관련 연구가 진행되고 있다.

탄소 프리미엄과 관련된 최근 연구 중 Bolton & Kacperczyk(2022)[29]의 연구가 대표적이다. 이들은 1만 4,400개의 국내외 상장기업의 주식 수익률과 기업별 탄소 배출량 정보 등을 활용하여 탄소 프리미엄의 존재 여부를 분석했다. 투자자들은 탄소 배출량이 많은 기업의 탄소 프리미엄으로 인해 초과수익률이 발생할 것으로 기대하고 있다. 이는 저탄소 경제로의 전환에 따른 이행 리스크가 주가에 반영되고 있다고 판단할 수 있다. 이들의 분석에 따른 대부분의 기업에서 탄소 프리미엄이 발생하였으며, 이는 기업의 탄소 배출량 및 연간 탄소 배출량 증가율과 양(+)의 상관관계를 나타내고 있다. 구체적으로, 스코프 1(직접 배출량)이 한 단위의 표준 편차만큼 증가할 때, 연간 주가 수익률은 평균적으로 약 1.1% 상승한 것으로 나타났다.

반면, 기업의 탄소 배출량 수준이 낮을수록, 즉 기업의 환경(E) 성과가 좋을수록 기업 가치가 높아진다는 연구 결과가 있다. Matsumura et al.(2014)는 미국의 S&P500 상장기업을 대상으로 분석한 결과, 탄소 배출량과 기업 가치 사이에 음(-)의 관계를 발견하였다.[30] 또한, 탄소 배출 정보를 공시하는 기업과 공시하지 않는 기업을 비교한 결과, 탄소 배출 정보를 공시하는 기업의 시가총액이 공시하지 않는 기업에 비해 높았다. 이 결과는 미국 주식시장이 기업의 탄소 배출 정보와 기업의 공시 성향을 주가에 반영하고 있다는 것을 의미한다.

기업의 탄소 배출량과 기업 가치를 분석한 국내의 대표적인 연구로는 최종서 & 노정희(2016)의 연구가 있다.[31] 이들의 연구에 따르면, 기업의 전년 대비 탄소 배

---

29 Patrick Bolton, Marcin T. Kacperczyk. Global Pricing of Carbon-Transition Risk, Journal of Finance, Forthcoming.

30 Matsumura, Ella Mae, Rachna Prakash, and Sandra C. Vera-Muñoz. "Firm-Value Effects of Carbon Emissions and Carbon Disclosures." The Accounting Review 89, no. 2, 2014, pp.695-724.

31 Choi, J.S., and J.H. Noh, Usefulness of Voluntarily Disclosed Carbon Emissions Information, Korean Accounting Review 41(6), 2016, pp.105~157.

출량 감소는 기업 가치 증대 및 신용등급 개선에 긍정적인 영향을 미치는 것으로 나타났으며, 이는 기업의 탄소 저감 활동이 기업 가치를 증진하는 데 기여하고 있다는 것을 의미한다. 반면, 또 다른 국내 연구인 Lee & Cho(2021)는 기업의 탄소 배출량 증가가 활발한 경영 활동에 따른 현금 흐름 증가로 인식되어 기업 가치에 기여한다는 결과를 보고했다.[32] 그들은 탄소 배출량을 줄이는 것이 기업의 운영 비용을 높여 기대하던 현금 흐름에 악영향을 미칠 수 있다고 지적했다. 그럼에도 불구하고, 이들의 연구는 기업이 좋은 환경 성과를 보일수록 자발적인 탄소 배출량 공개 성향이 높아진다는 점을 강조하고 있다.

이처럼 글로벌 규제기관의 탄소 배출량 공시 흐름에 발맞춰, 탄소 배출량 공시와 기업 가치 등에 관한 연구가 활발하게 진행되고 있다. 이는 글로벌 규제기관과 학계가 기업의 지속가능성을 검증하기 위해 다각적인 시도를 하고 있음을 보여준다.

🌡️ ESG 사례 분석

회피된 탄소 배출량, 스코프 4(Scope 4)는 무엇인가?

대외적인 보고 의무나 보편적으로 인정된 합의 기준이 없음에도 불구하고, 최근 기업들이 도입하고 있는 탄소 배출 정보 공시가 있다. 그중 대표적인 것이 스코프 4이다. 스코프 4는 명확히 인정된 기준은 없지만, 다양한 기업들이 자사 제품의 친환경성을 강조하기 위하여 공시하는 탄소 정보 중 하나이다. 또 스코프 4는 '제품의 수명 주기나 가치사슬 외부에서 발생하지만, 해당 제품의 사용 결과로 발생하는 배출 감소'로 정의한다. 이러한 차원에서 스코프 4를 회피된 배출(avoided emissions)이라고 한다.

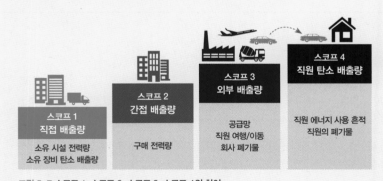

그림 5-7 **스코프** 1, **스코프** 2, **스코프** 3, **스코프** 4의 차이
(https://www.linkedin.com/pulse/what-our-scope-4-emissions-stacy-smedley)

---

32 Lee, Jeong-Hwan, and Jin-Hyung Cho, "Firm-Value Effects of Carbon Emissions and Carbon Disclosures—Evidence from Korea" International Journal of Environmental Research and Public Health 18, no. 22: 12166, 2021.

스코프 4는 ESG 경영 과정 중 제품 생산 과정에서 탄소 배출을 줄이고, 원격 회의를 통해 외부 이동을 줄이는 등 기업의 관리 차원에서 이루어진다. 예를 들어, 한 제조업체가 냉장고 제작 단계에서 제품의 효율성을 높이기 위해 연구개발에 투자할 경우, 연구개발 과정에서는 탄소 배출량이 증가할 수 있지만, 연구개발 완료 후 효율성이 향상된 제품을 사용함에 따라 탄소 배출량을 줄일 수 있다. 또한 직원이 외부 미팅을 위해 대중교통을 이용하는 것이 아니라 회사 또는 집에서 원격으로 회의하는 경우, 대중교통을 이용하지 않아 '회피된(줄인)' 탄소 배출량은 원격 회의 제공업체의 스코프 4로 계산할 수 있다.

이처럼 기업의 자발적인 차원에서 탄소 배출량 저감을 추진하다 보니, 기업들은 각자의 산업 특성에 맞는 아이디어를 도입해 친환경 경영의 투명성을 높일 수 있다. 스코프 1, 스코프 2, 스코프 3처럼 대외적으로 정해진 보고 의무가 있는 것은 아니지만, 스코프 4는 투자자와 투자기관의 입장에서 기업 간 비교 분석을 할 수 있는 주요 기준이 될 수 있다.

한 줄 요약

- ISSB를 중심으로 글로벌 탄소 배출량 공시 규제가 강화되고 있으며, 기업의 탄소 배출량 공시 의무는 직접 배출(스코프 1), 간접 배출(스코프 2), 외부 배출(스코프 3)로 구분한다.
- 스코프 4(회피 배출)는 보고 의무나 합의 기준이 없지만, ESG 경영 기업의 관리 차원에서 탄소 배출 공시의 의미가 있다.
- 국내외 연구에서는 기업의 자발적인 탄소 배출량 공시가 기업 가치와 관련이 있다는 결과를 내놓고 있다.

토론 주제

- 기업이 자발적으로 스코프 4를 공시하기 위한 요인은 무엇인가? 경영인 입장에서 스코프 1~3와 동시에 스코프 4를 진행하려면 어떤 인센티브가 필요한가?
- 기업의 탄소 배출량 공시는 장단기적으로 기업 가치에 어떠한 영향을 미치는가? 의무적으로 공시하는 것(예 ISSB)과 자발적으로 공시하는 것(예 CDP)은 어떻게 다른가?

CHAPTER 06
ESG와
기업 경영

18
기업들이 인수합병(M&A) 시
ESG를 고려하는 이유는?

기업의 인수합병(Merger & Acquisition, M&A)은 자본시장의 꽃이라 불린다. 인수 기업은 피인수 기업의 사업과 조직을 통해 새로운 사업 시너지를 얻고, 성장의 기회로 삼고자 한다. 인수는 한 기업이 다른 기업을 매입하는 것을 의미하고, 합병은 두 독립적인 기업이 하나의 기업으로 합쳐지는 것이다. M&A의 주된 목적은 국내에서는 부실기업 인수, 업종의 전문화, 경영의 다각화 등이 대부분이고, 국외에서는 선진국의 기술 획득, 무역장벽의 극복, 해외 유통망 확대, 국제화 발판 마련 등이 있다.

M&A 과정에서 기업들은 환경(E), 사회(S), 지배구조(G) 요소를 고려하기도 한다. 일반 M&A와 ESG 중심의 M&A의 가장 큰 차이점은 전자가 사업의 시너지와 장기 성장을 우선시한다면, 후자는 ESG 관련 국내외 규제와 리스크를 고려하며 지속가능한 성장을 목표로 한다.

2021년 대신경제연구소 산하 대신지배구조연구소는 「ESG를 고려한 M&A 유형과 시사점」 보고서에서 ESG와 관련된 M&A 사례를 다음의 네 가지 유형으로 분류했다: ① ESG 리스크 관리형 M&A, ② ESG 기회요소 강화형 M&A, ③ ESG 향상을 통한 수익추구형 M&A, ④ 기타(적대적 M&A의 방어 수단, 사회적 책임 강화 등).

첫째, ESG 리스크 관리형 M&A는 ESG 수준이 낮은 기업이 잠재적 ESG 리스크를 고려해 M&A 전략을 세우는 것이다. 국내외에서 ESG 공시가 의무화되고, 탈탄소화 정책 등 글로벌 규제 강화 추세에 따라 ESG를 미흡하게 적용할 경우 발생할 수 있는 리스크에 대응하기 위한 전략이다. 2016년에는 글로벌 석유기업 토탈(Total)이 프랑스 배터리 제조사 사프트를 인수하여 석유산업의 수익성 저하 등 변화에 대비했고, 국내에서는 ㈜한화가 방산 부문의 분산탄 사업부문을 분리하여 ㈜코리아 디펜스인더스트리를 설립함으로써 분산탄 투자 규제에 적극 대응하는 모습을 보였다.

둘째, ESG 관련 산업의 수요 상승에 따라 M&A를 통해 해당 산업의 기회와 요인을 적절히 활용한다. 이를 대표하는 예로는 2021년 이탈리아의 피아트(Fiat)와 미국의 크라이슬러(Chrysler)가 50:50의 비율로 합병을 체결하여 세계 3위 자동차 회사인 스텔란티스(Stellantis)를 설립한 것이다. 이 회사는 그해 전기차 모델 10종을 출시하며 전기차 시장 진출을 강화했고, 이 합병을 통해 약 61억 달러(약 8조 460억 원)의 연구개발 비용을 절감할 것으로 예상하였다.

셋째, ESG 성과가 낮은 기업을 대상으로 투자함으로써 지속가능한 가치 창출을 추구하기 위한 M&A이다. 사모펀드는 의도적으로 ESG 성과가 부족한 기업을 투자 대상으로 선택하고, 이를 통해 기업의 지속가능한 가치를 추구하였다. 무한책임투자자(GP) 198명, 유한책임투자자(LP) 41명을 대상으로 한 PwC의 설문에 따르면, 응답자의 66%가 ESG 활동 또는 책임 투자의 주요 동기 중 하나로 '가치 창출'을 지목했다.[1] 이와 관련된 대표적인 사례로는 2017년에 스웨덴의 사모펀드인 EQT VII 펀드가 5억 유로(약 7,200억 원)에 창고 자동화 시스템 공급사인 오토스토어(Autostore)를 인수하고, 4년만인 2019년에 16억 유로(약 2조 3,000억 원)에 매각한 것이다. 인수 후 오토스토어는 탄소 배출량을 줄이고, 근로자 친화적인 작업 환경으로 조성하였으며, 납산을 리튬이온으로 전환하여 에너지 효율도 크게 향상시켰었다. 그 결과, 오토스토어의 매출은 4배, EBITDA[2]는 4.5배, 직원 수는 2배가량 성장한 것으로 나타났다.

---

1 PwC, Private equity's ESG journey: From compliance to value creation, 2021.
2 EBITDA는 이자비용, 세금, 감가상각비, 무형자산 상각비 차감 전 이익을 말한다.

넷째로, ESG 경영을 적극적으로 실행하여 적대적 M&A를 방어하거나, 기업의 사회적 책임 강화를 위해 M&A를 진행하는 경우도 있다. 프랑스 식음료 기업 다논(Danone)은 ESG 경영을 통해 잠재해 있던 적대적 M&A로부터 보호된 사례이다. 다논은 방글라데시에서 영양실조 문제 해결을 위해 그라민 다논(Grameen Danone Food)이라는 사회적 기업을 운영함으로써 사회적 책임을 적극적으로 수행했다. 이러한 활동은 대중과 정치권으로부터 인정을 받았고, 2005년 미국의 식음료 기업인 펩시코(Pepsico)가 다논의 인수를 추진할 때, 프랑스 대통령이 개입해 이를 저지하는 등 적극적인 대응으로 이어졌다. 결국 펩시코는 그해 7월 다논에 대한 M&A를 중단하겠다는 뜻을 밝혔다. 또한, 국내 통신회사 SK텔레콤(SKT)은 야구팀 SK와이번스 지분 100%를 신세계그룹 이마트에 매각하였고, 그 대신 비인기 종목인 빙상, 펜싱 그리고 2019년부터 장애인사이클 선수단을 지원하였다. 이러한 SK텔레콤의 행보는 비인기 종목과 아마추어 스포츠 발전을 지원하는 등 기업의 사회적 책임을 강화하기 위한 노력으로 평가할 수 있다.

표 6-1 ESG를 고려한 M&A 유형[3]

유형	내용	예시
ESG 리스크 관리형	ESG 저조 기업의 (규제) 리스크 대응	• 프랑스 석유기업 토탈의 배터리 제조사 사프트 인수 • (주)한화의 분산탄 사업부문 분리
ESG 기회요소 강화형	ESG 산업 내 기회 활용	이탈리아 피아트와 미국 크라이슬러 합병 후 스텔란티스 설립, 이후 전기차 시장 집중
ESG 향상을 통한 수익 추구형	ESG 저조한 기업에 투자해 수익 창출	EQT VII 펀드의 오토스토어 인수 및 가치 창출
기타	적극적 M&A 방어 혹은 사회적 책임 강화	• 프랑스 다논의 사회적 기업 운영 • SKT의 장애인사이클선수단 지원

글로벌 기업들은 ESG 요소를 중심으로 한 인수합병 활동을 활발히 진행하고 있다. 2022년 상반기 기준으로 ESG 기업을 대상으로 한 M&A 건수가 총 93건으로 집계되었는데, 영국의 M&A 자문 회사인 햄플턴 파트너스(Hampleton Partners)에 따르면 2021년 동기(44건) 대비 111% 증가한 수치다. 햄플턴 파트너스는 이러한 증가 추세가 2019년 유럽연합(EU)의 유럽그린딜(European Green Deal) 정책 발표, 2021년의 국제지속성기준위원회(ISSB) 설립 결정, 2022년 미국 증권거래위원회(SEC)의 기후변화 리스크 의무 공시 규정 제안 등의 영향에 따른 것으로 분석했다. 결국 ESG 관련 글로벌 규제와 제도 강화가 기업의 M&A 활동에 영향을 끼친 것이다.

---

3 대신지배구조연구소, M&A와 ESG [1], DERI ESG Issue Report.

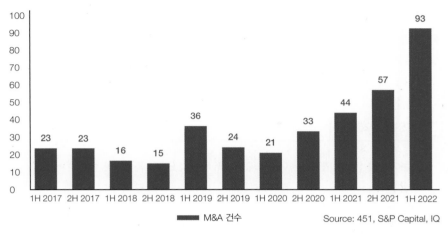

그림 6-1 **글로벌 ESG M&A 거래 건수(반기 기준, 2014~2021년)** [4] (출처: S&P Capital IQ, 451)

2022년에는 미국의 B2B 연구소인 콜만 리서치(Coleman Research)가 전 세계 기업 금융 전문가 500명을 대상으로 설문 조사를 진행했다. 결과적으로, 응답자의 42% 는 ESG가 현재 자신들이 속한 조직의 M&A 활동에 핵심적인 역할을 하고 있다고 답했으며, 또한 68%는 앞으로 2년 안에 ESG 역할이 더욱 중요해질 것으로 예상 했다. [5]

기업의 ESG 성과가 적극적인 M&A로 이어진다는 것은 연구 결과에서도 나타난 다. Bereskin et al.(2018)의 연구에 따르면[6], 환경(E), 사회(S), 지배구조(G) 점수 를 활용하여 1994년부터 2014년 사이의 미국 기업 M&A 사례를 바탕으로 한 분 석에서 인수 기업과 피인수 기업 간의 CSR 문화의 유사성이 높을수록 M&A의 성 공 확률이 높은 것으로 나타났다. 특히 피인수 기업과 CSR 측면의 유사성이 높은 인수 기업들은 그렇지 않았던 인수 기업들보다 장기적인 기업 수익성이 훨씬 높은 것으로 파악되었다. 반대로, CSR 측면의 유사성이 낮은 경우에는 M&A의 경제적 비용이 상대적으로 더 높다는 것을 의미한다.

또한, Barros et al.(2022)의 연구에서 2002년부터 2020년까지 41개 국가의 12개

---

4 Aral, K., Giambona, E., Vam Wassenhov, L.N., Stakeholder orientation and operations outcomes: Evidence from constituency statutes, SSRN working paper, 2021.

5 ESG NEWS, Coleman Research Releases Study on ESG Impact on M&A and Corporate Strategy, August 25, 2022.

6 Bereskin, F., Byun, S., Officer, M., & Oh, J, The Effect of Cultural Similarity on Mergers and Acquisitions: Evidence from Corporate Social Responsibility, Journal of Financial and Quantitative Analysis, 53(5), 2018, pp.1995-2039.

산업 섹터의 M&A 사례를 분석한 결과, 기업 간의 M&A 활동이 전반적으로 기업의 ESG 성과에 긍정적인 효과가 있다고 주장하였다.[7] 이로써, 기업 간의 M&A 활동으로 기업 가치를 증진하기 위한 노력이 기업의 지속가능성에 기여하는 중요한 수단임을 다시금 확인하게 되었다.

ESG 사례 분석

새는 자유를 얻었을까? 일론 머스크의 트위터 인수와 ESG 역행 논란

2022년, 테슬라(Tesla)의 최고경영자(CEO) 일론 머스크가 440억 달러(약 50조 원)를 투자하여 SNS 플랫폼인 트위터(Twitter)를 인수하며 "새가 자유를 얻었다(The bird is freed)"라고 자신의 트위터에 글을 올렸다. 이러한 대규모 인수는 그 자체로도 화제가 되었지만, 트위터의 ESG 경영이 하락세로 전환될 것이라는 우려도 동반됐다. 이는 머스크가 ESG에 대한 부정적인 입장을 지니고 있었기 때문이다. 그해 5월, 미국의 신용평가사 S&P는 테슬라의 저탄소 전략 부재, 인종차별 및 열악한 근로 환경을 지적하며 테슬라를 ESG 500지수에서 퇴출하였다. 이러한 결정으로 테슬라의 주가는 급락했다.

머스크는 트위터 인수 후 자신의 트위터에 "일론 머스크가 트위터에 표현의 자유를 가져오길 원한다고 했을 때, S&P가 테슬라를 ESG 500지수에서 퇴출하고, 에너지회사 엑슨(Exxon)은 그대로 둔 것을 기억하세요?"라는 질문에 "ESG는 악마다(ESG is the Devil)."라고 답하며 불편한 감정을 그대로 드러냈다.

트위터 인수 과정에서 일론 머스크 본인과 경영자들, 사외이사는 상당한 이익을 얻은 것으로 나타났다. 트위터 인수 후 주가는 54.20달러로, M&A 협상 전 주가인 39.31달러보다 38% 높았다. 하지만 직원들의 복지에는 소홀했다. 일론 머스크는 M&A 협상 과정에서 고용 보장 조치를 취하지 않았고,

그림 6-2 트위터에 'ESG는 악마다'라는 글을 올린 테슬라 CEO 일론 머스크
(출처: https://www.wowtv.co.kr/NewsCenter/News/Read?articleId=A202211290122)

인수 후에는 트위터의 대표 파라그 아그라왈(Parag Agrawal)과 경영진, 그리고 구성원 절반에 달하는 3,700명을 감원했고, 재택근무를 폐지했다. 이는 평소 유연 근무제도를 통해 흑인과 스페인계 직원 채용을 늘린 트위터의 채용 다양성을 위배한 것이다. 하버드대 로스쿨의 루시안 벱척(Lucian Bebchuk) 교수 등은 이에 대해 「트위터가 어떻게 이해관계자를 곤경

7 Victor Barros, Pedro Verga Matos, Joaquim Miranda Sarmento, Pedro Rino Vieira, M&A activity as a driver for better ESG performance, Technological Forecasting and Social Change, Volume 175, 2022.

에 처하게 했나(How Twitter Pushed Stakeholders Under the Bus)」라는 논문에서 "트위터 경영 진은 회사 이해관계자의 이익을 무시하고, 주주와 경영진만의 이익을 우선시했다."라고 지 적했다.[8] 이는 주주와 경영자를 우선시하고, 직원과 지역사회 등 이해관계자의 이익을 무 시했다는 측면에서 ESG 경영을 소홀히 한 사례로 볼 수 있다.

 한 줄 요약

- ESG를 고려한 M&A는 ① ESG 리스크 관리형 M&A ② ESG 기회요소 강화형 M&A ③ ESG 향상을 통한 수익추구형 M&A ④ 기타(적대적 M&A 방어수단 등) 등으로 분류된다.
- ESG를 고려한 M&A는 전 세계적으로 증가하는 추세이다. 이는 유럽그린딜, ISSB 설립 등 글로벌 ESG 규제 및 제도 도입과 무관하지 않다
- 일론 머스크의 테슬라가 트위터 인수 직후 직원 무더기 해고, 일방적인 근무제도 변경 등 의 조치를 취한 것은 ESG 경영과 거리가 멀다고 할 수 있다.

 토론 주제

- M&A는 흡수합병, 신설합병, 주식매수(우호적·적대적 매수), 자산매수 등 다양한 편이다. M&A의 종류가 기업의 ESG 성과에 영향을 미칠 수 있을까? 그 이유는 무엇인가?
- 테슬라의 일론 머스크는 트위터 인수 직후 단행한 조치들로 "이해관계자의 이익을 무시 했다."라는 비판을 받았다. 주주의 이익과 더불어, 이해관계자의 이익을 고려하기 위해서 는 어떤 조치가 필요했을까?

---

8 Lucian A. Bebchuk, Kobi Kastiel, Anna Toniolo. How Twitter Pushed Stakeholders Under The Bus. ecgi. Law Working Paper N° 704/2023.

19
탄소세 도입이
논란을 부른 까닭은?

납세는 우리나라 국민의 4대 의무(교육, 근로, 납세, 국방) 중 하나다. 기업도 세금 납부의 의무가 있다. 세금을 정직하게 납부하는 기업은 성실납세 기업으로 언론과 대중으로부터 긍정적인 평가를 받지만, 탈세를 시도하거나 고의로 세금 납부 의무를 회피하는 기업은 사회적으로 큰 파문을 일으키게 된다. 그 정도가 심하면 검찰에 고발되어 수사대상이 되고, 강력한 세무 조사를 받게 된다. 그만큼 기업의 성실한 법인세 납부는 기업의 이미지와 평판, 그리고 대중적인 신뢰도에 결정적인 영향을 미친다.

ESG 경영이 글로벌 트렌드로 주목받게 되면서, 기업의 성실한 납세가 사회적 책임 활동(CSR)의 측면에서 강조되기 시작했으며, 그 중요성 또한 더욱 커졌다. 국내외 기업들이 하나둘씩 ESG 경영 원칙을 도입하는 과정에서 기업의 전반적인 경영 활동에 성실한 납세가 요구된 것이다.

기업의 납세 의무는 ESG 요소 중 사회(S)와 밀접한 연관이 있다. 투명한 세금 납부가 소비자, 지역사회, 그리고 국가에 대한 기여로 여겨졌기 때문이다. 기업이 바람직한 조직 문화와 가치관을 지녔다면, CSR 활동을 성실히 수행할 것으로 보았다. 즉, 성실한 세금 납부는 그 자체만으로도 기업의 사회적 책임으로 여긴 것이다. 또한, 세금과 관련된 투명한 공시는 기업이 지역사회에서 어떤 역할로 인식하는지, 주주와 이해관계자에 얼마나 헌신하는지를 나타낼 수 있다.

최근에는 전 세계적으로 ESG 규제와 제도가 강화되면서 세금 납부는 기업의 ESG 관련 의사 결정에 핵심적인 요소로 자리매김하였다. 특히, 국내외 기업의 납세 의무는 ESG 중 환경(E)과도 연결된다. 그 이유는 기후변화를 일으키는 이산화탄소 배출에 대한 규제가 시급한 문제로 부상했기 때문이다.

환경(E)과 관련된 주요 조세 제도 중 하나는 탄소세이다. 탄소세는 제품 생산 과정에서 사용된 화석연료로 인한 이산화탄소 배출량을 기반으로 부과되는 세금을 의미한다. 우리나라는 아직 도입되지 않았으나, 유럽연합(EU), 일본, 싱가포르 등 2021년 기준으로 27개 국가에서 시행 중이다. 소득세(Earning Tax)는 주로 소득에 기반한 세금이지만, 탄소세는 탄소를 태우는 행위에 대한 세금(Burning Tax)으로 볼 수 있다. 탄소세의 목적은 이산화탄소 배출로 인한 외부비용을 내부화(internalization)함으로써 자원의 배분 왜곡을 바로잡는 것이다. 이로 인해 기업들은 이산화탄소 배출량을 줄이기 위해 친환경 기술을 개발하려는 유인이 발생할 수 있다.

탄소세는 온실가스 배출량을 감소할 수 있는 효과적인 방법으로 주목받고 있다. 2019년 1월 월스트리트 저널에 게재된 '탄소세 배당에 관한 경제학자들의 입장문'에서 경제학자들은 "탄소세는 온실가스 배출을 줄이는 데 비용면에서 가장 효율적인 방법이다."라고 주장하였다. 이 성명서에는 탄소세의 과세 목적, 산업 및 경제적 효과 등 다양한 쟁점에 대한 의견이 담겨 있고, 탄소세 수익은 모든 미국 시민에게 탄소 배당 형태로 돌려주어야 한다는 주장도 포함되어 있다.[9]

최근에는 탄소세로 걷은 세금을 전 세계 모든 사람에게 균등하게 배분하자는 의견도 제시되었다. 2021년 국제 과학 저널 '네이처 기후변화(Nature Climate Change)'에 게재된 '탄소세와 1인당 균등 배당을 통한 빈곤층 보호(Protecting the poor with a carbon tax and equal per capita dividend)'라는 논문에서는 세계 각국이 지구 탄소세(global carbon tax)를 도입하여 그 수익을 모든 국민에게 균등하게 배당하면, 지구의 평균 온도 상승을 산업화 이전 수준에서 2도 이상 증가하지 않도록 억제함과 동시에

---

9 WSJ, Economists' Statement on Carbon Dividends.

전 세계적인 빈곤 문제도 해결할 수 있다고 주장하였다.[10]

이처럼 탄소세에 대해 학자들이 우호적인 입장을 표하는 것은 탄소세가 기업의 지속가능경영을 촉진하며, 이산화탄소 과다 배출이나 에너지 과다 사용, 폐기물 배출 등 환경오염과 관련된 문제를 효과적으로 관리할 수 있을 것으로 생각하기 때문이다. 이러한 제도의 긍정적인 취지에도 불구하고 단기간 내에 우리나라에 탄소세가 도입되기란 쉽지 않을 것이다. 탄소세 도입으로 기업의 세 부담이 늘어나면, 그 부담은 결국 소비자에게 전가될 가능성이 높기 때문이다.

우리나라 기업들은 탄소세가 부과될 경우 상당한 세금 부담을 겪을 것으로 보인다. 2021년에 전국경제인연합회(전경련)가 발표한 자료에 따르면, 2019년 이산화탄소 배출량을 기준으로 탄소세 도입 시 부담금을 여러 시나리오로 추정한 결과, 연간 7조 3,000억 원에서 36조 3,000억 원까지 추가 세금 부담이 발생하는 것으로 나타났다. 이 금액은 2019년 기준으로 전체 법인 세수 72조 1,000억 원의 10.1%에서 50.3%에 이른다. 또한 이산화탄소 배출량의 상위 100대 기업만을 대상으로 하면 약 6조 5,000억 원의 세금이 발생하며, 이 금액은 해당 기업 영업이익의 10.8%를 차지하는 것으로 파악되었다.

과도한 세 부담은 기업의 성실한 세금 납부에 대한 부담으로 작용할 수 있다. 특히, 탄소세 제도가 잘 정립되지 않은 상태에서 추진될 경우, 과세 표준의 산정이나 징수 절차가 복잡해지며 납세 비용이 증가할 위험이 있다. 이는 탄소세 도입이 기업의 조세 회피 행동을 초래할 수 있다는 주장의 근거가 된다.[11]

세 부담 이외에도 탄소배출권거래제와 같은 기존 제도와의 연계성을 고려할 때, 탄소세 도입은 '이중 부담'으로 볼 수 있다는 비판도 있다. 결국 19~21대 국회에서 제안된 탄소세 관련 법안들은 대부분 계류되거나 임기 만료로 폐기되었다.

표 6-2 국내 탄소세 관련 법률안 발의 현황(최신순)[12]

유형	내용	예시
제21대 국회	탄소세 법안 (용혜인 의원, 2021.7.3.(현재), 기획재정위원회 심사)	이산화탄소 배출 감축 및 억제를 목적으로, 과세물품의 이산화탄소 상당량톤(tCO_2e) 기준으로 탄소세 부과 / 이후 해당 세입을 탄소세 배당 형태로 균등 지급

---

10 Budolfson, M., Dennig, F., Errickson, F. et al. Protecting the poor with a carbon tax and equal per capita dividend. Nat. Clim. Chang. 11, 2021, pp.1025 – 1026.

11 김신언, 기본소득형 탄소세의 과세논리와 타당성 검토, 세무와 회계연구, 11(1), 2022, pp.5–42.

12 국회예산정책처, 탄소세 논의 동향, 나보포커스 제34호, 2021.07.07.(참고)

제19대 국회	기후정의세 법안 (박원석 의원, 2013.6.28., 임기 만료 폐기)	이산화탄소 배출 억제 및 원자력 발전소 비중의 단계적 축소를 위해 기후정의세 도입
	탄소세 법안 (심상정 의원, 2013.7.10., 임기 만료 폐기)	이산화탄소 배출과 연계성이 높은 과세 대상의 사용량을 기준으로 탄소세 부과

탄소세 도입에 대한 다양한 부담으로 인해 일부 국가는 해당 제도를 폐지하기도 했다. 호주를 비롯한 일부 국가는 탄소세 도입으로 인한 △조세 부담 증가, △탄소 배출권거래제와의 중복 규제, △조세 저항 등의 문제를 겪으면서 결국 탄소세 제도를 폐지했다. 이러한 사례는 탄소세가 결국은 조세 제도이기 때문에 도입 시 다양한 요소를 종합적으로 고려해야 함을 보여준다. 정부가 탄소세 도입 전에 조세 저항, 다른 제도와의 연계성, 기업의 세 부담 등을 세심하게 검토하고 준비한다면, 해당 제도 도입 후에도 기업의 사회적 책임을 더욱 잘 이행할 수 있을 것이다.

ESG 사례 분석

ESG 경영을 도입한 기업은 조세 회피도 덜할까?

기업의 세금 납부는 지배구조(G)와 밀접한 관련이 있다. 투명한 세금 납부는 기업의 신뢰성과 투명한 경영을 의미하기 때문이다. 이는 이사회의 리더십, 주주권의 보호, 그리고 감사와 주주 및 이해관계자와의 소통과 관련된 문제이기도 하다.

조세 회피(tax avoidance)는 대표적인 세금 관련 이슈로, 기업이 비정상적인 거래로 세금 부담을 줄이는 행위를 말한다.[13] 이는 국가의 조세 수입과 소득 재분배 목적의 국가 정책적 측면에서 바람직하지 않은 행위로 여겨지나, 수익을 추구하는 기업 측면에서는 수익 극대화의 한 전략으로 볼 수 있다. 그러나 국내 재무학계에서는 조세 회피를 세법의 미흡한 부분을 이용해 세금의 정당한 징수에 위배되는 방법으로, 이는 기업이 조세 부담을 줄이려는 행위로 평가한다. 이러한 측면에서 기업의 ESG 경영은 투명한 경영을 촉진하며, 조세 회피의 유인을 줄인다. 최근 국내 연구에서도 이와 같은 주장이 일관되게 제시되고 있다.

먼저 오현주와 정재원(2022)은 기업의 환경(E) 성과가 조세 회피 경향을 줄인다는 연구 결

---

13 우리나라 세법상 조세 회피는 탈세, 조세 포탈과 다른 개념이다. 먼저, 탈세는 부정한 행위를 통하여 납세를 면탈하는 범죄 행위이다. 또한 조세 포탈에서 '부정한 행위'는 과세 충족 사실을 세무공무원이 인식하지 못하도록 '은폐'하는 적극적인 행위를 뜻한다. 쉽게 말해, 비합법적인 조세 회피를 탈세(tax evasion), 합법적인 절세 행위를 조세 회피(tax avoidance)라고 정의할 수 있다.

과를 발표하였고,[14] 이정환 등(2021)은 기업의 사회(S) 성과가 조세 회피 경향을 감소시킨 다고 분석하였다.[15] 더불어 신영효(2021)는 기업의 지배구조(G) 평가 등급이 높으면 기업의 조세 회피 수준 역시 낮아진다는 연구 결과를 발표하였다.[16] 이들 연구의 공통적인 결론은 ESG 요소가 조세 회피를 줄이는 데 주요한 역할을 하고 있다는 것이다.

국내 연구자들은 각기 다른 ESG 요소가 조세 회피를 방지하는 효과가 있다고 주장하며, 사회적 책임 활동에 적극적인 국내 기업은 탈세나 조세 회피와 같은 비윤리적인 행위를 하지 않는다는 것이 핵심이다. 이뿐만 아니라, 기업의 ESG 성과는 세금 납부 책임과 사회적 책임을 높임으로써, 궁극적으로 기업의 지속가능성을 가능하게 한다.

 한 줄 요약

- 기업의 납세 의무는 사회적 책임의 하나로 볼 수 있으며, 이는 ESG의 사회(S) 성과와 관련이 있다.
- 이산화탄소 배출에 대한 규제 강화와 함께 ESG 관련 규제와 제도 도입으로 환경(E) 요소와 관련된 조세 의무가 더욱 중요시되고 있다. 대표적인 예는 탄소세이다.
- 탄소세는 기업과 소비자에게 과한 조세 부담을 가져올 수 있으며, 복잡한 징수 방식으로 인해 납세 비용이 증가하여 오히려 기업의 조세 회피를 유발한다는 비판이 나온다.

 토론 주제

- 환경(E) · 사회(S) · 지배구조(G) 요소 중에서 조세 투명성과 가장 밀접한 관련이 있는 것은 무엇인가?
- 우리나라에서 탄소세 도입을 위해서는 어떤 조건이나 절차가 선행되어야 할까?

---

14 오현주 and 정재원, ESG 경영이 이익조정 및 조세 회피에 미치는 영향, 전산회계연구, 20(2), 2022, pp.125-153.

15 이정환, 조진형 and 김상희, 한국 시장에서의 기업의 사회공헌활동과 조세 회피, 아태비즈니스연구, 12(1), 2021, pp.195-208.

16 한국세정신문, "기업 ESG 경영 수준 높을수록 조세 회피도 낮다", 2021년 4월 17일.

20

기업의 ESG 성과는
신용등급과 관련이 있을까?

기업의 신용등급은 자금조달에 있어 중요한 척도로 작용한다. 투자자들은 신용평가 등급을 통해 기업의 채무상환 능력을 파악한다. 신용평가사는 자체적으로 개발한 신용평가 모형을 바탕으로 투자 대상 기업의 신용 점수와 등급을 부여한다. 이 정보를 바탕으로 투자자, 투자기관, 대중은 기업의 채무상환 가능성을 예측하고, 그 예측이 신용평가사가 부여한 신용등급과 일치하는지 판단한다.

최근 국내외 신용평가사들은 환경(E), 사회(S), 지배구조(G) 요소를 기업 신용평가에 반영하기 시작했다. ESG 리스크가 높은 기업을 정성적인(qualitative) 평가 차원에서 분석하려는 목적으로 자체 신용평가에 기업의 특성에 맞는 ESG 평가 요소를 추가하고 있다.

과거에 신용평가사들은 주로 기업의 재무 건전성, 수익성, 현금 창출 능력을 중심으로 평가했었다. 그러나 ESG 규제와 제도 도입이 가속화되면서 이러한 판단 기준이 달라진 것이다. 실제로 신용평가 등급과 ESG 등급 간의 연관성이 높은 것으로 조사되었다. ESG 이슈로 긍정적인 영향을 받은 기업은 드물게 나타났지만, 부정적인 영향을 받은 기업은 비교적 많다. 이는 기업 신용평가가 부정적인 ESG 이슈에 민감하게 반응하고 있다는 것을 의미한다.

2022년 국제 신용평가사 무디스 인베스터스 서비스(Moody's Investors Service)의 보고서에 따르면, 조사 대상 5,700개의 기업 중에서 ESG 이슈로 인해 신용등급에 긍정적인 영향을 받은 기업은 약 4%에 불과했지만, 부정적(highly negative) 혹은 매우 부정적(very highly negative) 영향을 받은 기업의 비율은 약 20%에 달했다.[17]

무디스의 이번 보고서에서 눈여겨볼 점은 '투자 적격' 등급의 기업과 '투기' 등급의 기업이 ESG 요소에 따른 영향이 다르다는 점이다. '투기' 등급의 기업은 환경(E)과 사회(S) 이슈보다 지배구조(G) 이슈로 인해 신용등급에 더 큰 부정적인 영향을 받았다. 재무 건전성이 낮은 기업은 지배구조(G)가 그 기업의 미래를 크게 좌우한다는 것이다. 반면, '투자 적격' 등급의 기업은 사회(S) 이슈가 신용등급에 더 큰 영향을 미쳤다. 이러한 결과는 신용평가사가 기업의 신용을 평가할 때 산업과 기업의 특성에 맞는 ESG 요소를 세세하게 고려해야 한다는 것을 시사한다.

최근의 트렌드에 따라 국내 신용평가사들도 신용평가 기준에 ESG 요소를 고려하여 반영하기 시작했다. 한국기업평가는 2022년에 산업별 신용평가 방법론을 개정했다.[18] ESG 위험 노출이 높은 산업에 대한 평가 항목에 ESG 요인을 추가했다. 또한 기존 평가 방법론의 사업 항목 평가 요인 가운데 영업 효율성 지표를 외부 환경 대응능력 지표로 변경하였다. 이러한 변화로 인해 기업들은 친환경 사업으로 사업 포트폴리오를 다각화하고, 화석연료 대신 재생에너지를 사용하려는 유인이 높아질 수 있다. ESG 요소를 반영한 사업 다각화와 재생에너지 사용은 더 높은 신용등급으로 이어지기 때문이다.

흥미로운 사실은 기업이 속한 산업군에 따라 신용평가에 영향을 주는 ESG 개별 요소가 다르다는 점이다. 예를 들면, 시멘트 산업의 경우 환경(E) 관련 규제가 강화되면서 한국기업평가에서는 사업 항목 평가 요소로 '화석 에너지(유연탄) 사용량 감축'을 포함시켰다. 이로 인해 유연탄(有煙炭) 의존도나 탄소 배출권 매입량과 같은 요소에 따라 시멘트 산업에 속한 기업은 신용등급에 영향을 받을 수 있다.

해운업도 환경(E) 요소가 적용되는 산업이다. 그동안 해운업체들은 연료유 지출을

---

17 ESG경제, ESG 악재 터지면 "신용등급 타격 심해", 2022년 11월 29일.
18 Moody's Investor's Service, Credit Outlook, Nov. 28. 2022.

절감하기 위해 저렴한 벙커C유를 주로 사용했다.[19] 하지만 이 벙커C유는 많은 양의 이산화탄소를 배출한다는 문제점이 있다. 이에 따라 한국기업평가는 사업 항목 평가 요인 중 운항 효율성·안정성 항목에 '환경 규제에 대응한 기술 보완'을 추가했다. 기업의 입장에서는 친환경 연료 사용이나 신형 선박 도입 등으로 이산화탄소 배출량을 감축시켜야 높은 신용등급을 유지할 수 있다.

건설업에서는 사회(S) 요소 중 품질과 안전관리가 핵심 이슈다. 매년 발생하는 산업재해 사망사고 중 건설업이 상당한 비중을 차지하고, 2022년 시행된 중대재해처벌법에 따라 벌금과 과징금 부과 가능성이 커졌다. 이러한 점을 고려하여 한국기업평가는 기존 사업 항목 평가 요인 중 공사 물량 확보 능력에 '품질 및 안전관리 역량'을 반영했다.

나이스신용평가는 다른 신용평가사와는 달리, 채권·대출·펀드 등 금융상품 중심의 ESG 인증 평가 방식에서 벗어나 환경(E), 사회(S), 지배구조(G) 영역별로 점수를 매기고, 이를 통해 기업별로 등급을 산출하여 종합 등급을 제시하는 ESG 종합 평가를 도입하였다. 기존의 ESG 평가기관인 한국ESG기준원과 서스틴베스트는 많은 기업에 일괄적으로 평가 등급을 제시했지만, 나이스신용평가는 각 기업의 경영 활동과 ESG 리스크 및 기회 요소를 종합하여 개별적인 평가를 제공한다는 점에서 차별화된다.

국내 신용평가사들이 ESG 요소를 신용평가에 도입하는 움직임은 이미 기업들의 신용등급에 영향을 주고 있다. 이러한 움직임으로 인해 환경(E) 및 사회(S) 요소와 자사 사업이 연관된 기업들의 신용평가가 조정되었다. 환경(E) 영역을 살펴보면, 2022년 상반기에는 석탄발전 및 건설업에 속하는 기업들의 신용등급이 하향 조정되었다. 이 중에서도 에너지 기업인 강릉에코파워와 삼척블루파워는 신용등급이 'AA-'에서 'A+'로 강등된 대표적인 사례이다.[20]

같은 해 중대재해처벌법이 도입되어 산업 현장에서 인명사고를 일으킨 기업들은 사회(S) 영역에서 좋지 않은 신용평가를 받게 되었다. 신용평가 3사는 2022년 연속적인 붕괴사고를 일으킨 HDC산업개발의 신용등급을 'A+'에서 'A'로 강등 조치했다. 더불어 등급 전망을 '부정적 검토'로 지정하여 신용등급을 재차 낮출 여지를 남겨두었다.

이는 신용평가사들이 기업 투자의사 결정 시 글로벌 ESG 규제와 정책을 고려하는

---

19 벙커유는 정유공장의 상압 증류탑(CDU)에서 산출된 중질유분을 재처리하여 최종 생산되는 중질제품이다. 경유와 혼합비율에 따라 벙커A유, 벙커B유, 벙커C유로 나뉜다. 선박용 연료 외에 보일러, 발전, 공장기계, 정제연료 등의 목적으로 쓰인다.

20 연합인포맥스, ESG 신용등급 평가 깐깐해진다…발전·건설사 유탄 맞나, 2022년 7월 12일.

투자자와 투자기관의 성향을 반영한 것이다. 각 산업과 기업의 ESG 요소는 기업의 지속가능성과 주주 및 이해관계자의 신뢰도에 적지 않은 영향을 미칠 수 있다. 예를 들어, 환경 규제 중심의 글로벌 스탠다드를 만족하지 못하는 기업은 추가적인 투자를 받기 어렵게 되어 기업은 자본 확보가 어려워지는 등 자본시장 접근성이 떨어질 수밖에 없다.

실제로 삼척블루파워는 강원도 삼척에 1,050MW(메가와트)[21] 규모의 석탄화력발전소 2기를 건설 중이었으나, 2021년 6월 1,000억 원과 2022년 4월 1,800억 원 규모의 회사채 발행 예측에도 불구하고 매수 주문을 받는 데 실패했다. 같은 해 9월에는 2,400억 원 규모의 회사채를 발행하려고 했지만, 매수 주문은 단 50억 원에 불과했다.[22] 이는 ESG 투자를 우선시하는 투자자와 투자기관들이 석탄금융업에 투자를 회피하고 있음을 상징하며, 화석연료를 기반으로 하는 사업의 자본시장 입지가 점차 위축되고 있음을 보여준다.[23][24]

🌡 ESG 사례 분석

재무학 논문으로 살펴본 기업의 ESG 성과와 신용등급의 관계

기업의 신용등급은 그 기업의 채무상환 능력을 의미한다. 이는 기업이 미래에 안정적인 현금흐름을 가지고 있다는 것을 뜻한다. 기업의 사회적 책임 요구와 ESG 경영이 강조되는 현재, 국내 재무학 연구는 이러한 요소에 대한 비용 지출이 신용등급을 중심으로, 한 기업의 가치를 끌어올릴 것이라고 보고 있다.

박혜진 등(2023)은 기업의 개별 ESG 요소 중 사회(S)와 지배구조(G) 성과가 기업의 신용도 향상에 긍정적인 영향을 주는 것으로 분석했다.[23] 그들은 횡령, 회계 부정, 환경 법규 위반, 노사 분쟁과 같은 리스크가 기업의 사회적 평판과 사업 안정성에 악영향을 줄 수 있음을 지적하였다. 특히 사회(S)와 지배구조(G) 요소를 개선한다면 신용등급의 하락을 방지할 수 있음을 증명한 것이다.[24] 기업의 적극적인 ESG 활동은 수익성을 향상시키고, 자금조달에 따른 비용을 줄임으로써 중장기적으로 기업의 지속가능성을 강화한다는 결론을 내렸다.

---

21 W(와트)는 시간당 얼마만큼의 전기를 생산하는지를 나타내는 단위다. 1MW(메가와트)는 1,000kW(킬로와트), 1,000,000W(와트)와 같다.

22 Dealsite, 삼척블루파워, 회사채 팔릴까…증권사 재매각 유력, 2023년 3월 7일.

23 박혜진, 박도준 and 이지윤, 기업의 ESG 활동이 신용위험 및 평가에 미치는 영향, 재무연구, 36(1), 2023, pp.67-102.

24 반면, 각주 23의 연구 결과에 따르면 환경(E) 요소는 기업의 신용등급에 유의미한 영향을 미치지 못하였다. 이와 관련하여 저자들은 일부 신용평가사가 환경(E) 요소를 신용평가에 적극적으로 반영하겠다는 의지를 표명한 만큼, 환경(E) 성과는 국내 기업 신용등급에 반영될 것이라고 기대하였다.

임욱빈 등(2022)은 기업의 ESG 성과가 기업과 외부 이해관계자 사이의 정보 비대칭을 줄인다는 측면에서 기업의 ESG 성과와 신용등급의 차이를 분석하였다.[25] 그 결과, ESG의 종합 성과와 개별 요소 등급이 높은 기업은 신용등급도 역시 높은 것으로 나타났다. 이는 ESG 성과가 정보의 비대칭성을 줄이는 역할을 한다고 신용평가사들이 판단하기 때문이다. 또한 오상희(2021)는 투자자들에게 기업 가치에 대해 더 양질의 정보를 제공해줄 수 있는 실체를 확인하기 위해서 기업의 ESG 성과 및 신용등급과 기업 가치의 관계를 분석하였다.[26] 그 결과, 기업의 ESG 등급과 신용등급이 높으면 기업 가치가 높은 것으로 나타났다.

국내 연구 결과에서도 나타나듯이, 국내 기업의 ESG 경영 도입은 신용등급에서 '긍정적인 정보'로 작용하고 있다. 자본력이 한정된 투자자와 투자기관 입장에서는 조금이라도 더 많은 미래 가치를 지닌 기업에 투자할 것이기 때문이다.

 한 줄 요약

- 국제 신용평가사인 무디스 인베스터스 서비스에 따르면, 자사의 ESG 이슈로 긍정적인 영향을 받는 기업은 적지만, 부정적인 영향을 받는 기업은 비교적 많았다. 그만큼 기업 신용평가가 부정적인 ESG 이슈를 민감하게 받아들이고 있다는 뜻이다.

- 국내외 신용평가사들은 글로벌 ESG 규제와 정책 동향을 고려하는 투자자와 투자기관의 성향을 신용등급 평가에 반영하고 있다. 기업 입장에서는 ESG 성과가 낮을 경우 장기적인 자본 조달이 어려울 수 있다.

- 국내 재무학 연구 결과에 따르면, 국내 기업의 ESG 성과와 신용등급은 대체로 긍정적인 관계가 있는 것으로 나타났다.

 토론 주제

- 이산화탄소 배출량이 많은 기업은 ESG 성과를 고려한 신용등급 평가에서 불리할 수 있다. 이는 이산화탄소 배출량이 낮은 기업은 동일한 신용등급 평가에서 유리하다는 뜻일까?

- 기업의 ESG 성과는 어떤 과정을 거쳐 경영인과 외부 주주·이해관계자 간 정보 비대칭을 줄일 수 있을까? 또 신용평가사는 왜 정보 비대칭 감소를 기업의 신용등급에 긍정적으로 반영할까?

25 임욱빈, 김동현 and 김병진, 기업의 ESG 성과가 신용평가에 미치는 영향, 세무와회계저널, 23(3), 2022, pp.41-67.
26 오상희, 신용등급 및 ESG 등급이 기업가치에 미치는 영향에 관한 연구, 세무회계연구, 69, 2021, pp.125-144.

21
기후변화와 소송 리스크

기후소송이란? 기후변화로 인해 발생한 피해의 보상을 요구하거나 기후변화로 인해 발생할 수 있는 부정적 영향을 방지하기 위한 목적의 소송이다. 기후소송의 특징은 소송을 제기한 이가 자신에게 유리한 결과나 보상을 가져오는 것을 목표로 하지 않는다. 소송을 통해 기후변화와 관련된 이해관계자들의 생각과 태도를 바꿈으로써 기후변화에 대한 경각심을 알리고, 친환경에 대한 대중의 인식을 고무시키기 위한 취지이다.

기후소송은 크게 두 가지가 있다. 개인 또는 단체가 국가를 상대로 제기하는 공법소송과 기업을 상대로 제기하는 사법소송으로 구분할 수 있다. 개인들이 국가를 상대로 제기한 대표적인 공법소송 사례는 환경단체 청소년기후행동이다. 이 단체는 녹색성장법 제42조 제1항과 동법 시행령 제25조 제1항에 대한 헌법소원 심판을 청구했다.[27] 2020년 3월, 한국 청소년 환경운동가 19명은 "한국 기후변화법이 우리의 삶의 권리와 깨끗한 환경을 포함한 기본권을 침해한다."라며 헌법재판소에 제소했다. 2019년 12월 개정된 저탄소 녹색성장 기본법은 2030년까지 전국 연간 온실가스를 2017년보다 24% 줄어든 5억 3,000만 톤으로 줄이기로 했다. 그러나 원고들은 "정부의 기후 목표는 지구 온난화를 섭씨 2도 이하로 유지하기에는 불충분하다. 기후변화 관련 사실과 과학 정보에 기반해 충분히 대응하라."며 추가 고소장을 제출했다.

최근에는 국내외 기업을 상대로 한 사법소송이 점차 늘어나는 추세이다. 미국 로펌인 화이트앤드케이스(White & Case)의 「기후변화 분쟁」 보고서에 따르면 2018년부터 2020년까지 약 3년 간 아시아 지역 내 기후 소송 건은 185% 증가했다. 전 세계적으로 신규 소송 역시 600여 건 접수된 것으로 나타났다.[28] 사법소송은 이산화탄소를 다량 배출하는 등 친환경 경영과 거리가 멀거나, 자사의 제품과 서비스를 마치 그린워싱(Green Washing)인 것처럼 둔갑한 행위에 대해 소송을 제기하는 경우가 많다. 이처럼 증가하는 추세인 기업 대상 기후소송이 갈수록 중요한 이유는, 이것이 기업을 평가하는 ESG 개별 요소인 환경(E)에 직결되어 있기 때문이다.

기후소송에서 핵심 사항은 ① 가해 행위와 손해 발생 사이의 인과관계 입증, ② 원고의 적격 여부 등이 꼽힌다. 먼저 가해 행위와 손해 발생 사이의 인과관계 입증은 개별 기업이 배출한 이산화탄소가 어떤 과정을 거쳐 기후변화를 일으키고 지역사회에 환경오염 피해를 일으키는지를 검증하기가 쉽지 않다. 개별 기업이 일으키는 이산화탄소 배출량은 해당 기업이 직접 그 배출량 정보를 공시하지 않는 이상 주민과 지역단체가 해당 정보를 입수하기 어려우며, 정확하게 어떤 피해를 일으켰는지 측정하고 검증하기도 어렵다. 또한, 원고의 적격 여부는 환경오염에 따른 직접적인 피해자라는 사실을 입증하는 것이 어렵다. 예를 들어, 한 지역에 이산화탄소를 다량 배출하는 두 기업이 있다고 가정했을 때, 인근 지역 사회에 사는 주민 입장에서는 어떤 기업이 자신이 사는 지역에 환경오염을 일으켰으며, 자신은 얼마만큼의 피해를 보았는지 스스로 입증하는 과정이 상당히 어려울 수 있다.

---

27 녹색성장법 제42조 제1항은 '정부가 온실가스 감축목표를 설정하고 그 달성을 위하여 필요한 조치를 강구해야 한다.', 동법 시행령 제25조 제1항은 '위 온실가스 감축목표는 2030년의 국가 온실가스 총 배출량을 2017년 온실가스 총배출량의 244/1000만큼 감축하는 것으로 한다.'라고 명시하고 있다. 녹색성장법 및 동법 시행령은 2022년 3월 25일 폐지되었다.

28 White & Case, Climate change disputes: Sustainability demands fuelling legal risk, Feb. 18, 2021.

그러나 이런 가운데서도 기업을 대상으로 한 기후소송은 꾸준히 증가하는 추세다. 국내외적으로 가장 대표적인 기업 대상 기후소송은 다국적 석유기업인 로열더치셸(Royal Dutch Shell plc.)에 대한 탄소 배출량 감축 요구 소송이다(2021년).

세계 3대 환경보호단체 중 하나인 '지구의 벗(Friends of Earth)' 네덜란드지부와 시민단체 6곳, 1만7,000명 공동 원고가 합심하여 로열더치셸을 상대로 기후변화에 대한 책임을 묻는 소송을 제기했다. 이들 단체는 글로벌 비영리기관 탄소정보공개프로젝트(CDP) 자료와 각종 연구 결과를 기반으로 1854~2010년 사이에 발생한 이산화탄소 배출량 중에서 약 2%의 책임이 로열더치셸에 있다고 주장하였다. 이에 앞서 2017년 CDP는 세계 10대 기후오염자(climate polluters) 중 하나로 로열더치셸을 꼽았다. 1988~2015년 사이 전 세계 이산화탄소 배출량을 조사한 결과, 기업 25곳이 전체 배출량의 51%를 차지하였으며, 이 중 로열더치셸이 가장 많은 이산화탄소를 배출한 기업으로 선정된 바 있다.

이에 대해 네덜란드 헤이그 법원은 "로열더치셸이 탄소 배출량 감축 의무가 있다."라며 원고 승소 판결을 내렸다. 법원은 「기후변화에 관한 정부 간 협의체(IPCC)」 보고서와 파리협정을 근거로, 2019년과 비교하여 2030년까지 탄소 배출량을 45% 줄일 것을 로열더치셸에 요구하였다. 전 세계 이산화탄소 배출량에 대한 책임이 로열더치셸에 있으며, 공급자부터 소비자에 이르기까지 사업과 관련된 이들이 배출하는 이산화탄소에 대한 책임이 로열더치셸에 있다고 하였다. 이러한 판결에 로열더치셸은 항소하였다. 2023년 7월 현재 아직 이 소송은 확정되지 않았지만, 이는 기업의 이산화탄소 배출량에 대한 글로벌 법적 기준이 마련되지 않은 상황에서 개별 기업에 법적 의무를 지운 판결이라는 점에서 의미가 있다.

환경단체 청소년기후행동의 소송(2020년)과 '지구의 벗' 등(2021년)의 소송은 소송이 벌어진 국가도 다르고, 소송 대상 역시 정부와 개별 기업으로 각각 다르다. 그러나 두 소송의 공통점은 기후소송에 있어 파리협정이 '법적 근거'로 활용되었다는 사실이다.[29] 이와 관련해서 박태현(2019)은 파리협정이 각국 정부의 조치를 국제 기후변화 정책의 맥락에서 볼 수 있도록 한다는 점을 강조하였다.[30] 파리협정은 각국에 의무적으로 줄여야 할 이산화탄소 배출량을 할당하진 않았지만 최소한 국가별 이산화탄소 배출량 감축 공약과 이에 따라 국가 내 기업이 배출할 수 있

---

29 파리협정은 1.5도 및 2도라는 임계점을 넘어서는 지구 온난화를 방지하기 위한 목적으로, 국가 간 공동 목표를 연계한 기후변화 대응 제도이다. 파리협정은 국가의 이산화탄소 감축량을 특정해 줄이라고 요구하지는 않지만, 명시적으로 각국 정부의 이산화탄소 배출량 감축 공약을 강화할 것을 요구했다.

30 박태현, 기후변화소송과 파리협정, 환경법과 정책, 23, 2019, pp.1-35.

는 한도와 책임의 기초 근거를 제공해줄 수 있다.

🌡️ ESG 사례 분석

기업의 그린워싱은 왜 기후소송의 주범이 되었을까?

그린워싱은 기업이 실제로 친환경적이지 않은 자사의 상품과 서비스를 마치 친환경적인 것처럼 홍보함으로써 소비자를 기만하는 행위를 말한다. 이를테면 제품 생산 과정에서 발생한 환경오염 여부는 공개하지 않고, 일부 친환경적인 생산 과정만 알리거나, '친환경', '천연', '유기농'과 같은 용어를 무분별하게 사용하는 행위를 의미한다.

최근 전 세계적으로 증가하는 기업 대상의 기후소송에서 눈길을 끄는 것은 그린워싱과 관련된 기후소송이 점차 늘어난다는 것이다. 2023년 영국 런던정경대의 그래덤 기후변화·환경연구소(Grantham Research Institute on Climate Change and the Environment)의 「기후소송 글로벌 트렌드 2023」 보고서에 따르면, 지난 2년간 기업을 대상으로 한 그린워싱 소송이 급격히 증가하고 있다고 분석했다.[31] 전반적으로 기후소송의 증가율은 둔화하는 추세지만, 기후소송의 종류는 점차 다양해지는 것으로 나타났다(그림 6-3). 구체적으로, 2015~2022년 사이 전 세계에서 기업을 상대로 총 81건의 그린워싱 소송이 제기되었는데, 연도별로 보면 2019년에는 6건, 2020년에는 9건에 불과했던 기업 대상의 그린워싱 소송은 2021년 27건, 2022년 26건으로 크게 증가했다. 그린워싱 소송의 종류도 △기업의 기후 대응 공약 자체에 대한 소송, △제품 원료에 대한 소송, △기후 대응을 위한 투자나 지원이 과장된 경우, △기후 리스크를 투명하게 공개하지 않는 경우 등으로 다양했다.

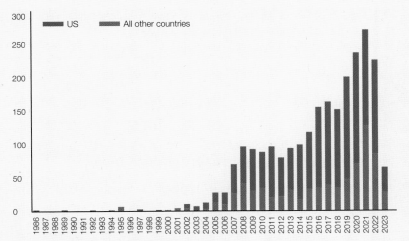

그림 6-3 **전 세계 기후변화 소송 증가 추이(1986년~2023년 5월 31일 기준)** (출처: https://www.lse.ac.uk/granthaminstitute/wp-content/uploads/2023/06/Global_trends_in_climate_change_litigation_2023_snapshot.pdf, 11.)

---

31 Grantham Research Institute on Climate Change and the Environment, Global trends in climate change litigation:2023 snapshot, 2023.

이러한 경향과 관련해서 보고서의 작성자인 조아나 세쳐(Joana Setzer)와 케이트 하이암(Kate Higham)은 "이는 기후소송 내 중요한 흐름으로 기후 위기 대응에 있어 기업 책임이 어디까지인지, 기후 관련 의사 결정 과정에서 기업의 역할이 어디까지인지 등에 대해 사회적인 논의가 더욱 광범위하게 이뤄진다는 것을 의미한다."라고 덧붙였다. 「기후소송 글로벌 트렌드 2023」 보고서에 따르면, 전 세계에서 제기된 기후소송 가운데 미국 내 제기된 소송이 1,590건으로 가장 많았다. 그 뒤를 호주(130건), 영국(102건)이 뒤따랐으며, 유럽연합 사법재판소에는 총 67건의 소송이 제기된 바 있다. 한편, 한국에서는 2023년 7월 현재 청소년 기후행동을 비롯하여 4건의 기후소송이 진행 중이지만, 그린워싱 소송을 비롯하여 기업을 상대로 하는 기후소송 사례는 아직 파악되지 않고 있다.

 한 줄 요약

- 기업을 상대로 한 기후소송이 중요한 이유는 이것이 ESG 개별 요소 가운데 환경(E) 성과와 관련되어 있기 때문이다.

- 기후소송에서 핵심 사항은 ① 가해 행위와 손해 발생 사이의 인과관계 입증, ② 원고의 적격 여부 등이 꼽힌다.

- 영국 런던정경대의 그래덤 기후변화 · 환경연구소의 '기후소송 글로벌 트렌드 2023' 보고서에 따르면 그린워싱과 관련된 기후소송의 종류는 크게 △기업의 기후 대응 공약 자체에 대한 소송, △제품 원료에 대한 소송, △기후 대응을 위한 투자나 지원이 과장된 경우, △기후 리스크를 투명하게 공개하지 않는 경우로 구분된다.

 토론 주제

- 우리나라는 제조업 기반의 산업을 갖춘 만큼 이산화탄소 배출량이 적지 않은 편이다. 그런데 기업을 상대로 한 기후소송이 아직 등장하지 않은 이유는 무엇일까?

- 기업의 기후소송을 유발하는 요인 중 하나는 그린워싱이다. 그린워싱을 방지하기 위하여 시민으로서 취할 수 있는 행동은 무엇이 있을까?

CHAPTER 07
ESG와
금융 투자

22

ESG 기업은
주식 수익률도 좋을까?[1]

주식시장에서는 기업의 시장 가치를 합친 것이 시가총액이다. 금융 이론에서 말하는 주식 가치는 투자 대상 기업이 창출할 것으로 기대되는 미래 현금 흐름의 현재 가치라고 할 수 있다. 투자자는 자신의 예상을 기반으로 기업의 미래 현금 흐름을 예측하는데, 이때 투자자들에게 필요한 핵심 정보가 바로 재무 정보이다. 재무 정보로는 기업의 자본금, 자산, 부채비율, 현금 흐름 등의 유형자산이 대표적이다. 기업의 미래 현금 흐름이 증가할 것으로 판단하는 투자자가 많아질수록 기업의 주가는 상승한다. 기업의 주가가 상승하면 기업은 그만큼 추가 자금을 조달하기 쉬워지기 때문이다.

그런데 최근 들어 재무 정보에 의존한 주식 투자는 한계를 드러내고 있다. 재무 정보는 기업의 과거 경영 활동을 분석하는 데는 효용이 높았지만, 환경오염, 총수

---

1 본 글에서 주식 투자는 편의상 특정 시장과 자산군, 시장 섹터, 투자전략의 성과를 나타내는 금융상품의 그룹을 의미하는 '지수(Index)'를 아우른다.

일가의 횡령, 사익 편취, 노조 이슈 등 비재무적인 측면의 이슈를 감지하고 이를 기업 가치로 분석하는 데는 어려움이 있기 때문이다. 미국·유럽 등 선진국의 자본시장에서는 S&P500 상장기업의 시장 가치에서 유형자산의 비중이 크게 하락하고 있다. 미국의 지적자본 기반 경영서비스업체인 오션 토모(Ocean Tomo)에 따르면 1995년부터 2015년까지 S&P500 상장기업 시장 가치에서 무형자산이 차지하는 비중은 68%에서 84%로 상승했다(그림 7-1). 이들의 분석에 따르면 16개 주요 유럽 시장의 우량종목 350개로 구성된 S&P Europe 350지수의 시장 가치에서 무형자산의 비중은 2015년 71%에서 2020년 74%로 증가했다. 다시 말해, 기업의 시장 가치에 ESG 요소를 비롯한 무형자산의 중요성이 높아진 것이다.

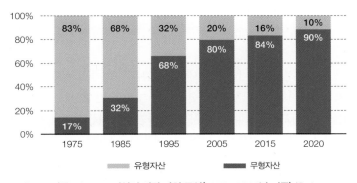

그림 7-1 **미국 S&P500 기업의 시장 가치 구성(1975~2020년 기준)** (출처: Ocean tomo LLC 홈페이지)

국내외 투자자 및 투자기관을 필두로, ESG를 고려한 주식 투자의 중요성이 높아진 이유는 ① 투자자의 사회적 역할, ② 투자 위험 관리라고 요약할 수 있다. 먼저 투자자의 사회적 역할과 관련해 연기금과 같은 기관투자자는 단순히 수익 추구뿐 아니라 은퇴 자금을 운용하거나 특정한 이니셔티브에 자금을 공급하는 등 더 넓은 측면의 사회적 역할을 구현하고자 한다. 국내 주식시장에 막강한 영향력을 자랑하는 국민연금의 ESG 투자 규모는 무려 272조 원(2021년)에 달하고 있으며, 전체 ESG 투자에서 48%의 비중을 차지하고 있다. 둘째로 위험 관리 측면에서 투자기관들은 ESG 성과가 낮은 기업에 투자할 경우 기후소송, 노동자 파업 등 다양한 기업 이슈에 대한 투자 포트폴리오가 노출됨에 따라 투자한 기업의 기대 수익이 낮아질 것으로 판단할 수 있다.

투자기관들의 영향력은 운용하는 자금 포트폴리오를 구성할 때, ESG 측면에서 사회에 긍정적이거나 부정적인 영향을 미치는 투자 종목을 고려하며 이에 따라 다양한 투자자 및 투자기관의 투자 유형이 만들어졌다. 네거티브 스크리닝, 포지티브 스크리닝, 규범 기반 스크리닝, ESG 인테그레이션(통합), 지속가능테마투자, 임팩트 투자, 기업 관여 등이 대표적이다. 유형별 자세한 내용은 다음 〈표 7-1〉과 같다.

표 7-1 **ESG를 고려한 주식 투자 유형**[2]

유형	투자 방식
네거티브 스크리닝	자사가 추구하는 ESG 조건을 기준으로, 부정적으로 평가되는 투자 종목은 투자 포트폴리오에서 배제
포지티브 스크리닝	ESG 성과가 우수한 투자 종목을 투자 포트폴리오에 포함
규범 기반 스크리닝	인권 등 국제 규범 혹은 표준에 미달하는 기업을 투자 종목에서 배제
ESG 통합	재무 성과와 ESG 등 비재무 성과를 고려하여 투자 종목 선정
지속가능테마투자	청정에너지 · 녹색 기술 등 지속가능성 이슈 해결에 나서는 기업 위주의 투자 종목 구성
임팩트 투자	사회 · 환경적 목적을 가진 기업 위주의 투자 종목 구성
기업 관여	주주의 일원으로 의결권 행사, 주주 제안 등의 형태로 기업 경영에 관여함으로써 기업 가치 제고

ESG를 고려한 주식 투자의 성과는 최근의 국내 연구 결과에서 증명되었다. 연구 결과에 따르면, ESG를 고려한 주식 투자는 변동성이 낮지만(안정성), 수익률은 높다는 점(수익성)을 강조하고 있다. 이를 거꾸로 말하면, ESG를 적극적으로 고려하는 기업은 자본시장에서 긍정적으로 인식되며, 변동성을 낮추면 주가 상승을 통해 추후 사업 자금을 조달할 여력이 높아진다는 의미이다.

먼저 도연우 & 김성환(2022)은 2011~2018년 사이 국내 기업의 ESG 성과와 개별 ESG 성과를 기업 주가의 변동성과 비교하여 분석한 결과, ESG 통합 성과의 상승은 단기적으로 기업 주가 변동성을 낮추는 효과로 나타났다. 이 같은 현상은 환경(E)과 사회(S) 성과에서 비슷하게 나타났지만, 지배구조(G) 성과에 대해서는 유의하게 나타나지 않았다. 또한 기업의 ESG 통합 성과가 전년 대비 유지될 때는 기업 주가 변동성을 단기적으로 줄였지만, 전년 대비 하락할 때는 오히려 기업 주가의 변동성이 확대되는 것으로 분석하였다.

이정환 등(2022)은 여기서 더 나아가, 기업 샘플을 기업집단과 비기업집단으로 구분하여 ESG 성과의 비대칭적 변동성 감소 여부를 분석한 결과, 기업집단에서는 ESG 통합 성과가 비대칭적 변동성을 줄이는 것으로 분석하였다.[3] 이는 비기업집단과 달리 기업집단의 ESG 통합 성과에 대한 환경(E) 성과의 기여도가 높으며, 그

---

2 삼정KPMG에서 2021년 발간한 「금융과 ESG의 공존: 지속가능한 금융회사의 경영 전략」의 5쪽 표를 참고하여 재정리함.

3 이정환, 조진형 and 장흥준, 기업의 ESG 성과가 비대칭적 변동성에 미치는 영향, 재무관리연구, 39(2), 2022, pp.217-245.

결과로 높은 ESG 성과가 비대칭적 변동성을 줄인다는 것이다.[4]

주목할 것은 국내 연구의 취지는 비슷하지만, ESG 통합 점수, 혹은 개별 ESG 점수 여부에 따라 주가의 수익률과 변동성에 미치는 영향은 조금씩 다른 것으로 나타났다. 앞으로 기후정보 공시, 탄소 배출권거래제 등 관련 규제에 따라 ESG 경영을 도입하는 기업이 늘어날수록 이들 기업의 ESG 성과는 주가 변동성을 낮추는데 더 크게 기여할 것으로 기대된다. 전 세계적으로 ESG 트렌드가 자리 잡은 만큼, 기업들의 ESG 경영 도입 여부는 주식시장에서 평가받게 될 것이다.

🌡 ESG 사례 분석

ESG 지수서 테슬라 제외, 래리 핑크 CEO의 발언…. ESG 투자가 공격받는 이유는?

지난 2022년 5월 23일 한국 국제금융센터는 「ESG 투자(펀드·채권·대출) 둔화 배경 및 전망」 자료에서 올해 1분기 글로벌 ESG 시장으로의 자금유입액이 750억 달러(약 97조 원)로, 지난해 4분기 1,425억 달러(약 184조 원)와 비교해 절반 수준으로 감소했다고 분석했다. ESG 투자 둔화 배경으로 △금리 상승, △ESG 자산 전반의 고평가 부담, △ESG 채권 발행 환경 악화 등이 꼽혔다. 가장 눈에 띄는 것은 ESG 평가 기준에 대한 회의론이었다. 현행 ESG 투자 평가 기준이 과연 ESG 가치를 제대로 반영하고 있느냐는 의구심에 따른 것이었다.

대표적인 사건은 전기차 기업인 테슬라(Tesla)가 S&P500지수 연례 재조정 때 ESG 지수에서 제외된 것이었다.[5] 가장 근본적인 이유는 테슬라가 이산화탄소 배출을 제대로 공개하지 않고, 열악한 근무 환경과 인종차별 등이 횡행하고 있다는 등의 이유였다. 이는 ESG 지수 구성에서 세세히 판단하기 위한 목적이었겠지만, 전 세계적으로 '친환경 자동차'의 맏형격인 테슬라를 제외한 것은 제품의 친환경성뿐만 아니라 기업이 사회(S)와 지배구조(G) 요소를 함께 고려해야 한다는 것을 의미한다.

같은 해 세계 최대 자산운용사인 블랙록(BlackRock)의 최고경영자(CEO) 래리 핑크(Larry Fink)는 "다음 주주 총회에서 기후 관련 안건 대부분에 반대표를 던지겠다."라고 밝히기도 했다.[6] "기후변화에 대응하기 위해 주주 총회 안건으로 올라오는 정책 상당수가 경영진을 구속하고 지나치게 규범적"이며, "기업을 너무 꼼꼼하게 관리하려 하거나 주주 가치를 제고하

---

4 해당 연구에서 '비대칭적 변동성'이라는 표현을 쓴 것은 이 개념이 데이터의 분포상 비대칭성 정도를 의미하기 때문이다. 이러한 측면에서 '16. 기업의 ESG 성과가 주가 급락 위험을 막을 수 있을까?'의 사례에서 제시된 주가 급락 위험의 측정치로 활용되기도 한다. 자세한 내용은 사례를 읽어보길 바란다.

5 연합인포맥스, 테슬라, S&P500 ESG 지수서 제외… "저탄소 전략 부재", 2022년 5월 19일.

6 한국경제신문, "기후변화 결의안에 반대표"…ESG 속도 조절 나선 블랙록, 2022년 6월 8일.

고하지 않는 방침에는 모두 반대하겠다."라는 것이었다. 이와 같은 래리 핑크 CEO의 입장은 당시로부터 불과 2년 전인 2020년 연례 서한에서 "ESG 경영에 소홀한 기업은 주주 총회에서 반대표를 행사하거나 주주개입 활동을 벌이겠다."라고 밝힌 것과 배치된다.

그러나 테슬라의 ESG 지수 제외, 래리 핑크 CEO 발언을 ESG 트렌드에 역행하는 것으로 치부하면 곤란하다. 오히려 기업이 ESG 책임을 전반적으로 끌어올리는 동시에, 주주 가치를 훼손시킬 정도의 무리한 ESG 경영 추진은 기업의 입장에서 이롭지 않다는 점을 알려주는 것이기 때문이다.

 한 줄 요약

- 미국 등 자본시장 선진국에서 시장 가치로 환산한 상장기업의 기업 가치에서 무형 자산의 비중은 갈수록 높아지는 추세이다.
- ESG를 고려한 주식(지수) 투자 유형은 네거티브 스크리닝, 포지티브 스크리닝, 규범 기반 스크리닝, ESG 인테그레이션(통합), 지속가능테마투자, 임팩트 투자, 기업 관여 등이 있다.
- ESG 성과가 높은 기업의 주식 수익률은 연간 변동성은 평균적으로 낮지만(안정성), 연간 수익률은 평균적으로 높은 것(수익성)으로 나타났다.

 토론 주제

- 당신이 개인 투자자라면 단기적인 손해를 감수하면서라도 ESG 성과가 높은 투자 종목에 투자하겠는가? 이유는 무엇인가?
- ESG 투자 종목의 수익률 차원에서 중요한 것은 주주인가? 아니면 이해관계자인가?

23

부동산 업계에도
ESG 투자가 대세인 이유는?

건축물 통계 자료에 따르면, 서울에는 약 58만 1,257채에 달하는 건축물이 있다 (2022년 기준).[7] 이 중 대부분의 부동산(건물)은 이산화탄소를 배출하는 주요 주체이다. 건물을 운영하고, 유지하기 위해서는 적지 않은 에너지 자원이 쓰이기 때문이다. 건물의 면적이 넓을수록 내뿜는 탄소 배출량도 많다. 서울에는 연면적 1만 ㎡ 이상의 대형 건물이 약 1만 837채가 있다. 이는 전체 건물의 약 1.8%에 해당하며, 탄소 배출량은 약 44.8%를 차지한다. 연면적 3,000㎡ 이상 중형 건물로 그 대상을 넓히면 전체 건물의 약 5.5%에 해당하며, 여기서 내뿜는 탄소 배출량은 약 56.8%에 해당한다. 말 그대로 우리가 무심코 지나치는 도심 속 건물 하나하나가 이산화탄소 배출의 집약체인 셈이다.

부동산(건물)은 전 세계 이산화탄소 총배출량에서 큰 비중을 차지하고 있다. 국제 에너지기구(IEA)에 따르면 전 세계적으로 주택과 건설업의 이산화탄소 배출 비중

---

7 2022년 주거 · 상업 · 공업 · 교육 및 사회용 기준, 출처: 국토교통부 및 건축물 통계

은 각각 17%, 11%로, 이를 합치면 상당히 큰 배출 비중을 차지하는 것으로 나타났다(그림 7-2). 이러한 측면에서 기업 중심의 ESG 규제가 최근에는 부동산 투자 시장에서도 점차 강화되고 있다.

이산화탄소 배출량의 심각성에도 불구하고, 부동산 투자 시장에서 ESG는 비교적 낯선 개념이었다. 시장에서 ESG에 대한 관심이 높아진 것은 바로 기후 변화 때문이다. 해수면 상승 위험으로 인해 해안가 주택 거래량이 감소하고, 이산화탄소 배출량 규제로 인해 에너지 절약과 친환경 기능을 반영한 '그린 빌딩(green Building)'에 대한 관심과 중요성이 높아지고 있다. 이러는 사이 부동산 산업에서도 ESG는 중요한 기준으로 주목받고 있다. 부동산은 단순히 '자산' 가치를 떠나서 인간의 안전과 기본권에 직결된 문제이기 때문이다.

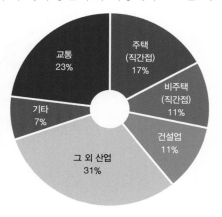

그림 7-2 전 세계 이산화탄소 배출의 비중
(출처: International Energy Agency, World Energy Outlook 2020)

ESG를 활용한 부동산 투자 전략은 다양하다. 가장 보편적인 투자 전략은 'E(환경)' 요인에 기반한 친환경적 자산에 투자하는 것이다. 에너지 효율을 갖춘 친환경 건물에는 '그린 프리미엄(green premium)'이 붙는다. 일반 빌딩과 비교하여 임대율과 임대료, 그리고 자산 가치가 높게 형성된다. 따라서 노후화된 건물을 그린 빌딩으로 리모델링을 하게 되면 건물의 사용 연한을 연장할 수 있을 뿐만 아니라 자산 가치 역시 높일 수 있다. 두 번째 전략은 'S(사회)' 요소에 근거하여 '어포더블 하우징(affordable housing)'을 확대하는 것이다. 어포더블 하우징은 저소득층, 혹은 노인·장애인과 같은 사회적 약자를 위한 저가의 민간 주택을 말한다. 민간업자가 사무용 빌딩 개발 과정에서 이들을 위한 주택을 함께 공급하는 방안을 고려하는 것이다. 이는 저소득층과 사회적 약자를 위한 주거 안정성을 고려한다는 측면에서 사회(S) 요소에 부합하는 조치라고 할 수 있다.

금융시장에서도 ESG를 고려한 금융상품이 소개되었다. 부동산 투자와 관련된 가장 대표적인 금융상품에는 리츠(Real Estate Investment Trusts, REITs)가 있다. 이는 부동산투자신탁이라는 뜻으로, 소액투자자들로부터 자금을 모아 부동산에 투자해 수익을 올리는 구조이다. 금액이 큰 부동산은 개인이 투자하기 쉽지 않기 때문에 여러 투자자의 자금을 모아 매입한 후에 이를 운용하여 얻는 수익을 돌려주는 형식이다.

선진국에서는 연기금을 중심으로 부동산 투자에 ESG를 적용하고 있다. 글로벌 주요 연기금으로는 미국 캘리포니아 공무원연금(CalPers), 네덜란드 공무원연금기금(APB), 캐나다연금투자위원회(CPPIB), 일본 공적연금(GPIF) 등이 대표적이다. 글로벌 기관투자자 역시 하나둘씩 부동산 투자에 ESG를 활용하고 있으며, 리츠를 중심으로 한 상품과 지수 개발이 지속되고 있다. 예를 들어, 미국의 자산운용사인 버트(Vert)는 ESG 부동산이 기반인 '글로벌 지속가능한 부동산 기관 클래스(Global Sustainable Real Estate Institutional Class)' 펀드를 내놨는데, 이 펀드는 이산화탄소 감축, 그린 빌딩 신증 등을 토대로 리츠 상품에 점수를 부여한다. 그러나 화석연료 기반의 리츠 상품은 투자 포트폴리오에서 제외한다.

부동산 투자 시장의 트렌드에 발맞춰 ESG 평가 지표도 다양해졌다. 대표적인 GRESB(Global Real Estate Sustainability Benchmark)는 네덜란드에 있는 국제기관으로 부동산(건물)과 인프라 투자의 지속가능성을 매년 평가하고 발표한다. GRESB의 평가 등급은 1스타에서 5스타까지 총 5개 등급으로 구성되어 있다. 최고 등급인 5스타를 받기 위해서는 전체 참여 기업 중 총점 기준으로 상위 20% 안에 들어야 한다. 특히 GRESB는 자산으로서 부동산의 친환경성뿐만 아니라, 자산운용사의 ESG 정책, 사회 기여 여부, 경영 투명성까지 정량화하여 평가한다. 결국 환경(E) 요소인 부동산의 이산화탄소 배출량만 고려하는 것이 아니라, 부동산 투자와 관련된 이해관계자 관계, 규제 준수 여부 등 사회(S)와 지배구조(G) 요소를 고루 평가한다.

그러나 우리나라에서 ESG를 고려한 부동산 투자는 아직 갈 길이 요원해 보인다. 민간 입장에서는 친환경 부동산업으로 전환하기 위한 민간 인센티브가 부족하기 때문이다. 서울연구원에 따르면 녹색 건물 인증(GBCC)과 같은 인증제도에 대한 참여도는 그리 높지 않은 것으로 나타났다.[8] 서울시는 2013년부터 서울시 녹색건축물 설계기준을 시행하고 있으며, 2020년에는 친환경 건축 및 리모델링 등이 골자인 서울시 녹색건축물 2차 조성계획을 마련한 바 있다. 녹색건축물은 녹색건축 인증, 건축물 에너지 효율 등급, 제로에너지건축물 인증을 받은 건물을 말한다. 초기건축비 증가분 일부를 보상하고 건축 시장에 녹색건축물 보급을 활성화하기 위하여 서울시는 2009년부터 녹색건축 인센티브 제도를 시행했지만, 잦은 제도 변경과 시민들의 낮은 인지도로 정책적 효과는 낮은 것으로 평가됐다. 서울연구원에 따르면 2009년부터 2019년까지 민간 녹색건축 인증 2,760건 중 인센티브를

---

8 서울연구원, 서울시 녹색건축물 인센티브 현황과 개선방안, 2020년 4월 27일.

받은 것은 197개 동 232건으로 8.4%에 불과하다.

또한 금융시장에서도 부동산 투자 대부분은 사모시장으로 구성되어 있으며, 자체적인 ESG 투자 기준 역시 체계적으로 설립되어 있지 않다. 하나대체투자자산운용과 젠스타메이트가 국내 기관투자자와 자산운용사 70여 곳을 대상으로 한 설문 조사 '2021 하반기 투자자 서베이 리포트'에 따르면 국내 부동산 투자 결정 시 'ESG 심사체계를 갖추고 자체 규정에 따라 심사한다.'라고 응답한 곳은 17%에 불과했다(그림 7-3). '자체 규정이 없지만 중요한 요인으로 심사한다.'라고 대답한 곳(22%)을 합해도 절반을 넘지 못하는 것으로 나타났다. 심지어 ESG 관련 요소를 아예 반영하지 않는 곳은 28%에 달했으며, '일반적인 수준의 중요도에서 검토한다.'라고 밝힌 곳도 33%로 분석됐다. 최소한 응답자의 80% 이상은 부동산 투자에 있어 ESG 심사 체계도 없으며, 그 중요도 역시 낮았다.

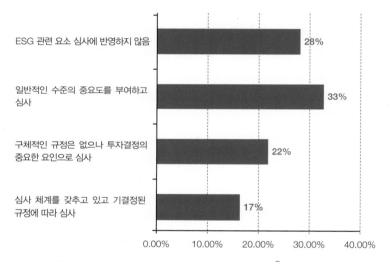

그림 7-3 **부동산 투자 결정 시 ESG 고려 여부에 대한 설문 조사**[9]

ESG를 고려한 부동산 투자는 우리나라에서는 아직 초기 단계이지만, 전 세계적으로 ESG 규제를 강화하고 있는 만큼, 사업장과 공장, 물류센터 등 이산화탄소 배출 시설을 둔 국내외 제조업체를 중심으로 친환경 전환은 불가피할 것이다. 또한 지속가능성을 고려한 투자가 부동산 시장에서 예외가 아닌 만큼, 머지않아 국내 투자자와 투자기관은 부동산 투자에 있어 ESG를 선택이 아닌 필수로 고려하게 될 것이다.

---

9 더벨, 국내 상업용부동산 투자, ESG 심사 도입 '아직', 2021년 7월 15일.

해수면 상승에 따른 부동산 거래 감소…. 2008년 글로벌 금융위기보다 위험할까?

'해안가 지역의 부동산 거래 감소가 심해지면 2008년 글로벌 금융위기를 초래한 미국 부동산 거품 붕괴보다 더 심각한 결과를 초래할 수 있다.' 2016년 미국 국책모기지 보증기관인 프레디 맥은 해안가 거주를 피하는 사람들로 인해 주택시장 붕괴가 재연될 가능성이 있다는 골자의 보고서를 발간했다.[10] 이 보고서는 미국의 부동산시장기업인 질로우(Zillow)를 인용해, 해안가 주변에 있는 방 3개에 화장실 2개의 약 185㎡(약 56평) 규모 주택의 가치는 10만 5,398달러(약 1억 3,000만 원)에서 5만 4,900달러(약 7,000만 원)로 무려 50% 가까이 하락했다고 언급했다. 기후변화로 해수면이 상승함에 따라 입주자들이 해안가 주변의 주택에 거주하는 것을 꺼리기 때문이다.

미국의 벤저민 키스(Benjamin Keys) 펜실베이니아대 와튼스쿨 부동산학 교수와 미국 재무부 산하 금융연구소(OFR)의 필립 멀더 이코노미스트는 2020년 10월 미국경제연구국(National Bureau of Economic Research)을 통해 발간한 논문에서 미국 플로리다주 마이애미비치 해안가에 있는 고급 주택들은 부동산 시장에서 높은 인기를 차지했지만, 현재는 해수면 상승으로 인해 위험에 노출되어 주택 거래량은 해수면 상승이 적은 곳보다 16~20% 적은 것으로 분석했다. 이는 기후변화에 따른 해수면 상승으로 인하여 예비 입주자가 주택 판매자들보다 기후변화에 더욱 비관적인 생각을 가진데 따른 결과이다.

미국인들 역시 기후변화로 인해 부동산 가치에 영향을 끼칠까 우려하고 있다. 미국 부동산 중개업체인 레드핀이 2021년 주택 구매인과 판매인을 대상으로 설문 조사한 결과에 따르면, 응답자 중 약 73%가 자연재해 빈도와 정도의 증가가 주택 구매 의사 결정에 어느 정도(somewhat), 혹은 상당히(very much) 영향을 끼친다고 답했다.[11] 또, 레드핀은 미국 로스앤젤레스(LA)와 캐나다 밴쿠버 등 미국과 캐나다 29곳 지역의 거주자들을 대상으로 설문 조사한 결과에 따르면, 미국 텍사스주 휴스턴 거주자 중 무려 60%의 응답자가 자연재해를 주택 구매 의사 결정에 '상당히(very much)' 반영한다고 대답했다. 이로 인해 휴스턴 지역의 주택 판매가는 전국 평균에 비해 낮은 추세이다(그림 7-4). 휴스턴에 이어 뉴욕시(47%)와 플로리다주 마이애미(46%)가 뒤를 이었다. 이들 지역의 공통점은 과거 허리케인에 따른 피해를 봤거나 해안가 인근에 있다는 것이다. 이러한 가운데, 은행들은 과거 20%였던 해안가 주택의 보증금을 40%로 두 배 가까이 올렸다.[12] 기후위험을 인식한 대출기관들이 '금융 리스크'를 줄이고 있는 것으로 분석된다.

---

10 Freddie Mac, Life's A Beach, April 2016.
11 Redfin, Nearly 75% of People Worry About Climate Change When Buying or Selling a Home, June 23, 2021.
12 New York Times, Rising Seas Threaten an American Institution: The 30-Year Mortgage, June 19, 2020.

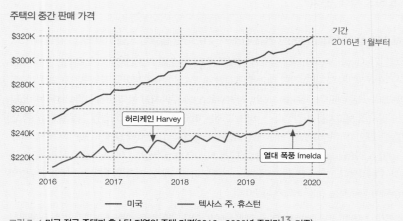

그림 7-4 미국 전국 주택과 휴스턴 지역의 주택 가격(2016~2020년 중간값[13] 기준)
(출처: https://www.redfin.com/news/climate-change-concerns-homebuyers/)

 한 줄 요약

- 국제에너지기구(IEA)에 따르면 전 세계적으로 주택과 건설업의 이산화탄소 배출 비중은 각각 17%, 11%로 이를 합치면 상당히 큰 비중을 차지하는 것으로 나타났다.

- 부동산(건물) 투자와 관련된 ESG 전략은 환경(E) 측면에서 그린 빌딩 리모델링과 같은 친환경 자산 투자, 그리고 사회(S) 측면의 어포더블 하우징(Affordable Housing) 등이 있다.

- 기후변화에 따른 해수면 상승으로 인하여 미국의 주택 구매자들은 주택 의사 결정에 기후위험을 고려하고 있다. 기후변화는 주택 거래량을 감소시키고 은행(대출기관)의 보증금 증액 등 보수적인 대출 결정을 하게끔 했다.

 토론 주제

- 당신이 개인 투자자라면 리츠(REITS)를 다른 금융상품에 비해 높게 평가하겠는가? 다른 ESG 금융상품(주식 등)에 비해 높게 평가하는가? 이유는 무엇인가?

- 반도(半島)인 우리나라는 주변 국가보다 해수면 상승에 취약하다고 할 수 있는가? 해수면 상승에 따른 주택 가치 피해는 미국 등 다른 나라에 비해 양상이 다르다고 할 수 있는가?

---

13 중간값은 주어진 값을 크기의 순서로 정렬했을 때 가장 중앙에 있는 값을 뜻한다.

24

친환경과 거리가 먼 암호화폐,
ESG 투자자가 관심을 두는 이유는?

암호화폐(cryptocurrency)는 '암호화'라는 뜻의 'crypto'와 '통화'라는 뜻의 'currency'가 합쳐진 합성어다. 분산 장부(Distributed Ledger)[14]상에서 공개키 암호화를 통해 안전하게 전송하고, 해시 함수로 소유권을 손쉽게 증명할 수 있는 디지털 자산이다. 최초의 암호화폐는 사토시 나카모토(Satoshi Nakamoto)[15]가 만든 비트코인이다. 2007년에 비트코인 코드를 작성하기 시작했고, 이듬해인 10월에는 「비트코인: 순수한 개인 간 전자화폐시스템(Bitcoin: A Peer-to-Peer Electronic Cash System)」이라는 제목의 소논문을 암호기술 메일링 리스트(The Cryptography Mailing

---

14 분산 장부는 광범위하게 널리 분포됨을 의미하는 분산(Distributed)과 거래 내용이 기록된 장부를 의미하는 원장(Ledger)의 합성어다. 말 그대로 분산화된 네트워크에서 참여자들이 공동으로 기록하고 관리하는 기술을 말하며, 블록체인 기술의 핵심이다.

15 사토시 나카모토는 자신을 '1975년 4월 5일생의 일본인'이라고 밝혔지만, 그의 실제 정체는 현재까지 공식적으로 확인된 바 없다.

List)에 올렸다. 2009년에는 비트코인의 공식 지갑 클라이언트 소프트웨어인 비트코인 코어(Bitcoin Core) 프로그램이 공개되었으며, 처음으로 비트코인이 발행되었다. 이후로 이더리움(Ethereum), 클레이튼(KLAY), 리플(Ripple) 등 수많은 종류의 암호화폐가 국내외 암호화폐 거래소에서 거래되고 있다. 2023년 7월 현재 암호화폐 전체의 시가총액은 1,190억 달러, 우리나라 돈으로 무려 152조 원에 이른다.

디지털 자산에 불과한 암호화폐가 ESG와 관련 있는 대표적인 이유는 비트코인을 구하는(채굴) 과정이 이산화탄소를 배출하기 때문이다. 이를 이해하기 위해서는 먼저 암호화폐를 구하는 방법에 대해 알아볼 필요가 있다.

암호화폐를 구하는 방법은 크게 세 가지로 나뉜다. ① 암호화폐 거래소에서 암호화폐를 직접 구매하는 것, ② 특정인 혹은 특정 단체에 상품 및 서비스를 제공한 대가로 암호화폐를 받는 것, ③ 새로운 암호화폐를 채굴하는 것이다. 환경오염으로 이어지는 이산화탄소 배출은 세 번째 방법인 채굴(mining)과 깊은 관련이 있다. 채굴은 블록체인이라고 불리는 암호화폐의 분산 장부에 거래 기록을 추가하는 과정을 말하는데, 채굴 과정이 존재하는 주요 목적은 모든 암호화폐 거래의 정확성을 확인하는 것은 물론, 네트워크상 모든 참여자가 이 원장을 열람할 수 있게 하기 위해서다.

암호화폐의 채굴 방식은 작업증명(PoW)이라고 불린다. 암호화폐는 컴퓨터 연산 능력(작업)을 통해 암호를 풀며, 암호를 푼 과정을 다수 참여자에게 검증(증명)받아 보상으로 암호화폐를 받는다. 이 과정을 '채굴한다'라고 부른다. 누군가 성능이 뛰어난 다수의 컴퓨터를 채굴에 동원한다면 더 많은 암호화폐를 보상으로 얻는 구조이다. 만약 성능이 뛰어난 다수의 컴퓨터를 암호화폐 채굴에 활용한다면 이는 화석연료가 쓰이는 전기를 더 많이 필요로 하게 되며, 더 많은 이산화탄소 배출로 이어진다. 암호화폐 채굴 활동이 글로벌 ESG 트렌드에 역행한다는 비판을 받는 근본적인 이유이다.

학계와 금융계에서는 대표적인 암호화폐 종류인 비트코인의 이산화탄소 배출 위험에 대해 잇따라 경고했다. 2022년 9월 영국 케임브리지대 저지경영대학원의 대안금융센터에 따르면, 암호화폐의 종류인 비트코인이 배출한 이산화탄소는 총 1억 9,965만 톤(ton)에 달하는 것으로 나타났다. 2022년 한 해로 대상을 좁히면 이산화탄소 배출량은 4,835만 톤으로, 전 세계 1년 이산화탄소 배출량의 0.1%에 달한다. 또한 같은 해 글로벌 투자은행인 모건스탠리는 「ESG 고려사항(ESG consideration)」 보고서에서 "(암호화폐의 한 종류인) 비트코인 채굴에 네덜란드의 연간 총발전량과 맞먹는 전기를 소비한다."라고 밝혔다. 비트코인을 제외한 다른 암호화폐까지 생각하면 암호화폐의 탄소 배출량은 더 늘어날 것이다.

더 큰 문제는 기후변화와 이산화탄소 배출량에서 암호화폐가 차지하는 비중이 점차 높아진다는 것이다. Jones et al.(2023)은 암호화폐의 한 종류인 비트코인으로 얻는 이익보다 환경에 미치는 악영향이 더 크다고 분석하였다.[16] 이들이 연구했던 2016~2021년 기간에는 비트코인 1개가 유발한 기후 비용과 이산화탄소 배출량은 점차 증가하는 추세였다. 비트코인의 시장 가치 1달러당 기후변화 피해 비용은 평균적으로 0.35달러였는데, 몇몇 구간에서는 비트코인의 시장 가치보다 비트코인이 일으키는 기후변화 피해의 가치가 더 높은 것으로 나타났다.

이와 같은 추세는 〈그림 7-5〉에서 명확하게 드러난다. 왼쪽 그림을 보면 비트코인 1개당 일으키는 기후변화 피해는 2021년쯤 무려 15,000~18,000달러(약 1,900~2,300만 원)에 달했으며, 비슷한 시기 이산화탄소 환산량(CO_2e)[17] 역시 100톤(ton)을 넘어섰다.

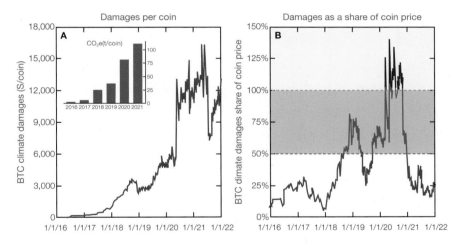

그림 7-5 비트코인 1개당 기후변화 피해 가치(왼쪽)와 기후변화 피해 가치에 대한 비트코인 비중(오른쪽)

(출처: www.nature.com/scientificreports)

---

16 Jones, B.A., Goodkind, A.L. & Berrens, R.P. Economic estimation of Bitcoin mining's climate damages demonstrates closer resemblance to digital crude than digital gold. Sci Rep 12, 14512 (2022).

17 이산화탄소 환산량(CO_2e)은 이산화탄소 배출량에 해당 이산화탄소의 지구온난화지수(GWP)를 곱한 값이다. 지구온난화지수(GWP)란 이산화탄소 1kg과 비교 시 다른 온실가스가 가둘 수 있는 상대적인 열의 양을 나타내는 지수를 의미한다.

오른쪽 그림에서 상단 영역은 비트코인 시장 가치와 비교해 기후변화에 따른 피해 가치가 더 높은 것(100% 이상)이며, 중간 영역은 비트코인 시장 가치에서 50~100%가 기후변화에 따른 피해 가치에 속한다는 것을 말한다. 특히 2019~2020년에는 비트코인의 시장 가치가 급격히 감소한 결과, 비트코인의 시장 가치로 추산한 기후변화에 따른 피해 비용이 평균 64%, 2020년 5월에는 무려 156%를 기록하기도 했다. 인플레이션과 이에 따른 미국 연방준비제도의 금리 인상 등의 요인으로 비트코인의 가치가 떨어지면 비트코인 1개의 가치당 기후변화 피해 비용은 커진다.

암호화폐는 자본주의와 디지털 자산의 결합으로 기후에 악영향을 끼치는 대표적인 사례로 여겨져 왔다. 한 가지 다행인 것은 몇몇 암호화폐 채굴업체가 자발적으로 암호화폐 채굴에 따른 이산화탄소 배출량을 줄이기로 협력하는 한편, 글로벌 환경단체 역시 암호화폐 발행에 따른 이산화탄소 배출을 규제하는 캠페인을 벌인다는 것이다.[18]

2022년 글로벌 환경단체 그린피스와 암호화폐 리플의 창시자인 크리스 라센(Chris Larsen)은 암호화폐 채굴 방식을 '저전력화'로 변경하자는 것을 골자로 '기후가 아닌 코드 변경(Change Code, Not Climate)' 캠페인을 시작하기로 했다. 또한 같은 해 200여 개의 암호화폐 채굴업체들로 구성된 연합체가 미국의 비영리 환경단체인 '로키 마운틴 기관(Rocky Mountain Institute)'과 협력하여 '암호화폐 기후 협약(Crypto Climate Accord, CCA)'을 체결하기도 했다. 이 협정에 서명한 채굴업체들은 2030년까지 암호화폐 채굴 시 배출되는 이산화탄소 배출량을 감축하여 '넷 제로(net zero)'를 달성하기로 했다. 구체적으로 2025년까지 모든 블록체인을 재생에너지원으로 전환하는 한편, '그린 해시 레이트' 솔루션 등 에너지 사용 추적 장치를 사용하기로 합의했다.

물론 환경단체의 규제 캠페인과 암호화폐 채굴업체의 자발적인 노력에 따라 얼마

---

18 본문에서 따로 언급하진 않았지만, 일부 암호화폐 개발자들은 기존 암호화폐 채굴 과정이 비환경적이라는 사실을 인식하고 암호화폐 획득 과정을 친환경적으로 바꾸기 위해 노력하고 있다. '블록체인 네트워크 운영 방식'을 뜻하는 합의 알고리즘의 변경이 대표적이다. 합의 알고리즘은 작업증명(PoW)과 지분증명(PoS)으로 구분된다. 암호화폐를 채굴하는 과정은 이 중 작업증명에 해당하는데, 이는 고성능 컴퓨터로 목표치 이하의 해시(암호화된 문제에 대한 계산 알고리즘)를 찾는 과정을 무수히 반복함으로써 암호화폐를 얻기 때문에 많은 에너지를 유발하게 된다. 반면, 지분증명은 투자자가 보유한 코인 지분에 근거하여 암호화폐 보상을 받기 때문에 별도의 채굴이 필요 없다. 이는 주식회사의 주총에서 주식 지분율에 비례하여 의사 결정 권한을 갖는 것에 비유할 수 있다. 암호화폐 한 종류인 이더리움(Ethereum) 개발자인 비탈릭 부테린(Vitalik Buterin)은 이더리움의 합의 알고리즘이 작업증명에서 지분증명으로 전환됨에 따라 이더리움으로 인한 탄소 배출량이 99% 감소할 것으로 분석한 바 있다.

나 많은 이들이 친환경과 거리가 먼 암호화폐 채굴 행위를 그만둘지는 지켜봐야 할 것이다. 무엇보다 암호화폐는 '주류 통화'가 아니라 하더라도 금전적 가치를 지니고 있으므로 암호화폐의 친환경적인 채굴 여부를 채굴업체의 양심에만 맡기기는 어렵다. 결국 투명한 암호화폐 채굴 과정과 이를 검증하는 절차가 마련되지 않는 이상 암호화폐 채굴이 빠른 시기에 친환경적으로 전환할 것으로 보기는 쉽지 않을 것이다.

🌡 ESG 사례 분석

환경오염을 유발하는 암호화폐에 투자하는 ESG 투자자들, 이유는?

암호화폐는 그 채굴 과정에서 상당히 많은 이산화탄소를 배출하는 등 친환경과 거리가 먼 것이 사실이다. 이를 고려하면 ESG(환경·사회·지배구조)를 우선으로 생각하는 투자자와 투자기관은 암호화폐에 투자하는 것을 자제해야 한다. 그러나 최근 투자자를 대상으로 한 설문 조사 결과는 이와 결을 달리하고 있다. 미국의 금융자문회사인 베터먼트(Betterment)가 2022년 투자자 1,000명을 대상으로 한 설문 조사에 따르면 ESG 투자자의 약 80%가 암호화폐를 보유하고 있는 것으로 나타났다.[19] 투자자 5명 중 4명인 셈이다. 반면 ESG 투자를 하지 않는 투자자 가운데 가상화폐를 보유한 투자자는 22%에 불과했다. ESG 투자자 상당수가 암호화폐 투자를 병행하는 것은 ESG 투자자 가운데 절반 이상(54%)이 암호화폐 투자에 관심이 많은 젊고 트렌디한 MZ세대 투자자들이 많기 때문으로 해석된다. 이는 베이비붐세대(42%)와 X세대(25%)와 비교하면 상당히 높은 비율이다.

ESG 투자와 친환경과 거리가 먼 암호화폐 투자를 동시에 하는 것은 투자자로서 '가치 충돌(a conflict of values)' 논란을 빚었다. ESG 투자와 암호화폐 투자를 동시에 하는 투자자 중 대부분(96%)이 암호화폐가 비환경적이라는 사실을 인식한 것으로 조사되었기 때문이다. 설문에 참여한 전체 투자자의 76%는 암호화폐가 더 친환경적인 방식으로 탈바꿈하는 것이 매우 중요하거나(very important), 중요하다고(important) 답했다.

결국 ESG와 암호화폐에 모두 투자하는 투자자들이 '가치 충돌'의 모순을 안고 있는 것은 사실이지만, 암호화폐가 장기적으로 투명성과 신뢰성을 확보할 수 있다면 사회(S), 지배구조(G) 측면에서 긍정적인 측면도 존재한다고 볼 수 있다. 실제로 아동복지단체인 세이브더칠드런 영국은 홈페이지에 가상화폐 지갑 주소를 개설하여 비트코인·이더리움 등 13개 가상화폐 형태로 기부금을 모금하였으며, 환경단체인 그린피스 역시 가상화폐 거래 플랫폼인 '비트페이'를 통해 모금을 받은 바 있다. 암호화폐가 비환경적인 특성이 있는 것은 사실이지만, 활용 목적과 기능성을 충실히 살린다면 부분적으로나마 ESG 자산으로서 기능을 할 수 있다.

---

19 CNBC, 80% of socially responsible ESG investors also own cryptocurrency: Here's how they reconcile conflicting values, Jun 17, 2022.

한 줄 요약

- 암호화폐가 ESG와 거리가 먼 이유는 비트코인 배출 과정에서 이산화탄소를 많이 배출하기 때문이다.

- 한 연구에 따르면 2016~2021년 사이 비트코인의 시장 가치 1달러당 기후변화 피해 비용은 0.35달러에 달했다. 이 기간의 몇몇 구간에서는 비트코인 자체의 가치보다 비트코인이 일으키는 기후변화 피해의 가치가 더 높은 것으로 나타났다.

- 한 설문 조사에 따르면 ESG 투자자 5명 중 4명이 암호화폐를 보유하고 있는 것으로 나타났다. 이는 ESG 투자자 중 상당수가 트렌디한 투자 성향을 지닌 MZ세대 투자자이기 때문인 것으로 풀이된다.

 토론 주제

- 당신은 비트코인 1개당 기후변화 피해를 발생시키는 가장 큰 외부 요인은 무엇이라고 생각하는가? 비트코인과 기후변화 피해는 무슨 관계인가?

- 당신이 투자자라면 ESG 금융상품과 비트코인에 병행 투자하겠는가? 만약 병행 투자할 경우, 자신의 투자 성향 혹은 철학에 따라 '가치 충돌'은 받아들일 수 있는 이슈인가?

25

녹색 프리미엄의 ESG 채권,
회사 자금 조달의 핵심

회사채(會社債)는 주식회사가 자금을 융통하기 위한 목적으로 발행하는 채권을 의미한다. 나라가 돈이 필요하면 국채를 발행하는 것처럼 상장회사 역시 돈이 필요하면 사채를 발행해 돈을 융통한다. 회사는 ESG 경영을 고려하여 ESG 채권도 발행하고 있다. 이 채권은 기업이 환경(E)·사회(S)·지배구조(G) 기여 측면의 경영활동에 들어가는 자금을 조달하기 위한 목적의 채권이다. ESG 채권은 크게 녹색채권(Green Bond), 사회채권(Social Bond), 지속가능채권(Sustainability Bond) 등으로 분류된다(표 7-2).

강윤식·정재만(2020)은 ESG 채권의 종류를 다음과 같이 자세히 정의하고 있다.

먼저 녹색채권은 기후변화, 재생에너지, 생물 다양성, 전기자동차, 고효율 에너지, 청정 운송 수단, 폐기물 관리, 환경 보존 및 개선 등 다양한 친환경 프로젝트에 필요한 자금을 조달하기 위해 발행한다. 녹색채권은 2007년 유럽투자은행(Europe Investment Bank, EIB)이 발행한 'Climate AwarenessBond'가 시초인 것으로 알려져 있는데, 이후 2015년 파리기후협정으로 기후변화의 심각성이 높아짐에 따라 녹색채권에 대한 관심도 크게 높아졌다.

사회채권은 일자리 창출뿐만 아니라, 취약계층 지원, 중소기업 육성, 사회 인프라 구축에 이르기까지 다양한 사회적 문제 해결에 필요한 자금을 조달하기 위해 발행하는 채권을 의미한다. 사회채권은 2010년 영국의 피터버러(Peterborough) 시에서 범죄자들의 재범률을 경감시킬 목적으로 사회채권을 최초로 발행했으며, 최근에는 정부와 공공기관, 금융회사, 일반 기업들 역시 사회적 기여 목적의 사회채권을 발행한다.

지속가능채권은 사회채권과 녹색채권을 결합한 형태의 특수 목적 채권으로 볼 수 있으며, 말 그대로 환경 및 사회 문제 해결을 위한 자금 조달이 목적이다. 지속가능채권은 녹색채권, 혹은 사회채권보다 좀 더 다양한 목적으로 자금 조달을 할 수 있다는 장점이 있지만, 그 자금이 발행 목적에 어긋나게 쓰일 수 있다는 단점도 존재한다.

표 7-2 ESG 채권의 종류와 정의

종류	정의
녹색채권	기후변화, 재생에너지, 생물 다양성 등 친환경 프로젝트에 자금을 조달하기 위해 발행하는 채권
사회채권	일자리 창출, 취약계층 지원 등 사회적 문제 해결을 위한 자금을 조달하기 위한 목적으로 발행하는 채권
지속가능채권	다양한 목적의 환경·사회 문제 해결을 위한 자금을 조달하기 위해 발행하는 채권

그런데 ESG 채권은 그 종류와 상관없이 회계법인, 혹은 신용평가사 등의 검토와 인증 과정을 거치게 된다. 이는 채권의 발행 절차가 ESG 채권 적용 기준에 부합하는지 검증해야 하기 때문이다. 비록 주식보다 책임투자 자산으로서 비중이 적고, 한때는 ESG 채권에 대한 명확한 근거나 정의가 없었지만, 2020년 12월 환경부, 금융위원회, 한국거래소, 한국환경산업기술원의 녹색채권에 대한 가이드라인 발표에 힘입어 ESG 채권은 금융시장에서 신뢰도가 높아졌으며, 시장 규모 역시 크게 증가하였다.

2023년 한국신용평가가 한국거래소 자료를 인용해 집계한 결과에 따르면, 우리나라 기업들의 ESG 채권 발행 실적은 2018년 1조 2,500억 원에서 2022년 42조 2,754억 원으로 크게 증가한 것으로 나타났다(표 7-3). 다만, 2022년의 ESG 채권의 발행 실적은 전년(52조 3,035억 원)보다 소폭 하락한 것으로 조사되었는데, 이는 우크라이나 전쟁과 코로나19 상황에서 글로벌 공급망 불안과 금리 불확실성 확산에 따라 기업의 투자 심리가 위축되었기 때문이다. 다른 국가도 예외가 아니었다. 영국계 투자은행인 바클레이즈(Barclays)에 따르면 같은 해 전 세계 ESG 채권 발행액은 전년 대비 22% 줄어 3,620억 달러를 기록한 것으로 나타났다.

표 7-3 **ESG 채권의 유형별 발행 실적(단위: 억 원)**[20]

구분	2018년	2019년	2020년	2021년	2022년
녹색채권	6,000	14,700	9,600	124,590	58,610
사회적채권	3,000	18,900	43,200	273,955	304,674
지속가능채권	3,500	17,500	36,900	124,490	59,470
계	12,500	51,100	89,700	523,035	422,754

한 가지 중요한 사실은 2022년 국내외 ESG 채권 발행액이 전년보다 낮은 것은 기업들의 ESG 투자에 대한 관심이 떨어진 것이 아니라, 국내외 경기 불안에 따라 투자 여력이 줄어든 결과라는 것이다. ESG 채권이 친환경, 사회 가치 창출 등 ESG에 특화된 채권인 것은 맞지만, 기업이 채권을 발행하는 본연의 목적이 자금을 조달하는 것인 만큼, 경기 불안이 조성되거나 경기 침체가 예상된다면 기업은 투자에 있어 보수적으로 판단할 수밖에 없다. 그 결과 ESG 채권을 비롯한 채권 발행액 역시 전반적으로 줄어들 수밖에 없는 것이다.

ESG 채권의 수요에 영향을 끼치는 또 다른 이유는 바로 녹색 프리미엄(Green Premium)이다.[21] 녹색 프리미엄은 채권 발행시장에서 ESG 채권이 동일 발행기업이 발행하는 동일 만기의 비(非)ESG 채권보다 가격이 비싸게 책정되는 것을 말한다. 발행기업 입장에서 녹색 프리미엄은 채권 조달 금리를 낮출 수 있어 높은 채권 가격에 대한 부담을 일부 만회할 수 있다.[22] 이뿐만 아니라 녹색 프리미엄이 높다

---

20 한국신용평가, 2022년 ESG 채권 발행 동향 분석, 2022년 3월 2일. 본 자료를 재정리함을 밝힘.

21 녹색의 'Green'과 프리미엄의 'Premium'을 결합해 '그리니엄(Greenium)'이라고 부르기도 한다.

22 시장에서 거래되는 채권의 매매 가격은 은행의 정기 예금과 비유할 수 있다. 투자자들은 정해진 채권(은행) 이자율의 이자를 통해 투자(예금) 수익을 올린다. 그런데 시중 금리가 올라도 한 번 발행된 채권의 금리는 변하지 않는다. 그 결과 채권 가격과 금리는 역의 관계를 형성한다. 한국은행이 기준 금리를 올려 은행이 취급하는 시중 금리가 10%가 됐다고 가정해보자. 예금자가 1년간 은행에 100만 원을 맡기면 110만 원을 벌 수 있다. 이는 은행에 예금을 맡기는 것이 연 투자 수익률이 5%인 채권보다 수익률이 더 좋다고 할 수 있다. 상대적으로 수익성이 낮은 채권에 대한 투자 수요가 떨어진다면 새롭게 발행될 채권들은 높아진 금리 수준이 반영될 것이다. 그 결과 투자자들의 수요가 낮아진 5% 수익률의 기존 채권은 가격을 깎아야 할 것이다. 결국 이것이 기준 금리가 오르면 채권의 가격이 내려가고, 금리가 떨어지면 채권 가격이 오르게 되는 배경이다.

면 금리 부담을 낮출 수 있어 ESG 채권을 추가로 발행할 여력이 높아질 수 있다.

이는 반대로 얘기하면, ESG 채권의 투자자(보유자) 입장에서는 ESG 채권이 다른 채권보다 가격이 비싸다는 사실을 고려하더라도 ESG에 대한 중요성을 고려하여 기꺼이 높은 가격(녹색 프리미엄)을 지불한다는 것을 의미한다. 자세히 설명하면, 만약 투자자가 ESG의 이념에 부합하는 사업에 투자하는 ESG 채권에 대해서는 녹색 프리미엄을 지불할 용의가 있으며 이에 따라 ESG 채권 가격은 동일한 조건의 다른 채권에 비해 상대적으로 높은 가격이 형성될 수 있다. 그러나 반대 상황도 있다. ESG 채권이 까다로운 ESG 인증 절차와 제한된 투자자층이 존재한다는 점을 고려하면, 전체 채권시장에서 아직은 비중이 그리 높지 않을 것이며, ESG 채권의 가격은 동일한 조건의 다른 채권에 비해 낮을 가능성도 존재할 것이다.

이와 관련하여 국내 연구에서는 코로나19 발생 전후로 ESG 채권의 프리미엄에 대한 투자자의 지불 의사와 관련된 다양한 분석 결과를 제시하고 있다. 먼저 전진규(2023)는 ESG 채권을 발행시장과 유통시장으로 구분하여 분석한 결과[23], 2020년에는 ESG 채권이 유통시장에서 녹색 프리미엄이 존재했지만, 이듬해인 2021년에는 전체적으로 녹색 프리미엄이 존재하지 않았다고 언급하였다.[24]

이는 연기금과 같은 기관투자자가 ESG 채권을 대규모로 인수하는 발행시장과는 대조적으로, 유통시장에서는 발행시장에서 책정된 높은 가격이 유통시장에서 낮아질 수 있다는 가능성을 언급하였다. 국내 녹색채권의 유통시장에 대한 본격적인 첫 연구로 알려진 김학겸 & 안희준(2022)은 ESG 채권의 한 종류인 국내 녹색채권에 녹색 프리미엄이 시기적으로 존재한다고 주장하였다. 녹색채권의 녹색 프리미엄은 녹색채권 시장이 형성된 코로나19 이전에는 관찰되었지만, 이후에는 그 효과가 사라진 것으로 분석하였다. 하지만 2020년 말 정부의 탄소중립 선언 이후에는 채권시장의 성장과 함께 녹색 프리미엄이 다시 뚜렷하게 발생한 것으로 나타났다.[25]

---

23 채권 발행시장을 제1차 시장(Primary Market)이라고 한다면 유통시장은 제2차 시장(Secondary Market)이라고 한다. 발행시장에서 채권을 구매한 투자자는 만기 전까지 발행자에게 원금 및 이자의 상환을 청구할 수 없다. 따라서 만기 전 투자자가 채권을 현금화하기 위해 채권을 자유롭게 거래할 수 있는 유통시장이 필요한 것이다.

24 전진규, 발행 및 유통시장에서 ESG 채권의 가격 프리미엄에 대한 연구. 금융정보연구, 12(2), 2023, pp.63-88.

25 김학겸, 안희준, 국내 채권시장에 녹색프리미엄이 존재하는가?: 채권시장 유통자료를 이용한 실증분석, 한국증권학회지, 51(4), 2022, pp.383-416.

앞으로 ESG 채권시장은 탄소 배출권거래제 등 국내외 규제 강화와 기업들의 친환경 사업에 힘입어 그 규모가 더욱 커질 것으로 전망된다. 국제에너지기구(IEA)는 2030년까지 이산화탄소 감축을 위한 에너지 전환 투자가 2조 달러(약 2,500조 원)에 달할 것으로 집계하는 등 친환경 사업에 대한 채권 수요는 앞으로 더욱 증가할 것으로 내다봤다. 이와 관련하여 2023년 투자은행 바클레이즈는 전 세계 기업들의 2022년 ESG 채권 발행액이 3,620억 달러(약 460조 원)였지만, 녹색채권의 발행이 증가함에 따라 2023년에는 발행액이 30% 늘어난 4,600억 달러(약 580조 원)를 넘어설 것으로 분석했다.

🌱 ESG 사례 분석

지속가능성 목표와 연계시킨 지속가능연계채권은 무엇일까?

전통적으로 ESG 채권은 녹색채권, 사회채권, 지속가능채권 등으로 분류되었다. 그런데 기업이 사전에 정의한 자사의 지속가능성 목표 달성 여부에 따라 특성이 바뀌는 채권도 있다. 바로 지속가능연계채권(Sustainability-linked bond, SLB)이다. 여기서 지속가능성 목표는 탄소 배출량 감축, 순환경제 목표 달성(이하 환경), 양성평등, 직원 다양성, 사회적 약자 인권(이하 사회), 사외이사 다양성, 경영진 보상(이하 지배구조) 등 다양한 ESG 경영 목표를 ESG 채권의 조건, 다시 이자율이나 만기에 연동시킨 것이다. 이는 채권 발행 기업이 지속가능성 목표를 달성할 수 있도록 일종의 인센티브 역할을 하는 구조라고 할 수 있다. 예를 들어, 채권 발행 기업이 ESG와 관련된 성과지표(KPI) 또는 그 목표 수준(SPT)을 정한 다음 정해진 기간 내 목표를 달성하지 못한다면 투자자들에게 처음 발행한 채권 이자율보다 더 높은 이자를 추가로 지급하는 구조이다. 지속가능연계채권의 가장 큰 장점은 융통 자금이 유연하게 관리될 뿐 아니라, 기업의 사후 목표 중심이라는 것이다. 또한 기업들이 자사의 사업을 마치 친환경적인 것처럼 위장하는 그린워싱을 방지할 수 있으며, 작은 자금 규모 때문에 기존에 채권 발행이 어려웠던 중소기업의 경우 자사의 ESG 경영 목적에 따라 채권을 발행할 수 있다. 지속가능연계채권을 발행한 대표적인 글로벌 기업은 맥도날드(Macdonalds) 운영사인 아르코스 도라도스 홀딩스(Arcos Dorados Holdings Inc.)이다. 이 회사는 목표금을 5,100만 달러(630억 원)로 설정하였으며, 2030년까지 식당과 사무실에서 온실가스 배출량 36%, 공급망에서 31% 감축하는 계획을 세운 바 있다. 결국 지속가능연계채권의 핵심은 기업이 합리적인 성과지표와 목표 수준을 수립하고, 이에 대한 평가 방식을 수용했는지라고 할 수 있다(그림 7-6).

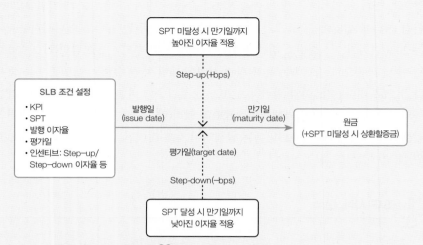

그림 7-6 **지속가능연계채권의 기본 구조**[26]

전 세계적으로 지속가능연계채권 발행 규모는 점차 증가하고 있다. 블룸버그에 따르면 전세계 지속가능연계채권 발행 규모는 2020년 164억 달러(약 21조 원)에서 2021년 1,602억 달러(약 203조 원)로 10배가량 증가했으며, 전체 ESG 채권 대비 비중 역시 확대되고 있다. 반면 점차 증가하는 ESG 채권 상장 추세에도 불구하고 우리나라는 지속가능연계채권의 비중은 낮은 편이다. 외화채로 10억 달러(약 1조 3,000억 원) 규모의 지속가능연계채권을 발행하고, 스코프 1 · 2 이산화탄소 배출량 집약도[27]를 2020년 실적 기준으로 2026년 57%까지 감축하겠다는 목표를 설정한 SK하이닉스가 대표적이다.

---

26 자본시장연구원, 지속가능연계채권의 국내 도입에 따른 기대와 과제, 이슈보고서 23-033.

27 이산화탄소 배출량 집약도는 총사업장의 이산화탄소 배출량을 매출액으로 나눈 값이다. 기업이 경영에서 얼마나 효율적으로 이산화탄소를 감축했는지를 나타내는 지표이다.

한 줄 요약

- ESG 채권은 크게 녹색채권(Green Bond), 사회채권(Social Bond), 지속가능채권(Sustainability Bond) 등으로 분류된다.

- 녹색 프리미엄은 채권 발행시장에서 ESG 채권이 동일 발행기업이 발행하는 동일 만기의 비(非)ESG 채권보다 가격이 비싸게 책정되는 것을 뜻한다. ESG 채권의 투자자(보유자) 입장에서는 ESG 가치의 중요성을 고려하여 기꺼이 비싼 가격을 지불하는 것이다.

- 국내 연구는 코로나19 발발 전후로 ESG 채권의 녹색 프리미엄에 대한 투자자의 지불의사와 관련하여 분석 결과를 제시하고 있다. 기업의 ESG 채권 발행 여부는 글로벌 경기(외부), ESG 채권 수급(국내) 등 다양한 요소에 좌우된다.

토론 주제

- ESG 채권이 일반 채권뿐 아니라 다양한 금융상품에 비해 갖는 가장 큰 장점은 무엇인가?

- 우리나라에서 기속가능연계채권의 발행량을 높이기 위한 방법에는 무엇이 있을까? 성과지표(KPI) 또는 그 목표 수준(SPT)이 존재하는 지속가능연계채권기업은 경영인의 임기 내 경영 성과 목표와 어떤 관련이 있는가?

CHAPTER 08
ESG와
국내 산업

26
협력사 관리?
이젠 ESG 공급망이 경쟁력이다

국내외 기업이 ESG 경영을 도입하면서 생긴 가장 큰 변화 중 하나는 주주 중심 경영에서 탈피해 이해관계자 중심 경영으로 전환하고 있다는 것이다. 공급망(Supply chain)이란 제품을 원자재부터 완제품에 이르기까지 제품 생산 과정에 이르는 전 과정을 말한다(그림 8-1). 기업의 제품 생산 전 과정, 즉 친환경부터 근로자 인권, 경영 투명성에 이르기까지 다양한 ESG 요소가 있으며, 이를 신경 써야 하는 이해관계자가 원재료업체(부품)부터 기업(생산), 유통업체(배포), 그리고 고객에 이르기까지 다양해졌다. 이러한 측면에서 ESG 공급망은 ESG 경영이 이해관계자를 중시하고 있다는 흐름으로 이해할 수 있다.

그림 8-1 제품 공급망 전반의 과정

(출처: https://www.linkedin.com/pulse/managing-stakeholders-relationship-supply-chain-golam-mostafa)

ESG 경영에서 공급망 관리가 중요해진 또 하나의 요인이 있다. 탄소배출권거래제, ESG 공시 등 전 세계 ESG 규제가 정부 기관 혹은 ESG 관련 기관에 의해 진행되었다면, ESG 경영 측면의 공급망 관리는 국제기구에 의해 본격적으로 논의가 시작되었다는 것이다. 이를테면 UN(국제연합), OECD(경제협력개발기구), ILO(국제노동기구) 등 국제기구들이 한목소리로 기업의 공급망 내 부정적 영향을 줄이기 위한 기업 실사를 권고한 것이었다.

ESG 공급망 측면에서 가장 큰 영향을 끼친 글로벌 현안은 바로 중국의 위구르 강제노동 사건이었다. 이는 중국 정부가 중국 무슬림 소수민족이었던 위구르족을 대량 학살하고 강제 수용한 사건이다. 이에 미국 정부는 위구르 강제노동 방지법을 발효했다. 이 법은 조 바이든 미국 대통령이 2021년 12월 서명한 이후 이듬해인 2022년 6월 21일부터 시행됐다. 이 법은 중국 내 신장 위구르 자치구에서 만들어지거나, 이 법에 특정된 단체가 생산한 모든 제품을 강제노동으로 생산된 것으로 간주하여 이러한 제품들을 미국 내 수입하지 않겠다는 것이 주요 골자다.

주목할 것은 이 법을 계기로 유럽연합(EU), 독일 등에서 공급망 인권 실사에 대한 규제가 강화되었다는 것이다. 많은 국가에서 공급망 실사법을 도입했는데, 법안들 대부분은 UN의 기업과 인권이행원칙(UN Guiding Principles on Business and Human Rights, UNGP)과 OECD의 인권 실사 가이드라인을 기반으로 한 것이다. UNGP와 OECD 가이드라인은 크게 △인권 책임 존중에 대한 선언 및 정책 수립,

△인권위험평가, △인권 위험의 예방 및 사후 완화조치, △감사 등을 통한 모니터링, △인권실사체계 정보공개, △피해자 구제 등의 절차를 갖춘 인권 실사 체계를 수립할 것을 요구하고 있다. 다시 말해, 기업이 자사의 제품 생산 과정 전반(공급망)에서 발생하는 인권 리스크를 확인한 후 이에 즉각 대응한 뒤 그 결과를 투명하게 공개해야 한다는 것이다.

기업의 공급망 전반에 걸쳐 인권 및 환경과 관련된 잠재적인 부정적 영향을 식별하고 예방, 완화 또는 제거하는 것을 '실사 의무(Due Diligence)'라고 부른다. 이러한 관점에서 ESG 실사는 기업 경영에서 발생하는 'ESG 관련 부정적 영향'을 식별하고 예방하며, 해결하는 기업의 리스크 관리 체계로 볼 수 있을 것이다. 특히 기업의 공급망 전반에 걸쳐 실사를 벌이는 만큼, 실사를 기업의 자체 사업(Own business)에 한정하는 것이 아니라, 기업의 제품 생산 과정에 관여하는 모든 이해관계자의 ESG 경영 준수 의무를 확인하고 필요한 조치가 있다면 이를 이행하는 것이라고 볼 수 있다.

그런데 ESG 경영 측면에서 공급망 관리가 '인권 보호'만을 의미하는 것은 아니다. 환경(E) 측면에서도 기업의 제품 생산 과정에서 발생하는 ESG 위반 이슈를 점검해야 하기 때문이다. 환경 요소를 고려한 친환경(그린) 공급망은 환경적 책임 원칙을 수립하는데, 여기에는 제품 디자인, 자재 조달, 물류, 제조, 수명 종료 제품 관리 등이 포함된다고 할 수 있다.

유럽연합(EU) 회원국 중에서 인권과 환경을 고루 고려한 대표적인 공급망 실사 법안은 독일에서 2023년 1월 1일부로 시행한 '공급망 실사법'이다. 이에 EU 역내 대기업뿐만이 아니라 그 기업에 부품과 자재, 원료를 납품하는 협력사까지 ESG 경영에 대한 실사를 받아야 한다. 특히, 독일의 공급망 실사법은 3,000명 이상의 대기업을 우선 적용 대상으로 명시하였고, 이 공급망 실사법을 적용받는 기업들은 인권 및 환경에 관한 실사 의무를 수행하는 것이 의무화되었다. 이 외로도 적지 않은 유럽연합(EU) 회원국들이 주로 인권 중심의 공급망 실사 관련 제도 및 정책을 도입한 바 있다(표 8-1).

표 8-1 **EU 주요국의 공급망 실사 관련 제도 및 정책 현황**[1]

국가	관련 제도	주요 분야
영국	현대 노예제 방지법	인권
프랑스	기업경계법	인권 및 환경
독일	기업 공급망 실사의무화법	인권 및 환경
네덜란드	아동노동 실사의무법	아동노동
벨기에	실사법 초안 마련	인권
핀란드	• 기업 사회적 책임법 검토 • UN 비즈니스 및 인권 지침 원칙에 관한 국가 행동 계획 발표	인권 및 환경
스웨덴	UN 비즈니스 및 인권 지침 원칙 준수 권고	인권
리투아니아	강제노동 및 현대 노예제 방지 강화 정책	인권
에스토니아	인신매매 방지를 위한 기업 지침 마련	인권

이처럼 유럽을 중심으로 기업 공급망에 대한 규제가 강화되고 있지만, 국내기업의 대응 수준은 아직 미흡한 편이다. 대한상공회의소가 국내기업 300곳을 대상으로 조사한 바에 따르면, 2023년 가장 큰 ESG 현안에 관한 질문에 기업 중 40.3%가 '공급망 ESG 실사 대응'이라고 답했다.[2] 그 이후로 'ESG 의무공시(30.3%)', '순환경제 구축(15.7%)', '탄소국경조정제도(12.0%)' 등이 뒤를 이었다. 반면, 공급망 실사법에 대한 기업들의 대응 수준은 대체로 낮은 것으로 나타났다. '단기적인 대응 수준'에 대한 질문에 원청 기업의 경우 48.2%, 협력업체는 47.0%가 '별다른 대응 조치 없다'라고 답했다.

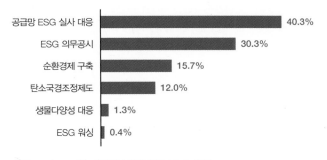

공급망 ESG 실사 대응   40.3%
ESG 의무공시   30.3%
순환경제 구축   15.7%
탄소국경조정제도   12.0%
생물다양성 대응   1.3%
ESG 워싱   0.4%

그림 8-2 **2023년 기업들이 꼽은 주요 ESG 현안**

특히 EU 역내 기업들과 거래를 하는 국내 중소기업들의 발등에 불이 떨어졌다.

---

1   산업연구원, EU 주요국의 공급망 ESG 실사 제도 현황 및 시사점, 2022년 9월 1일.
2   대한상공회의소, 2023년 ESG 주요 현안과 정책과제 조사, 2023년 2월 6일.

대기업의 공급망 관점에서 중소기업은 '중간자 역할'을 한다고 볼 수 있다. 대기업(고객사)의 요구에 대응하는 건 물론, 협력사(협력업체)를 관리해야 하기 때문이다. 조직 규모와 예산 수준이 대기업에 비하여 낮은 중소기업은 여러모로 이중고에 놓일 수밖에 없다. 삼성전자의 협력업체인 한 도매업체는 CSR과 ESG의 중요성에 대해 인식하고 있었지만 전문 지식과 인력 부재로 준비되지 않은 것으로 나타났으며, 또 다른 플라스틱 제조업체는 수출 확대를 하는 과정에서 미국 업체에 에코바디스[3] 등급 제출을 요청받기도 했다.[4] EU 혹은 미국 기업과 거래하는 국내 중소기업의 숫자가 많아질수록 이들 기업의 ESG 역량은 더욱 중요해질 수밖에 없다. 현재 대기업이 주도하는 ESG 공급망 관리에서 벗어나 중소기업에 ESG 규제 관련 정보나 지원을 제공하기 위한 제도적 지원이 필요하다.

ESG 사례 분석

애플의 공급망 사회적 책임 강화로 이어진 중국 폭스콘 공장 노동자 자살 사건

'아이폰(iphone)'으로 유명한 애플은 아이폰을 중국 폭스콘 공장에 위탁해서 대량 생산하고 있다. 폭스콘(Foxconn International Holdings)은 홍하이 정밀공업의 자회사이자 위탁생산 거래 상호(trade name)다. 제조 위탁 사업은 많은 기업을 구매자로 삼아, 기술 및 부품 표준화로 대량 생산이 가능하고, 부품 공동구매를 통해 원가를 낮출 수 있는 장점이 있다. 하지만 수익률이 낮은 사업 특성상 생산성을 극대화한다는 취지로 노동과 환경에 대한 문제가 수시로 불거지고 있다. 이로 인해 폭스콘 공장 노동자들은 파업하거나 심한 경우 자살을 하기도 한다.

한 가지 주목할 만한 사실은 전 세계가 홍하이 정밀공업이 아닌 애플에 비판의 화살을 돌렸다는 것이다. 이러한 이유는 공급망 내 협력업체의 인권 실태를 묵인하고 있기 때문이다. 이에 애플은 2008년부터 '협력업체 행동 수칙'을 만드는 등 적극적인 조치를 취했다. 자원 조달뿐 아니라, 제품 제조, 판매처에 이르기까지 자사의 전 세계 공급망에 대한 하청계약에 따른 강제노동을 금지하도록 하는 조항을 협력업체에 적용한 것이다. 그런데도 폭스콘 공장 산하 작업장에서는 직원들의 노동력 착취, 폭력 등은 끊이질 않았다.

2012년 미국 공정노동위원회(Fair Labor Association)는 중국 선전·청두에 있는 폭스콘 공장을 포함한 애플의 모든 부품 협력업체에 대해 특별 감사에 들어갈 것이라고 선포한 바 있다. 애플은 이듬해인 2013년 자사 공급망 내 노동문제를 연구하기 위해 학계자문위원회를

---

3 에코바디스는 2007년 파리에서 만들어진 인증기관으로, 글로벌 공급업체의 환경과 사회적 성과를 평가하는 데 목표를 둔 최초의 지속가능성 평가 협업 플랫폼이다.

4 중소기업중앙회 & 한국생산성본부, 5. 중소기업 공급망 ESG 중요이슈 및 대응사례(중소기업 ESG 대응전략), 2021년 11월 19일.

구성하여 공급망 내 노동 표준에 관한 연구 및 실태 조사, 개선 조치 마련에 나섰으며, 자발적으로 매년 공급사 책임 보고서를 발간하는 등 자사의 공급망 문제에 대한 공론화에 나섰다.

하지만 문제는 끊이지 않았다. 2022년 정저우 공장 노동자들이 코로나19 우려에 따른 봉쇄 조치와 감염 우려 때문에 집단 탈출을 감행했고, 이들의 대체인력마저 제대로 된 수당이 지급되지 않자 대규모 시위에 나서기도 했다. 이로 인해 아이폰의 생산 차질 우려는 끊임없이 불거졌다.

이는 글로벌 기업의 공급망 관리 중요성을 알려주는 대표적 사례이다. 한때 혁신을 바탕으로 시장지배력을 과시한 애플은 협력업체 관리에 실패한 나머지 소비자와 대중의 비판에 시달려야 했다. 자사 핵심 상품(아이폰)의 대량·저가 생산을 위주로 글로벌 경영 전략을 짜는 과정에서 오히려 공급망 관리 문제가 되레 주목받았다. 현재 애플의 제품 공급망에서 중국이 차지하는 비중은 44~47%(2015~2019년)에서 41%(2020년), 36%(2021년)로 감소하는 추세이지만, 여전히 중국은 전 세계적인 생산 기지인 만큼 이른 시일 내에 애플의 공급망 변화는 쉽지 않을 전망이다.

한 줄 요약

- ESG 공급망은 기업 경영에서 이해관계자를 중시하기 위한 취지로 이해할 수 있다.
- '실사 의무(Due Diligence)'는 기업의 공급망 전반에 걸쳐 인권 및 환경과 관련된 잠재적인 부정적 영향을 식별하고 예방, 완화, 또는 제거하는 것을 말한다.
- 대기업의 공급망 관점에서 '중간자 역할'을 하는 중소기업은 조직 규모와 예산 수준이 대기업에 비해 낮으므로 ESG 역량 증진에 있어 정부의 제도적 지원이 필요하다.

토론 주제

- 글로벌 기업의 입장에서 ESG 공급망은 이해관계자와 관계 기업이 복잡하게 얽혀있을 수 있다. 이를 고려하여 사업 수립 전 가장 중요하게 생각할 것은 무엇인가?
- ESG 공급망을 구성할 때 기업에서 고려해야 할 가장 큰 요소는 무엇인가? (예) 비용, 외교 관계 등) 그 이유는 무엇인가?

27
시중은행들이
기후위험 대응에 나선 이유는?

흔히 은행이라고 하면 직장인이나 대학생, 주부 등이 가계 대출을 받거나 예금하기 위해 주로 찾는 곳이라고 생각하기 쉽다. 그런데 대출 측면에서 은행의 고객은 가계만 있는 것이 아니다. 국내 은행의 대출 중 기업 대출 비중은 53.9%로 가계 대출 비중(44.8%)을 뛰어넘는다. 이자로 먹고사는 은행 입장에서 핵심 고객은 '기업'이라고 해도 과언이 아니다.

일반적으로 은행은 기업에 신용을 제공함으로써 지속적인 성장을 지원한다. 최근 들어 이러한 은행의 역할에 변화가 생기고 있는데, 이는 바로 기후변화 때문이다. 기후변화가 가속화됨에 따라 은행의 주 거래처인 기업 고객의 자산 위험이 발생하면 대출 상환 능력에 대한 문제가 발생할 수 있다. 따라서 은행과 금융 규제 기관 입장에서는 더 위험한 리스크로 인식된다. 기업의 대출 자산을 보유한 은행 입장에서는 신규 대출에 대해서 기후변화를 동시에 고려해야 한다는 필요성이 생긴 것이다.

각종 조사에 따르면 은행과 금융기관 상당수가 자사의 영업 활동이 초래하는 기후변화에 대해서는 어느 정도 인정하면서도, 정작 기후위험이 자사의 재무 포트폴리오에 미치는 영향은 면밀하게 측정하지 못하고 있다. 이를 재해석하면, 대부분의 은행과 금융기관이 기후위험에 대한 익스포저(exposure)[5]를 제대로 파악하지 못하고 있다는 의미로 받아들일 수 있다.

은행과 금융 산업에 리스크를 발생시키는 기후위험은 크게 물리적 리스크와 이행 리스크로 분류한다. 먼저 물리적 리스크(physical risk)는 기후변화에 의해 (은행 및 금융기관이 보유한) 자산에 직간접적으로 발생하는 리스크를 뜻하며, 이행 리스크(transitory risk)는 저탄소 경제 이행에 따라 발생하는 리스크를 의미한다.

두 리스크와 관련된 최근 연구 결과들의 공통점은 은행 및 금융자산 전반에 부정적인 영향을 미친다는 것이다. 물리적 리스크의 은행 산업 리스크를 다룬 연구들은 이행 리스크가 은행 건전성에 부정적인 영향을 미친다는 결과를 제시하고 있다. Lee et al.(2022)은 1995~2012년 사이 56개국에서 기후변화 리스크가 은행의 유동성 창출에 미치는 영향을 분석한 결과, 기후 민감도(Climate sensitivity)와 익스포저가 은행의 유동성 창출에 부정적 영향을 미치는 것으로 나타났다.[6] 또한 김재윤·전은경(2021)은 국내 은행에 스트레스 테스트 모형을 활용하여 저탄소 경제 이행리스크로 인한 금융자산 가치 변화를 분석하였다. 이들은 고탄소 산업 관련 금융자산(대출·채권·주식)의 가치가 하락하며, 그 결과로 국내 은행의 자기자본비율[7]이 2050년에는 (2020년 대비) 2.6~5.8%포인트 낮아질 것으로 분석하였다.[8]

물리적 리스크가 은행 산업 리스크를 유발하는 경로는 조금 성격이 다르다. 물리적 리스크는 기후변화에 따른 위험에 금융자산의 익스포저가 얼마나 높고, 해당 리스크에 대하여 금융자산이 얼마나 취약성을 갖는지 고려할 필요가 있다. 동종 산업 내 기업들이 자연재해, 허리케인 등 동일한 물리적 리스크에 노출되어 있더라도 이들 기업의 자산이 위치한 지리적 위치와 지역에 따라 리스크의 수준이 달라지기 때문이다. 또한 물리적 리스크는 금융자산 외에도 기업의 노동생산성 하락, 공급망 교란 등 간접적인 부정적 영향을 끼쳤다. 예를 들어, 국제노동기구

---

5 익스포저는 '위험 노출도'를 뜻한다.

6 Chien-Chiang Lee, Chih-Wei Wang, Bui Tien Thinh, Zhi-Ting xu, Climate risk and bank liquidity creation: International evidence, International Review of Financial Analysis, 82, 2022, pp.1-20.

7 자기자본비율은 기업 혹은 은행의 총자산에서 자기자본이 차지하는 비중을 뜻한다.

8 김재윤, 전은경, 기후변화 이행리스크와 금융안정, 한국은행 조사통계월보, 76(12), 2021, pp.16-52.

(ILO, 2019)는 1995년 이상 고온 현상 발생 이후 전 세계 노동시간의 약 1.4%가 감소한 것으로 나타났다.[9]

전 세계적으로 은행 및 금융 리스크 차원에서 기후위험을 막기 위한 가장 직접적인 제도는 기후 관련 재무정보 공개 태스크포스(TCFD)라고 할 수 있다. 이 기관은 G20 재무장관과 중앙은행 총재의 요청에 따라 2015년 12월 금융안정위원회(FSB)에 의해 세워진 민간 주도 태스크포스이다. 설립 목적은 투자자와 이해관계자들이 중대한 기후위험과 기회가 기업에 미치는 재정 영향을 이해하는 데 있어 유용하고 일관성 있는 공개적인 도구를 만드는 것이라고 할 수 있다. 쉽게 말해, 기후위험이 은행과 금융기관이 보유한 자산 가치에 미치는 급격한 손실과 이에 따른 자본시장의 혼란을 줄이기 위한 취지라고 할 수 있다.

기후변화가 은행 산업 및 금융기관에 유발하는 기후 리스크는 다음과 같다. 은행 산업의 전통적인 리스크 분류에 따르면 기후변화는 △신용 리스크, △시장 리스크, △유동성 리스크, △운용 리스크, △보험 리스크, △평판 리스크 등 총 여섯 가지 형태로 은행 및 금융체계 전반에 영향을 끼칠 수 있다(표 8-2).

먼저 신용 리스크는 기후변화에 따라 기업의 대출 상환 능력이 감소하고 이에 따라 부도 확률을 증가시키며, 담보 자산의 감가상각에 따라 신용위험이 증가하는 것을 말한다. 시장 리스크는 금융자산의 수익성 하락에 따른 인식이 퍼짐에 따라 시장 가치 하락이 가속화되며 이것이 투매를 초래하여 금융 불안을 초래하는 것을 의미한다. 유동성 리스크는 은행과 제2금융권이 단기 자금 조달이 어려워짐에 따라 은행 간 시장 유동성이 줄어드는 것을 뜻한다. 운용 리스크는 은행 사무실, 데이터 센터 등이 기후변화에 따른 재해로 운용상 어려움을 겪는 것을 말한다. 보험 리스크는 자연재해로 인해 과한 보험금이 청구되거나 사업자의 영업위험을 인수하는데 따른 리스크를 뜻한다. 평판 리스크는 비환경적인 사업을 벌이는 기업 고객에게 자금을 빌려줌으로써 발생하는 리스크이다.

표 8-2 기후변화로 인한 주요 금융 리스크[10]

리스크 유형	개요
신용 리스크	대출자의 상환 능력을 감소시키며, 부도 확률 및 부도 손실률을 증가시키고, 담보 자산 감가상각으로 신용위험 증가

9 International Labour Organization, 2019. Working on a warmer planet: The impact of heat stress on labour productivity and decent work.

10 최용근, 기후변화 리스크가 금융산업에 미치는 영향, 지급결제학회지, 14(2), 2022, pp.437-480. 해당 자료의 도표 3을 재정리함.

시장 리스크	금융자산 수익성 하락에 대한 우려 증가에 따른 시장 가치 하락 및 투매 초래
유동성 리스크	신용/시장 위험으로 은행 및 제2금융권 단기자금 조달 실패 → 은행 간 시장 긴장
운용 리스크	은행 사무실과 데이터 센터가 물리적 리스크로 인해 운영상 영향을 받게 되면 타 금융기관에 파급 효과
보험 리스크	(보험사 입장에서) 자연재해로 인한 과도한 보험금 청구 및 영업위험 인수에 따른 손실
평판 리스크	환경에 부정적 영향을 끼치는 기업 고객에게 자금 지원 시 평판 하락

〈표 8-2〉에 명시된 각 리스크의 정의와 성질은 조금씩 다르지만, 이들은 시중 유동성을 감소시키며, 기업 신용도를 하락시킴으로써 우리나라 자본시장에 불안을 야기한다는 공통점이 있다. 이러한 기업의 기후위험을 확인하면서 국내외 유력 은행은 자체적인 기후 시나리오를 분석하고 있다.

 ESG 사례 분석

JP모건 · BOA가 기후 시나리오를 자체 분석하는 이유는?

JP모건 · 뱅크오브아메리카(BOA)와 같은 미국 은행은 자체적인 기후 시나리오 분석 도구를 도입하여 기후 리스크를 측정하고 대비하고 있다. 먼저 BOA는 주 · 산업 · 기업별 익스포저 분석을 직접 수행하고 있다.[11] 특히 자사의 TCFD 보고서에서 기후변화 이행 과정에 기업들의 탄소 배출량 감축 운영 과정을 관리하기 위해서 자체 신용 포트폴리오 내 섹터별 익스포저를 모니터링하고 있다. 산업 섹터를 에너지, 유틸리티, 정부 및 공공교육, 자동차 및 부품 산업으로 분류하고 세부 그룹을 16개로 세분화함으로써 각각의 신용 익스포저 규모와 비율을 세분화하여 관리하는 것이 특징이다.

Industry Groups Included in our 2030 Financing Activity and 2050 Net Zero Targets
Exposure in Millions as of 12/31/2021

Industry Sector	Industry Group	Committed Commercial Credit Exposure	% of Total $ Exposure	Industry Group Included in current Financed Emissions Calculations	Industry Group Included in 2030 Financing Activity Targets
Energy	Oil And Gas Exploration And Production	11,468	1.02%	√	√
	Oil And Gas Refining And Marketing	8,908	0.79%	√	√
	Integrated Oil And Gas	7,233	0.64%	√	√
	Oil And Gas Storage And Transportation	3,355	0.30%	√	Excluded
	Oil And Gas Equipment And Services	2,316	0.21%	√	Excluded
	Oil And Gas Drilling	683	0.06%	√	Excluded
	Coal And Consumable Fuels*	113	0.01%	√	Excluded
Utilities	Electric Utilities	11,397	1.01%	√	√
	Multi-Utilities	10,366	0.92%	√	√
	Gas Utilities	7,945	0.70%	√	√
	Independent Power Producers And Energy Traders	6,278	0.56%	√	√
	Water Utilities	2,095	0.19%	Excluded	Excluded
Government & Public Education	Government	39,314	3.49%	Excluded	Excluded
	Government - Municipal or other Public Utility	10,738	0.95%	√	√
Autos And Components	Automobiles	9,181	0.81%	√	√
	Auto Components	7,857	0.70%	Excluded	Excluded

그림 8-3 BOA의 TCFD 보고서의 산업별 신용 익스포저
(출처: BOA, 2022. Task Force on Climate-related Financial Disclosures (TCFD) Report.)

---

11 BOA, 2022. Task Force on Climate-related Financial Disclosures (TCFD) Report.

JP모건은 기후변화 보고서에서 저탄소 전환이 기업 고객에 미치는 잠재적 영향을 추정하기 위한 프레임워크를 구축하여 재무 영향(도)을 히트맵(heatmap)으로 표현했다.[12] 특히 탄소집약도와 물리적 리스크를 5점 색상 척도의 신용 익스포저로 구현했다. 이 히트맵을 통해 저탄소 이행에 따른 재무 영향으로 탄소 집약적 제품에 대한 수요 약화, 낮은 수익 혹은 높은 운영비용 등을 언급하였다. JP모건이 밝힌 섹터별 신용 익스포저(도매업, 2021년 12월 31일 기준) 규모는 총 1조 1,000억 달러(약 1,400조 원)에 달한다.

Heatmap of Credit Exposures (as of December 31, 2021)

Key: Very Low | Low | Moderate | High | Very High | N/A

Sector	Total Credit Exposure (US$millions)	Carbon Intensity	Physical Risk
COMMERCIAL & INDUSTRIAL	492,221		
Consumer & Retail	122,789		
Retail	34,024		
Business & Consumer Services	32,506		
Food & Beverage	31,392		
Consumer Hard Goods	17,145		
Leisure	7,722		
Technology, Media & Telecommunications	84,070		
Industrials	66,974		
Machinery & Equipment	30,354		
Construction & Building Materials	14,936		
Agriculture, Forest Products & Textiles	14,479		
Aerospace & Defense	7,204		
Healthcare	59,014		
Oil & Gas	42,606		
Exploration & Production and Oilfield Services	23,083		
Other Oil & Gas	19,523		
Automotive	34,573		
Auto Dealers	17,485		
Auto Manufacturing	17,089		
Utilities	33,203		
Electric	11,870		
Gas	8,816		
Integrated & Other Utilities	12,517		
Chemicals & Plastics	17,660		
Chemicals	13,155		
Plastic & Rubber	4,506		
Metals & Mining	16,696		
Steel	3,935		
Aluminum	1,425		
Coal	262		
Other Metals & Mining	11,075		
Transportation	14,635		
FINANCIAL INSTITUTIONS	158,396		
REAL ESTATE	155,069		
Multifamily	89,154		
Office	16,643		
Industrial	11,612		
Retail Property	9,687		
Lodging	2,922		
Other Income Producing Properties	13,515		
Services and Non Income Producing	11,536		
GOVERNMENT & AGENCIES	44,533		
OTHER INDUSTRIES	253,662		
Individuals	141,973		
Other	111,689		
TOTAL	1,103,880		
Exposure to high-intensity sectors	213,511		

그림 8-4 JP모건의 기후변화 보고서의 산업별 신용 익스포저
(출처: JPMorgan, 2022. Climate Report.)

---

12 JPMorgan, 2022. Climate Report.

한편, 국내 KB금융그룹은 다양한 리스크 시나리오 분석을 통해 재무 포트폴리오 영향을 분석하였고, 신한금융그룹은 금융배출량 측정, 기후펀드 조성 등 탄소 배출량 측정 노력에 특화되어 있다.

은행과 금융기관별로 다양한 금융 리스크에 대응하기 위해 가장 중요한 것은 예금보험공사의 역할이다. 이를 위해 미국 연방예금보험공사(FDIC)의 사례를 참고해볼수 있다. 연방예금보험공사는 2020년대를 전후로 기후 리스크 대응과 관련한 금융 리스크 대응에 나서면서 시중 은행 등 금융기관에 기후변화에 따른 재무 리스크를 적극적으로 고려할 것을 권하였다. 또한, 연방예금보험공사는 지난 2021년 12월과 2022년 3월에 대형은행의 기후 관련 금융 리스크 관리에 관한 원칙(피감회사의 시나리오 분석 개발 및 구현에 대한 지침 초안 포함)을 제안하는 보고서를 발표했다.[13]

뿐만 아니라 연방예금보험공사는 2022년 4월 '대형 금융기관을 위한 기후 관련 금융 리스크 운영 원칙 선언문(Statement of Principles for Climate-Related Financial Risk Management for Large Financial Institutions)'을 공개하였고(FDIC, 2022a), 대형 금융기관의 기후 리스크와 관련하여 총 여섯 가지 리스크평가 프레임워크를 제공했다. 구체적으로 신용 리스크(credit risk), 유동성 리스크(Liquidity risk), 다른 금융 리스크(other financial risk), 운영 리스크(operational risk), 법적/컴플라이언스 리스크(legal/compliance risk), 타 비금융 리스크(other non-financial risk)를 중심으로 금융기관의 경영진들에게 기후 리스크 관련 리스크를 측정하고, 방지하기 위한 전략을 짤 것을 주문했다.

반면, 우리나라는 예금보험공사 차원에서 통일성 있는 가이드라인이 아직은 부재한 상황이다. 국내 금융회사의 경우 각 금융회사가 거래하는 일반 기업 고객들에 대한 기후 리스크를 측정하기 위한 개별 가이드라인을 만들거나, 개별로 거래 상대방에 신용 보험이나 리스크 경감 방안을 요구하고 있다. 이 과정에서 금융 리스크 전반을 관장하는 예금보험공사는 기후 리스크 헷지(hedge)를 위한 전략 마련에 통일성이 떨어질 수 있다. 앞서 〈ESG 사례 분석〉에서 살펴봤듯이 국내 금융기관 중에서는 KB금융그룹·신한금융그룹의 리스크 분석 시도가 눈에 띄고 있지만, 금융기관별로 리스크 측정 및 대응이 상이한 만큼, 금융 시스템 전반과 리스크를 관장하며, 예금자 보호 기능을 수행해야 하는 예금보험기구 입장에서는 장기간에

---

13 한국은행, 2022. 미국 금융안정감시협의회(FSOC) 2022년 4차 본회의 논의 내용.

걸친 기후 변화 시나리오와 이에 따른 관리 · 감독을 펼쳐야 한다.[14]

한 줄 요약

- 기업의 대출 자산을 보유하는 은행 입장에서는 신규 대출에 대해 기후변화를 동시에 고려해야 한다.

- 은행과 금융 산업에 리스크를 발생시키는 기후위험은 크게 물리적 리스크와 이행 리스크로 분류한다. 기후 리스크의 경로는 △신용 리스크, △시장 리스크, △유동성 리스크, △운용 리스크, △보험 리스크, △평판 리스크 등 총 여섯 가지 형태로 은행 및 금융체계 전반에 영향을 끼칠 수 있다.

- 은행과 금융기관에 대한 기후 리스크를 체계적으로 관리하기 위해서는 기후 시나리오에 대응할 수 있는 가이드라인을 예금보험공사가 마련해야 한다.

토론 주제

- 물리적 리스크와 이행 리스크는 은행의 규모와 사업 형태에 따라 다르게 영향을 미치는가? (예 대형은행, 소형저축은행)

- 우리나라 기업 고객 입장에서 총 여섯 가지 기후 리스크 경로 중 가장 심각한 것은 무엇인가? 그리고 이러한 기후 리스크는 일반 고객(예 자영업자, 대학생, 직장인 등)에게 어떠한 영향을 미칠 수 있는가?

---

14 필자는 한국 예금보험공사에서 「국내 금융기관의 기후변화 리스크 대응을 위한 가이드라인」을 개발하는 것을 제안하고자 한다. 가이드라인은 국내 시중 은행의 기후 리스크를 관리 감독하기 위한 목적의 리스크평가 프레임워크를 제공하는 한편, 기업 고객 대출 상황을 고려한 금융기관별 체크리스트를 다양한 카테고리 아래 구성하는 것이 가능할 것으로 판단된다. 이 체크리스트를 통해 예금보험공사가 시중 은행의 현안을 파악하고, 대출기관들의 저탄소 이행에 이를 활용하도록 독려할 수 있을 것이다. 또한 이러한 가이드라인은 중견 · 중소기업과 거래하며 대형 시중 은행에 비하여 상대적으로 기후 리스크 익스포저가 높은 상호저축은행 등 부보금융기관에 유용성이 높을 것으로 판단된다.

28
ESG와 사회적 가치, 지속가능성의 양날개

ESG(환경·사회·지배구조)가 투자자 관점에서 기업의 지속가능성을 측정하는 지표라면, 사회적 가치는 투자자뿐 아니라 지역사회 구성원 등 일반인의 이익을 모두 고려한 개념이라고 할 수 있다. 구체적으로 사회적 가치란 경제적 가치뿐 아니라 사회·환경·문화 등 전 영역에서 공공 이익과 공동체 발전에 이바지하는 가치를 뜻한다.[15]

전통적인 경제학 관점에서 이익이란 '효용의 극대화'를 의미했다. 그러나 이제는 단순히 의식주뿐만 아니라 인류 혹은 지역사회가 더불어 살아가는 데 바람직한 가치에 대한 합의가 중요해졌다. ESG와 사회적 가치의 공통점은 △인류와 사회의 지속가능성을 중시하며, △측정 가능하다는(measurable) 것이다. 두 개념의 차이점은 ESG가 기업의 지속가능성 노력을 측정하기 위한 투자 지표로 쓰이는 반면, 사회적

---

15 사회적 가치 실현을 위한 공공부문의 추진전략, 관계부처 합동 2020.1.15.

가치는 기업뿐 아니라 사회 전반의 노력을 측정하는 데 쓰이는 개념이다.

표 8-3 ESG와 사회적 가치의 차이

구분	ESG	사회적 가치
정의	환경(E), 사회(S), 지배구조(G)의 약자로 각 요소 측면에서 기업 비즈니스의 지속가능성을 지표화한 것	경제 · 사회 · 환경 · 문화 등 전 영역에서 공공의 이익과 공동체 발전에 이바지하는 가치
공통점	인류와 사회의 지속가능성을 중시하며, 측정 가능한(measurable) 수단을 활용하여 지표(수치)화	
차이점	비재무적인 측면에서 기업의 지속가능성을 고려하는 투자자 중심의 지표	투자자를 포함하여 관련 이해관계자 전반의 이익을 고려한 수치
활용	국내외 기업에 대한 주기적인 ESG 평가, 자산운용사의 투자 포트폴리오 반영, ESG 채권 발행 등에 다양하게 활용	기업과 비영리단체 공헌사업의 가치 측정(예 노숙자와 취약계층 취업 지원 사업 등)

정아름 등(2018)에 따르면[16], 사회적 가치를 측정하기 위한 시도는 1960년대로 거슬러 올라간다. 1969년 미국에서 국가 환경 정책 법안(The National Environmental Policy Act)이 통과된 이후 설립된 환경위원회(Council on Environmental Quality)는 '환경'을 중심으로 한 정책 효과에 대한 측정 및 평가에 대한 요구가 높아졌다. 다시 말해, 사회적 가치의 시작은 환경(E)과 함께했다. 또한 이들의 연구는 1970년대 후반부터 유럽을 중심으로 사회적 기업의 등장과 이들 기업의 비재무적 성과에 대한 평가가 논의되었으며, 1990년대부터는 KLD(Kinder, Lydenberg, Domini), MSCI KLD 400 Social Index, Dow Jones Sustainability Indices(DJSI)이 개발되었다는 점을 언급하였다. 특히, 1999년에 개발된 DJSI는 경제 · 환경 · 사회 등 다양한 측면에서 지속가능성을 측정한다는 사실을 기록하고 있다.

2000년 들어서는 전 세계적으로 가장 대표성이 높은 사회적 가치 개념에 대해 국제연합(UN) 주도의 여덟 가지 새천년개발목표(Millennium Development Goals)가 합의되었다. 각 목표는 △절대빈곤 및 기아 퇴치, △보편적 초등교육 달성, △남녀평등 및 여성 능력 고양, △아동 사망률 감소, △모성 보건 증진, △HIV/AIDS, 말라리아 및 기타 각종 질병 퇴치, △지속가능한 환경보전, △개발을 위한 범지구적 파트너십 구축 등이다.[17] 2015년 새천년개발목표의 종료 이후, 같은 해 9월 지속가능발전을 위한 2030 의제의 중심인 지속가능발전목표(SDGs)가 유엔지속가능발전 정상회의에서 채택되었다. 총 17개의 목표인 지속가능발전목표는 새천년개발

---

16 정아름, 허승준, 송기광 and 김보영, 사회적 가치 측정 방법의 특징 분석 및 최신 동향. Korea Business Review, 24(3), 2020, pp.145-171.

17 https://www.moef.go.kr/sisa/dictionary/detail?idx=1993

목표의 후속으로 받아들일 수 있다. 다만, 새천년개발목표가 개도국 중심이라면, 지속가능발전목표는 모든 UN 회원국에 공통으로 적용되며 새천년개발목표와 비교하면 더욱 포괄적인 개념의 목표라고 평가할 수 있다.[18]

이처럼 전 세계적으로 사회적 가치를 정의하고 이를 이행하기 위한 노력에도 불구하고 가장 큰 관건은 이를 정확하게 측정하는 것이었다. 그러나 기업이나 특정 단체가 측정하는 사회적 가치는 주관적 의견이나 상황에 따른 판단이 개입되어 객관적이지 않으며, 그 신뢰성 역시 낮다는 지적이 반복적으로 제기된 바 있다.[19] 이러한 배경에서 등장한 개념이 바로 사회적 투자 수익률(Social Return On Investment, SROI)이다.[20] 사회적 투자 수익률은 미국 샌프란시스코에 소재한 사회공헌단체인 REDF(Roberts Enterprise Development Fund)가 사회적 기업이 창출한 사회적 가치를 화폐 가치로 측정하기 위한 취지에서 개발되었으며, 투자자에도 제시될 수 있도록 의도된 바 있다. 계산식으로 나타내면 다음과 같다.

> 사회적 투자 수익률(SROI) = 투자 효과의 순현재 가치 / 투자의 순현재 가치[21]

다시 말해, 사회적 투자 수익률이란 정부, 기업 혹은 기타 비영리단체가 사회적 공헌 측면의 투자를 벌인 것에 대비하여 미래에 돌아오는 경제적 가치를 측정한 것이다. 여기서 말하는 순현재 가치란 해당 사업의 편익(benefit)과 비용(cost)을 주어진 할인율에 따라 현재 가치로 환산한 뒤, 미래 편익을 현재 가치로 환산한 것에

---

18 이클레이 한국사무소, 새천년개발목표(MDGs)에서 지속가능발전목표(SDGs)까지:SDGs란 무엇인가?, 이클레이 브리핑시트 – 도시 이슈, No. 01.

19 비슷한 문제의식을 지닌 대표적인 국내 연구는 아래와 같다.
   - 정아름, 허승준, 송기광 and 김보영, 사회적 가치 측정 방법의 특징 분석 및 최신 동향, Korea Business Review, 24(3), 2020, pp.145-171.
   - 조영복, 사회적 기업 성과측정 도구로서의 사회적 투자 수익률 방법(SROI)과 측정사례, 한국지식정보기술학회 논문지, 7(6), 2012, pp.29-45.
   - 조영복, 신경철, 사회적 기업의 사회적 가치 측정을 위한 지표개발에 관한 연구, 사회적 가치와 기업연구, 6(1), 2013, pp.51-82.

20 사회적 투자 수익률(SROI)이란 개념은 재무적 개념인 투자 수익률(ROI)에 기반을 두고 있다. 이는 기업의 순이익을 투자액으로 나눈 비율로, 기업의 경영 성과를 판단하는 기준으로 널리 활용되고 있다. 쉽게 말해 기업이 투자한 예산에 대비해 얼마나 많은 순이익을 냈는지 비교하는 잣대이다. 투자 수익률은 미국의 화학 기업인 듀퐁(Dupont)이 사업부의 업적을 평가하고 관리하기 위해 처음 사용된 것으로 알려져 있다.

21 한국ESG기준원, 사회책임투자(SRI)와 사회투자수익률(SROI), CG 리뷰 VOL.70, 2013.09.26.

서 미래 비용의 현재 가치로 뺀 것을 의미한다. 쉽게 표현하면 미래 비용보다 미래 편익이 더 크다면(순현재 가치>0) 정부, 기업 혹은 비영리단체는 사회적 공헌사업을 추진하려 들 것이라고 간주할 수 있다.

🌡 ESG 사례 분석

위법 청소년 교화를 사회적 가치로 환산하다

8.85 대 1. 이는 캐나다 캘거리에서 교화 프로그램을 통해 감소한 청소년 재범률을 사회적 가치로 추산한 뒤 편익과 비용을 따져 사회적 투자 수익률 비율로 표현한 값이다. 이는 캐나다의 캐나다청년정의사회(Calgary Youth Justice Society)와 사회적 가치 추정기관인 심팩트 전략그룹(SiMPACT Strategy Group)에 의해 2009년 공개됐다.

캐나다의 캘거리 청소년 사법위원회 프로그램(Calgary Youth Justice Committee Program)은 청소년 범죄를 줄이기 위한 대안의 성격을 갖고 있다. 지역사회 봉사자들이 범죄를 저지른 청소년의 행위를 바꾸도록 함으로써 이들이 범죄 책임을 지는 동시에 스스로 개선할 기회를 제공하는 것이 그 취지라고 할 수 있다. 대상 청소년들은 12~18세이며, 5,000 캐나다 달러 이하 가치의 금품을 훔치는 등 경범죄를 저지른 초범 혹은 재범 청소년들이다. 심팩트 전략그룹에 따르면 매년 자원봉사자 300여명 이상이 1만 2,000시간을 청소년사법위원회를 위해 봉사 활동을 벌였고, 청소년 범죄자들에 대한 개별적인 서비스를 제공한다.

표 8-4 캘거리 청소년 사법위원회 프로그램의 SROI [22]

SROI 측정 지표	1년	2년	3년	산출 근거
1. 경찰 신고 비용 절감	$0	$64,500	$19,969	$625(회당), 100회 통화 기준
2. 경찰 조사비용 절감	$0	$197,318	$61,090	$1,912 (회당 조사비용)
3. 경찰 법정 출두 비용 절감	$0	$32,921	$10,192	$319 (회당 출석비용)

---

22 아래 자료를 참고하였음.
- Social Return On Investment(SROI) Case Study: Calgary Youth Justice Committee Program.
- 조영복, 사회적 기업 성과측정 도구로서의 사회적 투자 수익률 방법(SROI)과 측정사례, 한국지식정보기술학회 논문지, 7(6), 2012, pp.29~45.

4. 사법절차 집행 비용 절감	$893,775	$131,580	$40,737	$1,275 (1건당 집행비용)
5. 집행유예 감독 비용 절감	$0	$123,840	$38,341	$1,200(연간)
6. 구속 수감 비용 절감	$0	$91,250	$28,251	$9,1,250 (연간 수감 비용)
A. 사회적 가치 창출(701명)	$893,775	$641,409	$198,580	1~6의 합계
B. 프로그램 투자 비용	$1,641,421			
C. 1인당 투자 비용	$231			
D. 첫해 SROI 비율	$4.33			
E. 3년 SROI 비율	$8.85			

〈표 8-4〉에 따르면 701명의 청소년에 대한 교화에 쓰인 SROI는 1 캐나다 달러당 8.85 캐나다 달러에 달하는 것으로 나타났다. 가치 산출에는 해당 프로그램에 따라 경찰 신고 비용, 경찰 조사 비용, 경찰 법정 출두 비용, 집행유예 감독 비용, 구속 수감 비용이 얼마나 절감되었는지가 고려되었다.

앞서 언급하였듯이 정부, 기업 혹은 비영리단체는 사회적 공헌사업을 추진하는 과정에서 대중적 혹은 정책적 정당성을 확보하고 지속적인 내외부 투자를 받아들이기 위하여 왕성한 사회적 투자를 벌일 것으로 예상된다. 그러나 가장 큰 문제는 해당 단체가 정교한 사회적 가치를 화폐 가치로 측정하여 이해관계자에게 제시한다고 하더라도, 정작 이해관계자가 이를 체감하기 어렵다면 사회적 공헌사업은 정당성을 인정받기 어려울 수 있다.

이는 앞서 3장에서 언급한 바와 같이 ESG 측정과 비슷한 한계를 안고 있다고 볼 수 있다. 구체적으로, 기관별로 사회적 가치를 측정하는 방법 및 도구가 다른 만큼 각 기관과 사업별 측정 수단과 가치를 비교할 수 있도록 통일된 방법론이 필요할 것이다. 이를 위하여 정부가 ESG 가이드라인을 개발해왔듯이, 다양한 정부기관과 기업 등에 통용될 수 있는 가이드라인을 정부가 개발할 필요가 있다. 장기적으로 ESG 평가와 사회적 가치 창출이 연계될 수 있다면 투자자와 이해관계자 입장에서는 기업의 지속가능성 노력을 더욱 다각적인 측면에서 평가할 수 있다.

한 줄 요약

- ESG가 기업의 지속가능성 노력을 측정하기 위한 투자 지표로 쓰이지만, 사회적 가치는 기업뿐 아니라 사회 전반의 노력을 측정하는 데 쓰이는 개념이다(표 8-3).

- 사회적 투자 수익률은 정부, 기업 혹은 기타 비영리단체가 사회적 공헌 측면의 투자를 벌인 것에 대비하여 미래에 돌아오는 경제적 가치를 측정한 것이다.

- 장기적으로 사회적 가치는 ESG 평가 방식과 더불어 기업, 사업 간 비교 평가를 위한 통일적인 방법론이 필요하다.

토론 주제

- 당신이 인상적이었던 국내 사회공헌 사업은 무엇이었는가? 이 사업의 사회적 가치를 측정하는 데 고려해야 할 '비용 절감' 요소는 무엇이 있는가? ('캐나다 청소년 재범률' 사례 참고)

- 기업의 ESG 요소와 사회적 가치는 연계되어 평가될 수 있는가? 두 개념의 연계 평가를 위해 가장 먼저 고려해야 할 요소는 무엇인가?

CHAPTER 09
ESG와
경제 성장

29

[중앙은행과 ESG ①]
중앙은행이 '친환경'
통화정책을 고려하는 이유는?

중앙은행의 존재 목적은 물가안정과 금융안정이다. 중앙은행은 한 나라의 적절한 물가 상승률을 유지하는 동시에 지속적인 경제 성장을 도모한다. 물가 상승률뿐 아니라 인플레이션 기대심리, 개인 소득 등 다양한 경제 지표를 점검하면서 미래에 들이닥칠 수 있는 위험에 대비하기 위해 통화정책을 '선제적으로' 수립한다. 중앙은행이 선제적으로 통화정책을 수립하는 것은 통화정책의 시행이 실물 경기에 즉각적인 영향을 끼치지 못하기 때문이다. 이에 중앙은행은 경제전망보고서와 정례 기자회견 등을 통해 경제 전반에 대한 시각과 전망을 내비치는 등 대중과 금융시장에 다양한 '경제 신호'를 보내고 있다.

또한 중앙은행은 '최후의 대부자(Lender of last resort)' 역할을 하기도 한다. 중앙은행이 시중은행에 돈을 빌려줄 때 적용하는 금리를 기준 금리라고 부른다. 만약 중앙은행이 기준 금리를 올리거나 내리면 시중은행은 중앙은행에서 조달할 수 있는 비용이 바뀌게 되고, 이를 반영하여 시중은행의 시중 금리 역시 오르거나 내리게 된다. 중앙은행의 기준 금리 변경은 다양한 경로를 통해 소비자와 기업 등 경제 주체에 영향을 미치게 된다. 대표적인 경로는 금리경로, 자산가격경로, 신용경로, 환율경로, 기대경로 등이 있다(표 9-1).[1][2] 이들은 각기 다른 경로를 통해 경제 주체에 영향을 미치고, 경제 주체의 특성과 여건에 따라 기준 금리 변경은 복수의 경로를 통해 경제 주체에 영향을 미치기도 한다.

표 9-1 중앙은행 기준 금리 변경의 파급 경로

주요 경로	내용
금리	기준 금리를 변경하면 단기와 장기 시장 금리는 물론, 시중은행의 예금과 대출 금리 등 전반에 영향을 미침.
자산 가격	주식과 채권, 부동산 등 주요 자산에 영향을 미침. 금리를 인상하면 미래 수익의 현재 가치가 낮아져 이들 자산의 가치 역시 낮아지게 되며, 이는 민간이 보유한 부의 감소로 이어짐.
신용	금리 변경 시 은행은 대출 고객(기업 등)에 대한 대출 상환 능력을 보수적으로 평가하게 됨.
환율	(다른 나라의 금리가 바뀌지 않는다는 가정 시) 금리 변화는 원화 표시 자산의 수익률에 영향을 미치며, 이는 외국 자본 유입에도 연쇄적으로 영향을 미침. 또한 원화 가치 변화로 원화 표시 수입품 가격 및 수요에 영향을 미침.
기대경로	기대인플레이션 변화를 통해 물가에 영향을 끼치는데, 이를테면 기준 금리 인상은 중앙은행이 물가 상승률을 낮추려는 조치로 해석되어 기대인플레이션을 하락시킴.

그런데 최근 들어 기후변화가 가속화됨에 따라 중앙은행은 위와 같은 파급 경로에 있어 기후변화를 고려하게 되었다. 일반적으로 중앙은행은 금리 변경에 고려하는 요소를 상당히 보수적으로 결정한다. 그러나 기후변화의 심각성으로 인해 이제는 기후변화에 따른 금융위험(climate-related financial risk)을 고려하게 된 것이다. 대표적인 것이 바로 이행 리스크(transition risk)이다.[3] 예를 들어, 정부기관 혹은 중앙은행이 저탄소 경제 이행을 추진한다면 평소 탄소 배출량이 많은 기업은 탄소 배출량을 줄임에 따라 생산 비용이 올라가고 이에 따라 수익이 줄어들 수 있다. 결과

---

1 한국은행의 아래 웹사이트를 참고하여 작성함을 밝힘.
  https://www.bok.or.kr/portal/main/contents.do?menuNo=200289
2 앞서 '27. 시중은행들이 기후위험 대응에 나선 이유는?'에서 저자는 기후위험 리스크를 물리적 리스크와 이행 리스크로 분류한 바 있다. 그런데 시중은행 및 금융기관과 중앙은행이 이 두 리스크를 고려하는 관점은 조금 다르다. 시중은행과 금융기관이 다양한 산업 내 기업 고객이 많으며 이들 기업의 지분을 보유한다. 따라서 기후위험은 기업 자산에 미치는 물리적 리스크와 금융 시장 파급력과 같은 이행 리스크를 동시 고려하는 것이다. 반면, 중앙은행은 금리 변화 및 통화량 조절 등을 통한 실물 경제 영향을 고려하는 측면에서 이행 리스크를 고려하며, 이와 동시에 기후위험이 시중은행과 금융기관의 안정성 등 금융시장 전반에 미치는 영향 측면에서 물리적 리스크를 고려한다.
3 한국은행의 「기후변화 이행리스크와 금융안정(2021년 12월호)」 자료를 참고하였음을 밝힘.

적으로 기업의 신용도가 떨어져 부도율이 높아지며, 주가가 떨어지는 등 시장 위험은 증가할 수 있다. 이에 따라 이들 기업에 투자하거나 지분을 보유한 금융기관은 건전성이 악화되는 등 악순환이 벌어지는 것이다(그림 9-1). 반대로 평소 재생에너지를 원천으로 사업을 벌였던 기업이라면 탄소 배출량이 많은 기업에 비해 이행 리스크 영향을 상대적으로 줄일 수 있을 것이다.

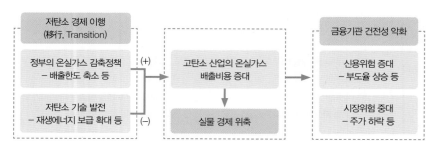

그림 9-1 저탄소 경제 이행에 따른 이행 리스크의 파급 경로
(출처: 한국은행, 기후변화와 한국은행의 대응방향, 2021년 10월)

그러나 이러한 기후위험에 대응하는 데 한국금융연구원은 중앙은행이 직면할 수 있는 두 가지 딜레마를 언급하고 있는데, 이는 바로 ① 소관 업무 확장(mission creep), ② 시장 중립성(market neutrality) 원칙이다.[4] 먼저 소관 업무 확장은 중앙은행에 부여된 본연의 고유 목적(물가 및 금융안정)의 범위를 넘어서는 것을 말하는데, 중앙은행이 조직 기능을 확대하는 것은 전통적으로 바람직하지 않은 것으로 인식되었다. 그런데도 중앙은행이 본연의 역할에 기후변화를 추가로 고려하는 것은 이것이 새로운 형태의 실물경제 리스크로 받아들이고 있는 것으로 해석할 수 있다.[5] 그러나 미국의 연방준비제도(Fed)와 유럽중앙은행(ECB) 등 주요 국가의 중앙은행이 기후감독위원회 및 금융안정기후위원회 설립(이하 Fed), 기후변화센터 설립 및 자산매입프로그램을 활용한 녹색채권 매입(이하 ECB) 등 기후변화를 고려한 다양한 (통화)정책을 추진하는 것을 고려하면 이러한 정책적 움직임은 글로벌 트렌드로 자리 잡고 있다는 것으로 받아들일 수 있다.[6]

---

4 한국금융연구원, 중앙은행의 통화정책 친환경화 책무.

5 이와 관련하여 한국은행은 2021년 10월 「기후변화와 한국은행의 대응 방향」이란 제목의 보도자료에서 "기후변화에 대응한 탄소중립 이행과정에서 나타나는 이행리스크는 중앙은행의 책무인 물가안정 및 금융안정에 지대한 영향을 미칠 가능성이 있다."라고 언급한 바 있다. 이는 중앙은행이 향후 통화정책을 수립하는 데 기후변화를 고려한다는 것으로 해석할 수 있다.

6 우리나라의 중앙은행인 한국은행 역시 기후변화의 영향을 고려하고 있다. 한국은행은 2021년 「기후변화와 한국은행의 대응 방향」 자료에서 ① 한국은행의 조사·연구 기능을 활용해 기후변화 리스크

ESG 사례 분석

기업의 친환경 경영을 이끄는 녹색 양적완화, 논란에 휩싸인 이유는?

녹색 양적완화(Green Quantitative Easing)는 중앙은행이 화폐를 발행해 시중 금융기관으로부터 정부 채권을 매입하는 데 있어 일부 자금을 친환경 기업이 발행한 채권을 매입하는 데 쓰는 것을 말한다. 중앙은행은 시장에서 국채 등을 매입하는 방식으로 유동성을 공급하고 금리를 하락시키며 금융시장을 안정시킬 수 있다. 녹색 양적완화는 중앙은행의 대표적인 친환경 통화정책으로 꼽히는데, 이는 기존에 탄소 배출량이 많은 기업의 저탄소 이행을 유도한다는 측면에서 특히 그렇다. 이는 탄소 배출량이 많은 기업에 대해 더 많은 세금을 부과함으로써 이들 기업의 탄소 배출량 행위를 바꿔나가는 탄소세(carbon tax)와 유사한 결과를 낸다는 측면에서 유사하다.

녹색 양적완화의 원리는 다음과 같다. Dafermos et al.(2018)에 따르면 중앙은행이 에너지 효율성, 재생에너지, 혹은 다양한 환경친화적인 투자로 이어지는 회사채나 국채 형태의 녹색채권을 매입하면 친환경 사업 프로젝트에 들어가는 자금 조달 비용을 줄이게 되며, 결과적으로 기업과 정부기관으로 하여금 탄소 배출량을 줄일 수 있는 친환경 투자를 증가시키는 요인이 될 수 있다.[7] 이러한 맥락에서 녹색 양적완화 정책의 핵심은 기존 양적완화 정책과 같이 경제 성장을 촉진하지는 않지만, 기후변화에 대한 대응에 기여할 수 있다. 또한, 친환경 산업 섹터가 비교적 노동 친화적(labor-intensive)인 만큼 이 산업 섹터 내 경제 활동을 촉진하게 되며, 결과적으로 고용 시장에 긍정적인 영향을 끼친다는 것이 이들 연구진의 주장이다.

반면, 녹색 양적완화와 같은 친환경 통화정책이 중앙은행의 존재 목적을 훼손한다는 주장도 제기된다. Cochrane(2021)은 기후변화와 금융안정이 모두 긴급한 문제라는 점은 동의하지만, 기후금융 규제는 중앙은행을 정치화함으로써 고유의 독립성을 훼손한다고 하였다.[8] 허리케인, 폭염, 가뭄, 화재 등은 체계적인 금융위기를 발생시킬 정도로 긴급한 사안이 아니며, 예상 밖의(out-of-the-box) 금융 리스크를 굳이 꼽자면 전쟁, 전염병, 사이버 공격, 국가채무 위기, 체제 붕괴, 천체 충돌 등을 고려해야 한다는 것이다.

분석을 강화할 것 ② (녹색채권을 한국은행 대출의 담보로 추가하는 등) 활용 가능한 정책 수단 검토 ③ 기후변화 전담 조직 설치 등 조직 및 내부 경영 (변화) 등의 대응 방향을 제시하기도 했다. 조금 늦은 감은 있지만, 주요 통화정책 결정에 있어 기후변화에 따른 다양한 리스크를 적극적으로 고려하겠다는 취지로 해석된다.

7 Yannis Dafermos, Maria Nikolaidi, Glorgos Galanis, Can Green Quantitative Easing(QE) Reduce Global Warming? GPERC Policy Brief, July 2018.

8 John H. Cochrane, The Fallacy of Climate Financial Risk, Project Syndicate.

한 줄 요약

- 중앙은행의 기준 금리 변경은 금리경로, 자산가격경로, 신용경로, 환율경로, 기대경로를 통해 경제 주체에 영향을 끼치는데, 최근에는 기후변화를 고려하게 되었다.

- 중앙은행이 기후위험에 대응하는 데 있어 직면하는 딜레마는 ① 소관 업무 확장(mission creep), ② 시장 중립성(market neutrality) 원칙이다(한국금융연구원).

- 녹색 양적완화는 중앙은행이 화폐를 발행해 시중은행에서 정부채권을 매입하는 과정에서 일부 자금을 친환경 기업이 발행한 채권을 매입하는 것으로, 이는 기업의 친환경 경영을 유도한다.

토론 주제

- 중앙은행의 기준 금리 변경 결정과 관련하여, 기후변화는 앞서 언급한 총 다섯 가지 경로(금리경로, 자산가격경로, 신용경로, 환율경로, 기대경로)에 어떠한 방식으로 영향을 미치는가?

- 기후변화는 중앙은행의 독립성을 훼손하였다고 볼 수 있는가? 당신의 생각은?

30

[중앙은행과 ESG ②]
중앙은행,
기후위험을 예측하다

기후 스트레스 테스트는 중앙은행이 기후위험이 국내 금융 산업에 어떠한 영향을 미치는지 다양한 시나리오에 따라 분석한 것을 말한다. 기후변화 문제는 실물 경제와 은행 산업의 재무 건전성에 미치는 영향은 점점 심각해지지만, 이러한 영향을 정확하게 예측하고 적시 대응에 나서는 것은 결코 쉬운 일이 아니다. 금융자산은 가계·기업 대출, 채권, 주식 등 다양한 형태로 존재하고 있는데, 기후위험이 커진다면 이들 금융자산을 보유한 은행과 금융기관은 큰 손실을 볼 가능성이 커진다. 이는 결국 금융 시스템 전반의 위기로 퍼질 수 있다. 2018년 한국은행은 우리나라 탄소 배출 업종 익스포저(대출·주식·회사채 기준)에 따른 잠재적인 손실을 약 17.9조 원으로 추정하였다. 이는 국내 은행이 보유한 총자산의 0.8%에 달하는 것이다.[9]

---

9 한국은행, 기후변화와 금융안정, BOK 이슈노트 제 2018-6호.

최근 우리나라의 한국은행을 비롯한 각국의 중앙은행은 기후위험에 따른 위기를 조기에 포착하고 그 정도를 분석하기 위한 목적으로 기후 스트레스 테스트를 개발하였다. 앞서 언급한 것처럼 중앙은행의 주요 존재 목적은 (물가안정과 더불어) '금융안정'이기 때문이다.

기후 스트레스 테스트는 2017년 기후변화 리스크 관리를 위해서 각국의 중앙은행과 금융 감독기구가 설립한 국제 협의체인 NGFS(Network for Greening the Financial System)에 의해 개발되었다. 이 기관은 2021년 6월 각국의 기후변화 리스크 평가를 지원하기 위한 목적으로, 기후경제통합평가모형(Integrated Assessment Model, IAM)을 활용한 온실가스 감축 시나리오를 발표하기도 했다.

NGFS는 저탄소 이행의 경로를 질서 있는 이행(지구 평균 온도 상승 폭 1.5~2.0도 이내 억제), 무질서한 이행(분산된 넷제로 1.5도, 혹은 이행 지연), 뜨거운 지구(hot house), 조금 늦거나 아주 늦거나(too little, too late) 등의 시나리오를 제시하고 있다. 이러한 시나리오는 우리나라를 비롯한 주요 국가의 중앙은행들이 자체적으로 세우는 기후 스트레스 테스트의 뼈대로 활용되고 있다(그림 9-2).

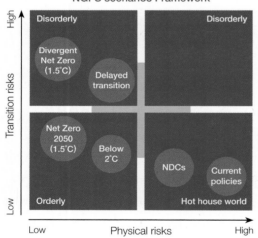

그림 9-2 **기후 스트레스 테스트의 개요**[10]

(출처: NGFS Climate Scenarios for central banks and supervisors, June 2021.

---

10 금융감독원, 「기후 스트레스 테스트 추진을 위한 '시나리오 공동 작업반' 첫 회의(Kick-off) 개최」 보도자료 발췌.

유럽중앙은행(ECB)은 2022년 7월 유럽 권역 내 은행 41곳을 대상으로 스트레스 테스트를 실행했다. 그 결과 3년에 걸친 무질서한 이행 및 가뭄·홍수·폭염 등을 가정한 물리적 리스크 시나리오에서 이들 은행의 신용과 시장 손실은 약 700억 유로(약 99조 원)에 달하는 것으로 나타났다.[11] 문제는 이러한 예상 손실에도 불구하고 유럽 권역 내 은행들의 기후 위험 측정 및 관리 수준이 다소 부실하다는 것이다. 이를테면 기후 스트레스 테스트 프레임워크를 갖춘 은행 중 40%가 경영 전략 수행에 이러한 테스트 결과를 고려하지 않는 것으로 나타났다. 자사가 개발한 기후 스트레스 테스트를 경영 전략에 연계하지 않은 것인데, 이러한 기후 스트레스 테스트는 형식적인 것에 불과할 수 있다.

또한 유럽중앙은행의 조사 결과, 자체적으로 기후 스트레스 테스트 프레임워크를 수립한 역내 은행 가운데 71%가 물리적 리스크, 81%가 이행 리스크를 고려하였지만, 정작 24%만이 부채와 평판 리스크를 고려한 것으로 나타났다. 다시 말해, 상당수 유럽연합(EU) 권역 내 은행은 기후 스트레스 테스트 수행에 있어서 더 다양한 측면의 경영 리스크를 고려하지 못하였다.

같은 해 5월 영국 중앙은행인 영란은행 역시 영국 내 7개 대형 은행과 12개 대형 보험사를 대상으로 △조기대응, △지연대응, △무대응 등 세 가지 시나리오 아래 기후 스트레스 테스트를 실행한 결과, 각 기관이 기후위험에 적절하게 대응하지 않으면 시나리오 기간(2021~2050년) 동안 수익성에 부정적인 영향이 지속적으로 발생할 것으로 예상하였다. 그 규모는 연평균 수익의 10~15%에 달하는 것으로 집계되었다. 특히, 탄소 가격 상승 등의 영향으로 지연대응 시나리오 아래 손실 규모는 조기대응 시나리오와 비교하여 30% 이상 클 것으로 영란은행은 분석하였다.[12]

🌡️ ESG 사례 분석

한국은행의 기후 스트레스 테스트 분석 결과…. "2050년 최대 7.4% GDP 손실"

유럽중앙은행·영란은행과 달리 한국은 국내 금융사를 대상으로 기후 스트레스 테스트를 벌인 적은 없지만,[13] 기후위험에 따른 국내총생산(GDP)과 국내 은행권의 손실 규모를 추정한 바 있다. 한국은행은 2021년 6월 펴낸 금융안정보고서에서 지구의 평균 온도 상승 폭을 △1.5~2℃(시나리오 1), △1.5℃ 이하(시나리오 2) 등의 두 가지 시나리오를 제시하였으며

---

11 ECB, 2022 climate risk stress test, July 2022.

12 한국은행 런던사무소, 영란은행 기후변화 스트레스 테스트 결과, 2022년 5월 26일.

13 2023년 7월 현재.

이를 기반으로 기후변화에 따른 국내 은행권의 손실을 추정하였다.[14]

이러한 시나리오와 이행 리스크 경로를 기반으로 한국은행은 2021~2050년 동안 저탄소 경제 이행에 따라 발생하는 이행 리스크가 우리나라 국내총생산(GDP)과 국내 은행 자기자본비율(BIS비율)에 미치는 영향을 분석하였다. 분석 결과 기후변화 이행 리스크에 따른 우리나라 GDP 손실(2050년 기준)은 기준 연도(2020년)와 대비하여 2.7%(시나리오 1)~7.4%(시나리오 2)에 달하는 것으로 나타났으며(그림 9–3), 연평균 GDP 손실 규모는 0.09%(시나리오 1)~0.25%(시나리오 2)에 달하는 것으로 분석되었다. 이 보고서의 분석 결과에 따르면 시나리오 2의 경우 GDP의 손실 규모가 2040년 이후로 크게 증가하는 추세를 보였는데, 이는 국내 온실가스 감축 규제 강화에 따라 탄소 배출량이 높은 산업을 중심으로 생산 비용이 증가하는 데 따른 결과라는 것이 한국은행의 분석이다.

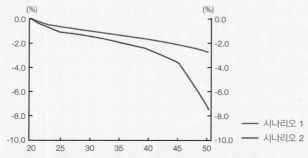

그림 9-3 **저탄소 경제 이행에 따른 이행 리스크가 한국 GDP에 미치는 영향**
(출처: 한국은행, 금융안정보고서, 2021.6, 98)

또한 국내 은행이 가진 탄소 배출량이 높은 기업들의 금융자산 가격 하락으로 2050년 기준 국내 은행의 2020년 대비 BIS비율은 2.6%포인트(시나리오 1)~5.8%포인트(시나리오 2)가량 떨어질 것으로 추정하였다. 국내 은행의 연평균 BIS비율 하락 폭 역시 각각 0.09%포인트, 0.19%포인트로 집계되었다. '금융안정'으로 이어지는 기후위험의 은행 보유 금융자산에 대한 영향은 해외와 다를 바 없으며, '환경정보 평가 · 공시 체계 표준화'를 비롯하여 선진국 수준의 대응이 필요하다는 것이 한국은행 보고서의 핵심이다.

앞서 살펴본 것처럼 국내외 중앙은행은 NGFS의 다양한 시나리오를 기반으로 자체적인 기후 스트레스 테스트 모형을 개발 및 공개하고 있다. 금융안정을 도모하기 위한 중앙은행들의 이러한 노력은 온실가스 저감 기술, 재생에너지 확산 등 산업계의 노력과 맞물려야 더욱 빛을 발할 것이다. 이러한 중앙은행들의 노력이 녹색채권 매입 등 녹색 양적완화 정책과 적절히 병행해야 기후위험에 체계적으로 대응할 수 있을 것으로 예상된다.

---

14 한국은행, 금융안정보고서 2021년 6월(참고 7).

- 기후 스트레스 테스트는 2017년 각국의 중앙은행과 금융 감독기구가 설립한 국제 협의체인 NGFS(Network for Greening the Financial System)에 의해 개발되었으며, 현재 각국의 기후 스트레스 테스트 개발에 참고로 활용되고 있다.

- 유럽중앙은행(ECB)의 스트레스 테스트 분석 결과(2022년) 역 내 (조사 대상) 은행들의 신용 및 시장 손실은 약 700억 유로(약 99조 원)에 달했다. 이러한 예상 손실에도 불구하고 역 내 은행들의 기후 위험 측정 및 관리 수준이 부실한 것으로 나타났다.

- 한국은행의 분석에 따르면 기후변화 이행 리스크에 따른 우리나라 GDP 손실(2050년 기준)은 기준 연도(2020년)에 대비하여 2.7%(시나리오 1)~7.4%(시나리오 2)에 달하는 것으로 집계됐다.

토론 주제

- 중앙은행의 기후 스트레스 테스트 개발이 민간(기업·가계)에 중요한 이유는 무엇인가?

- 기업과 은행의 경영 측면에서 중앙은행의 기후 스트레스 테스트는 어떻게 활용될 수 있을까?

31
ESG는 인플레이션의 주범일까?

인플레이션은 한 국가의 재화와 서비스 등의 전반적인 물가가 지속해서 상승하는 상태를 의미한다. 인플레이션은 총수요와 총공급 측면에서 설명할 수 있다. 총수요는 가계와 기업 등이 구매하고자 하는 상품·서비스의 양을, 총공급은 기업이 판매하고자 하는 상품·서비스의 양을 의미한다. 총수요가 증가하며 동반하는 물가 상승은 '수요견인(demand-pull) 인플레이션', 총공급 측면에서 원가가 상승해 발생하는 물가 상승은 '비용인상(cost-push) 인플레이션'이라고 부른다. 이는 경제학 원론에서 말하는 인플레이션의 두 가지 주요 원인이다. ESG는 비용인상 인플레이션과 깊은 관련성이 있다.

기업의 친환경 경영 도입 유도를 목적으로 정부가 추진하는 친환경 정책 및 규제는 '그린플레이션(Greenflation)'으로 이어진다. 그린플레이션은 친환경을 의미하는 '그린(Green)'과 물가 상승을 의미하는 '인플레이션(inflation)'의 합성어이다. 국내외 정부의 친환경 정책 및 규제에 따라 친환경 에너지를 확보하는 과정에서 원자재 가격이 상승하여 전반적인 물가 상승에 기여한다는 것을 뜻한다.

그린플레이션이 발생하는 원리는 다음과 같다. 기존에 탄소를 많이 배출하던 기업들이 친환경 경영을 선언하면 약속을 지키기 위해 화석원료에 대한 투자 의존도를 줄이고, 재생에너지와 같은 친환경 에너지 투자를 늘려나갈 것이다. 그러나 기업 입장에서는 상당한 부담이 될 수 있다. 자사의 주력 사업에 친환경 에너지를 '대체에너지'로 활용하기 위해서는 관련 인프라를 새롭게 구축하고, 관련 전문 인력을 확보해야 하기 때문이다. 기존에 화석연료를 동원한 원재료 투입(률)은 떨어지는 상황에서 친환경 에너지 확보가 더뎌진다면 그만큼 공장 가동(률)과 이에 따른 상품 및 서비스 공급(률)은 이전과 비교해 저하될 수밖에 없다. 또한 이러한 과정에서 친환경 원자재에 대한 수요가 높아진다면 해당 원자재의 공급 가격은 높아질 수 있다. KDB산업은행 미래전략연구소에 따르면 리튬, 마그네슘, 망간 등 주요 친환경 광물자원의 2021년 3분기 가격 변동률(전년 동기 대비)은 각각 395.4%, 290.5%, 102.6%에 달하는 것으로 나타났다. 마그네슘 생산량(2021년 1~9월)은 50% 감소했는데, 이는 친환경 규제와 전력 부족 사태로 인해 공장 가동(률)이 떨어진 결과였다.

결과적으로 공장 가동 저하와 신재생에너지 등 새로운 친환경 에너지 확보 과정에서의 생산비용 상승은 그린인플레이션 발생의 원인이 될 수 있다(그림 9-5). 기존 상품과 서비스에 대한 소비자들의 수요는 그대로인데, 친환경 경영을 이행하는 과정에서 원활한 공급이 줄어들면 공급 곡선이 좌측으로 이동하면서 가격을 인상(별색)시키는 구조이다(그림 9-4). 소비자 수요를 증가시킬 유인(수요 곡선의 우측 이동)이 존재하지 않는 이상 소비자 입장에서는 예전에 비해 높아진 가격을 부담하기는 쉽지 않다.

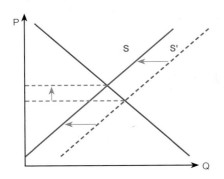

그림 9-4 **친환경 경영 도입에 따른 비용 인상 인플레이션**

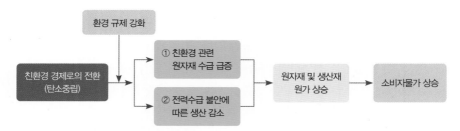

그림 9-5 그린플레이션의 전개 과정

(출처: KDB산업은행 미래전략연구소, 그린플레이션(Greenflation)의 배경과 동향, Weekly KDB Report, 2021년 11월 29일.)

저탄소 경제 이행은 기업의 주력 사업과 산업 구조에 부분적인 변화를 일으키는 만큼 그 과정에서 겪는 진통은 불가피하며, 그린플레이션 역시 발생한다. 현시점에서 가장 중요한 것은 ① 국가별 (화석연료 대비) 재생에너지 확산 여부, ② 국가별 이해 충돌일 것이다. 국가별로 재생에너지 사용률이 다르며(그림 9-6), 재생에너지 필요성에 대한 인식과 관련 제도 도입 수준은 제각각이다. 최근 들어서는 이미 경제 성장이 성숙기에 이르는 미국과 유럽 등 주요 선진국이 자신들의 이해를 위해 비교적 경제 성장 수준이 낮은 후진국에 불이익을 주는 것이라는 측면에서 '사다리 걷어차기' 문제가 제기되고 있다. 결국 그린플레이션의 지속 여부는 개별 기업의 친환경 경영 노력도 중요하지만, 당분간은 국가별 산업 수준과 규제 정도, 그리고 국가 간 이해관계의 영향을 받을 수밖에 없다.

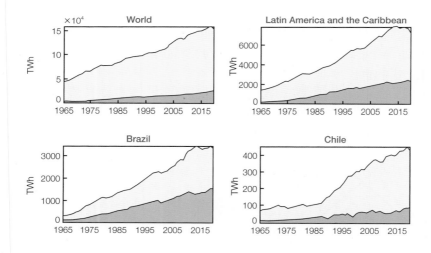

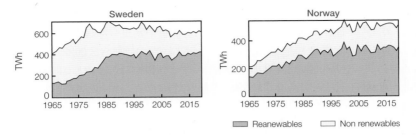

그림 9-6 **국가별 재생에너지와 비재생에너지 사용량 추이** (출처: Airaudo, F., Pappa, E., & Seoane, H. (2022, December 28). Greenflation: The cost of the green transition in small open economies.)

ESG 사례 분석

우크라이나 전쟁이 유럽연합(EU)의 친환경 에너지 사용을 가속화시킨 배경은?

2022년 2월 러시아의 우크라이나 침공은 현재진행형[15]이다. 러시아는 전 세계에 엄청난 양의 석유와 천연가스를 수출하고 있다. 특히, 지리적으로 밀접한 유럽은 러시아산 원유에 많이 의존한다. EU 회원국의 에너지 수입 중 러시아의 비중은 천연가스는 38.2%, 원유는 25.7%에 달하는 것으로 나타났다.[16] 러시아의 에너지 수급에 따라 유럽 내 가격이 크게 요동칠 수 있으며, 이는 다른 관련 제품의 가격 급등으로 이어질 수 있다. 우크라이나 침공에 대한 반대 여론이 높아진 가운데서도 러시아가 경제적으로 버틸 수 있는 것은 견고한 석유·가스 산업에 있다. 그동안 주요 국가와 외교 협상에서 유리한 입지를 차지했던 것도 에너지를 주 무기로 삼았기 때문이다.

그림 9-7 **유럽연합(EU)의 '리파워EU' 정책**
(출처: https://eur-lex.europa.eu/legal-content/EN/TXT/?uri=COM%3A2022%3A230%3AFIN&qid=1653033742483)

그러나 우크라이나 전쟁 발발 이후 반전 여론이 높아지고, EU는 즉각 통상 금지 조치를 취했다. 특히 EU와 주요 7개국 G7, 호주는 전쟁 발발 10개월 만인 2022년 12월 러시아산 원유, 2023년 2월 러시아산 정제 유류제품에 대한 가격 상한제를 시행했다. 이에 더해 EU는 모든 러시아산 석유제품 수입을 전면 금지했다. 이러한 가운데 2022년 6월 국제 원유 가격은 배럴당 120달러(15만 원)까지 치솟는 등 EU 등의 금수 조치가 발표될

---

15 2023년 7월 현재.

16 포스코경영연구원, 유럽 기업의 에너지 위기 대응 및 시사점, POSRI 이슈리포트, 2022년 11월 28일.

때마다 가격은 더 올랐다. 하지만 결과적으로 EU의 러시아산 원유 및 유류제품에 대한 제재는 회원국들의 화석원료 의존도를 낮추는 계기가 되었다. 전쟁 3개월 만인 2022년 5월 EU는 우크라이나전에 따른 에너지 위기에 대응하기 위해 △재생에너지 이행 확대, △에너지 절감, △에너지 공급원 다변화 등 세 가지 정책 목표를 반영한 '리파워EU(REPowerEU)' 정책 패키지를 발표하였다(그림 9-7).

영국의 글로벌 에너지 싱크탱크 엠버(Ember)는 「Fit for the future, not Fit-for-55」 보고서에서 2030년까지 EU 권역 내 최종 에너지 소비 중 재생에너지 비중이 45%에 이를 것으로 전망했다.[17] 러시아의 우크라이나 침공에 EU의 대응은 유례없는 수준의 핵심 청정 기술을 투입하게 했으며, 에너지 녹색 전환을 가속화했다. 결과적으로 우크라이나 전쟁에 따른 에너지 위기가 EU의 친환경 에너지 도입을 가속화하는 계기가 된 것이다.

한 줄 요약

- 그린플레이션은 친환경을 의미하는 '그린(Green)'과 물가 상승을 의미하는 '인플레이션(inflation)'의 합성어이다.

- 그린플레이션의 지속 여부는 ① 국가별 (화석연료 대비) 재생에너지 확산 여부, ② 국가별 이해 충돌에 영향을 받을 수밖에 없다.

- 영국의 글로벌 에너지 싱크탱크 엠버(Ember)에 따르면 오는 2030년까지 EU 권역 내 최종 에너지 소비 중 재생에너지 비중이 45%에 이를 것으로 나타났다. 우크라이나전과 이에 대한 에너지 위기 대응이 EU 권역 내 친환경 에너지 확산을 가속화했다는 평가가 나온다.

토론 주제

- 그린플레이션의 장기화는 글로벌 경제에 어떤 영향을 미칠 수 있는가?

- 우크라이나 전쟁 외에 각국의 친환경 에너지 확산에 영향을 미칠 수 있는 경제·외교 현안은 무엇이 있는가?

---

17 https://ember-climate.org/insights/research/fit-for-the-future-not-fit-for-55/#supporting-material-downloads

32

경기 침체 시 경영인들이 ESG를 외면하는 이유는?

국제통화기금(IMF)은 「세계 경제 전망(World Economic OutLook)」 2023년 4월호에서 2023년 세계 경제 성장률을 2.8%로 전망하였다. 이는 전년도인 2022년의 3.4%에 비해 크게 떨어진 수치다.[18] 뿐만 아니라 IMF는 세계 경제 중기성장률(5년 뒤 성장률)을 3.0%로 전망했는데, 이는 세계 경제 전망 발간(1990년 4월) 이래 가장 낮은 수치다. 지난 2019년에 발생한 코로나19에 이어 우크라이나전, 인플레이션 등 각종 외부 변수로 인해 금융시장이 불안해짐에 따라 당장 수익 창출 압박을 받는 국내외 기업 경영진에게 새로운 고민거리가 하나 생겼다. 바로 ESG 경영에 따르는 비용 투입이다.

당장 기업이 먹고 살기 바쁜 마당에 가시적인 성과를 나타내기 어려운 ESG 경영에 얼마의 비용과 에너지를 써야 할지는 경영인들의 공통된 고민일 수밖에 없다. 글로벌 컨설팅기업인 KPMG의 글로벌 기업책임자 제인 로리(Jane Lawrie) 역시 "경

---

18 IMF, World Economic Outlook(A Rocky Recovery), 2023 APR.

영진이 경기 침체에 맞서 사업을 지키려는 과정에서 ESG 경영에 대한 노력은 재정의 압박을 받고 있다."라고 평가할 정도이다.[19] 그의 발언은 글로벌 경기가 호황, 혹은 불황 여부에 따라 ESG 경영의 중요성이 다르게 인식될 수 있다는 점을 시사한다.

국내외 기업인들에게 ESG 경영은 '비용'으로 인식된다. 글로벌 경기 악화로 돈줄이 마르는 기업 경영인 입장에서는 특히 그렇다. 한 기업이 ESG 경영을 도입하기 위해서는 △전담 조직 설치, △전문 인력 확보, △국내외 ESG 평가기관 대응, △제품 및 서비스에 대한 공급망 점검 등 다양한 노력을 벌여야 하며, 이 과정에서 드는 (비)금전적인 비용 발생은 필연적이라고 할 수 있다. 앞서 '22. ESG 기업은 주식 수익률도 좋을까?'에서 언급한 것처럼 기업의 ESG 경영은 장기적으로 기업 가치를 끌어올린다는 것이 주요 연구 결과이지만, 지금의 재무적 비용과 성과를 신경 써야 하는 몇몇 경영인들은 이러한 연구 결과가 탁상공론으로 비춰질 수 있다. 임기가 제한된 상당수 경영인은 어떻게든 임기 내 재무적 성과를 내야 하는데, 단기간에 가시적 성과를 내기 어려운 ESG 경영에 박차를 가한다는 것은 말처럼 쉽지 않다.

기업은 경기가 호황일 때 추가적인 재무비용을 확보하여 ESG 경영에 비용을 댈여력이 된다. 그러나 경기 침체에 따른 투자 위축, 코로나19와 같은 전염병과 우크라이나전 등 돌발 변수가 복합적으로 작용하면 경영인들은 당장 경영 위기에 눈을 돌릴 수밖에 없다.

경기 호황과 침체 국면에 따라 경영인들의 ESG를 바라보는 태도가 다른 것은 자연스러운 것이다. 이를 달리 표현하면 ESG 경영은 기업의 경영 사정과 환경에 따라 좌우될 수 있다. 〈그림 9-8〉은 국내 경제 정책 등의 '내부 변수'와 질병·공급망과 같은 '외부 변수'가 맞물려 물가 상승을 일으키는 시나리오를 나타낸 것이다.

---

19 한겨레, 돈줄 마르자 ESG 접는 기업… 지속가능한 투자는 지속가능할까, 2022년 11월 1일.

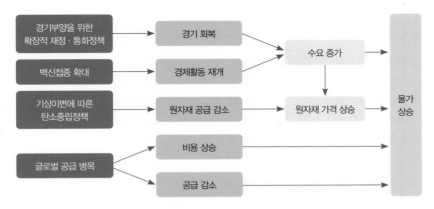

그림 9-8 코로나19 발생 이후 인플레이션 발생 경로

(출처: 삼정KPMG 경제연구원, 2022년 주요 경제 현안과 전망, December 2021, 12쪽)

〈그림 9-8〉은 정부의 재정·통화정책, 코로나19에 따른 백신접종, 친환경 정책 및 규제, 글로벌 정부의 친환경 정책, 그리고 글로벌 공급망 병목이 인플레이션을 어떻게 발생시키는지 나타낸 것이다. 이 인플레이션 발생 경로의 가장 왼쪽을 살펴보면 '기상이변에 따른 탄소중립정책'이 다른 변수들과 맞물려 최종적으로 물가 상승에 이른다는 사실을 알 수 있다.

최근의 연구 결과는 ESG에 대한 투자가 기업 경영인의 성향과 관련되어 있다는 사실을 제시하고 있다. Kim & Kim(2023)은 기업 최고경영자(CEO)가 임기가 짧고, 외부 커리어 기회가 많으며, 장기적인 보상 구조를 갖출수록 커리어에 대한 관심이 많아 ESG에 투자할 경향 역시 높다고 분석하였다.[20] 반면, 과도하게 보상을 받거나, 경영자의 기업이 기업기회면제법(Corporate Opportunity Waivers law)이 적용되는 주(州)에 있다면 이러한 경향은 덜한 것으로 나타났다. 이러한 연구는 외적인 동기(extrinsic motivation)에 의해 경영자의 ESG 투자 경향이 영향을 받을 수 있다는 점을 알려주는데, 이를 조금 더 확대해서 해석하면, 경기 호황 혹은 불황 등의 또 다른 외적 요소가 기업의 재무 상황을 압박해온다면 경영자는 ESG 투자에 있어 또 다른 결정을 내릴 가능성이 있다.

이처럼 지속가능경영을 위한 경영자의 판단은 자신의 임기, 보상, 그리고 다양한 외적 변수에 의해 영향을 받을 수 있다. 결국 기업의 ESG 경영은 이사회·감사위원회와 같은 내부 조직의 의사 결정, 혹은 기업의 조직 문화에 깊이 스며들지 않는 이상 외부 변수에 의해 도전받을 수 있다.

---

20 Kihun Kim, Tae-Nyun Kim, CEO career concerns and ESG investments, Finance Research Letters, Volume 55, Part A, 2023.

🌡 ESG 사례 분석

기업의 ESG 성과가 높으면 나라의 GDP 역시 증가할까?

해외 연구에서 기업의 ESG 성과는 경제 성장과 긍정적인 관계가 있다는 사실을 제시하였다. ① 국가의 선진국(Developed countries), 혹은 신흥 시장(emerging economies) 여부, ② 개별 E(환경)/S(사회)/G(지배구조) 혹은 전체 ESG 성과 여부의 차이가 존재할 뿐, 현재까지 공개된 해외 연구에서는 ESG 성과와 경제 성장 간 양(+)의 관계가 존재하는 것으로 파악된다.

Zhou et al.(2020)은 2002년부터 2017년까지 전 세계 기업의 ESG 성과와 해당 국가의 1인당 GDP로 측정한 삶의 질(living standards)을 분석한 결과, 개별 기업 수준의 사회(S) 성과는 1인당 GDP와 긍정적인 관련성을 가지고 있었으며, 이러한 경향은 선진국과 신흥 시장에서 공통으로 발견되었다.[21] 다만, 환경(E)과 지배구조(G)의 성과는 신흥 시장의 1인당 GDP에만 긍정적인 영향을 미치는 것으로 나타났다. 이러한 긍정적인 결과는 기업의 ESG 경영 도입이 재무성과를 내며, 이것이 국가의 1인당 GDP 상승의 촉진제로 작용했다는 논리이다.

또 다른 해외 연구에서는 이러한 관계가 장기적으로만 존재한다는 분석 결과를 제시하였다. Diaye et al.(2021)은 1996~2014년 사이 국가별 ESG 성과와 1인당 GDP의 관계를 분석한 결과, 두 변수의 관계는 단기적으로는 존재하지 않았지만, 장기적으로는 존재하는 것으로 나타났다.[22] 이들 연구에서 한 가지 흥미로운 것은 아이슬란드와 한국은 단기적으로도 ESG 성과와 1인당 GDP 간 긍정적인 관계가 존재한다는 것이다. 두 국가의 단기적 ESG 성과가 경제적 이익(economic benefit)을 얻는 데 따른 결과라고 분석하였다.

한편, 기업의 ESG 성과와 국내총생산(GDP)의 관계를 다룬 국내외 연구는 많지는 않다. 이는 국가 · 산업 · 기업별로 ESG 경영과 관련 규제의 확산 정도가 다르며, 연구자들이 활용할 수 있는 데이터가 제한적이기 때문이다.

[21] Zhou, Xiaoyan and Caldecott, Ben and Harnett, Elizabeth and Schumacher, Kim, The Effect of Firm-Level ESG Practices on Macroeconomic Performance (June 3, 2020). University of Oxford | Working Paper No. 20-03.

[22] Diaye, MA., Ho, SH. & Oueghlissi, R. ESG performance and economic growth: a panel co-integration analysis, Empirica 49, 2022, pp.99-122.

한 줄 요약

- 경기 호황, 혹은 불황 여부에 따라 경영자들에게 ESG 경영의 중요성은 다르게 인식될 수 있다.

- 연구 결과에 따르면, 최고경영자(CEO)가 임기가 짧고, 외부 커리어 기회가 많으며, 장기적인 보상 구조를 갖출수록 ESG에 투자할 경향 역시 높은 것으로 나타났다(Kim & Kim, 2023).

- 해외 연구는 기업의 ESG 성과가 경제 성장과 긍정적인 관계가 있다는 사실을 제시하고 있는데, 한국과 아이슬란드는 ESG 경영에 따른 경제 이익에 따라 단기적으로 1인당 GDP를 증가시키는 것으로 나타났다(Diaye et al., 2021).

토론 주제

- ESG 경영 및 투자에 영향을 줄 수 있는 기업 경영인의 내적 · 외적 요인은 무엇이 있는가?

- 연구 결과(Diaye et al., 2021)에 따르면 우리나라는 단기적으로 ESG 성과와 1인당 GDP 간 긍정적인 관계가 존재하는 몇 안 되는 국가이다. 당신은 두 변수의 관계가 우리나라에서 단기간에 긍정적으로 나타나는 이유는 무엇이라고 생각하는가?

CHAPTER 10
ESG와
기술 윤리

33

기술 혁신과 ESG는 공존할 수 있을까?

전통적으로 경영인은 ESG를 비용으로 여겨왔다. 정부와 투자기관, 투자자의 눈 높이에 맞춰 친환경 조직과 인력을 갖추거나(환경), 1·2차 협력사를 비롯한 공급 망을 관리하며(사회), 이사회 내 ESG 위원회를 조직하는 등(지배구조) 일련의 과 정은 금전적, 혹은 비금전적 형태로 비용이 발생한다. 그런데 국내외 기업의 ESG 경영과 더불어 첨단 기술 산업 역시 발전을 거듭하고 있다. 인공지능·자율주행 차·스마트폰 등이 대표적이다. 그렇다면 "첨단 기술 발전은 국내외 기업의 ESG 경영 추진에 따른 비용 감축, 혹은 경영 효율화로 이어질 수 있을까?"라는 질문을 할 수 있다. 이에 대한 정답은 '그렇다.'이다. 대표적인 방식은 ① 에너지 효율화에 따 른 친환경 경영, ② ESG와 연관된 첨단 기술을 통한 비용 감축이라고 할 수 있다.

글로벌 산업계를 살펴보면 주로 IT 기업을 중심으로, ESG 경영에 자사의 첨단 기 술을 적용하는 방식으로 본 사업의 매출 및 비용 구조에 영향을 미치는 경우가 있 다. 2022년 미국 IT 기업인 구글(Google)은 오는 2030년까지 IT 서비스 제공에 필요한 데이터센터를 100% 무탄소 에너지로 운영한다는 계획을 밝혔다. 데이터센터는 각종 IT 장비(서버·스토리지·케이블링 등)와 전산실을 한 공간에 모은 물리적 장소를 말하며, 구글뿐 아니라 국내 유명 IT 기업인 네이버와 카카오 역시 각자의 데이터센터를 운영하고 있다.

국내외 IT 기업의 탄소 배출은 데이터센터에서 대부분 발생한다. 이는 데이터센터에서 쓰이는 전력량이 많기 때문이다. 하지만 구글은 데이터센터를 운영하면서도, 다른 한편으로는 저탄소 이행을 위한 목적으로 재생에너지를 구매해왔다. 데이터센터를 운영함에 따라 탄소 배출량은 증가하는 추세였지만, 탄소중립을 이행할 수 있는 이유는 바로 재생에너지를 구매함으로써 증가하는 추세였던 탄소 배출량을 상당 부분 상쇄할 수 있었기 때문이다.[1]

더 나아가, 구글은 '탄소 없는 전기'로 대체할 뜻을 천명했다. 오는 2030년까지 탄소 없는 재생에너지를 사용해 탄소 배출이 가장 높은 데이터센터를 연중 운영하기로 한 것이다. 구글은 전력효율지수(PUE)를 관리해 데이터센터의 탄소중립(넷 제로)을 달성한다는 것이다. PUE는 IT 기업들이 운영하는 데이터센터의 효율(성)을 나타내는 척도이며, 총 전력량을 IT 장비가 소비하는 전력량으로 나눈 값이다. PUE가 1에 가까울수록 IT 기업의 데이터센터에서 유발하는 모든 전력이 IT 장비에 그대로 전달된다는 뜻이다. 만약 PUE가 2~3이라면 IT 장비에 공급되는 전력량에 비해 데이터센터의 전력량이 2~3배가 된다는 의미다. 즉, 데이터센터의 핵심인 IT 장비 외에도 냉각, 공기 조화 등에 전력이 사용되고 있다는 뜻이다. 쉽게 말해, PUE가 1에 가까우면 IT 기업의 데이터센터 운영에 에너지가 효율적으로 활용된다는 의미이다. 〈그림 10-1〉을 보면, 지난 2008년 1.22에 달했던 구글의 전 세계 데이터센터 PUE 평균치가 2023년 1분기에는 1.08로 줄어든 상태이다. 그만큼 구글의 전 세계 데이터센터들의 전력이 IT 장비에 온전히 전달되고 있으며, 데이터센터 역시 효율적으로 운영되고 있다는 의미로 해석할 수 있다.

---

1 구글 사례 작성과 관련하여 아래 기사들을 참고하였음을 밝힘.
　• IMPACT ON, 구글은 어떻게 데이터센터를 100% 무탄소화 시키는가?, 2022년 4월 16일.
　• IT Daily, [글로벌] 구글, "2030년까지 데이터센터 100% 탄소제로 에너지 사용", 2022년 4월 14일.

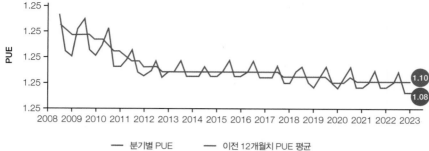

그림 10-1 **구글의 전 세계 데이터센터 PUE 개선도** (출처: https://www.google.com/about/datacenters/efficiency/)

'기술 조직'에 ESG 경영을 전담시킨 미국 기업도 있다. 바로 미국의 유명 IT 기업인 VM웨어(VMware)이다. 1998년에 설립된 이 회사는 클라우드 컴퓨팅과 가상화 소프트웨어를 판매하며, 노트북 브랜드 델(Dell)로 유명한 델의 창업자인 마이클 델이 최대 주주로 있는 회사이다. 일반적으로 기업들은 전략기획 혹은 인사 조직 산하에 ESG 관련 조직과 인력을 두곤 한다. 그런데 이 회사는 ESG 조직을 CTO(최고기술경영자) 오피스(Office of the CTO)의 산하 조직으로 두고 있다. 이와 관련하여 VM웨어는 자사 홈페이지를 통해 "VM웨어는 결과 중심 ESG라는 혁신적인 접근 방식을 취한다. 우리는 이 기능을 조직의 '혁신 엔진' 핵심에 배치함으로써 ESG 프로그램이 최대의 효과를 내고, 전사적인 성장과 영향력 확장에 필요한 연료를 제공하고자 했다."라며 "그것은 옳은 결정이었다."라고 밝히고 있다.[2] 다시 말해 이 기업의 핵심 기능인 기술의 일부분으로 ESG 경영을 도입하고 있다는 것이다.

VM웨어는 인공지능 기술을 활용하여 자사의 데이터센터 배출량 감축 방법을 연구하는 한편, '아리아 오퍼레이션즈 클라우드(Aria Operations Cloud)'라는 플랫폼상에 VM웨어의 '그린 스코어(Green Score)'를 추가함으로써 고객이 현재 탈탄소 과정에서 어느 단계에 있으며, 추후 어떻게 진행되는지 추적할 수 있도록 하였다. 여기서 그린 스코어에는 워크로드 효율성, 물리적 리소스 활용률, 가상화 비율, 전원과 하드웨어 효율성이 포함된다.

구글과 VM웨어의 사례 외에도, 친환경을 비롯한 ESG 관련 기술을 ESG 경영에 접목함으로써 사업 효율화를 꾀하는 사례는 다양하다. 특히, IT 기업과 농수산 기업을 중심으로 탄소 포집·저장과 같은 탄소 저감 기술, 재생에너지 보급 기술, 스마트 그리드, 친환경 농식품 생산·공급 기술 등이 확산되고 있다. 이러한 노력

---

2 https://news.vmware.com/kr/esg/where-sustainability-meets-innovation

은 자사의 주요 제품 및 서비스를 원천적으로 탈탄소화시킴으로써 기업의 지속가능성은 물론 지역사회와의 공존에 크게 이바지한다고 평가할 수 있다.

ESG 경영에 관한 기술 적용은 데이터센터, 혹은 조직 구성에만 있는 것이 아니다. 최근 세계경제포럼(World Economic Forum)은 첨단 기술을 ESG 경영에 접목시킬 수 있는 사례를 △공급망 소싱, △순환 경제, △넷제로 에너지 배출, △운영 및 유지보수, △직원 권한 강화 등 총 다섯 가지 분야에 걸쳐 제시하고 있다.

표 10-1 세계경제포럼(WEF)이 밝힌 고도화된 제조 기술이 활용된 ESG 사례 [3]

분야	설명	사례
공급망 소싱	• 공급망의 회복력 강화 • ESG 지표 보고 및 추적 개선	디지털 트윈, 물류 최적화, 물리적 기후위험, 공급망 운영 등
순환 경제	재제조, 수리, 재활용에 적합한 상품 및 서비스 디자인	상품 탄소 발자국, (제품) 생애 분석, 새로운 생산 과정 설계 등
넷제로 에너지 배출	에너지 배출량 감축 및 넷제로 실현 추진에 따른 비용 감축	탄소 회계 보고, 마이크로그리드 에너지 저장, 전력구매계약 등
운영 및 유지보수	장비 및 체계의 효율성, 품질, 생산성 강화	실시간 자산 성과 모니터링 및 시각화, 품질 파악, 생산 과정 최적화 등
직원 권한 강화	첨단 기술 기반 도구 및 솔루션 활용을 통한 작업 참여도 및 포용성 강화	운영자 훈련, 작업 과정 분석, 가상 훈련, 업무 지도 지원 등

〈표 10-1〉의 사례에서 알 수 있듯이 미래 첨단 기술은 다양한 측면에서 ESG 경영과 맞물리고 있으며, 에너지 효율, 비용 절감 등 긍정적인 결과를 가져오고 있다. 국내외 정부와 투자기관의 ESG 관련 규제와 요구가 커질수록 이러한 움직임은 더욱 다양한 산업으로 확산될 것이다. 이뿐만 아니라, 글로벌 시장 흐름은 기술 변화가 이끄는 만큼 개별 기업 입장에서는 어떤 기술을 자사의 ESG 경영에 적용할지 고민해야 할 것이다.

---

3 https://www.weforum.org/agenda/2022/01/8-innovations-advanced-manufacturing-support-esg-reporting/

🌡️ ESG 사례 분석

인공지능 기술로 기업의 ESG 성과를 예측할 수 있을까?

인공지능을 비롯한 첨단 기술은 기업의 ESG 성과를 예측하는 데 활용된다. 최근에는 국내 주요 ESG 평가기관인 한국ESG기준원 등의 평가 데이터를 인공지능 기술을 활용하여 ESG 성과를 예측하려는 시도가 증가하고 있다. 기업의 재무 정보를 활용하여 이들 기업의 ESG 평가 정보를 예측하거나, 거꾸로 기업의 ESG 데이터를 활용하여 기업의 부실 여부를 분석한 사례가 대표적이다.

김민승 등(2023)은 기업의 재무 정보를 기반으로 머신러닝이 활용된 기업의 ESG 평가 결과를 예측하였다.[4] 이들은 심층신경망[5] 기법을 활용하여 2019~2021년 사이에 1,780건의 ESG 평가 데이터에 대해 총 12종(2만 1,360건)의 공개된 재무 정보를 기반으로 예측 모형을 개발하였으며, 심층신경망 모형을 활용하여 86%의 분류 성능을 입증하였다. 또한 이정환 & 조진형(2023)은 기업의 탄소 배출량과 ESG 성과, 애널리스트 커버리지 등 다양한 비재무 정보를 활용하였는데, 이들의 분석 결과 머신러닝[6]을 도입함으로써 기업 신용등급 예측의 우수성을 입증하였다.[7] 특히 이들의 연구는 ESG 성과 중 지배구조(G) 성과가 기업의 부도 가능성을 줄여주는 효과가 있다는 점을 증명하였다.

기존 재무 정보와 ESG 데이터를 활용한 연구 사례는 매년 ESG 평가에 예민한 기업들에 인공지능 기술 활용의 중요성을 알려주고 있다.

---

[4] 김민승, 문승환 and 최성원, 심층신경망을 활용한 데이터 기반 ESG 성과 예측에 관한 연구: 기업 재무 정보를 중심으로, 지능정보연구, 29(2), 2023, pp.85-100.

[5] 심층신경망(deep neural network)은 입력층(input layer)과 출력층(output layer) 사이 여러 은닉층(hidden layer)으로 구성된 딥러닝 기반 인공신경망(Artificial Neural Network, ANN) 모델이다. 심층신경망은 데이터 간의 복잡한 비선형 관계(non-linear relationship)를 모델링한다는 장점이 있다.

[6] 머신러닝(machine learning)은 데이터 예측 혹은 분류 수행에 사용되며, 일부 입력 데이터를 기반으로 데이터 패턴에 대한 추정치를 생성한다. 주로 감독형(supervised)과 비감독형(unsupervised) 등으로 구분한다.

[7] 이정환, 조진형, 머신러닝과 비재무적 정보를 이용한 부실 확률 예측 모형: 탄소 배출정보, ESG 성과, 애널리스트 정보를 중심으로, 한국금융연구원 위탁용역보고서, 2023년 1월.

한 줄 요약

- 첨단 기술의 발전은 ① 에너지 효율화에 따른 친환경 경영, ② ESG와 연관된 첨단 기술을 통한 재무 비용 감축 등을 통해 ESG 경영에 기여할 수 있다.

- VM웨어 등 일부 IT 기업은 ESG 조직을 CTO 산하에 두는 등 기술 관점에서 ESG 경영을 고려하고 있다.

- 몇몇 국내 연구는 심층신경망, 머신러닝 등 다양한 인공지능 분석 기법을 활용하여 기업의 ESG 성과를 분석하고 있다(김민승 등, 2023; 이정환 & 조진형, 2023).

토론 주제

- 당신이 관심을 가진 기업은 자사의 ESG 경영에 첨단 기술을 적용하여 경영 효율을 이룰 수 있는가? 어떤 첨단 기술을 적용할 수 있을까?

- 국내외 연구진이 기업들의 ESG 성과를 상당 부분 정확하게 예측하는 연구 결과를 가져왔다고 가정해보자. 당신이 경영진이라면 이러한 연구 결과를 받아들이고 활용하겠는가? 그 이점과 한계는 무엇이라고 생각하는가?

34

무늬만 ESG가 아니려면?
그린워싱을 경계하라

약 40년 전인 1983년, 당시 대학생이었던 제이 웨스터벨트(Jay Westerveld)는 서핑을 즐기기 위해 방문한 피지섬의 한 호텔에서 메모를 발견했다. 이 메모에는 "수건을 여러 번 재사용하는 것이 지구의 환경 보호에 도움이 된다."라는 내용이 적혀 있었으며 녹색(Green) 재활용 마크 역시 새겨져 있었다. 호텔의 이러한 조치는 친환경 노력처럼 비춰졌지만 실상은 그 반대였다. 호텔 곳곳에서 엄청난 양의 쓰레기가 발견되었으며, 이 호텔의 수건 재사용 독려 조치 역시 세탁 비용을 줄이기 위한 경영 꼼수에 불과했다. 그저 이 호텔은 비용 절감을 통해 사업을 확장하려고 했던 것이었다. 이후 환경운동가가 된 제이 웨스터벨트는 이 호텔의 행위를 예로 들며, 환경 보호에 힘쓰지 않으면서 마치 신경을 쓰는 것처럼 위장하는 기업들의 경영 활동을 비판했다. 이는 '녹색(친환경)처럼 기업 이미지를 세탁한다.'라는 의미로 '그린워싱'으로 불리게 되었는데, 이 단어는 녹색(Green)과 세탁(Washing)의 합성어이다.

국내외 정부와 투자기관의 ESG 경영 도입 요구에 발맞춰, 기업들은 ESG 경영을 도입하고 있으며, 이에 대한 홍보 및 마케팅도 주저하지 않고 있다. 실제로 ESG 경영에 대한 홍보는 기업 이미지에 큰 도움이 되고 있다. 2021년 4월 전국경제인연합회(전경련)는 국내 매출 상위 500대 기업 최고경영자(CEO)를 대상으로 ESG가 필요한 이유를 조사하였다. 그 결과, '기업 이미지 제고를 위해서'라는 응답이 43.2%로 가장 많았으며, '국내외 수익에 직결되기 때문(20.8%)', 'ESG 규제 부담 때문(18.0%)', '투자자 관리(개인·기관)를 위해(15.3%)' 등이 뒤따랐다.[8]

그린워싱은 기업의 과도한 이미지 메이킹에서 발생한다. 그러다 보니 ESG 경영을 도입하려는 기업이나, 투자자로부터 투자 자금을 끌어모으는 투자사 역시 그린워싱의 유혹에 쉽게 빠지게 된다. 환경마케팅 기업인 테라 초이스(Terra Choice)는 2007년 「일곱 가지 그린워싱 죄악」이라는 제목의 보고서를 통해 그린워싱 유형을 △상충 효과 감추기, △증거 불충분, △모호한 주장, △부적절한 인증마크, △관련성 없는 주장, △유해 상품 정당화, △거짓말 등 총 일곱 가지로 분류했다(표 10-2). 기업들의 그린워싱 의혹을 제기하는 소비자와 환경단체는 이러한 유형을 참고하고 있다.

표 10-2 테라 초이스가 제시한 그린워싱 유형

유형	내용
상충 효과 감추기	상품과 서비스의 일부 친환경적인 속성에 집중해 전반적인 환경 영향에 대해서는 숨기는 행위
증거 불충분	충분한 증거를 제시할 수 없는 친환경 경영 주장
모호한 주장	구체적이지 않고 의미 파악이 어려운 용어로 친환경 경영 주장
부적절한 인증마크	친환경 인증마크를 도용하는 행위
관련성 없는 주장	친환경과 관련성이 떨어지는 내용을 주장하며 사실관계를 왜곡
유해 상품 정당화	친환경적 요소를 환경에 해로운 상품에 적용하여 모순적이고 본질을 속이는 상품 및 서비스 제시
거짓말	사실이 아닌 내용을 기반으로 친환경 경영 주장

---

8 이 설문 조사를 언급한 온라인 미디어 임팩트온(Impact On)의 칼럼 작성자 하인사(hindsight)는 설문 조사에 '지속가능성을 위해서' 등의 항목이 없었다며, 설문 조사의 설계 자체가 잘못됐다고 지적했다. ESG 경영이 기업의 지속가능성이 아니라 단편적인 '이미지 경영'처럼 비춰질 수 있다는 것이다. 출처: 임팩트온, [하인사의 이슈리뷰] ESG와 홍보, 2021년 6월 21일.

전 세계적으로 많은 기업이 그린워싱 행위로 지탄받고 있지만, '외부 기관'인 환경단체가 이러한 행위를 단정하긴 어려우며, 이를 증명하기도 쉽지 않다. 기업 역시 상품 광고부터 자사의 탄소 배출에 이르기까지 다양한 그린워싱 행위를 의심받기도 하는데, 그 대표적인 사례가 바로 코카콜라(Coke Cola)이다. 이 기업은 '쓰레기 없는 세상(World Without Waste)', '모든 병을 가져와라(Every Bottle Back)' 등의 캠페인을 벌이며 자사의 폐기물 감소와 재활용을 대대적으로 광고했고, 플라스틱병과 뚜껑은 100% 재활용할 수 있게 만들어졌다고 밝힌 바 있다. 그런데 2021년 코카콜라는 환경단체 지구섬연구소(Earth Island Institute)로부터 고소를 당했다. 지구섬연구소의 주장은 "코카콜라가 환경 영향을 고려한다고 설명하지만, 이들의 노력은 실제 결과와 매우 다르다."라는 것이며, 실제로 코카콜라는 세계에서 가장 많은 플라스틱 오염을 발생시킨다는 것이다. 이들 환경단체가 승소한다면 코카콜라는 자사 상품을 광고할 때 친환경적이라는 점을 언급할 수 없게 된다.

소송 제기 2년만인 2023년 3월, 미국 연방대법원은 코카콜라의 승소를 확정 지었다. 주요 사유는 코카콜라의 광고 문구가 증명 가능한 선에서(provably) 거짓이거나 상품의 성질과 관련하여 소비자를 기만하였다는 점을 지구섬연구소가 증명하지 못했다는 것이었다.[9] 그럼에도 불구하고 코카콜라를 둘러싼 그린워싱 소송은 전 세계적으로 지속되고 있는 분위기이다. 같은 해 7월에는 스위스 소비자단체 연합기구인 스위스소비자보호재단(SKS)이 코카콜라를 비롯한 여섯 개 기업을 제소했다. 이들 회사의 온실가스 배출량이 데이터 불완전으로 확인이 어렵고, 온실가스 배출량 저감을 위한 프로젝트 역시 실제 온실가스 농도에 영향을 미치지 못하는 수준이라는 이유였다.[10] 코카콜라 입장에서는 앞서 2021년 플라스틱 이용에 대한 광고 행위로 소송을 당하고, 2년 후에는 또 다른 친환경 잣대인 온실가스 배출량과 관련된 지적이 제기된 것이다. 이처럼 그린워싱은 이를 제기하는 환경단체 입장에서도, 이를 의심받는 기업 입장에서도 큰 비용과 시간이 초래되는 문제이다. 그럼에도 불구하고 세계 곳곳에서 기업의 그린워싱에 반대하는 환경단체와 운동가들의 움직임은 늘어나는 분위기다.

---

9   https://www.verdantlaw.com/coca-cola-wins-greenwashing-case/
10 중앙일보, 코카콜라 등 6개 사, 스위스서 피소…"광고만 친환경, 그린워싱", 2023년 7월 11일.

그림 10-2 영국 총리 관저인 영국 다우닝가 10번지 외곽에서 그린워싱 항의 시위를 벌이는 환경운동가들
(출처: https://insideclimatenews.org/news/26012022/public-relations-fossil-fuels-greenwashing/)

전 세계적인 ESG 공시 기준의 비일관성이 기업들의 그린워싱을 부추기는 측면도 있다. 기업의 ESG 경영에 대한 정보 공시와 투명성 요구는 갈수록 높아지고 있지만, 이에 대한 공시 기준이 제정 기관마다 다르며 기업의 정보 생산 부담만 늘어난다는 것이다. 결국 이러한 과정에서 정보 간 비교가 어려운 ESG 공시가 기업별로 남발되고 있으며, 일부 기업들은 각기 다른 제정기구의 입맛에 맞춰 ESG 정보를 양산하다 보니 '의도치 않는' 그린워싱을 발생시킬 수 있다. 이와 관련해 국제지속가능성기준위원회(ISSB)는 2022년 3월 지속가능성 및 기후 관련 재무 정보 공시 기준 마련을 위한 의견 수렴용 공개 초안을 발표하는 등 글로벌 표준 제공에 따라 전 세계 기업들의 그린워싱을 줄여나간다는 계획이다.

개별 국가 차원에서도 기업들의 그린워싱에 대한 규제를 강화하고 있다. 네덜란드 소비자시장국(ACM)은 기업이 소비자에게 제품의 지속가능성에 대해 잘못 인식하게 한다면 90만 유로(약 12억 원) 이하 혹은 연 매출의 1% 수준의 과징금과 이행 강제금을 부과하도록 했다. 또, 프랑스는 2021년 세계 최초로 그린워싱 벌금을 법제화하여 기업의 제품·광고 등이 그린워싱 행위로 판명되면 허위 홍보비용의 80%까지 벌금으로 부과하도록 했다. 영국은 2022년부터 그린워싱으로 소비자보호법을 위반하면 최대 2년 이하의 징역에 처하도록 처벌 수준을 강화했다. 한국의 경우 현행 '환경기술 및 환경산업 지원법'에 따라 제품의 환경성을 위장하거나 소비자가 잘못 알도록 하는 거짓·과장·기만 광고를 금지하고 있다. 환경부가 이 법에 근거해 표시·광고 부당성을 조사한 후, 그 위법성이 드러난다면 시정명령,

과징금, 2년 이하의 징역 또는 2,000만 원 이하의 벌금을 부과할 수 있다.[11]

ESG 사례 분석

금융업계도 그린워싱 경계…. 의도적이든 비의도적이든 '직관적' 요소가 중요

국내외 기업과 마찬가지로, 금융업계 역시 환경(E)을 위주로, 사회(S)·지배구조(G)를 아우르는 방식으로 그린워싱을 정의하며 투자 기준으로 받아들이고 있다. 2022년 12월, 유럽은행당국(European Banking Authority, ECA)은 「지속가능한 금융 로드맵」을 발표했는데, 이는 앞서 유럽연합(EU) 집행위원회의 지속가능한 금융 관련 방법론 마련 요구에 따른 것이다. 이 로드맵에는 ① 투명성과 공시, ② 위험 관리와 감독, ③ 익스포저에 대한 신중한 관리, ④ 스트레스 테스트, ⑤ 표준과 라벨, ⑥ 그린워싱, ⑦ 감독 보고, ⑧ ESG 위험 및 지속가능한 금융 모니터링 등 여덟 가지 목표가 제시되었다.

그림 10-3 유럽은행당국이 발표한 지속가능한 금융 로드맵의 8가지 목표
(출처: EBA, "THE EBA ROADMAP ON SUSTAINABLE FINANCE", DECEMBER 2022)

유럽증권시장감독청(ESMA) 역시 같은 해 2월 「지속가능한 금융 로드맵 2022-2024」 보고서에서 그린워싱을 언급하며 '직관적(intuitive)'이라는 표현을 썼다. ESMA는 보고서에서 금융상품의 성격과 목표가 잠재된 지속가능성 리스크와 영향을 제대로 반영하지 못한 점을

---

11 각 사례는 다음 기사를 참고하였음.
   • 조선일보 더나은미래, 세계는 '그린워싱' 규제 강화… 韓은 적발돼도 솜방망이 처분, 2023년 3월 2일.

언급하면서, 이러한 시장 행위가 의도적이거나 비의도적일 수 있다고 정의했다. '직관적'이라는 표현은 금융시장별로 또는 금융상품별로 다양한 형태로 해석될 소지가 있다.[12] 이를 거꾸로 표현하면 국내외 투자자산운용사들 역시 ESG 펀드 등 관련 금융상품을 운용하는 데 있어 시비 소지가 발생할 수 있다는 의미이다.

한편, 국내 관련 제도와 관련하여 자본시장연구원의 선임연구위원 이인형은 "금융투자협회의 「금융투자회사의 영업 및 업무에 관한 규정」 제4편 제4-2조(집합투자기구 명칭의 사용)에 투자자를 오인케 할 우려가 있는 명칭은 사용하지 않도록 연성규범(soft law)으로 마련되어 있어, ESG 펀드를 표방한다."라면서도 "내용상 그러하지 않을 때 이에 대한 행정 제재 방안이 없다."라고 우려를 표한 바 있다.[13] 국내외 ESG 금융상품의 규모가 커지고 있는 만큼, 관련 제도와 규제 정비가 시급한 상황이다.

 한 줄 요약

- 그린워싱은 △상충 효과 감추기, △증거 불충분, △모호한 주장, △잘못된 인증마크에 대한 맹신, △관련성 없는 주장, △유해 상품 정당화, △거짓말 등 총 일곱 가지로 분류된다(테라 초이스).
- 전 세계적으로 많은 기업이 그린워싱 행위로 의심을 받지만, 외부 기관인 환경단체가 이러한 행위를 객관적으로 조사하여 증명하기는 쉽지 않다.
- ESG 공시를 제정하는 기관 간 정보 통일성이 부족하다 보니, 이러한 비일관적인 공시 기준들을 따르는 일부 기업은 의도치 않게 그린워싱을 일으킬 수 있다.

 토론 주제

- 우리나라에서 그린워싱으로 의심받은 기업의 사례를 찾아보자. 이 사례를 선정한 기준과 근거는 무엇인가?
- 국내외 기업들의 그린워싱 문제 방지 차원에서 ESG 요소 중 지배구조(G) 강화는 어떻게 도움이 될 수 있는가?

---

12 ESMA 보고서의 '직관적(Intuitive)' 표현에 대한 견해는 KB저축은행 정신동 상근감사위원에 의해 앞서 제시된 바 있다. 출처: DBR, '그린워싱' 걸러내는 그물 촘촘해졌다. 2022년 5월 Issue 1.

13 자본시장연구원, 펀드의 지속가능성 공시 필요성, 자본시장 포커스, 2022-21호.

35

방위산업의 ESG:
우크라이나 전쟁은
투자자 생각을 어떻게 바꿨나?

전쟁에서 쓰이는 총기·미사일·전투기·탱크 등은 일반적으로 지속가능성과는 정면으로 배치되는 개념으로 느껴진다. 이는 방위산업이 무기와 미사일 등 무기를 제조하는 과정에서 다량의 탄소를 배출하기 때문만은 아니다. 인류에 해악을 끼치는 전쟁과 살상에 가장 관련성이 높은 산업군이기 때문이다. 실제로 유럽연합(EU) 투자업계에서는 방위산업을 ESG 경영의 하나로 보기 어렵다는 조사가 제시된 바 있다. 지난 2018년 유럽 SRI 연구(European SRI Study)에 따르면, EU 투자자 가운데 63.6%는 '논란이 많은 무기 산업'을 투자 대상에서 배제했으며, 투자자 45.7%는 무기 투자가 윤리 및 지속가능 목표에 적합하지 않다는 이유로 '모든 무기'를 투자 대상에서 제외했다.[14] 비슷한 이유로 몇몇 글로벌 연기금은 글로벌 방위산업이 ESG의 가치에 어긋난다는 측면에서 이를 투자 대상에서 배제하는 '네거티브 스크리닝(negative screening)'을 실시했다.

---

14 ESG경제, "ESG 규칙이 미쳐 돌아가고 있다"...머스크, 방산분야 ESG 투자 비판, 2022년 3월 12일.

하지만 방위산업이 '언제나' 인류와 산업의 지속가능성에 배치되는 것은 아니다. 방위산업이 ESG 경영을 일정 부분 실현하고 있다고 볼 측면도 분명히 있다. 방위산업은 사람의 안전과 국가의 보안에 직결되는 산업이기 때문이다. 이를테면 A 국가가 B 국가를 침공한다고 가정했을 때, 피해국인 B 국가가 영토와 국민을 보호하기 위해 무기를 활용하는 것은 국가로서 해야 할 당연한 의무라고 할 수 있다. 이러한 측면에서 방위산업은 '용도'와 '목적'에 따라 ESG 요소 중 사회(S) 요소와 깊은 관련이 있다고 할 수 있다.

방위산업은 2022년 발발한 우크라이나전을 계기로 ESG 산업계에서 큰 주목을 받았다. 전쟁 발발 이후 우크라이나의 볼로디미르 젤렌스키(Volodymyr Zelensky) 대통령은 우방 국가를 대상으로 무기 지원을 요청했으며, 이에 따라 방위산업들의 무기 생산은 '국가 수호'에 유용하게 쓰이게 되었다. 실제로 1·2차에 걸친 세계 대전 이후 군비 축소 기조를 유지했던 독일은 우크라이나전 발발 당시 27억 5,000만 유로(약 4조 원)의 무기를 지원하였고, 다음 해에도 비슷한 규모인 27억 유로(약 4조 원)의 무기 패키지를 추가로 지원했다.[15]

그림 10-4 **볼로디미르 젤렌스키 우크라이나 대통령. 한국을 비롯한 우방 국가에 군수 지원을 요청했다.**

우크라이나 전쟁을 계기로 금융 산업에서도 방위산업을 ESG 투자로 분류하기 시작했다. 스웨덴의 최대 은행인 SEB는 방위산업에 대한 투자 금지 정책을 개정하였으며, 이 회사가 운용하는 100여 개 펀드 가운데 6개 펀드는 방위산업 섹터에서 5% 이상의 자사 매출을 내는 기업들에 투자할 수 있게 하였다. 이 회사는 FOX 비즈니스에 "방위산업에 대한 투자는 민주주의, 자유, 안정, 인권을 수호하는 데 매우 중요하다."라면서 "다만 많은 고객들은 여전히 방위산업 투자를 원치 않는다. 그래서 많은 펀드가 (방위산업) 투자에서 배제될 것"이라고 밝혔다.[16] SEB 측의 발언은 과거 '살상 무기 생산'이라는 이유로 반(反)ESG 산업으로 분류됐던 방위산업에 대한 인식 변화가 있었던 것으로 볼 수 있지만, 한편으로는 방위산업에 대한 기존 고객들의 반감 역시 무시할 수 없다는 취지로 해석할 수 있다.

15 한국일보, '독일만 4조원'…유럽 돌며 무기 받는 젤렌스키 vs 몰리는 러시아군, 2023년 5월 14일.
16 Fox Business, Elon Musk, Marc Andreessen mock ESG investing, 2022년 3월 8일.

우크라이나 전쟁뿐 아니라, 유럽연합(EU)의 소셜 택소노미(social taxonomy)[17] 최종안 발표를 계기로 글로벌 산업계에서 또다시 논란이 불거졌다. EU 소셜 택소노미가 방위산업을 금융시장에서 담배·도박업 등과 더불어 죄악주(sin stock)로 분류한 것이다. 이는 투자기관들이 무기 제조와 유통의 영향을 투자 단계에서 고려해야 한다는 것으로, 이미 방위산업에 투자했던 투자기관 입장에서는 이 산업이 소셜 택소노미에 반하는 만큼 관련 투자를 줄여야 하는 압박에 놓인 것이다.

공교롭게도 우크라이나전과 비슷한 시기에 발표된 EU의 발표는 방위산업계의 반발로 이어졌다. 유럽 우주항공 및 방위산업 협회(ASD)는 EU가 발표한 소셜 택소노미의 최종안에 대해 반대했는데, 이 최종안이 대량의 살상 무기 용도가 아닌 '방어' 목적의 산업 범위까지 투자를 제한하는 것은 안보에 위협이 된다는 이유에서다.

산업계 CEO들 사이에서도 뜨거운 논박이 이어졌다. 독일 방산업체인 BDSV의 CEO 한스 크리스토프 아츠포딘(Hans Christoph Atzpodien)은 "방위산업을 ESG 택소노미가 규정하는 '사회적 지속가능성(social sustainability)'에 긍정적으로 기여하는 산업으로 인정해달라."고 했으며, 우크라이나전을 예로 들며 "우크라이나 침공은 강력한 국방력이 얼마나 중요한지 보여준다."라고 강조하였다. 반면, 이를 두고 독일 교회 투자 그룹인 AKI의 CEO 안체 슈니바이스(Antje Schneeweiß)는 "소셜 택소노미에 따르면, 군비는 '사회(social)'로 분류될 수 없다."라며 방산업계의 요청에 반대 의사를 밝혔다.[18]

방위산업의 ESG 산업 분류 여부에 대한 논란은 우크라이나전을 계기로 새로운 국면을 맞게 되었지만, EU 등 정부와 몇몇 투자기관들은 여전히 우려를 내비치는 것이 사실이다. 방위산업에 대한 유권자와 투자자들의 반감을 고려하지 않을 수 없기 때문이다. 우크라이나전이 현재진행형[19]이라는 사실과 추후 비슷한 국가 간 분쟁이 줄 영향력을 고려하면 방위산업의 ESG 산업 편입에 대한 논쟁은 계속될 것이다. 다만, 방위산업을 사회(S) 투자에서 원천 배제하는 것보다는 서서히 그 목적을 방어용 등으로 제한한다면 ESG 산업 편입에 대한 논쟁은 더욱 줄어들 것이다.

---

17 사회적으로 지속가능한 경제 활동의 분류체계를 의미한다. 궁극적으로 투자자 및 소비자에게 무슨 활동이 사회적 투자와 사회적 목표 달성과 관련되는지 정보를 제공함으로써 많은 가치 판단을 가능케 하는 것을 목적으로 한다. 유럽연합(EU)이 2022년 2월 소셜 택소노미를 발표했으며, 이에 앞서 한국은 2021년 12월 이른바 'K-택소노미(taxonomy)'로 불리는 녹색 분류체계를 공개한 바 있다.

18 임팩트온, EU 소셜 택소노미⋯방위산업은 反ESG?, 2022년 3월 4일.

19 2023년 12월 현재.

🌡 ESG 사례 분석

방위산업을 죄악주로 분류한 소셜 택소노미의 파급 효과

유럽연합(EU)의 소셜 택소노미 최종안은 방위산업을 도박, 담배와 더불어 유해한 산업(죄악주)으로 분류하였다. 이 보고서에 따르면 무기 판매가 전체 매출의 5% 이상을 차지하면 기업은 지속가능 인증을 받을 수 없다. 해당 기업이 근로자 친화적인 정책을 도입하거나, 지역사회 기여도가 높다고 해도 방위산업이 중심인 경영 활동은 지속가능성으로 보기 어렵다는 것이다.

소셜 택소노미의 파급력이 큰 것은 앞으로 소셜 택소노미가 EU의 비재무정보 공시와 연계되기 때문이다. 앞서 2021년 국제회계기준(IFRS)재단은 국제지속가능성기준위원회(ISSB)를 설립한 데 이어 2023년 초 지속가능성 기준의 공시 초안을 확정했다. 최종 발효 시점은 2024년, 혹은 최대 1년간 유예기간을 제공해 2025년 이뤄지도록 하였다. 앞으로 글로벌 투자기관과 투자자가 이러한 공시 기준(최종안)을 투자 지침으로 활용한다는 사실을 고려하면, 방위산업의 입지는 더욱 줄어들 수 있다. 방위산업에 속하는 국내외 기업들은 향후 사회적 채권을 발행하는 등 자금 조달 과정에서 어려움을 겪을 수 있다.

물론 우크라이나전을 계기로 국가 안보 목적 등의 방위산업은 ESG, 특히 사회(S) 요소와 관련이 있다는 의견도 힘을 얻고 있지만, 소셜 택소노미의 도입과 이를 비재무 공시와 연계하는 것은 국내외 방위산업 기반 기업들의 경영에 혼란을 초래할 것이 불가피하다.

일례로 국내에서는 2021년 한화㈜가 '비인도적 무기'로 분류했던 분산탄 사업을 매각했다. 이는 2007년 노르웨이 연기금을 시작으로 네덜란드공무원연금, 스웨덴 연금펀드, 덴마크 공적연금 등이 한화㈜에 대한 투자 배제 조치에 따른 대응이었다.[20] 이후 한화㈜는 노르웨이 연기금의 투자 배제 조치에서 해제되었지만, 우크라이나전 이후 방위산업을 ESG 산업으로 간주하려는 일련의 여론 형성은 기존 유럽연합(EU)의 기조에 따르려는 국내 기업들 입장에서 매우 혼란스럽게 비춰질 수 있다.

---

20 뉴스핌, ㈜한화 분산탄 매각 완료⋯2021년 ESG 경영 '신호탄', 2021년 1월 4일.

한 줄 요약

- 방위산업은 살상 무기를 제조한다는 측면에서 네거티브 스크리닝(negative screening) 리스트에 오르기도 하지만, 사람의 안전과 국가의 보안에 직결되는 산업이라는 측면에서 사회(S) 요소와 밀접한 산업으로 꼽히기도 한다.

- 방위산업의 ESG 산업 여부는 우크라이나 전쟁을 계기로 새로운 국면을 맞이하게 되었는데, 이는 인도주의 측면에서 볼 때 군수 지원은 인류애 측면으로 해석할 수 있기 때문이다.

- 유럽연합(EU)의 소셜 택소노미 최종안은 방위산업을 '죄악주'로 분류하는 등 방위산업에 대한 규제가 높아지는 만큼 방위산업의 ESG 산업 여부는 당분간 논란이 지속될 전망이다.

토론 주제

- 방위산업을 ESG 산업이라고 생각하는가? 그 이유는 무엇인가?

- 전쟁 시 침략국과 피해국에 대한 군수 지원에 서로 다른 방위산업 소속 기업이 관여되었다고 가정해보자. 각 기업의 관여 결정은 각자의 ESG 평가에 어떠한 영향을 미칠 것인가?

36

ESG는 오너 리스크를
방지할 수 있을까?

대한항공의 땅콩 회항, 남양유업의 대리점 갑질, 미스터피자의 가맹점주 갑질…. 이는 국내에 잘 알려진 기업의 사건으로, 오너 리스크(owner risk)의 대표적인 예이다. 오너 리스크는 기업의 대주주나 재벌 총수, 혹은 최고경영자(CEO)의 일탈이나 폭언·폭력·탈세·횡령 등 불법적 행위로 인해 기업에 손해를 끼치는 것을 뜻한다. 재벌 총수의 자녀인 2세, 3세의 불법 행위 역시 오너 리스크에 포함된다. 맥락과 정도는 다르지만, 해외에서도 종종 오너 리스크가 발생한다. 2022년에는 스위스의 글로벌 투자은행 크레디트 스위스(Credit Suisse)의 안토니오 호르타 오소리오(Antonio Horta-Osorio) 회장이 코로나19 방역 수칙을 위반하고, 공용기를 사적으로 사용한 이유로 회장직을 사임했다.

최근에는 오너 리스크가 다양한 방법으로 세상에 알려질 수 있는 환경이 되었다. 과거에는 신문사와 방송사의 보도로 인해 기업들의 오너 리스크가 외부로 알려졌지만, 최근에는 유튜브와 소셜네트워크서비스(SNS)와 같은 1인 미디어가 발달함에 따라 오너 리스크와 관련된 정보가 실시간으로 외부에 알려질 수 있는 상황이다. 특히, 신문·방송사보다 상대적으로 철저한 사실관계 확인이 어려운 1인 미디어의 특성, 즉각적이고 단편적인 정보를 통해 상황 판단을 하는 몇몇 인터넷 유저의 성향을 고려하면 오너 리스크는 확실한 사실관계와 상관없이 무차별적으로 외부에 확산됨에 따라 기업에 큰 이미지 타격을 줄 수 있다.

오너 리스크가 '리스크'로 분류되는 가장 큰 이유는 기업의 기업 가치와 브랜드 평판에 부정적인 영향을 미치기 때문이다. 이는 최근 연구 결과에서도 증명되었다. 이황희 & 조용민(2023)은 2000년 1월부터 2020년 1월까지 상장회사 오너의 위법 행위를 횡령·배임, 주가조작, 탈세, 내부자 거래, 기타 상범죄, 길거리 범죄, 뇌물, 사기, 분식회계, 담합 등 총 열 가지 유형으로 분류한 뒤 이러한 위법 행위가 기업 가치에 어떠한 영향을 미치는지 분석하였다.[21] 그 결과 상장회사 오너의 주가조작, 횡령·배임, 내부자 거래에서 기업 가치 하락 현상이 유의하게 존재하는 것으로 나타났다. 연구에 따르면 오너의 위법 행위에 따른 기업 가치 하락 현상은 기업의 오너가 경영에 참여할 때 더욱 크게 나타나는 것으로 분석되었다.

오너 리스크가 ESG 경영과 관련이 깊은 것은 개별 ESG 요소 중 지배구조(G) 요소에 의해 통제될 수 있기 때문이다. 이를테면 국내 한 평가사가 실시하는 ESG 평가 모범 규준의 지배구조 항목은 △이사회 리더십, △주주권 보호, △감사, △주주 및 이해관계자 소통 등이 있다. 오너 리스크를 이러한 규준의 관점에서 살펴보면, 기업 이사회에서 회사와 전문 경영인의 경영 상황을 적절히 판단하고(이사회 리더십), 회사와 이사회가 일반 및 소수 주주의 의결권과 주주권 행사를 충분히 인정하며(주주권 보호), 감사가 이사회의 의결사항과 주주총회 관련 자료를 철저히 검증하도록 하고(감사), 회사 내 다양한 문제점과 개선사항을 주주와 외부 이해관계자들에게 밝힌다면(주주 및 이해관계자 소통) 오너 리스크를 일정 부분 해소할 수 있을 것이다.

특히 기업의 이사회는 기업 총수와 최고경영자의 전횡, 일탈을 감시하고 견제하기 위한 목적으로 운영되고 있는데, 최근 기업들은 이사회 내 ESG위원회를 설치함으로써 오너 리스크를 방지하거나 재발을 막기 위해 힘쓰고 있다. ESG위원회가 환경(E)·사회(S) 요소를 고려하여 기업의 사회적 책임 전반을 검토하는 것도 사실이지만, 환경(E)·사회(S)를 아우르는 기업의 ESG 경영은 튼튼한 지배구조에 기반하고 있기 때문이다. ESG위원회가 기업 이사회 내 설치되어 있는 것도 같은 맥락

---

21 이황희 and 조용민, 오너 리스크가 기업 가치에 미치는 영향: 단기 주가 반응을 중심으로, 재무관리연구, 40(1), 2023, pp.37−62.

이라고 할 수 있다.

국내에서 ESG위원회 설치는 증가하는 추세이지만 아직은 갈 길이 요원하다. 경제개혁연구소에 따르면 우리나라 전체 유가증권 상장기업 792개 가운데 약 4분의 1(23.74%) 규모인 188개 회사가 이사회 내 ESG위원회를 설치했다. 또한 ESG위원회 개최의 경우 2021년 147개 회사가 370회, 2022년 188개 회사가 348회를 개최했는데, 이는 1개 회사당 연 2~3회에 불과한 횟수이다. 또한 기업집단 계열사의 ESG위원회 회의 개최 평균 횟수는 2021년 2.62회, 2022년 1.98회였으며, 비기업집단 회사는 2021년 평균 1.21회에 그쳤다. ESG위원회 회의를 단 한 번만 개최한 회사도 8곳이나 되는 것으로 나타났다.[22] 이처럼 우리나라 기업 내 ESG위원회가 활발하지 않은 것을 외부에서 볼 때는 기업들의 ESG위원회가 형식적인 조직에 불과하다는 오해를 부를 수 있다.

우리나라에서 오너 리스크를 방지하고, 이에 따른 주주 피해를 예방하기 위한 외부적인 제도적 장치는 집단소송이 있다. 집단소송이란 다수의 주주가 공통적인 손해배상 원인을 갖고 있을 때 그 집단의 대표자가 구성원 전원을 대표하여 소송을 진행하는 제도를 말한다. 이는 일반 주주 입장에서 주주총회 외에 오너 리스크를 방지할 수 있는 효과적인 외부 수단으로 꼽히지만, 우리나라에서는 증권 관련 집단소송의 대상인 청구 원인이 한정적이라는 문제점이 제기되고 있다.[23]

표 10-3 증권 관련 집단소송법 제3조(적용 범위)의 주요 내용[24]

법률	내용
「자본시장과 금융투자업에 관한 법률」 제125조에 따른 손해배상청구	증권신고서, 투자설명서 거짓 기재 등으로 인한 배상책임
「자본시장과 금융투자업에 관한 법률」 제162조에 따른 손해배상청구	사업보고서, 반기보고서, 분기보고서, 주요사항보고서 거짓 기재 등으로 인한 배상책임
「자본시장과 금융투자업에 관한 법률」 제175조, 제177조 또는 제179조에 따른 손해배상청구	미공개 중요 정보 이용행위, 시세 조종, 부정 거래행위 등으로 인한 배상책임
「자본시장과 금융투자업에 관한 법률」 제170조에 따른 손해배상청구	선의의 투자자가 회계감사인의 감사보고서 신뢰에 따른 손해배상책임

---

22 경제개혁연구소(ERRI), 유가증권 상장회사 ESG위원회 현황, 이슈&분석, 2022-06호, 2022년 10월 28일.

23 한국ESG기준원, 오너 리스크가 기업 가치에 미치는 영향('갑질' 관련 사건을 중심으로), ESG 최신현안분석, 2017.09. 해당 자료의 표 2를 참고하여 재구성함을 밝힘.

24 주석 23의 표 2를 참고하여 재구성함을 밝힘.

전 세계적으로 ESG 경영 분쟁과 이에 따른 집단소송이 증가하는 추세이다.[25] 우리나라 정부가 2022년 집단소송을 분야 제한 없이 피해자 50인 이상의 모든 손해배상청구 사건으로 확대하기 위해 법률 제 · 개정 작업에 나서는 것을 고려하면[26], 오너 리스크는 명확히 지배구조 현안으로 분류되며 한국 기업에서만큼은 이사회 내 ESG위원회가 특별히 챙겨야 할 현안으로 부각될 수 있다.

🌡 ESG 사례 분석

일론 머스크는 혁신의 아이콘인가, 오너 리스크의 대명사인가

전기자동차 회사인 테슬라(Tesla)의 최고경영자(CEO)인 일론 머스크는 첨단 기술을 활용한 미래 산업의 대가로 불린다. 그가 2003년 설립한 테슬라는 전기자동차의 대중화를 이끌었다. 2006년 7월 공개한 테슬라 로드스터(Tesla Roadster)는 테슬라의 첫 양산형 전기 스포츠카로 한 번의 충전으로 400km를 주행할 수 있다. 2009년에는 배터리셀을 자동차 트렁크 안쪽에서 차체 바닥으로 옮긴 테슬라 모델S(Tesla Model S)를 공개했다. 이후로도 테슬라는 SUV 전기차인 테슬라 모델X(Tesla Model X), 테슬라 모델3(Tesla Model 3), 테슬라 모델Y(Tesla Model Y)를 연이어 시장에 내놓으며 전기차 시장을 선도해나갔다. 한국자동차연구원에 따르면 전 세계 전기차 판매량 비중은 테슬라가 16.4%(131만3,887대)로 2위인 BYD(11.5%, 92만5,782대), 3위인 상해기차(11.2%, 90만418대)와 차이를 보인다.

그림 10-5 **테슬라의 최고경영자(CEO)인 일론 머스크**

하지만 이러한 시장 선도적인 모습과는 달리 일론 머스크는 오너 리스크의 대명사로 불리고 있다. 그는 2018년 8월 자신의 트위터에 테슬라 상장폐지 발언으로 큰 논란을 일으켰다. 그는 당시 테슬라의 주가보다 23% 비싼 주당 420달러에 주식을 매입하고, 테슬라를 비상장회사로 만드는 방안을 검토 중이라고 밝힌 바 있다. 이 일로 머스크는 미국 증권거래위원회(SEC)에 의해 사기 혐의로 제소되었으며, 이후 머스크와 테슬라는 각각 벌금 2,000만 달러를 내고 자신은 56일 내 이사회 의장직에서 물러나야 했으며,

---

25 미국 로펌인 노튼 로즈 풀브라이트(Norton Rose Fulbright)의 설문 조사에 따르면 법률 고문 및 사내 소송 책임자 430여 명 중 28%가 2022년 이른바 'ESG 분쟁'이 증가했다고 답했으며, 답변자 중 24%는 이 분쟁이 향후 12개월 동안 심화할 것으로 전망했다. 오너 리스크가 해당 보고서에서 별도 명시된 것은 아니지만, 필자는 오너 리스크가 ESG 분쟁으로 분류되며, 우리나라 자본시장에서는 오너 리스크 문제가 고질적인 만큼 해당 자료를 이 책에서 인용 및 언급하였다. 출처: Norton Rose Fulbright, 2023 Annual Litigation trends Survey.

26 법률신문, 정부, '집단소송법' 등 올해 165개 법률 제 · 개정 추진, 2022년 1월 25일자.

추후 3년 간 의장으로 선출될 수 없다는 조건으로 SEC와 합의해야 했다. 문제가 되는 머스크의 언행은 여기서 끝이 아니었다. 2022년 소셜네트워크서비스(SNS)인 트위터를 인수한 이후 당시 CEO인 파라그 아그라왈(Parag Agrawal)을 비롯한 임직원들을 대거 해고하는 등의 방식으로 인력을 감축했다.

일론 머스크의 사례는 기술 혁신과 오너 리스크가 공존하는 몇 안 되는 경영 사례로 꼽힌다. 한 가지 확실한 것은 기업 최고경영자의 언행과 강압적인 인사 조치는 기업의 ESG 경영에 전혀 좋지 않은 영향을 미친다는 것이다. 이는 첨단 기술 기업도 예외는 아니다.

한 줄 요약

- 오너 리스크는 기업의 대주주나 재벌 총수, 혹은 최고경영자(CEO)의 일탈이나 폭언·폭력·탈세·횡령 등 불법적 행위에 따라 기업에 손해를 끼치는 것을 뜻한다.
- 국내 연구 결과에 따르면, 상장회사 오너의 주가조작, 횡령·배임, 내부자 거래 등에서 기업 가치 하락 현상이 유의하게 존재한다(이황희 & 조용민, 2023).
- 우리나라 전체 유가증권 상장기업 792개 가운데 약 4분의 1(23.74%)만이 이사회 내 ESG위원회를 설치했으며, 회의 개최 횟수 역시 1개 회사당 연 2~3회에 그치고 있다(경제개혁연구소).

토론 주제

- 기업 경영에 직접 관여하지 않는 재벌 2세와 3세의 일탈과 위법 행위는 오너 리스크로 간주할 수 있는가?
- 우리나라 기업들의 이사회 내 ESG위원회 설치와 회의 횟수를 늘린다면 오너 리스크를 방지할 수 있는가? 어떠한 과정을 거쳐 그러한가?

CHAPTER 11
ESG와
미래 산업

37

기업의 ESG 성과는
혁신 활동으로 이어질까?

기업들의 ESG 경영 전환은 새로운 제품 및 서비스의 생산·방식 도입을 의미한다. 이를테면 탄소를 과다 배출하는 화석원료 대신 친환경 에너지를 활용하는 식으로 제품 및 서비스 생산 방식을 탈바꿈해야 한다. 이러한 과정에서 기업들은 특허를 출원하는 등 지식재산권 확보에 힘쓰게 된다. 특허는 특정한 장치나 기구, 생산 과정에 대해 법에 명시된 기간에 생산 및 사용에 있어 배타적 권리를 부여한 것을 뜻한다. 특허를 비롯한 지식재산권은 기업의 시장 내 경쟁 우위 요소이며, 배타적 권리를 기반으로 기업의 연구개발(R&D) 활동을 보호하는 한편, 시장 내에서 독점적인 지위를 확보하는 데 용이하다. 이러한 이점 덕분에 특허를 비롯한 지식재산권은 기업의 재무적 성과에도 긍정적인 영향을 미치는 것으로 알려져 있다.[1] 우리나라 기업들의 연구개발비는 꾸준히 증가하는 추세인데, 2019년 기준 71조 5,067억 원으로 전년 대비 2조 6,722원(3.9%)가량 높아졌으며, 매출액 대비 연구개발비 비중 역시 전년 대비 0.13%포인트 증가한 3.51%를 기록하였다.[2]

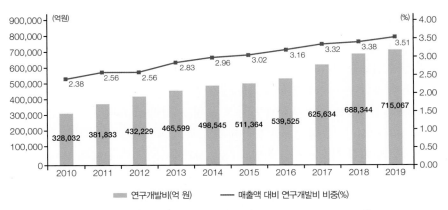

그림 11-1 우리나라 기업의 연구개발비(억 원) 및 매출액 대비 연구개발비 비중(%) 추이[3]

특허를 비롯한 지식재산권 확보를 위한 연구개발은 기업에 막대한 비용을 초래하며, 그 가치를 인정받기 위한 시간도 오래 걸린다. 특히, 연구개발 비용은 기업 투자와 같이 지속적인 재무 비용을 초래하며, 전문 기술 인력 등 높은 인건비를 고려하면 재무적 부담이 클 수밖에 없다. 따라서 국내외적으로 ESG 규제 강화에 발맞춰 평소 제품 생산 과정에 화석연료에 의존하던 기업들이 친환경 기술에 투자하게 되면 단기적으로 재무적 비용이 커지는 것은 부득이하다. 이러한 측면을 볼 때 ESG 경영과 연구개발을 동시에 추진해야 하는 기업 입장에서는 재무 부담이 상당히 커질 수밖에 없다. 이는 재무성과를 비롯한 경영 활동에 부담을 줄 수밖에 없기 때문이다. 그러나 국내외 ESG 규제와 그린슈머(Green-sumer)의 영향력이 커지는 것을 고려하면 기업의 ESG 경영을 위한 R&D 투자 증가는 자연스러운 귀결이라고 할 수 있다. ESG를 고려한 R&D 투자는 주로 친환경 목적으로 자원의 효율적 이용, 생산 과정의 최적화, 혹은 환경오염 물질을 줄이기 위한 기술이 대표적이라고 할 수 있다.

---

1 참고한 논문은 다음과 같다.
   • 강경남, 기업 지식재산권 보유의 효과분석. 한국혁신학회지, 14(4), 2019, pp.179-199.
   • Simeth, M., and M. Cincera, Corporate Science, Innovation, and Firm Value, Management Science, Vol. 62 (7), 2016, pp.1970-1981.
2 한국과학기술기획평가원, 2019년 우리나라 민간기업의 연구개발활동 현황, 2020년 제19호.
3 각주 3의 자료 3쪽.

기업의 ESG 성과와 기업의 혁신 활동을 다룬 국내외 연구는 적은 편은 아니다. 이들 연구의 공통점은 ESG 성과와 혁신 활동이 긍정적인 관계가 있다고 분석하고 있다. 정무권 & 김영린(2022)은 기업의 ESG 성과와 혁신 활동은 모두 기업 가치에 긍정적인 영향을 끼치며, 두 요인 사이에서도 긍정적인 상호 작용이 존재한다고 분석하였다. 이는 기업의 ESG 경영 활동이 혁신 활동의 촉매제로서 기업 가치 상승에 기여한다는 것을 의미한다.[4] 이어 이들의 연구는 기업들의 ESG 경영이 혁신과 상충 관계를 갖기보다는 서로 보완하는 등 긍정적인 관계가 될 수 있다는 점을 언급하고 있다. 이러한 연구 결과는 해외 연구에서도 비슷하게 나타나고 있다. Dicuonzo et al.(2022)이 미국과 프랑스, 독일, 이탈리아, 스페인, 영국에 소재한 1,787개의 상장기업을 대상으로 분석한 결과, 기업의 R&D 투자, 특허 개수로 측정한 기업의 혁신 정도는 해당 기업의 ESG 성과와 긍정적인 관계를 갖는 것으로 나타났다.[5]

흥미로운 것은 ESG 성과가 저조하거나, 제품 생산 과정에서 화석연료에 의존하는 기업들이 국가의 친환경 R&D 투자를 이끌 수 있다는 점이다. Cohen et al.(2020)에 따르면 미국의 석유·가스·에너지를 생산하는 기업들이 오히려 미국 산업에서 친환경 특허의 지평을 넓히는 데 핵심적인 역할을 한 것으로 나타났다.[6] 에너지 기업의 친환경 특허의 피인용 중 74%가 에너지 산업 외 기업들로부터 받았으며, 반대로 비에너지 기업의 친환경 특허의 피인용[7]은 이보다 살짝 낮은 71%를 그 외 산업으로부터 받은 것으로 나타났다. 피인용 수치로만 보면 에너지 기업의 친환경 특허가 외부 산업으로부터 주효한 산업 기준이자 지표로 참고되었다는 이야기다.

이어 이들의 연구는 친환경 특허로 인해 타사가 친환경 기술을 쉽게 발명하여 경쟁 역량으로 활용할 수 없게끔 시장 내 진입 장벽으로 작용할 수 있다는 가능성을 언급하였다. 거꾸로 얘기하면, 이는 전통적으로 재무비용으로 간주되던 친환경

---

4 정무권 and 김영린, ESG 활동과 혁신의 상호작용이 기업 가치에 미치는 영향, 한국증권학회지, 51(4), 2022, pp.471-498.

5 Grazia Dicuonzo; Francesca Donofrio; Simona Ranaldo and Vittorio Dell'Atti, The effect of innovation on environmental, social and governance (ESG) practices, Meditari Accountancy Research, 30, (4), 2022, pp.1191-1209.

6 Lauren Cohen, Umit G. Gurun & Quoc H. Nguyen, The ESG-Innovation Disconnect: Evidence from Green Patenting, NBER Working paper, Oct. 2020.

7 피인용은 특정 기업의 특허가 후속 특허에 인용된 횟수를 말하는데, 얼마나 인용되었는지를 통해 특허의 질과 기술적 영향력을 가늠할 수 있다.

기술 관련 특허와 지적 재산권은 기업에 새로운 시장 경쟁력이자 경쟁력 방어 수단으로 자리 잡고 있으며, ESG 경영 시대에서만큼은 친환경 기술에 대한 R&D 투자에 발 빠르게 나서는 것이 경쟁력이 될 것이라는 의미다. 이러한 점을 방증하듯이, 미국 내에서 친환경 기술 관련 특허 승인은 지난 10년에 걸쳐 빠른 속도로 증가하는 추세이다.

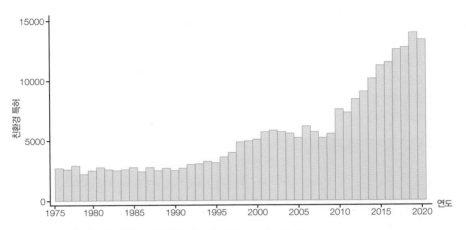

그림 11-2 미국 상장기업들이 승인받은 특허 수 추이 (단위: 건 수, 출처: 각주 6의 Figure 1)

국내외 기업들의 친환경 기술에 대한 연구개발 및 지식재산권 확보 노력은 앞으로 더욱 활발할 것으로 전망된다. 기업들의 친환경 기술 확보와 연계된 정부 차원의 정책들이 전 세계적으로 도입되고 있기 때문이다. 미국의 경우 에너지 분야에 R&D 투자를 벌였던 도널드 트럼프 전 대통령과 달리, 조 바이든 행정부는 기후변화 대응 관련 R&D에 대한 투자를 강화하고 있다. 에너지부(DOE) 내 고등과학연구기관(ARPA-C), 청정에너지실증국(OCED) 등 다양한 유관 조직을 신설하였으며, 친환경 투자 분야는 에너지저장, CCS(탄소 포집·활용·저장 기술), 수소, 첨단원자력, 바이오연료, 바이오화학, 양자컴퓨터, 전기차 등 다양한 산업 및 원자재에 걸쳐 있다. 유럽연합(EU)의 경우에도 2021년 R&D 프로그램인 'Horizon Europe'를 발표하였는데, △우수과학(유럽연구위원회 등 3개), △글로벌 도전 및 유럽 산업 경쟁력(보건·의료 등 7개), △혁신적 유럽(유럽혁신위원회 등 3개) 등 3개 핵심 영역(Pillar)과 유럽연구공간(ERA) 참여 확대 및 강화 등 다양한 카테고리에 걸쳐 총 955억 유로(약 138조 원)의 예산을 배정하였다.[8]

---

8 과학기술정보통신부, EU, 〈Horizon Europe〉 개요 및 예산(안) 확정, 2021년 4월 27일(원문 작성일).

이처럼 국내외 기업들의 친환경 기술에 대한 적극적인 R&D 투자와 국내외 정부의 친환경 투자 제도가 시너지를 일으킨다면 전기차·수소·탄소 등 친환경 에너지를 중심으로 새로운 기술 혁명이 일어날 것으로 전망된다.

ESG 사례 분석

친환경 특허와 지식재산권으로 무장한 알짜 국내 중소기업[9]

폐플라스틱 플레이크로 친환경 복합사[10] 생산(서원테크㈜), 획기적인 오염물질 함수율(수분의 함량) 및 폐기물 감축(한영특수강㈜)… 일반적으로 중소기업은 기업의 자산이나 자금 조달 측면에서 대기업과 비교해 투자받기 불리한 것이 사실이다. 하지만 글로벌 추세에 발맞춰 다양한 아이디어를 기반으로 친환경 특허 등 지식재산권을 확보하고 친환경 기술 경쟁에 뛰어드는 국내 중소기업들이 눈에 띄고 있다.

그림 11-3 서원테크㈜가 개발한 친환경 신축성 복합사가 쓰인 제품 (출처: https://www.globalswt.com/ sub/sub3_4.php?top=3&sub=4)

2014년 설립된 서원테크㈜는 친환경 소재 및 복합사 제조와 관련하여 기술력과 품질력을 자랑하고 있다. 이 회사는 사업 초기에 자체 기업 부설 연구소를 세워 다양한 기능성 신소재에 대한 R&D 투자에 힘썼다. 그 결과 24건의 특허를 출원했으며, 8건의 상표권을 등록했다. 2017년 국제 재활용 표준인 GRS(Global Recycled Standard)를 인증했으며, 이후에는 전 생산 단계 공정 시 유해 물질 무검출을 증명하는 오코텍스(Oeko-Tex) 인증에 성공했다. 이러한 노력 덕분에 세계적 패션 브랜드인 자라(Zara), 에이치앤엠(H&M), 망고(Mango) 등에서 서원테크의 소재를 활용하고 있다.

한영특수강㈜은 자동차, 건설기계, 기계요소 부품을 제조하는 필수 소재인 냉간압조용 강선(Clod Heading Quality Wire)을 생산하는 소재 전문기업이다. 2000년 한영선재㈜라는 기업명으로 설립되었지만, 2020년 영흥㈜에 인수되었고, 이듬해인 2021년 지금의 한영특수강㈜으로 상호를 변경하였다. 이 회사는 '철강업이 환경오염을 유발하는 등 환경 보호와 거리가 멀다.'라는 편견을 깨트렸다. 이 회사는 독자적인 공법 개발 끝에 2015년 냉간압조용 소성가공 금속재료의 비인계(NPC) 피막 코팅 특허 획득에 성공했다.

---

9 본 사례는 중소벤처기업부와 중소벤처기업진흥공단이 펴낸 「2022 ESG 우수사례집」 등을 주로 참고하였음을 밝힌다.

10 복합사는 성질이 다른 두 가지 이상의 실을 함께 방사한 것을 말한다.

또한 유럽연합(EU)과 미국에서 잇따라 탄소 국경세 제도 도입을 발표하는 등 원가 절감에 대한 압박이 심해지는 상황에서도 이 회사는 오염물질 저감 기술 개발에 힘썼다. 산 처리 시 발생하는 폐수를 물리·화학 처리하고, 발생하는 슬러지[11]를 탈수 케이크[12]화하는 멤브레인 복합형 필터 프레스(membrane combination type filter press)를 도입하였다. 그 결과 오염물질 함수율을 기존 87%에서 80%로 감축시키고, 폐기물 발생량은 50% 이상 크게 줄였다. 이러한 노력 끝에 2022년 9월 한영특수강㈜은 철강금속업계에서는 유일하게 '자발적 에너지 효율 목표제 우수사업장' 인증을 받았다.

한 줄 요약

- ESG를 고려한 R&D 투자는 주로 친환경 목적으로 자원의 효율적 이용, 생산 과정의 최적화, 혹은 환경오염 물질을 줄이는 기술이 대표적이다.
- 최신 국내외 연구 결과에 따르면 기업의 ESG 경영과 특허를 비롯한 기업 혁신은 긍정적인 관계가 있는 것으로 나타났다(정무권 & 김영린, 2022; Dicuonzo et al., 2022)
- 전 세계적으로 기업들의 친환경 기술 확보를 유도하기 위한 정부 정책이 소개됨에 따라, 친환경 에너지를 중심으로 한 연구개발이 더욱 활발할 것으로 기대된다.

토론 주제

- 임기가 제한된 경영진 입장에서는 ESG 경영을 위한 R&D 투자는 단기적으로 재무적 부담이 될 수 있다. 장기적인 R&D 투자를 이끌기 위한 경영상 조치는 무엇이 있는가?
- 우리나라에서 최근 소개된 친환경 특허 가운데 기업 경영에 가장 보편적으로 도입될 수 있는 것은 무엇이 있는가?

---

11 슬러지는 하수·폐수 처리 과정에서 부유물질이 가라앉아 발생한 침전물을 의미한다.
12 탈수 케이크는 질이 단단한 굳은 물체로 취급될 정도로 수분을 제거한 오염 침전물을 의미한다.

38
ESG 규제로 기업 소송 리스크가
증가하는 까닭은?

기업에 있어 소송은 재무 관리·인사·대관·홍보만큼이나 중요한 업무 영역이다. 기업 소송이 발생하는 사유는 특허 침해, 경영진 횡령, 임직원에 대한 직권 남용 등 사유와 그 배경은 다양하다. 그런데 한 가지 분명한 사실은 기업의 법적 분쟁은 소송 제기부터 재판 준비에 이르기까지 적지 않은 법무 비용을 초래하며, 재판 결과에 따라 기업의 이미지와 평판에 크나큰 영향을 줄 수 있다는 점이다. 평판은 기업이 존속하는 비물질적인 기반이며, 고객은 평판에 근거하여 브랜드 충성도를 드러내는 만큼 평판 리스크는 기업 경영에 핵심적이며, 그 중심에는 기업 소송이 있다고 해도 과언이 아니다.

전 세계적으로 ESG 경영이 확산되면서 기업 소송 역시 늘고 있다. 이는 실제로 ESG 경영을 도입하거나 회피하는 과정에서 발생하는 것이다. 지속가능성의 기준인 ESG가 오히려 기업 입장에서 소송이 제기될 수 있는 '계기'를 제공한 것도 맞지만, 한편으로는 유럽연합(EU)의 소셜 택소노미, 국제회계기준(IFRS) 산하 국제지속가능성기준위원회(ISSB)의 ESG 공시 기준 등 ESG 규제가 점차 확산되는 추세인 걸 고려하면, 아직 그 기준을 따라가지 못하는 국내외 기업들에 법적 분쟁은 당분간 피할 수 없는 리스크일 수 있다.

ESG 경영과 관련하여 발생할 수 있는 소송은 기후 소송, 그린워싱 등 주로 환경(E) 측면의 법적 분쟁을 떠올리기 쉽지만,[13] 해외 사례를 살펴보면, 사회(S)와 지배구조(G) 측면에서도 법적 분쟁이 꾸준하게 눈에 띄고 있다. 미국의 법률 리서치 서비스인 블룸버그 로(Bloomberg Law)에 따르면 2022년 미국의 ESG 소송 가운데 환경(E) 소송이 1,467건으로 가장 많았으며, 전년(1,455건)보다 조금 증가한 것으로 나타났다. 그 뒤를 이어 지배구조(G) 소송은 937건으로 전년(1,334건)보다 줄었으며, 사회(S) 소송이 275건으로 전년(233건)보다 다소 증가한 것으로 나타났다. 또한 ESG 공시 및 보고와 관련된 소송은 23건으로 전년(19건)보다 조금 늘었는데, 다른 개별 ESG 소송에 비하면 그 숫자는 비교적 적은 것으로 나타났다.

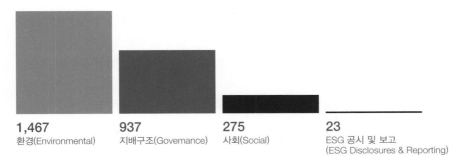

| 1,467 | 937 | 275 | 23 |
| 환경(Environmental) | 지배구조(Governance) | 사회(Social) | ESG 공시 및 보고 (ESG Disclosures & Reporting) |

그림 11-4 미국에서 발생한 ESG 소송(2022년)

(출처: Bloomberg Law, ANALYSIS: New Year, New ESG-Related Litigation?, 2023년 2월 15일)

특히 블룸버그 로는 2023년 들어 증가할 것으로 예상되는 소송 분야로 △그린워싱, △주총 안건(Proxy issue), △ESG 공시를 꼽았다. 그린워싱의 경우 친환경, 지속가능성과 관련된 상품에 대한 수요가 증가함에 따라 관련 소송 역시 자연스럽게 늘어나는 것이며, 주총 안건의 경우 오해의 소지가 있거나 잘못되었거나 정확하게 정보를 밝히지 않은 안건이 관련된 소송의 절반 이상을 차지할 것이라고 했다. 마지막으로, ESG 공시의 경우 공시를 강제하는 규제가 늘어날수록 소송이 증가할 소지가 있다는 것이 블룸버그 로의 분석이다.

---

13 기후 소송과 그린워싱에 대한 자세한 내용은 '21. 기후변화와 소송 리스크', 그린워싱은 '34. 무늬만 ESG가 아니려면? 그린워싱을 경계하라'를 참고할 수 있다.

이처럼 ESG 소송의 핵심은 ESG 규제 및 제도 확산과 맞물려 소송 리스크가 증가한다는 것이다. 예를 들어 정부가 ESG 규제와 이에 따른 가이드라인을 도입하면 국내외 기업은 이를 따라야 하는 의무가 발생한다. 만약 의무를 불성실하게 이행한다면 그 의도와 상관없이 이해관계자, 혹은 외부 단체로부터 법적 문제를 제기당할 수 있다. 환경단체, 소비단체, 투자자 및 투자기관, 정부 등 법적 문제를 제기하는 당사자는 다양하기 때문에 이에 대응하기 위한 기업의 (비)금전적 비용도 늘어날 수 있다. 따라서 기업은 ESG 규제와 관련된 자사의 사업과 공급망 관리에 대해 특별히 주의의무(Duty of care)를 기울일 필요가 있다.

ESG 소송으로 이어질 수 있는 국내 현안은 사회(S), 지배구조(G)와 관련이 있다. 대표적인 사례로 2022년 1월 시행된 중대재해처벌법과 국민연금의 주주대표소송이 있다. 중대재해처벌법은 기업의 안전사고와 같이 중대 재해에 대한 처벌을 규정한 법률로, 노동자의 생명과 신체를 보호하는 데 그 목적을 두고 있다. 이를테면 부주의한 생산 현장 관리로 인해 노동자가 사망 또는 부상하는 사고가 발생하거나, 협력업체의 노동자 인권이 침해된다면 이는 중대재해처벌법 위반으로 간주할 수 있다. 국민연금의 주주대표소송은 회사가 위법 행위를 저질러 자사에 손실을 입힌 이사들을 대상으로 손해배상 소송을 하지 않으면 소수의 주주들이 소송을 제기하는데, 이와 같은 주주대표소송을 국민연금이 대신하는 것이다. 국민연금은 삼성전자·현대자동차 등 대표적인 우리나라 기업에 적지 않은 지분으로 영향력을 행사하고 있다.[14]

환경(E) 요소는 기업 생산 활동의 핵심인 탄소 배출량과 관련이 있는 만큼 모든 나라의 ESG 소송 관련 요소이지만, 우리나라 자본시장에서만큼은 사회(S)·지배구조(G) 관련 소송 가능성이 지속될 것으로 전망된다.

---

14 국민연금의 주주대표소송에 대한 논의는 지지부진한 분위기이다. 국민연금기금운용위원회가 주주대표소송 권한을 외부위원으로 구성된 수탁자책임전문위원회에 맡기는 골자의 '수탁자책임 활동에 관한 지침 개정안'을 결론 짓지 못했기 때문이다. 국민연금의 소송 결정권 이슈와 관련하여 국내 최고 기업지배구조 전문가인 경제개혁연대·경제개혁연구소 소장(고려대 경영대 교수) 김우찬은 "국민연금의 재원 고갈을 걱정하면서 소송을 하지 않는 것은 이해할 수 없다."라고 비판한 바 있다. 참고 기사는 다음과 같다.
   • 연합뉴스, 국민연금 '주주대표소송' 수탁위 이관 여부 결론 못 내, 2022년 2월 25일.
   • 한겨레, 국민연금, 투자기업 가치 높일 주주대표소송 '0건'…고갈 타령만, 2023년 5월 1일.

ESG 사례 분석

주의의무 위반, 공급망 관리 소홀…글로벌 ESG 소송 사례는

주의의무(注意義務)는 사전적으로 특정 행위를 함에 있어 일정한 수준의 주의를 기울여야 하는 의무를 뜻한다. 예를 들어, 호텔 관리인이라면 객실의 상태를 점검하고, 수영장 등 부대시설의 안전을 수시로 확인하여 투숙객의 안전과 만족도를 챙기는 것이 중요하다. ESG 경영을 고려해야 하는 기업 입장에서도 주의의무는 갈수록 중요해지고 있다.

영국의 폐선박 인계업체가 방글라데시의 선박 해체 장소에서 부주의하게 폐선박을 처리하다가 발생한 사망사고에 대해 유족으로부터 폐선박 판매 중개업체가 소송을 당한 사례(Begum v. Maran Ltd.)가 있다.[15] 이 중개업체는 영국 항소법원(Court of Appeal)에 자사가 피해 발생에 직접적 관련이 없으므로 소송의 대상이 되지 않으며, 소송 역시 각하(dismiss)되어야 한다는 소를 제기하였다. 이에 유족 측은 이 중개업체가 선박 판매 및 해체 과정이 사람의 건강과 환경에 위험을 유발하지 않으며 국제 규정 역시 이행해야 하는 등 주의의무(Duty of care)를 다해야 했다고 팽팽히 맞섰다. 법원은 중개업체 측의 소송을 거부(refuse to dismiss)하였다. 기업의 주의의무가 ESG 트렌드에 발맞춰 확대되고 있으며, 기업의 역할이 중개에 국한되었다 할지라도 중개업체의 부주의 역시 '위험의 관련 근원 생성(creation of relevant source of danger)'에 기여한 것으로 판단한 것이다.

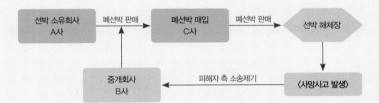

그림 11-5 **영국의 선박 해체 사고 소송 개요**
(출처: https://www.fki.or.kr/main/news/statement_detail.do?bbs_id=00035016&category=ST)

이 사례는 기업의 공급망에 ESG 규제가 적용되고 있으며, 국내외 기업이 공급망을 얼마나 신중하게 관리해야 하는지 알려준다. 기업 입장에서는 협력업체나 하도급업체의 작업장 안전 관리뿐 아니라 직원의 인권과 친환경 작업 방식 등 고려해야 할 사항이 증가하고 있다는 뜻이다. ESG 공급망 관리 차원에서 투명한 정보 교류가 이뤄지며, 기업이 글로벌 스탠다드를 충실하게 따를수록 잠재적인 소송 리스크는 줄어들 것이다.

---

15 다음 두 가지 자료를 참고함을 밝힘.
  • 한국경제연구원, ESG해외소송과 기업리스크 관리에 대한 시사점, 2023년 5월 26일.
  • Linklaters, Begum v Maran (UK) Ltd [2021] EWCA Civ 326.

한 줄 요약

- 블룸버그 로는 2023년 소송이 증가할 것으로 예상하는 분야로 △그린워싱, △주총 안건(Proxy issue), △ESG 공시를 선정했다.
- 기업이 ESG 규제와 관련된 소송에 대비하기 위해서는 자사의 공급망 관리에 대해 주의의무(Duty of care)를 기울일 필요가 있다.
- 국내에서 ESG 소송이 벌어질 수 있는 사회(S)·지배구조(G) 현안은 중대재해처벌법, 국민연금의 주주대표소송이 대표적이다.

토론 주제

- 우리나라 기업이 ESG와 관련된 소송을 줄이기 위해서 취할 수 있는 선제 조치는 무엇인가?
- 앞서 언급한 중대재해처벌법, 국민연금의 주주대표소송은 국내 ESG 평가기관의 ESG 평가 지표 중 무엇과 관련이 깊은가?

39

환자 생명 살리는 의료기관에
ESG 경영이 필수인 이유는?

병원과 같은 의료기관은 존재의 목적이 사람의 생명을 살리고, 모든 환자에게 최선의 진료를 제공한다는 측면에서 인류의 지속가능성을 도모하는 ESG의 기본 취지에 상당히 밀접하다고 할 수 있다. 하지만 존재의 목적과 상관없이, 의료기관은 기관 경영 차원에서 ESG 경영을 적극적으로 도입할 수 있다. 의료 과정에서 발생하는 폐기물 처리(환경), 노인 및 장애인을 위한 의료 봉사(사회), 병원 경영 윤리 실천(지배구조)이 대표적이다.

이처럼 의료기관 경영 과정에서 국내외 의료계는 2006년 국제연합(UN) 책임투자원칙과 유럽연합(EU) 기업의 비재무 정보공개에 관한 지침 등을 고려하여 ESG 경영을 도입하기 위한 나름의 노력을 기울이고 있다. 대표적으로 미국의 연방정부 차원에서 미국 의료기관에 가장 큰 영향을 주는 정책은 보건부의 '기후 서약'으로 알려져 있다. 이 서약에는 미국의 837개 병원이 참여하고 있으며, 탄소 배출량을 오는 2030년까지 50% 줄이는 것을 목표로 두고 있다. 이를 위해 미국 병원들은 병원의 리노베이션과 새로운 병원 설립 투자 등 다양한 방법을 통해 넷제로(탄소 중립) 실현을 고민하고 있다. 다만 미국 정부는 재정 지원보다는 활동 보고서 제출 및 공개, 세금 부과 등의 규제를 통해 병원들의 ESG 경영을 유도하는 분위기이다. 또한 과거 대형 허리케인으로 일부 지역에서 병원 운영 중단 경험을 겪은 의료진 들은 응급의학과 전문의들을 중심으로 환경 대응 부서를 조직하는 한편, 환자들 의 병원 접근성을 높이고 질병 인식을 제고하기 위한 활동을 벌이고 있다.[16]

영국도 국가보건의료서비스(NHS)가 기후변화 중점의 기후변화법(2008년), 파리 기후변화협정(2015년), 2022 건강관리법(2022년), 기후변화 대응을 위한 헌법 등 ESG 관련 법안을 잇달아 제정하고 있다.[17] NHS가 제정하는 ESG 전략의 핵심은 2014년 이후 지속가능성에 초점을 맞추었지만, 2020년 들어서 이를 대체하는 친 환경계획(Green Plan)으로 바꾼 바 있다.

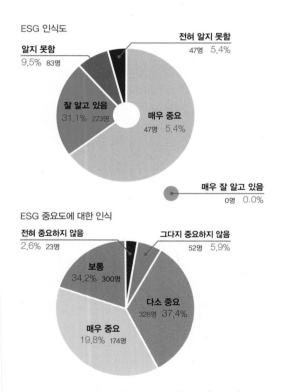

그림 11-6 국내 의료기관 종사자가 밝힌 ESG(중요도)에 대한 인식

(출처: 한국보건산업진흥원, 「2022년 의료기관 ESG 경영현황 및 인식도 조사 결과」)

---

16 한국보건산업진흥원 보건산업정책연구센터, 해외 의료기관의 ESG 추진현황 파악을 위한 미국 출장 결과 보고서, 2023년 3월.

17 의학신문, 의료계 ESG 경영 확대…기존제도·환경과 조화 필요, 2023년 6월 23일.

우리나라에서도 의료기관에서 근무하는 의료 종사자들 역시 ESG 경영의 필요성을 인식하고 있는 것으로 조사됐다. 한국보건산업진흥원이 국제의료사업을 추진하는 의료기관 종사자를 대상으로 수행한 「2022년 의료기관 ESG 경영현황 및 인식도 조사 결과」에 따르면 ESG 개념에 대해 '알고 있음'이라고 답한 답변자가 85.1%(747명)로 상당수 의료 종사자가 이를 인식하고 있는 것으로 나타났다.[18] 또한 의료기관의 ESG 경영의 중요도에 대해서는 '매우 중요'가 전체의 19.8%(174명), '다소 중요'가 37.4%(328명)로 '중요하다.'라고 밝힌 답변자가 전체 답변자의 절반 이상인 57.2%(502명)에 달하는 것으로 집계되었다. 현장 의료 종사자 입장에서도 ESG 경영에 대한 인식 수준이 상당히 높은 것이다. 이는 병원이 의료기관이면서도 기업(의료법인)이며, 국내외적으로 강화되는 ESG 규제에 이행해야 한다는 인식에서 비롯된 것으로 풀이된다.[19]

국내외 ESG 규제 흐름에 발맞춰 보건복지부는 2023년 「국민보건 향상을 위한 의료기관 ESG 활동 모델 개발」이라는 주제의 연구용역보고서(이하 보고서)를 공개하였다. 보건복지부 보고서에는 의료 분야 ESG 활동 모델의 프레임워크를 '사람(People), 지구(Planet), 이익(Profit)'으로 표현하였다. 이는 의료계에서 자주 쓰이는 프레임워크인 '3대 목표(Triple aim)'[20]를 빗대어 표현한 것이다.

보건복지부 보고서는 우리나라 의료기관이 ESG 경영에 참고할 가이드라인 명칭을 「KH-ESG 가이드라인(Korea Healthcare ESG Guideline, 가칭)」으로 하였다. 이 가이드라인은 △조직의 일반적 정보, △정보 공시, △환경, △사회 · 이해관계자, △지배구조 등 다섯 개의 범주로 구성되며, 지표별로 살펴보면 환경은 △환경 경영목표와 추진체계 △온실가스 배출, △오염/폐기물 관리, △에너지, △용수, △오염물질, △환경법 · 규제 위반 등 일곱 가지 지표로 구성되며, 사회는 △고객(환자), △조직 구성원, △지역사회 및 협력업체 등 세 가지로 구분된다. 마지막으로

---

18 '알고 있음'의 85.1%는 '어느 정도 알고 있음(54.0%, 474명)', '잘 알고 있음(31.1%, 273명)' 등을 합산한 것이다. 이 외로 '전혀 알지 못함'은 5.4%(47명), '알지 못함'은 9.5%(83명)인 것으로 나타났다.

19 2022년 12월 국회 보건복지위원회 소속 한정애 의원(더불어민주당)은 ESG 경영 개념을 의료기관으로 확대하는 취지의 의료법 일부개정법률안을 대표 발의했다. 상급종합병원 지정 및 의료기관 인증 기준에 ESG를 고려하는 등의 골자이며, 병원이 기존의 의료서비스를 제공하는 곳을 넘어 사회적 가치를 실천하는 곳으로 자리매김해야 한다는 문제의식에서 비롯된 것이다. 하지만 대한의사협회는 "의료기관 운영에 있어 필수적인 사항이 아닌 ESG를 의료법에 명시하는 것은 적절하지 않다."는 입장을 내세웠다. 해당 법안은 2023년 8월 현재 보건복지위원회 심사 중이다. 출처: 메디팜스투데이, 주목받는 'ESG' 경영, 의료기관 인증에도 적용?, 2023년 1월 13일 등.

20 본래 보건의료에서 의미하는 3대 목표(Healthcare Triple Aim)는 ① 건강 결과에 대한 개선, ② 비용 절감, ③ 강화된 환자 경험을 말한다.

지배구조는 △이사회 구성, △이사회의 운영(활동), △윤리경영 및 감사기구 등으로 구성된다. 이러한 평가 지표를 종합적으로 고려한 KH-ESG 활동 모델의 체계는 〈그림 11-7〉과 같다.

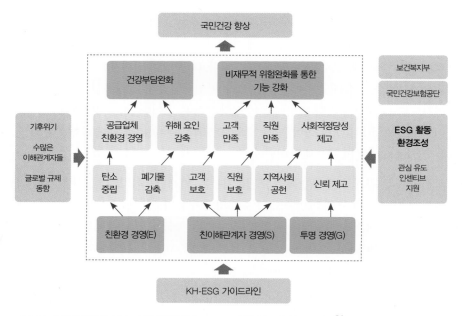

그림 11-7 **보건복지부가 보고서를 통해 밝힌 KH-ESG 활동 모델의 전략 체계**[21]

민간 의료기관에서도 하나둘씩 ESG 경영에 대한 중요성을 인식하고 자체적인 KH-ESG 가이드라인을 공개하고 있다. 대표적으로 고려대학교의료원은 '2023년 서울헬스쇼'에서 의료기관에 적용 가능한 ESG 지표(KH-ESG)를 공개하였으며, 이어 △상급종합병원 최초 의료 폐기물 분리배출 시범사업 운영, △농아인을 위한 수어 예약·동반 시스템 구축 등의 사업 추진 계획을 밝혔다.[22] 앞서 2021년 5월 출범한 고려대의료원 사회공헌사업본부는 국내·외 의료 봉사 및 재난 지원활동, 소외계층 대상 사업 등 다양한 사회공헌 활동을 지속가능한 사업으로 확장하는 데 목적을 두고 있다.

ESG 경영은 의사·간호사 등 의료 종사자 개인의 힘으로 이뤄지는 것이 아니다. 의료기관 자체의 탄소 배출 및 폐기물 발생, 지역사회 협력, 그리고 투명한 이사

---

21 보건복지부·국민건강보험·한국보건산업진흥원, 「국민보건 향상을 위한 의료기관 ESG 활동모델 개발」

22 후생신보, 고대의료원, 사회공헌사업본부 출범 2주년…ESG 페스티벌 개최, 2023년 6월 12일.

회 경영에 이르기까지 다양한 측면에서 의료기관의 ESG 경영은 다른 산업군의 ESG 경영과 그 중요성의 정도가 똑같다. 의료법인으로서 의료기관은 의료 종사자·환자·지역사회 등 다양한 이해관계자들의 요구를 받고 있으며, 특히 친환경 경영과 투명 경영에 대한 중요성은 다른 산업군 내 기업과 동일한 수준으로 중요하다고 할 수 있다.

ESG 사례 분석

허리케인 카트리나가 미국 의료 산업의 ESG 경영 도입을 촉진한 배경은?

그림 11-8 애플TV+ 오리지널 시리즈인 「재난, 그 이후(Five Days at Memorial)」. 2005년 8월 허리케인 카트리나 발생 당시 미국 뉴올리언스의 메모리얼 병원 의료진이 직면한 윤리적 문제를 다뤘다.

2005년 8월 미국 남동부를 강타한 허리케인 카트리나는 1,800여 명의 사망자와 1,000억 달러의 재산 피해액을 냈다. 환자와 가족들은 태풍과 자연재해에 취약한 집을 피해 루이지애나주 뉴올리언스에 있는 메모리얼 병원에 대피해 머물렀다. 카트리나가 이 병원을 덮쳤을 당시 의료진들은 딜레마에 직면했다. 헬기장이 옥상에 설치되어 있긴 했지만 18년간 한 번도 사용하지 않았으며, 구조대가 오더라도 거동이 불편하거나 살 가망이 없는 환자들까지 고려해야 하는 등 의료진들은 '생명의 순서'를 정해야 했다. 이 일화는 8년 뒤인 2013년 「재난 그 이후(Five days at Memorial)」라는 제목의 책으로 만들어졌으며, 2022년에는 애플TV+ 오리지널 시리즈이자 동명 드라마로 방영되었다.

허리케인 카트리나와 메모리얼 병원 사례가 중요한 것은 의료 경영 관점에서 ESG의 핵심 요소인 환경(E)과 사회(S) 요소를 관통하기 때문이다. ESG 경영 측면에서 허리케인과 같은 자연재해에 대한 대비 능력(환경)과 지역 커뮤니티에 대한 공헌도(S)의 중요성을 파악할 수 있다. 이는 앞으로 심화될 기후변화에 따라 의료 인프라를 충분히 확충하고, 환자·지역사회 등 이해관계자와 상시 협력 체계를 구축하는 것이 중요하다는 교훈을 알려준다.[23]

---

23 각주 22의 자료에서도 기후 위기에 대응할 인프라 준비를 강조하고 있다. 구체적으로 첫째, 기후 위기로 인해 가장 큰 위험에 노출되는 것이 무엇인지 파악하고, 둘째, 효과적인 정책 수단이 무엇이며 개선이 시급한 것이 무엇인지 파악해야 한다는 것이다. 다만, 이를 위하여 이해관계자 사이에 협력과 조정이 부족하며, 이러한 연구에 필요한 자금 지원이 부족하다는 점을 강조하고 있다. 또한 기후변화와 관련된 건강 위험을 실시간으로 감시하고 대책을 마련하기 위해서 보건의료 분야를 넘어서는 수준의 협력과 조정이 필요하다는 점을 역설하고 있다.

한 줄 요약

- 한국보건산업진흥원에 따르면 우리나라 의료 종사자들은 ESG 경영의 필요성을 인식하고 있는 것으로 나타났다.

- 의료법인으로서 의료기관은 의료 종사자·환자·지역사회 등 다양한 이해관계자들의 요구를 받고 있으며, 친환경 경영과 투명 경영에 대한 중요성이 높아지고 있다.

- 2005년 허리케인 카트리나와 메모리얼 병원 사례는 의료 경영에 있어 ESG의 핵심 요소인 환경(E)과 사회(S)가 특히 중요하다는 사실을 알려준다.

토론 주제

- ESG 경영 이행에 있어 의료법인(병원 등)과 일반 기업의 가장 큰 차이는 무엇인가? 두 기업군을 동일한 잣대로 평가하는 것은 적절한가?

- 환자의 생명을 구하기 위한 의사·간호사 등 의료 종사자의 직업정신은 ESG로 평가할 수 있는가?

40

ESG와 블록체인 기술이 만났을 때

블록체인은 네트워크 참여자가 모든 거래 내역의 데이터를 분석하고 저장하는 기술을 말한다. 쉽게 말해 데이터 분산 처리 기술인데, 개인 간 거래(P2P)의 데이터가 기록되는 장부인 '블록'이 체인 형태로 묶여 있어 블록체인이라고 불리기도 한다. 블록체인이 대중에 알려진 것은 가상자산인 비트코인에 블록체인 기술이 적용된 덕분이지만, 투자 목적 외에 예방접종 인증, 모바일 접종은 물론 전자 투표 등 공적인 영역부터 장외 주식거래, 보험금 청구, 온라인 중고거래 플랫폼 등 민간 영역에 이르기까지 다양한 영역에서 폭넓게 활용될 수 있다.

블록체인의 가장 큰 장점은 거래 참여자가 거래 내용을 블록(Block) 단위로 공유하며, 거래 장부가 네트워크 참여자 숫자만큼 존재하다 보니 위조 및 변조를 방지하는 데 효과적이다. 거래 장부나 개인 정보를 중앙 보관소에 보관하는 과거의 중앙 집중 방식은 모든 정보가 하나의 중앙 장부에 기록되다 보니 보안이 취약했다. 이는 민간은 물론이고 정부 차원의 다양한 공공 서비스 영역에 블록체인 기술을 적용하려는 배경이기도 하다.

전 세계 블록체인 시장은 그 규모가 크게 증가할 것으로 전망되고 있다. 2022년 삼정KPMG 경제연구원이 분석한 결과에 따르면 글로벌 블록체인 시장 규모는 2018~2024년에 연평균 67.3% 성장해 235억 달러(약 31조 원)를 넘길 것으로 예측했다.[24]

이 연구원에 따르면 2024년까지 블록체인이 가장 성장할 분야로는 금융서비스(60억 8,000만 달러, 약 8조 원), 헬스케어(44억 9,000만 달러, 약 6조 원), 정부 및 공공(38억 7,000만 달러, 약 5조 원), 소매 및 전자상거래(34억 달러, 약 5조 원), 자동차(25억 5,000만 달러, 약 4조 원), 콘텐츠 및 엔터테인먼트(20억 3,000만 달러, 약 3조 원), 기타(11억 5,000만 달러, 약 2조 원) 순이다.

블록체인 기술이 다양한 산업 영역에서 보편화됨에 따라 이를 ESG 경영에 활용하는 기업의 사례도 눈에 띄고 있다. 특히, 글로벌 기업들이 자사의 공급망 관리에 블록체인 기술을 적용하여 물류 운송, 원자재, 부품의 경로를 추적하고 그 투명성을 개선하고 있다.

대표적인 사례로는 2019년 11월 월마트 캐나다 지사가 블록체인 기술을 활용하여 70여 개에 달하는 외부 운송업체 송장 및 결제를 자동 관리하는 시스템을 개발한 것이다.[25] 당시 월마트 캐나다 지사는 자체적으로 보유한 트럭과 외부 운송업체를 활용하여 캐나다 전역의 유통센터 및 소매 점포에 연간 50만 건 이상의 화물을 배송했다. 가장 큰 문제는 송장과 거래자의 결제 과정에서 데이터가 맞지 않는 경우가 많았는데, 이는 거래 비용 증가로 이어졌고, 대금을 제때 받지 못하는 운송업체는 불만만 쌓여갔다. 이에 월마트 캐나다 지사는 화물 및 물류 소프트웨어 개발사인 커넥츠(KNNX)[26]와 손잡고 분산원장 네트워크인 'DL 에셋 트랙(DL Asset Track)'을 개발하여 월마트의 블록체인 공급망에 적용했다. DL 에셋 트랙은 물류를 운반하는 트럭에 사물인터넷(IOT) 센서와 GPS 추적 기능을 부착하였으며, 제품과 부품 공급사가 웹이나 모바일 앱으로 입력하는 정보를 활용함으로써 운송 화물 추적부터 청구서 발행까지 자동화시켰다. 이처럼 블록체인을 활용하여 공급망

---

24 전자신문, [데이터뉴스] 블록체인, 2024년 235억 달러로, 2022년 7월 20일.
25 월마트 캐나다 지사 등 기업들이 블록체인 기술을 활용한 사례는 다음 자료를 참고하였음을 밝힌다.
  • LG CNS, ESG는 아무나 하나~ 착한기업 만드는 블록체인 기술!, 2021년 5월 11일.
  • 하버드비즈니스리뷰, 블록체인으로 공급망 문제 해결한 월마트.
26 당시 이 회사의 사명은 DLT랩스(DLT Labs)였으며, 2023년 10월 4일부로 사명을 현재의 커넥츠(KNNX)로 변경하였다.

내 '상품 정보'에 대한 정확성을 개선한 결과, 물류 운송에 따른 분쟁 건을 98.5% 줄인 것으로 조사되었다.[27]

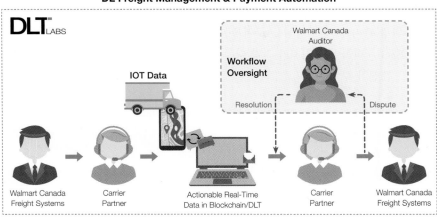

DL Freight Management & Payment Automation

그림 11-9 월마트 캐나다 지사의 블록체인 기술을 활용한 물류 운송 관리 및 결제 자동화 과정

(출처: Computerworld, Walmart launches 'world's largest' blockchain-based freight-and-payment network, 2019년 11월 19일)

유명 글로벌 자동차업체들도 자사의 공급망 관리에 블록체인 기술을 적용하고 있다. 독일의 BMW는 글로벌 공급망 내 원자재와 부품 추적의 투명성을 위하여 블록체인 기술인 '파트체인(Part Chain)'을 도입하였고, 볼보자동차(Volvo)는 전기차 배터리에 쓰이는 코발트 등 광물의 원산지를 추적하는 블록체인 체계를 도입하였다.

블록체인 기술은 금융권 및 기업의 자금 조달과 투자에 적용되는데, 대표적인 분야가 바로 녹색채권이다. 녹색채권은 친환경 프로젝트에 사용이 국한되어 발행하는 채권이다. 블록체인 기술이 적용된 녹색채권은 거래 비용을 줄임으로써 금융권 등에서 친환경 프로젝트를 벌일 여력을 높여준다는 장점이 있다. 예를 들어 2018년 8월 세계은행(World Bank)은 호주연방은행(Commonwealth Bank of Australia)과 이더리움 프라이빗 프로토콜 기반의 블록체인 채권을 발행했다. 이는 세계은행이 금융 인프라와 통화의 신뢰성을 고려하여 호주를 블록체인 채권 발행국으로 정한 결과이며, 이 채권은 호주연방은행이 직접 개발한 블록체인 플랫폼인 'Bond-i'에서 발행된다. 이 외에 프랑스 투자은행 소시에테제네랄(Societe Generale)의 자회사인 SFH는 2019년 4월 증권형 토큰 형태의 퍼블릭 블록체인 채

---

27 The World Financial Review, How Walmart Used Collaboration and Co-Creation to Build the World's Largest Industrial Blockchain Solution, 2022년 5월 19일.

권을 발행했으며, 같은 해 12월 중국의 인민은행은 중소기업·소상공인의 대출 지원을 위하여 자체 개발한 블록체인 채권 시스템을 통해 금융채권을 발행했다.[28]

이 외에 블록체인 기술은 환경(E)·사회(S)·지배구조(G) 등 개별 ESG 영역에서 도입되어 기업들의 거래 비용을 줄이고, 제품의 생산 및 유통 과정, 그리고 기업의 사업 환경 관리 등의 투명성을 끌어올릴 것으로 전망된다(표 11-1). 블록체인 기술과 ESG는 만들어진 취지가 각각 다르지만, 이 두 요소는 함께 기업의 ESG 경영 도입을 촉진할 수 있다.

표 11-1 ESG 주요 이슈와 블록체인 기술이 도입 가능한 기술 및 서비스

구분	주제	주요 이슈	블록체인 도입 가능 기술 및 서비스
환경(E)	기후변화	• 탄소 발자국 • 기후변화 사건에 대한 취약성	• 암호화 • 스마트 계약
	천연자원	• 에너지 효율 • 원자재 소싱 • 물 효율 • 토지 사용	• P2P 네트워크 • 분산 합의
	환경오염·쓰레기	• 독성물질 배출 • 폐수 관리 • 유해 물질 관리 등	• 암호화 • 분산 장부
	기회와 정책	• 재생에너지 • 청정에너지 등	• P2P 네트워크 • 분산합의
사회(S)	인적자본	• 근무환경 건강·안전 • 근로자 참여, 다양성 및 포용	• 암호화 • 분산 합의
	생산책임	• 생산품 안전 및 품질 • 상품 접근성	• 암호화 • 분산 장부
	관계	• 지역사회 • 정부 등	• P2P 네트워크 • 분산 합의 등
지배구조(G)	기업 지배구조	• 이사회 구조 및 책무 • 경영진 보상 등	• 암호화 • 분산 합의 등
	기업 형태	• 부패관리 • 경쟁 행위 등	

출처: 김세규, ESG 경영을 위한 블록체인 기술 도입 사례 연구 : 스타벅스 '빈투컵(bean to cup)' 프로젝트, 산업혁신연구, 37(4), 2021, pp.1-24. 해당 논문의 표-3을 정리함.

---

28 자본시장연구원, 주요국의 블록체인 채권 발행 및 이슈, 자본시장포커스, 2020-16호.

원두 재배지부터 커피 픽업까지…. 커피 유통에 블록체인 기술 적용한 스타벅스[29]

그림 11-10 스타벅스가 공개한 MS 기술 기반의 '디지털로 추적 가능한 커피' 스마트폰 애플리케이션. 이 애플리케이션을 통해 MS 애저 기반 블록체인이 활용된 커피 원산지 정보 기록을 확인할 수 있다.

(출처: Starbucks Stories & News, New Starbucks traceability tool explores bean-to-cup journey, 2020년 8월 10일)

'원두에서 컵까지(Bean to cup)'. 글로벌 커피 체인인 스타벅스(Starbucks)가 2019년 '마이크로소프트(MS) 빌드 2019 컨퍼런스'에서 밝힌 프로그램이다. 이 프로그램은 MS 애저 기반 블록체인 서비스를 활용해 공급망 참여자가 거래 데이터를 입력하여 전자 원장을 생성한다. 이 기술을 통해 스타벅스 고객은 커피 재배업체가 커피 원두 패키지를 발송하는 시점부터 커피를 매장에서 구매할 때까지 원두의 경로를 추적할 수 있다. 이는 앞서 같은 해 3월, 커피 원두가 100% 윤리적이고 지속가능한 방식으로 전달되는지 증명하는 '디지털 트랜스포메이션 계획'의 일환이다.

또한 스타벅스는 MS 기술이 활용된 '디지털로 추적 가능한 커피(digitally traceable coffee)' 서비스를 소개했다. 스마트폰 카메라가 앱을 통해 커피 원두 포장재 신호를 인식하면 원두의 원산지 정보를 알려주는 것이다. 이러한 방식으로 스타벅스 소비자는 커피 원두의 출처를 실시간으로 추적할 수 있으며, 이는 원두를 생산하는 재배업체 입장에서도 투명 경영을 하도록 효과를 낼 수 있다. 이는 스타벅스가 블록체인 기술을 활용하여 ESG의 사회(S) 요소인 '윤리적 소싱(ethical sourcing of sustainable products)' 관행을 다하기 위한 노력이라고 평가할 수 있다.

---

29 사례 작성에 있어 다음 자료를 참고하였음을 밝힌다.
- 김세규, ESG 경영을 위한 블록체인 기술 도입 사례 연구 : 스타벅스 '빈투컵(bean to cup)' 프로젝트, 산업혁신연구, 37(4), 2021, pp.1-24.
- ZDNET Korea, 스타벅스는 MS 블록체인·AI 기술 어떻게 쓸까, 2019년 5월 7일.
- ITWORLD, 블록체인 선택한 스타벅스, "원두부터 커피까지 투명성 제공", 2019년 5월 9일.
- 스타벅스 홈페이지(https://www.starbucks.com/responsibility/sourcing/)

한 줄 요약

- 글로벌 기업들은 물류 운송, 원자재와 부품 경로 추적 등 공급망 관리에 블록체인 기술을 적용하여 ESG 경영에 힘쓰고 있다.

- 블록체인 기술은 금융권 및 기업의 자금 조달과 투자에 적용되는데, 녹색채권이 대표적이며 블록체인 기술은 거래 비용을 낮춤으로써 친환경 프로젝트를 벌일 여력을 높일 수 있다.

- 글로벌 커피 체인인 스타벅스는 마이크로소프트의 블록체인 기술이 적용된 전자 원장을 활용하여 고객이 커피 원두의 공급망을 추적할 수 있도록 하고 있다.

 토론 주제

- 기업의 블록체인 기술 활용은 ESG 중 어떤 개별 요소와 가장 밀접하다고 할 수 있는가? 그 이유는 무엇인가?

- 본문에서 언급한 예시 외에 가장 인상 깊었던 기업의 블록체인 기술 적용 사례는 무엇인가? 이유는 무엇인가?

CHAPTER 12
ESG와
다양한 산업

41

[ESG와 게임 산업]
가상 세계에도 ESG가 있다

게임은 전 세계 인류가 즐기는 가장 오래된 오락 산업이다. 1980~1990년대 중고 생들은 주로 동네 오락실에서 게임을 즐기거나, 가정에서 콘솔 게임기를 이용해 게임을 즐겼다. 2000년대 들어 적게는 수십여 대부터 많게는 수백여 대에 이르는 컴퓨터가 설치된 PC방이 증가하였다. 최근에는 플레이스테이션(소니)·XBOX(마이크로소프트) 등 콘솔 게임기를 이용하거나, PC로 온라인 서버에 접속해 게임을 즐기는 등 게임 문화의 양상이 조금씩 바뀌었다.

단순히 생각하면 (온라인) 게임은 가상 세계에서 플레이어가 오락을 즐기는 행위라고 치부할 수 있다. 그래서 게임 산업이 어떻게 ESG, 더 나아가 기업의 ESG 경영과 관련이 있는지 의아할 수 있다. 하지만 게임 산업은 엄연히 기업의 집합이며, 상장기업의 경우 다른 산업 소속 기업과 마찬가지로 ESG 공시 의무를 진다. 자산 2조 원 이상의 상장기업은 오는 2025년부터 지속가능경영보고서를 공시해야 하며, 2030년부터 이러한 공시 의무는 모든 코스피 상장사기업에 확대 적용된다. 특히 게임업체는 자사가 출시하는 게임 콘텐츠, 오락성 등에 이르기까지 개별 환경(E) · 사회(S) · 지배구조(G)와 밀접한 관련이 있다.

게임 문화가 바뀐 것과 무관하게 변하지 않는 사실은 게임 플레이에 많은 전력이 소비된다는 것이다. 예를 들어 PC 게임은 문서 작업이나 인터넷 검색과 같은 단순 작업보다 전력 소비량이 많은데, 고사양 게임이라면 그래픽카드에서 발생하는 열로 인해 전력 소비량이 더욱 높아지며, 높은 전력 소비에 따라 PC의 열을 식혀주기 위해서는 냉각기가 가동되어야 하는데 이 역시도 전력이 소비된다. 다시 말해, 게임 산업이 발전함에 따라 전력 소비, 그리고 이에 따른 탄소 배출량이 증가하는 구조이다.[1]

국내 게임업체도 다른 기업과 마찬가지로 ESG 평가를 받는데, 환경(E) 분야에서는 취약한 모습을 보인다. 지난 2021년 국내 유명 ESG 평가기관인 한국ESG기준원(KCGS)의 ESG 평가에서 국내 게임사 9곳 중 7곳이 환경(E) 부문에서 D등급을 받았다. KCGS가 부여하는 총 일곱 가지 ESG 등급(S · A+ · A · B+ · B · C · D등급)에서 단 두 곳을 제외하면 모두 환경(E) 분야에서 낙제점이라고 할 수 있다. 이듬해인 2022년 엔씨소프트(NCSOFT)는 같은 평가기관의 ESG 평가에서 환경 분야 B+ 등급을 받았고, 나머지 기업들은 최하위 D 등급을 받은 것으로 나타났다.

국내외 게임 산업은 ESG 경영 도입에 있어 아직은 초기 단계인데, 대부분의 게임업체의 온라인 서버에 많게는 수천만 명이 접속해 게임을 즐기다 보니 데이터센터 게임 서버에서 발생하는 전력 소비가 막대하며, 이는 탄소 배출량 증가로 이어진다. 대표적인 분야가 클라우드 게이밍[2]이다. 영국 랜캐스터 대학에 따르면 콘솔 게이머의 30%가 클라우드 게이밍을 하게 된다면, 게임 플레이에 따른 탄소 배출량이 오는 2030년까지 현재와 비교해 30% 증가하며, 90%의 게이머가 클라우드 게이밍을 즐기게 된다면 탄소 배출량은 2배 이상 늘어나는 것으로 나타났다.[3] 온라인 게임을 즐기는 게이머가 증가할수록 탄소 배출량도 비례해 증가하는 것이다.

이와 관련하여 일각에서는 제품 제조 과정에서 탄소 배출 및 콘솔 재활용을 일으키는 패키지 구매[4] 방식의 콘솔 게임에 비교하였을 때 온라인 게임은 게임 클라이언트 파일을 다운로드하는 등 환경오염 문제가 덜하다고 이야기하기도 한다. 그

---

1 탄소 배출량의 상당수가 전력 소비인 게임 산업은 IT 산업으로 분류되기도 한다.
2 클라우드 게이밍은 게임업체 데이터센터에 있는 원격 서버를 통해 플레이하는 온라인 게임을 말한다.
3 Polygon, Why cloud gaming could be a big problem for the climate, 2020년 10월 14일.
4 패키지는 게임을 담은 저장매체(CD, 게임팩 등)와 매뉴얼 등 게임 플레이에 필요한 것들을 묶어 판매하는 것을 의미한다.

러나 정희순 & 정형원(2022)은 한국콘텐츠진흥원 자료를 인용하여 온라인 게임은 게이머와 게임 서버 양쪽에서 전력 소비를 발생시키는 등 패키지 구매 방식의 콘솔 게임과 비교해 환경적이지 않다는 점을 강조하고 있다.[5]

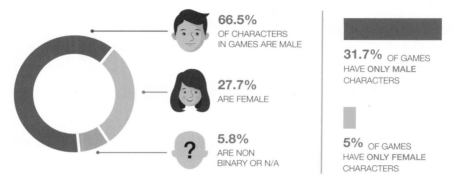

그림 12-1 **남성과 여성 캐릭터 비중에서 나타나는 게임상 성차별** (출처: Diamond Lobby, Diversity in Gaming Report: An Analysis of Diversity in Video Game Characters, 2023년 2월 22일)

또 한 가지 주목해야 할 사실은 게임 산업에서 ESG 경영은 단순히 전력 소비량과 관련된 환경(E) 요소에 치중된 것이 아니라는 것이다. 한국콘텐츠진흥원에 따르면 게임에 내재된 폭력성 및 선정성에서 나타나는 타인에 대한 혐오, 차별, 언어폭력 등은 게임 사용자에게 미치는 사회(S) 요소에 해당하며, 게임업체에서 나타나는 조직 문화 중 크런치 모드[6]와 성차별 문제는 지배구조(G) 요소로 꼽는다.[7]

최근 들어서는 게임상 주인공이 지나치게 남성, 혹은 특정 인종으로 표현되어 성별 다양성을 해치는 등 사회(S) 요소를 저해하고 있다는 비판이 제기되고 있다. 게임 전문매체인 다이아몬드 로비(Diamond Lobby)가 2017~2021년 사이 유명 게임 회사인 액티비전(Activision), 일렉트로닉스(EA), 닌텐도(Nintendo), 유비소프트(Ubisoft) 등에서 출시한 주요 게임 100여 개를 조사한 결과, 전체 게임의 79.2%에서 남성이 주인공이었으며, 54.2%는 백인이 주인공이었다. 반면, 유색 인종 여성이 주인공인 게임은 8.3%에 그쳤다. 또한 게임 전체 810개 캐릭터 중 66.5%가 남성 캐릭터, 27.7%는 여성 캐릭터였다. 또한 남성 캐릭터만 플레이 가능한 게임은 31.7%에 달했으며, 여성 캐릭터만 플레이 가능한 게임은 5%에 불과했다. 이와 같

---

5 정희순, 정형원, 국내 게임사들의 환경 경영 방향성에 관한 연구, 한국엔터테인먼트산업학회 학술대회 논문집, 2022, pp.19-25.

6 게임·서비스 출시 전 개발자들의 야간·주말 근무를 포함한 고강도 근무 체제를 말하는 IT업계 용어

7 한국콘텐츠진흥원, 글로벌 게임산업 트렌드(2022년 1+2월호)

은 통계는 현실에서 존재하는 성차별이 게임상 캐릭터에서도 나타난다는 사실을 알려준다.[8]

아직은 소수에 불과하지만, 유명 게임업체를 위주로 ESG 경영을 선도하려는 움직임이 두드러지고 있다. 일례로, 엔씨소프트는 국내 게임업체 중 최초로 ESG 경영위원회를 설립하고 지속가능경영보고서를 발간했다. 또한 국내 ESG 평가 외에도 국제 ESG 평가모델인 '모건스탠리캐피털인터내셔널(MSCI) ESG Rating'에서 2022년 AA 등급을 받았다. 이 등급은 동종 산업 분야인 'Media & Entertainment(미디어 & 엔터테인먼트)' 분야에서 글로벌 게임사 중 가장 높다.

국내 게임업체의 ESG 경영은 아직 다른 산업군에 비해 갈 길이 멀지만, 액티비전 블리자드·일렉트로닉아츠(EA) 등 전 세계 게임업체들이 5년에 걸친 포장 폐기물 50% 감축 계획을 밝히거나(액티비전 블리자드), 데이터센터 관리에 재생에너지를 쓰는 등(EA)[9] ESG 경영을 위한 적극적인 노력을 기울이는 것을 고려하면 이러한 추세와 더불어 국내 ESG 경영 도입 역시 더욱 확산될 것으로 전망된다.

🌱 ESG 사례 분석

사회적 다양성을 게임에 반영한 게임업체, 정작 현실 세계에서는 성폭력 방치?

스타크래프트(STARCRAFT), 콜 오브 듀티(CALL of DUTY), 오버워치(OVERWATCH)…. 게임을 좋아하는 사람들에게는 익숙한 이 게임들은 액티비전 블리자드(Activision Blizzard)에서 만들었다. 2022년 기준으로 시가총액이 무려 80조 원이 넘는 이 글로벌 게임회사는 지난 2021년 심각한 성폭력 문제에 휘말렸다. 미국 캘리포니아주에 있는 공정고용주택부(DFEH)는 액티비전 블리자드가 직장 내 성차별과 성희롱을 방치했다는 이유로 피해 보상과 시정

---

8 GRI(Global Reporting Initiative)와 EU의 비재무 정보 공시 가이드라인 등 다양한 ESG 공시 기준은 기업 총 직원의 남녀 비율, 신입 및 중간관리자의 남녀 비율, 고위직 임원의 남녀 비율, 정규직 남녀 비율, 성별 초임 임금 및 보상 비율, 육아휴직의 성별 비율, 이사회 구성의 남녀 수, 위원회 위원장의 남녀 수 등을 다양하게 언급하고 있다. 이처럼 ESG 공시 곳곳에서 성평등을 강조하는 추세를 고려하면, 게임상 성차별은 가상 세계라 할지라도 그 괴리가 현실과 크다는 점을 알 수 있다. 참고자료: 이숙진(인천대 사회복지학과, 전 여성가족부 차관), ESG와 성평등 경영, 기업이 살 길!, 2021년 12월 3일.

9 출처는 다음과 같다.
- 액티비전 블리자드: https://www.activisionblizzard.com/content/atvi/activisionblizzard/ab-touchui/ab/web/en/newsroom/2021/06/activision-blizzard-releases-its-first-esg-report.html
- EA: https://www.ea.com/ko-kr/commitments/environment

명령을 요구하는 소송을 제기했다. 고소장에 따르면 이 회사의 여직원들은 성폭력뿐 아니라 보수 · 직무 배정 · 승진 · 해고 등 인사 전반에 걸쳐 불이익을 받았으며 경영진은 이를 묵인한 것으로 드러났다.

이는 앞서 2017년 액티비전 블리자드가 '글로벌 다양성 · 포용성 이니셔티브(GDII)'라는 조직을 개설하는 등 여성 인

그림 12-2 액티비전 블리자드 게임 '오버워치'에서 레즈비언 캐릭터로 묘사된 트레이서

권 활동에 앞장서고, 게임 '오버워치'의 절반 이상의 캐릭터를 성 소수자, 자폐증 환자, 방사능 피폭 피해자, 노인 등 사회적 약자를 활용하는 등 사회 다양성을 신경 쓴 것과 배치된다는 지적도 제기됐다.[10] 게임상에서는 사회(S) 요소를 충실히 살렸을지 몰라도 현실 세계에서는 이를 망각한 것이라고 평가할 수 있다.

DFEH의 고소 이후 미국 연방 평등고용기회위원회(EEOC)와 미국 증권거래위원회(SEC)도 조사에 착수했다. 문제가 터진 해(2021년) 블리자드는 미국 연방 평등고용기회위원회(EEOC)와의 합의에 따라 1,800만 달러(약 240억 원) 규모의 성폭력 문제 해결 기금을 조성하기로 했다고 밝혔으며, 이 기금을 성폭력을 당한 사내 직원들의 보상금으로 쓰고, 이후 남은 금액은 게임 산업의 직장 내 괴롭힘, 양성평등에 활용하겠다고 밝혔다. 또한, 2023년 2월에는 직장 내 괴롭힘 신고 절차를 유지하지 못하고, 연방 내부 고발자 보호 규정을 위반한 사유로 증권거래위원회(SEC)와 3,500만 달러(약 470억 원)의 벌금을 내는 데 합의했다.

액티비전 블리자드의 사례는 게임업체가 '온라인 게임'이라는 가상 세계와 '기업 경영'이라는 현실 세계 모두에서 ESG 경영을 충실히 실천해야 한다는 교훈을 알려준다.

---

10 박지윤, 블리자드 사내 성추행 사태 후 1년, 무엇이 달라졌을까, Byline Network, 2022년 4월 16일.

- 온라인 서버에 수많은 게이머가 접속해 게임을 즐기다 보니 게임업체 데이터센터의 서버에서 발생하는 전력 소비는 탄소 배출량 증가로 이어진다.

- 게임업체의 ESG 문제는 전력 소비량 등 환경(E), 게임 폭력성 및 선정성에서 나타나는 타인 혐오, 차별, 언어폭력 등 사회(S), 크런치 모드와 성차별 문화 등 지배구조(G) 이슈가 있다.

- 액티비전 블리자드의 성폭력 사례는 게임업체가 '온라인 게임'이라는 가상 세계와 '기업 경영'이라는 현실 세계에서 모두 ESG 경영을 실천해야 한다는 교훈을 알려준다.

 토론 주제

- 게임의 폭력성과 잔혹성은 이 게임을 제작한 게임업체의 ESG 요소에 영향을 줄 수 있는가?

- 게임상에서 ESG 요소를 살리는 것이 게임의 상업성을 해친다면 게임업체 CEO는 어떤 결정을 내려야 하는가?

42

[ESG와 스포츠 산업]
손흥민의 토트넘,
가장 ESG 친화적인 이유는?

흔히들 스포츠의 핵심 가치는 공정이라고 말한다. 축구·야구·농구 등 구기 종목부터 투기, 육상·체조 등 다양한 스포츠 종목에서 공정성은 핵심 가치이며, 이를 훼손하는 행위가 포착되면 적지 않은 사회적 비난이 발생할 수 있다. 전 세계적인 ESG 경영 확산에 힘입어 스포츠업계도 경기장 내 공정성 외에도 스포츠 경기, 선수단 운영, 선수 윤리, 관객 에티켓 등에 이르기까지 다양한 측면에서 ESG 요소를 고려하게 되었다. 글로벌 컨설팅업체인 PwC는 스포츠업계에서 고려해야 할 ESG 요소를 〈표 12-1〉과 같이 제시하였다. 스포츠 경기의 탄소중립, 경기장 공기 오염(이하 환경)부터 선수 복지, 인종차별 금지, 여성 스포츠 발전(이하 사회), 그리고 이사회 운영과 스포츠 행사 입찰 투명성(이하 지배구조)에 이르기까지 다양한 스포츠 산업 내 ESG 실현으로 지역사회와 국가, 국가 경제에 풍부한 가치를 제공해야 한다.

표 12-1 **PwC에서 명시한 스포츠 산업의 ESG 카테고리**

구분	환경(E)	사회(S)	지배구조(G)
내용	• 넷제로(탄소중립) • 지속가능한 행사 운영 • 경기장 공기 오염 • 훈련과 행사시설에 대한 기후 리스크 • 지속가능한 공급망 • 경기장 공기 오염	• 선수 복지 • 인종차별 금지 • 여성 스포츠 발전 • 스포츠 베팅 • 지역사회 발전 • 대중 스포츠 • 소규모 및 지역 비즈니스 지원	• 이사회 다양성 • 주요 스포츠 행사의 입찰 과정 투명성 • 소유권 · 이사회 확인 • 특정 정책 항의 권리 • 지속가능한 금융지원 • 스폰서 및 상업적 파트너 입찰 • 인권 / 기업 지배구조

출처: PwC, ESG in Sport, 2022

우리나라 스포츠 산업에서도 공공과 민간의 ESG 도입 및 실천의 중요성이 커졌다. 먼저 공공기관인 국민체육진흥공단은 2021년을 ESG 경영의 원년으로 하여 '스포츠로 함께 만들어가는 ESG 경영'을 선포하고 온실가스 32% 감축, 일자리 2만 5,700개 창출 등 4대 목표를 제시함과 동시에 환경 경영 추진시스템 구축, 동반성장, 청렴 · 윤리문화 확산 등 12대 과제를 발표했다.[11] 공공기관이 사회적 책임을 위한 나름의 ESG 목표를 설립한 것은 민간 스포츠 구단과 업체에 확산될 수 있는 만큼 의미 있는 노력이라고 평가할 수 있다. 다만, ESG 경영 도입과 관련하여 국내 스포츠 산업에서 가장 큰 문제는 개인 사업체가 전체 스포츠 산업에서 큰 비중을 차지한다는 사실이다. 문화체육관광부에 따르면 전체 11만 6,095개의 스포츠 사업체 중 4인 이하 사업체 수는 10만 7,675개로 그 비중이 92.7%에 달하고, 50인 이상의 단체는 631곳으로 0.5%에 불과했다.[12] 이는 앞서 '12. ESG에도 양극화가 있다 – 웃는 대기업, 우는 중소기업'에서 밝힌 대기업과 중소기업의 관계로 비유해볼 수 있다. ESG 도입을 위한 예산과 조직, 인력을 확보한 대기업에 비해 중소기업은 그 규모가 턱없이 부족할 수 있는 것처럼 스포츠 단체도 마찬가지다. 당장 경영 상황이 열악한 중소규모 스포츠 단체 입장에서는 현재의 이익이 중요한 상황이기 때문에 추가적인 자원 투입이 예상되는 ESG 경영에 충실하기 어려울 수밖에 없다.[13]

---

11 한스경제, 국민체육진흥공단, 스포츠로 함께 만들어가는 ESG 경영 선포, 2021년 11월 18일.

12 2021년 기준 스포츠산업조사 결과 보고서(2022년 조사), 2023년 1월.

13 필자에 앞서 동일한 주장을 제시한 민두식(2022)은 추가로 "다수의 스포츠 기업은 ESG 추진에 대한 인식이나 가용자원이 대기업, 글로벌 기업 등에 비해 미흡한 상황"이라며 "용품제조업이나 시설업뿐 아니라 서비스업 또한 ESG에 대한 규제와 법제화 등이 활발히 진행될 경우 이익보다 오히려 손실이 우려되는 실정"이라고 이야기한 바 있다. 출처: 민두식, 지속가능성장을 위한 스포츠 산업의 ESG 도입과 전략적 대응 방안. 한국체육정책학회지, 20(1), 2022, pp.43-62.

스포츠 단체나 리그가 ESG 경영을 실천하는 방식은 다양하다. 첫 번째는 국제연합(UN)이 정한 '기후 행동 프레임워크를 위한 스포츠(Sports for Climate Action Framework)'의 원칙과 실천 방안을 자사의 단체, 리그 또는 구단이 실천하는 것이다. 이는 앞서 2015년 12월 프랑스 파리에서 개최된 UN 기후변화협약 당사자총회에서 채택된 파리협정의 스포츠 버전이라고 할 수 있다. 현재 '기후 행동 프레임워크를 위한 스포츠'에 가입한 회원 단체는 총 219곳에 이르며, 우리나라에 잘 알려진 국제올림픽위원회(IOC), 세계태권도연맹(World Taekwondo), 잉글랜드 프리미어리그의 아스날 FC, 토트넘 핫스퍼, 이탈리아 세리에A의 유벤투스, 프랑스 1리그의 파리 생제르맹을 비롯한 유명한 축구 클럽도 가입되어 있다.[14] 국내 단체는 대한당구연맹(KBF), 케이리그(K League) 등이 가입된 것으로 파악된다.[15]

그림 12-3 **2018년 11월 서울 잠실야구장에서 열린 한국시리즈에서 와이번스가 우승한 이후 최태원 SK 회장이 팀 선수들에게 헹가래를 받는 모습**

두 번째는 스포츠 구단을 운영하는 기업이 자사의 ESG 경영 원칙을 구단 운영에 적용하는 것이다. 국내에서는 SK그룹이 비인기 · 비주류 종목을 집중하여 지원하는 방식으로 국내 스포츠 발전에 기여하고 있다. 2021년 프로야구 SK와이번스 구단의 지분 100%를 보유한 SK텔레콤은 지분 전체를 매각하기 위해서 인수 금액 1,352억 8,000만 원에 신세계그룹과 양해각서(MOU)를 체결한 것이다. 일반적으로 기업이 야구단을 매각하는 것은 재정난이 주요 원인이지만 정작 SK는 회사 운영에 어려움이 없었다. SK와이번스 매각과 관련하여 당시 SK텔레콤은 비인기 스포츠 지원에 역량을 쏟는 등 사회 전반의 사회적 가치를 창출하기 위한 결정이었다고 설명했다.[16]

한국 스포츠계에서 ESG 경영 중 가장 중요한 것은 지배구조(G)라는 의견이 강하다. 프로구단은 재정적으로 모 기업 또는 지자체에 의존하고 있어서 구단 내부 인

14 https://climateinitiativesplatform.org/index.php/Sports_for_Climate_Action

15 https://unfccc.int/climate-action/sectoral-engagement/sports-for-climate-action/participants-in-the-sports-for-climate-action-framework#Sports-for-Climate-Action-signatories

16 머니S, 스포츠로 번진 최태원 회장의 '환경 · 사회 · 지배구조 경영', 2021년 1월 31일.

사와 선수단 운영에 이들 단체의 입김이 작용한다.[17] 특히, 중소기업이라면 사업주 혹은 최고경영자가 전권을 갖고 있어 이들의 ESG 인식 제고가 중요하다는 주장이다.[18] 앞서 SK텔레콤의 SK와이번스 지분 매각 사례에서 알 수 있듯이 스포츠 산업에 대한 ESG 규제가 전 세계적으로 높아질수록 스포츠 구단과 스포츠 사업체의 리더십은 매우 중요하다.

ESG 사례 분석

손흥민의 토트넘, 英 프리미어리그에서 가장 ESG 친화적인 축구 클럽

Premier League Sustainability Rankings			
Rank	Club		Score
1	-	Tottenham Hotspur	24
1	-	= Liverpool FC	24
3	-	Manchester City FC	23
4	-	Southampton FC	20
5	-	Brighton & Hove Albion	19.5
6	-	Arsenal	18
7	-	Wolverhampton Wanderers	17.5
7	-	= Manchester United	17.5
9	-	Brentford FC	16.5
10	-	Chelsea FC	16

그림 12-4 **스포츠 포지티브가 선정한 2023년 프리미어리그 지속가능성 순위** (출처: https://www.bbc.com/sport/football/65544714)

잉글랜드 프리미어리그(EPL)의 토트넘 핫스퍼(이하 토트넘)는 우리나라 축가 국가대표 윙어 손흥민이 소속된 축구 클럽이다. 2023년 토트넘은 4년 연속으로 프리미어리그 최고의 친환경 구단으로 선정됐다. 리버풀 FC 역시 토트넘과 더불어 공동 1위를 차지했다.[19] UN의 지원을 받는 스포츠 포지티브(Sport Positive)가 선정한 EPL 순위에서 4년 연속 지속가능성 클럽 1위에 자리에 오른 것이다.[20] 스포츠 포지티브에 따르면 지속가능성 클럽 선정 기준은 정책 및 공약, 청정에너지, 에너지 효율성, 지속가능한 교통, 1회용 플라스틱 절감, 폐기물 효율성, 물 효율성, 식물 기반·저탄소 음식, 생물다양성 교육, 소통 및 참여, 소싱 조달 등이다.

특히, 프리미어클럽 선수단은 경기가 열리는 시즌 동안 각자의 연고지로 잦은 국내선 비행기를 이용해 환경오염을 유발한다는 지적을 받았으며, 실제로 모든 팀이 경기 이동을 위해 국내선 비행기를 이용한 사유로 감점을 받은 것으로 조사되었다. 다만 토트넘 핫스퍼는 남성팀과 여성팀 1군에 환경 지속가능성에 대한 교육을 제공하는 등 독보적인 친환경 및 지속가능성 활동을 펼친 덕에 1위에 올랐다.

---

17 스포츠경향, [김세훈의 스포츠IN] 한국 스포츠, ESG 경영을 어떻게 이해하고 수행해야 할까, 2023년 3월 6일.

18 2021년 기준 스포츠산업조사 결과 보고서(2022년 조사), 2023년 1월.

19 리버풀 FC는 영국 브랜드 평가 전문 컨설팅업체가 발표한 '2023년 축구 지속가능성 지표(Football Sustainability Index 2023)'에서 유럽 5대 리그를 통틀어 1위를 차지했다. 해당 지표 기준으로 잉글랜드 프리미어리그는 가장 지속가능한 리그로 인식되는 것으로 조사되었다. 스포츠 포지티브 조사를 비롯한 조사 결과들은 세계 유명 축구 클럽에 ESG 도입 및 실천에 대한 요구가 상당하다는 점을 역설하고 있다. 출처: Brand Finance, Football Sustainability Index 2023, 2023년 2월.

20 https://www.bbc.com/sport/football/65544714

한 줄 요약

- 스포츠 경기의 탄소중립, 직원과 선수 출장 정책(환경)부터 선수 복지, 인종차별 금지, 여성 스포츠 발전(사회), 이사회 운영과 스포츠 행사 입찰 투명성(지배구조) 등 다양한 스포츠 산업 내 ESG 요소가 있다(PwC).

- 국내 스포츠 산업에서 ESG 경영 도입과 관련해 가장 큰 문제는 개인 사업체가 전체 스포츠 산업의 큰 비중을 차지한다는 것이다.

- 스포츠 단체는 '기후 행동 프레임워크를 위한 스포츠(Sports for Climate Action Framework)'의 원칙과 실천 방안을 자사의 리그, 구단에 적용하며, 스포츠 구단을 운영하는 기업은 자사의 ESG 경영 원칙을 구단 운영에 적용하여 ESG 경영을 실천한다.

토론 주제

- 개인 사업체 규모의 스포츠 단체가 ESG 경영을 실천하기 위해 가장 시급하게 해결해야 할 문제는 무엇인가?

- 당신이 평소 즐기는 스포츠 산업에서 가장 중요한 ESG 요소는 무엇인가?

43

[ESG와 담배 산업]
담배회사의 ESG 경영은
그린워싱인가?

우리나라에서 성인(19세 이상 인구)의 흡연 비율은 19.3%로 5명 중 1명꼴이다.[21] 담배는 자신의 건강에 좋지 않으며, 간접흡연을 통해 타인에게 피해를 주기도 한다. 흡연은 암과 같은 중대한 질환을 일으키는 주범으로 꼽히기도 한다. 미국의 한 연구에 따르면 미국의 담배 생산량과 폐암 발생은 증가하는 추세가 비슷한 것으로 나타났으며, 담배가 폐암의 주요 원인이라는 사실을 밝혔다.[22]

담배 산업이 ESG와 거리가 먼 것은 단순히 담배가 건강을 위협하기 때문만은 아니다. 담배를 생산 및 제조하는 과정에서 적지 않은 환경 문제가 유발되기 때문이다. 한국건강증진개발원에 따르면 담배 제조를 위해 베어내는 나무 수는 연간 약 6억 그루에 달하며, 탄소 배출량은 연간 약 8,400만 톤에 이른다. 담배 재배로 파

---

21 질병관리청, 「국민건강영양조사」, 2021년 현재.

22 CDC, Achievements in Public Health, 1900-1999: Tobacco Use -- United States, 1900-1999, November 5, 1999.

괴되는 토지는 연간 약 350만 헥타르에 이르는데, 이는 축구장 약 500만 개 면적에 육박한다. 이뿐만 아니라 담배 재배와 생산, 유통, 소비, 소비 후 폐기물 처리에 따른 사망자 수는 연간 약 800만 명에 이르는 것으로 보고되고 있다.[23] 쉽게 말해, 담배는 상품 자체가 비(非)친환경적이라는 오명을 벗어나기 쉽지 않다.

실제로 담배회사의 ESG 경영과 그린워싱은 외부적으로 혼재되어 있다는 인상을 풍긴다. 예를 들어, 담배 경작을 위해 대규모의 산림을 벌채하는 동시에, 기후변화와 관련된 수상 이력을 대외적으로 어필하여 투자자 및 투자기관과 대중의 신뢰를 얻고자 한다면 이는 그린워싱의 행위로 간주될 수 있다. 외부 여론이 안 좋다 보니 일각에서는 담배회사가 담배꽁초 줍기 캠페인과 같은 환경 보호 활동을 하는 것은 담배의 환경 문제를 소비자 탓으로 떠넘긴 것이라는 주장도 제기한다.[24]

담배의 건강 위험과 생산 및 유통 과정에서의 환경오염 문제 등을 이유로 담배 산업은 술·도박·무기 산업과 더불어 전통적인 죄악주(Sin stock)로 분류되었으며, 수많은 사회책임투자(SRI) 지수에서도 배제되었다. 예를 들어, 스웨덴 SEB는 담배 생산 기업 투자를 완전히 배제하는 것을 목표로 두었으며, 유통 회사에 대해서도 담배와 관련된 매출액 비중이 5% 이상이면 투자 대상에서 제외하기로 했다. 우리나라에서는 2015년 국민연금이 'ESG 평가기준'을 마련하고, 기업의 사회적 책임 이행을 유도하기 위한 목적으로 △환경오염 유발 기업, △사회적 논란 기업, △지배구조 왜곡 기업 등을 투자 제한 대상으로 선정한 바 있다. 그러나 국민연금은 2022년 한 해 담배를 비롯한 죄악주

그림 12-5 보건복지부의 '제35회 세계 금연의 날' 기념식 및 학술포럼 포스터

기업의 투자를 늘린 것으로 나타났다. 2022년 2월 말 기준으로 국내외 죄악주에 총 5조 2,925억 원을 투자했는데 국내는 1조 6,856억 원, 해외는 3조 8,089억 원을 투자한 것으로 확인되어 정치권의 비판을 받은 바 있다.[25] 이는 공적 연기금이

23 한국건강증진개발원, 담배회사의 ESG 경영과 그린워싱(Greenwashing) 전략. 이 보고서는 세계보건기구(2022, 2021) 등의 자료를 인용함.

24 이와 같은 주장은 2022년 5월 31일 한국담배규제연구교육센터의 이성규 센터장이 '담배회사의 그린워싱 전략'이라는 주제의 발표에서 제기한 것이다. 출처: 연합뉴스, 담배회사는 왜 꽁초 줍기 캠페인 벌이나…"'그린워싱' 경계해야", 2022년 5월 31일.

25 녹색경제신문, 국민연금, ESG 투자 손 놓았나…국감서 드러난 의지박약, 2022년 10월 13일.

라 하더라도 죄악주에 대한 네거티브 스크리닝을 비롯한 특정 투자 전략을 통일성 있게 실현하기는 쉽지 않다는 사실을 역설하고 있다.[26]

담배 산업에 대한 부정적인 시선에도 불구하고, 한 가지 분명한 사실은 모든 담배 회사의 ESG 경영 실천을 그린워싱으로 간주하는 것은 부적절하다는 것이다. 국내외 담배회사들은 부정적인 이미지를 벗기 위해 노력하고 있다. 담배 생산 과정 자체가 친환경적이지 않다 보니 그린워싱에 대한 의혹이 생기는 것은 사실이지만, 담배 기업들은 나름대로 ESG 경영이라는 글로벌 스탠다드를 따르려고 노력하고 있다. 일례로 국내 담배기업인 KT&G는 2023년 2월 코오롱인더스트리와 함께 친환경 소재인 라이오셀 토우(Lyocell tow)를 적용한 담배 필터의 공동 개발 계약을 체결했다. 현재 담배에 사용되는 필터는 플라스틱 필터이지만, 라이오셀 토우는 나무에서 추출한 천연 펄프를 단순 용해해 섬유화하는 공법을 쓴다.[27] 라이오셀 토우는 친환경 소재로 알려져 있으며, 폐기된 이후 생분해성이 훌륭하다는 장점이 있다. 앞서 KT&G는 ESG 경영 강화를 위해 전담 조직인 'ESG기획팀'과 '에너지환경기술팀'을 신설하였으며, 전국 5개 공장(신탄진 · 광주 · 영주 · 천안 · 김천)에서 에너지 사용 효율화를 목적으로 최대전력 감시 시스템을 구축했다.[28]

담배 산업이 '반(反)ESG 산업'이라는 오명을 단시간에 벗는 것은 불가능하다. 대규모 산림 벌채 등의 기존 담배 생산 방식이 근본적으로 바뀌지 않는다면 대중과 소비자의 부정적인 시선은 일부라도 남아있을 것이다. 다만, 담배 기업들이 부정적 시선을 감내하고 꾸준한 사회적 공헌 활동과 ESG 경영 노력을 다하는 것은 긍정적으로 볼 수 있다. 이들 기관의 ESG 경영 도입 노력에 대한 평가는 결국 소비자와 정부, 규제기관, 투자기관이 내릴 것이기 때문이다.

---

26 이와 관련하여 남재우(2021)는 "국민연금은 법과 규정 개정을 통하여 ESG 투자에 대한 포괄적 기반을 마련하였음에도 불구하고, 특정 ESG 전략을 시행하기 위해서는 별도의 안건으로 기금운용위원회의 추가적인 승인을 득해야 하는 구조"라며, "네거티브 스크리닝 전략의 대상 어젠더는 사회, 환경, 지배구조 전 분야에 걸쳐 매우 다양하게 나타난다. 이러한 투자 판단을 안건별로 매번 비전문가 집단인 기금운용위원회에서 심의 · 의결하는 구조는 다분히 비효율적이다. 이는 의사 결정위원회가 아닌 실무 집행조직인 기금운용본부의 역할과 책임으로 부여되는 것이 보다 합리적"이라고 제안한 바 있다. 출처: 자본시장연구원, 공적연금 ESG 투자의 현황과 과제 이슈보고서 21-20.

27 청년일보, KT&G-코오롱인더, 친환경 담배 필터 공동 개발…"ESG 경영 강화", 2023년 2월 21일.

28 인더뉴스, "담배 사업 부정적 이미지 벗고파"…담배업계 'ESG 경영' 바람 '확산', 2021년 2월 23일.

ESG 사례 분석

담배를 비롯한 죄악주 투자, 오히려 수익률이 높다고?[29]

19.02%(죄악주) vs 7.87%(시장 평균). 미국 예일대 경영대학의 프랭크 파보지 교수[30] 연구진이 2008년에 발표한 논문[31]에서 1970년부터 2007년까지 21개 국가 주식시장의 267개 상장기업을 대상으로 분석한 초과 수익률 비교다. 연구진은 수익률 차이에 대해 서로 다른 사회적 가치를 추구한 결과(different social values)라고 결론 내렸다. 다시 말해, 죄악스러운 소비(sinful consumption)에 대해 투자한 것이 경제적(투자) 이익으로 이어졌다는 것이다. 이와 관련하여 연구진은 죄악주 기업이 투자 초기에는 투자자들에게 부정적으로 인식되어 저평가되어 있으므로 높은 수익률이 가능하다고 분석한다. 또한 이러한 기업들은 사업 시작이 어려울 뿐 아니라, 감시도 심하고, 외부 여론에 의해 규율이 잡히는데, 이런 시장 상황을 견뎌낸 죄악주 기업들은 높은 독점적 수익률을 누리기 용이하다는 것이다. 다시 말해, 시장에서 담배 산업을 비롯한 죄악주의 시장성을 높이 평가한 것이 아니라, 담배 산업이 극심한 시장 상황을 견딜 정도로 산업 경쟁력을 가진 덕분에 수익률이 높게 나타났다는 것이다.

이후 파보지 교수는 또 다른 연구[32]를 통해 비슷한 주제의 연구를 진행하였다. 파보지 교수 연구진은 죄악주의 수익률을 CAPM(자본자산가격결정모형)을 활용하여 분석한 결과, 미국·유럽을 비롯한 전 세계 기업에서 초과 수익률이 발견되었지만, 파마-프렌치(Fama and French) 모델에서 제시한 '수익성(Profitability)'과 '투자(Investment)' 변수를 제외하면 이러한 초과 수익률 효과는 더는 유효하지 않았다고 분석하였다. CAPM을 비롯하여 분석 기법이 발달할수록 죄악주의 수익률이 높아지는 연구 결과는 더는 신빙성을 갖지 못한다는 사실이 '동일 연구자'의 분석으로 발견된 것이다.

---

29 사례에서 언급한 프랭크 파보지 교수의 두 논문은 아래 기사에서 최초 확인하였음을 밝힌다. 출처: 조선일보 더나은미래, [논문 읽어주는 김교수] '죄악주 프리미엄'이라는 허구, 2021년 7월 23일.

30 현재 프랭크 파보지 교수는 미국 존스홉킨스대학 캐리비즈니스스쿨에 소속되어 있다.

31 Fabozzi, F.J., K.C. Ma, and B.J. Oliphant, "Sin Stock Returns," The Journal of Portfolio Management, Vol. 35, No. 1, 2008, pp.82-94.

32 Blitz, D., & Fabozzi, F. J, Sin stocks revisited: Resolving the sin stock anomaly. Journal of Portfolio Management, 44(1), 2017, pp.105-111. doi: https://doi.org/10.3905/jpm.2017.44.1.105.

한 줄 요약

- 담배 산업이 ESG와 거리가 먼 것은 담배의 건강 문제뿐만 아니라, 담배 생산 및 제조 과정에서 적지 않은 환경 문제를 유발하기 때문이다.

- 담배 산업은 술·도박·무기 산업과 더불어 전통적인 죄악주(Sin stock)로 분류되었으며, 수많은 사회책임투자(SRI) 지수에서도 배제된 바 있다.

- 담배의 건강 위협 및 생산 방식의 비환경성에도 불구하고, 담배 기업들이 부정적 시선을 감내하고 꾸준한 사회적 공헌 활동과 ESG 경영 노력을 다하는 것은 긍정적으로 평가할 만하다.

토론 주제

- 담배 산업이 다른 죄악주(술·도박·무기 산업)와의 차이점은 무엇인가? 담배 산업은 죄악주에서 벗어날 수 있는가?

- 담배 산업 및 회사의 그린워싱 행위를 분별하기 위한 당신의 기준은 무엇인가?

44

[ESG와 건설 산업]
환경(E)과 사회(S)가
특히 더 중요한 이유는?

건설 산업은 지역 공동체가 거주하는 공간을 조성하고, 기반 시설물을 공급하는 산업이다. 넓은 관점에서 봤을 때 건설 산업은 지역 커뮤니티 안정과 생활권 보장 등 다양한 측면에서 지속가능성이라는 개념과 관련이 있다. 하지만 아파트 등 주택 공간을 조성하기 위한 공사 계획과 이행 등의 건설 과정은 ESG와 다소 거리가 있다. 대량의 자원 소모(환경)부터 공사 현장 안전사고(사회), 계열사 간 내부거래(지배구조) 등 다양한 ESG 현안이 건설 산업에 산적되어 있다. 쉽게 말해, 건설 산업은 계약 이행부터 토지 및 주택 개발에 이르기까지 다양한 측면에서 개별 ESG 요소를 관통한다.

건설 산업의 ESG 경영을 이해하기 위해서는 먼저 건설 산업의 수직적 분업 구조를 이해해야 한다. 정부 기관이나 민간 수요자 등이 공사를 발주하면 엔지니어링업체와 건축설계업체는 건물을 설계하고, 건설업체는 건축물을 시공[33]하며, 건설감리업체는 책임 감리 역할을 맡는다. 건설업체는 전문건설업체들과 다시 하도급 계약을 체결한다. 각 업체의 역할은 상호배타적인데, 건축 설계는 건축사만이 할 수 있으며, 건설업체는 하도급업체의 역할을 할 수 없지만, 그 대신 일정 비율의 하도급을 반드시 전문건설업체에 주도록 하고 있다(그림 12-6).[34]

수직적 분업 구조를 ESG 경영 측면에서 해석하면, 발주자가 일정 수준의 ESG 역량을 원하는 경우 건설업체는 이러한 기준을 충족시키는 하도급업체를 선정해야 한다. 예를 들어 협력업체와 자재·장비업체는 물론 건설 노동자들의 안전을 고려해야 하며, 건설 생산 체계 내 협력업체와 상생 문화를 확산하는 것은 물론 이들 업체의 ESG 경영 이행 여부와 그 성과도 눈여겨봐야 한다.

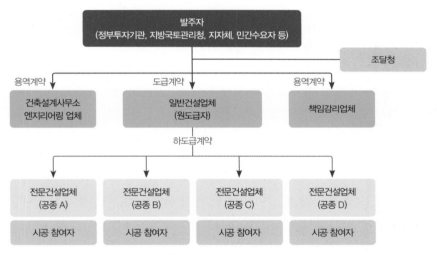

그림 12-6 **건설 생산 체계의 기본 골격**[35]

건설 산업이 다른 산업군에 비해 ESG 영향이 큰 이유는 주로 환경(E) 요소 때문이다. 이는 높은 탄소 배출량과 에너지 소비량 때문이다. 한국건설산업연구원은 UNEP(유엔환경계획) 보고서를 인용하여 전 세계 탄소 배출량의 약 37%, 에너지 소비량의 약 36%가 건축물과 건설 생산 과정에서 발생한다고 언급하였다.[36] 건설업

---

33 건축물의 시공은 착공 준비, 가설공사, 토공사, 구체공사, 외부 및 내부 마감공사, 준공 및 건축물 인계 등 총 6단계로 구분된다.

34 국토연구원, 건설산업 구조변화 및 전망연구, 2001-23.

35 각주 34와 같음.

36 한국건설산업연구원, CERIK ESG Insight, vol.1, 2023년 1월 26일.

의 특성상 다른 산업군에 비해 환경에 미치는 악영향이 상당한 만큼, 건설 산업은 사업 전반에 대해 환경(E) 요소를 긴밀하게 고려할 수밖에 없다.

실제로 건설업체에 대한 ESG 등급 평가에서 '등급 양극화'가 심한 것으로 나타났다. 2022년 한국ESG기준원(KCGS)에서 7개 등급(S·A+·A·B+·B·C·D)으로 분류한 ESG 등급 평가 결과에 따르면 국내 상장 건설기업 중에서는 삼성물산, 현대건설, DL이앤씨, GS건설, DL건설, 삼성엔지니어링, 효성중공업 등 7곳이 A등급을 받았지만, HDC현대산업개발, 계룡건설산업, 금호건설, 동부건설, 코오롱글로벌 등 5곳과 동원개발, KCC건설, 일성건설, 한신공영 등 4곳이 각각 낮은 등급인 C, D등급을 받은 것으로 나타났다. 건설업체의 ESG 평가가 전반적으로 고르게 낮은 이유는 업종이 '건설사업'이 필수인 관계로 환경(E)에서 높은 점수를 얻기 어렵기 때문이다.[37]

정부와 관련 기관이 ESG 경영을 확산할수록 건설기업들은 다양한 규제에 직면할 가능성이 커지고 있다. 공공 발주가 많은 엔지니어링업체부터 하도급업체에 이르기까지 ESG 규제 준수를 따라야 하며, 공급망 관리부터 전문 인력을 확보해야 하는데 여기에는 비용이 추가될 수밖에 없다. 특히, 2022년 중대재해처벌법이 시행됨에 따라 발주자와 건설기업, 하도급업체 등 안전관리 책임을 중심으로 사회(S) 요소 관리의 중요성이 더욱 커졌다. 고용노동부의 2022년 산업재해 현황 부가통계 「재해조사 대상 사망사고 발생 현황」에 따르면 2022년 611건의 산업재해로 644명이 숨진 것으로 잠정 집계되었는데, 업종별로 보면 건설업에서 사망자가 341명(328건)으로 가장 많았다. 50인(억 원) 이상 사업장으로 대상을 좁히면 사망자 256명(230건) 중 226명(224건·66.3%)이 건설업에서 나왔다.

더욱 심각한 사실은 대기업과 중소기업의 ESG 규제 대응 수준 차이가 벌어지고 있다는 것이다. 국내에서는 현대건설·삼성물산·포스코건설·SK건설 등 유력 건설사가 협력사 관리에 ESG 기준을 철저하게 적용하고 있다(표 12-2). 현대건설은 2014년 협력사 지속가능경영 평가지표를 일찌감치 도입해 협력사들의 ESG 리스크를 정기적으로 관리하며,[38] 포스코건설은 2021년 기업신용평가사인 이크레더블과 손잡고 50개 평가 항목으로 구성된 건설업 특화 ESG 평가 모델을 개발했다.[39]

---

37 대한경제, 건설업계 ESG, '안전'에 달렸다, 2022년 12월 28일.

38 HDEC Newsroom, 건설업에 불어온 탄소중립 바람, 현대건설 Net Zero by 2045, 2023년 8월 22일.

39 Insight Korea, 포스코건설, 건설사 맞춤형 ESG 평가 모델 개발···협력사 ESG 경영역량 지원, 2021년 7월 12일.

표 12-2 **협력사 관리 시 ESG를 적용한 대기업 사례**[40]

기업	내용
현대건설	• 2014년, 협력사 지속가능경영 가이드라인 도입(업계 최초 ESG 항목 포함) • 2020년, 협력사를 자재 · 시공 분야로 분리해 평가(노동 · 인권 · 인재개발 · 산업안전 등 포함)
삼성물산	협력사 모집 시 노동 및 인권 분야 평가 실시
포스코건설	협력사 맞춤형 ESG 평가 모형 개발 발표(중소 · 건설업에 최적화)
SK건설	

이처럼 대기업들은 ESG 규제에 대한 대응이 활발하지만, 중견 · 중소기업들은 ESG 경영 이행에 따른 부담이 큰 것으로 나타났다. 한국건설산업연구원 조사에 따르면 건설업체 중 51~100위 업체의 37.5%가 ESG 경영 추진 관련 애로사항과 관련하여 '구체적으로 뭘 해야 할지 모르겠다.'라고 답했으며, 43.8%는 'ESG 경영 추진을 위한 높은 비용'을 애로사항으로 꼽기도 했다. ESG 규제에 대한 대응 능력이 관련 조직과 인력, 노하우를 잘 갖춘 대기업에 비해 떨어지는 것이다.

이에 따라 건설업의 특성을 고려한 중소기업형 ESG 평가모델과 가이드라인이 필요하다. 특히, 상당수 하도급업체는 대기업과 협력관계에 있으므로 대기업 눈높이에 맞는 ESG 경영과 기준을 맞추는 데 급급할 수밖에 없기 때문이다. 뿐만 아니라 중견 · 중소기업에 대해서는 ESG 경영에 드는 비용을 절감시켜주는 정부 차원의 방안도 필요하다.[41]

장기적으로는 저탄소 등 친환경 기술 개발에 대한 인센티브가 필요하다. 한국환경기술원과 한국산업기술진흥원 등에 따르면, 시공 능력평가 10대 건설사는 2021년 기준으로 녹색기술과 환경신기술을 평균 2.2건 보유한 것으로 나타났다. 10대 건설사 중 녹색기술과 환경신기술을 가장 많이 보유한 건설사는 현대건설로 총 5건이었으며, 2위인 GS건설은 4건이었다. 삼성물산, 대우건설, 포스코건설, DL이앤씨, 롯데건설, 현대엔지니어링은 각각 2건, HDC현대산업개발 1건을 보유하는 데 그쳤다.[42] 건설업계의 친환경 경영을 이끄는 친환경 기술에 대한 발전은

---

40 대한건설정책연구원, 건설사업의 ESG 협력시스템 구축과 지원방안.

41 예를 들어, 동반성장위원회는 2023년 6월 「중소기업 ESG 표준 가이드라인」을 개정하고, 중견 · 중소기업 지원을 위한 다양한 ESG 컨설팅을 제공하고 있다. 다만 건설업에 특화된 가이드라인은 국내에서는 아직 파악되지 않고 있다. 2021년 호반그룹 등 대기업이 중소벤처기업부와의 협약을 통해 건설 분야 중소기업의 ESG를 지원하는 협약을 맺은 점이 눈에 띈다. 출처: 중소벤처기업부, 호반그룹, 건설 중기 환경 · 사회 · 지배구조(ESG) 확산, 창업 활성화 위해 자상한 기업으로 선정, 2021년 11월 24일.

42 서울파이낸스, 허울뿐인 건설업계 ESG…녹색 · 환경신기술 평균 2.2건 불과, 2021년 10월 7일.

아직 갈 길이 멀다.

🌱 ESG 사례 분석

디지털 기술에 투자해 친환경 건설에 앞장선 미국 벡텔

벡텔 인터네셔널(Bechtel International, 이하 벡텔)은 미국 샌프란시스코에 본사를 둔 다국적 건설기업이다. 벡텔은 1898년 철도 노반공사를 전문으로 하는 시공기업으로 출범하여 미국에서 오랫동안 매출액 1위를 유지한 현지 굴지의 건설기업으로, 국제적으로도 손에 꼽을 만한 규모의 글로벌 프로젝트를 이뤄냈다. 미국의 후버 댐(1936년 완공), 아라비아반도 횡단 송유관(1950), 영국과 프랑스를 연결하는 해저터널인 채널 터널(1994), 그리고 연간 이용객 수 4,000만 명 규모의 카타르 하마드 국제공항 등[43]이 벡텔의 작품이다.

그림 12-7 카타르의 하마드 국제공항 전경

그런데 벡텔이 유명한 것은 탁월한 설계와 시공 능력뿐만이 아니다. 창립 이래 벡텔은 불공정하고 비윤리적 행위를 차단하는 행동 지침인 '방침 102(Policy 102)'를 제시했다. 이는 고객과 지역사회, 동료들, 공급사와의 관계에 있어 높은 윤리적 행동 수준이 필요하다. 특히, 벡텔의 윤리 및 준법 프로그램은 특정 직무에 대한 준법 교육을 제공하며, 다양한 핵심 현안에 대한 인식과 감수성을 높이는 성과를 냈다.[44]

또한 벡텔은 디지털 기술과 스타트업에 투자함으로써 건설 현장 인력의 안전성과 생산성 향상에 힘쓰고 있다. 2021년엔 사물인터넷(IoT)을 기반으로 현장 인력과 장비들을 연결하는 커뮬러스 디지털 시스템즈(Cumulus Digital Systems)에 800만 달러(약 107억 원)를 투자한 바 있다.[45]

벡텔의 사례는 글로벌 건설기업이 단순히 매출 규모와 프로젝트 성과뿐 아니라 내부적으로도 철저한 윤리 경영과 직원 안전을 위한 기술 향상에 힘쓰는 등 ESG 경영에 힘쓴다는 사실을 알려준다.

---

43 중소기업뉴스, 절체절명의 지구촌 건설업계… '골리앗 해법' 주목, 2016년 8월 16일.

44 https://www.bechtel.com/about/ethics/bechtel-ethics-policy/policy-102-ethical-business-conduct/

45 한국경제, '붉은여왕'의 마수에 걸린 건설업계 [삼정KPMG CFO Lounge], 2021년 7월 12일.

한 줄 요약

- 건설산업은 대량 자원 소모(환경)부터 공사 현장 안전사고(사회), 계열사 간 내부거래(지배구조) 등에 이르기까지 다양한 ESG 현안이 존재한다.

- 조직 규모와 인력이 충분한 대기업과 달리 중견·중소기업들은 ESG 경영 이행에 따른 부담이 크며 ESG 규제 대응 능력이 상대적으로 떨어지는 편이다.

- 건설업의 특성을 고려한 중소기업형 ESG 평가모델과 이에 따른 가이드라인이 필요한데, 대기업과 협력관계인 상당수 하도급업체는 대기업의 ESG 경영 스탠다드에 따라가기 버거운 실정이다.

토론 주제

- 건설업의 가장 큰 ESG 규제와 제도는 무엇인가?

- 글로벌 건설업체의 친환경 및 저탄소 기술은 무엇이 있는가? 이러한 기술을 도입하기 위해서 중견·중소기업 지원책은 무엇이 있는가?

CHAPTER 13
ESG의 미래는?

45

환경교육과 착한 아이 마법

1977년 10월 구소련의 트빌리시(Tbilisi)에서 선언된 트빌리시 선언은 전 세계 환경교육에 상당한 영향을 끼쳤다. UNESCO와 UNEP가 공동 주최한 세계 최초 환경교육 관련 정부 간 회의에서 채택된 이 선언은 환경교육의 개념부터, 영역, 역할, 지도 원칙 등 41개의 권고 사항을 제시하였으며, 우리나라를 비롯한 수많은 국가가 환경교육의 프레임워크를 구성하고 제시하는 데 이 선언을 참고했다. 특히 인식·지식·태도·기능·참여 등 다양한 카테고리에 걸쳐 환경교육의 목표를 제시한 트빌리시 선언은 환경 위기의식에 대해 전 세계 교육계의 공감을 얻었다.

표 13-1 **트빌리시 선언에 명시된 환경교육의 목표**

목표	내용
인식	개인과 사회가 환경과 관련된 환경 문제를 인식하고 민감성을 갖도록 돕는다.
지도	개인과 사회가 환경과 관련된 환경 문제의 다양한 경험을 얻고 기본적인 이해를 하도록 돕는다.

태도	개인과 사회가 환경에 대한 가치 체계와 관심을 두고 환경의 개선과 보호를 위한 활동에 적극적으로 참여할 동기를 갖도록 돕는다.
기능	개인과 사회가 환경 문제를 확인하고 해결할 수 있는 기능을 갖도록 돕는다.
참여	개인과 사회가 환경 문제의 해결에 다양한 차원에서 적극적으로 참여할 기회를 제공한다.

출처: 환경부 · 국가환경교육센터, 탄소중립을 위한 환경교육용어사전, 2020

환경교육이 다른 교육과 비교해 특히 중요한 것은 환경교육의 핵심인 시민 스스로 환경 행동을 끌어내는 데 있다. 유치원, 초중고 시절부터 환경 보호의 중요성을 깨닫고 환경 문제에 대응하기 위한 자발적인 실천을 해야 하기 때문이다. 그러나 성장 과정의 학생들이 환경 문제를 깊이 인식하고, 환경 보호를 몸소 실천하는 것은 쉬운 일이 아니다. 경기 반송초등학교의 최일규 교사는 다음과 같이 언급하였다.

"경험상 적어도 초등학교 3학년 1학기가 지나면 학급의 서너 명 이상은 '착한 아이 마법'이 풀리기 시작하는 것 같다. 그 전까지의 아이들은 지켜야 할 것들에 대한 수용과 실천에 상대적으로 매우 적극적이었다. 착실하게 분리배출하고, 안 쓰는 콘센트 뽑기에도 철두철미했다. 그러나 마(魔)의 3학년 1학기를 지나온 아이들은 북극곰 영상과 환경 행동의 다짐만으로 쉽게 실천에 이르지 못한다. 아는 것이 많은 어른도 크게 다르지 않은 것 같다. 자발적이면서 지속적인 실천은 지극히 고통스러운 내적 설득의 과정을 동반하기 때문이다."[1]

최일규 교사의 언급은 환경 위험의 문제를 명확하게 인식하고(1단계), 이를 위하여 주기적으로 행동에 나서는 것(2단계)이 환경 보호의 핵심이며, 실제 2단계에 걸친 환경 행동은 학생들에게 상당한 인내심이 필요하다는 점을 알려준다. 직장생활, 양육 등 다양한 일과에 바쁜 성인도 환경 보호를 하는 것에 상당한 내재화가 필요한데, 성장이 필요한 아이들이 주기적인 환경 보호를 하는 것은 더더욱 어려울 수 있다.

환경교육은 학생들의 성향과도 관련이 있다. 박우용 & 서은정(2021)은 경기도 파주시에 있는 H 중학교에 재학 중인 1학년 학생 260명을 대상으로 이들의 기후변화 위험 인식을 '소극적인 위험 인식 유형', '위험 인식 중립 유형', '적극적인 위험 인식 유형' 등 세 가지 유형으로 분류하였다. 이들의 연구에 따르면 '적극적인 위

---

1 교육정책네트워크 정보센터, 사례를 통해 본 학교환경교육과 교사의 역할, 2019년 9월 19일.
   (https://edpolicy.kedi.re.kr/frt/boardView.do?strCurMenuId=67&pageIndex=1&pageCondi
   tion=10&nTbBoardArticleSeq=822843)

험 인식 유형'에 속한 학생들은 기후변화를 위험으로 인식하는 경향이 높았으며, 평소 환경 문제에 관심이 많았고, 개인의 행동을 변화시키려는 의지가 상대적으로 강한 것으로 나타났다. 반면, '소극적인 위험 인식 유형'에 속한 학생들은 환경 문제에 관심이 적었고, 문제 해결을 위한 개인적 노력뿐 아니라 국가 정책에서도 효능감을 낮게 평가했으며, 미래도 부정적으로 전망하는 경향을 보인 것으로 나타났다. 또한, '적극적인 위험 인식 유형'에 속한 학생들은 '소극적인 위험 인식 유형'의 학생들보다 기후변화 교육 활동에 참여한 경험의 비율이 높은 것으로 나타났다.[2] 결국 기후변화 위험을 비롯한 환경교육의 중요성은 학생의 성향과 관심에 따라 다르게 인식될 수 있으며, 이에 따라 교육 당국과 현장에 있는 교사들의 관심이 필요하다.

우리나라 교육 체계에 환경교육이 도입된 것은 약 30년 전인 1995년이다. 이순철과 최돈형(2010)에 따르면 우리나라에서 환경교육은 그해 제6차 환경과 교육 과정 아래 단일 교과목으로 처음 출범하였는데, 당시 중고교 교육 과정에서 중학교는 '환경', 고등학교는 '환경과학'으로 설치되었다. 이후 제7차 환경과 교육 과정은 자연과학 및 인문 · 사회 과학의 통합적 성격을 강조함에 따라, '환경윤리', '환경경제', '환경정책' 단원을 새로 만들었다. 일련의 과정과 관련하여 이순철과 최돈형은 "실증주의, 과학기술 중심주의를 벗어나서 생태적, 인문 · 사회과학적 접근의 강화와 환경 감수성을 강조하였다."라고 평가하고 있다.[3]

이후 우리나라의 환경교육은 전 세계적인 환경 보호 및 친환경 트렌드에 따라 그 목표와 방향에 변화가 있었다. 2009년 개정 교육 과정은 지속가능발전의 실천 방안으로 녹색성장이라는 개념이 중요해짐에 따라, 중 · 고등학교 과목명이 모두 '환경과 녹색성장'으로 변경되었으며, 이어 2015 개정 환경교육 과정에서는 △사회적 · 도구적 목표와 개인적 · 내재적 목표 동시 추구, △통합적 접근의 강화 △지속가능발전 교육 지향, △내용 중복의 회피와 접근 방법의 차별화 등의 방향으로 개정되었다.[4]

이처럼 ESG 경영과 기후변화 위험에 대한 인식이 높아진 가운데, 우리나라에서

---

2 박우용 & 서은정, 중학생의 기후변화 위험 인식 유형별 특징에 관한 연구, 환경교육, 34(1), 2021, pp.63–80.

3 이순철 & 최돈형, 한국 환경과 교육 과정의 패러다임 변화에 대한 역사적 고찰, 환경교육, 23(1), 2010, pp.27–35.

4 권영락, 이재영, 김찬국, 안재정, 서은정, 남윤희, 박은화, 최소영, 안유민, 2015 개정 환경교육 과정의 개정 방향과 주요 내용, 환경교육, 29(4), 2016, pp.363–383.

환경교육은 의무화되었다. 2023년부터 「환경교육의 활성화 및 지원에 관한 법률(약칭 환경교육법)」에 따라 초등학생과 중학생은 의무적으로 학교에서 환경교육을 받게 되었다.[5] 이처럼 대대적인 교육 과정의 변화는 기후 위기에 대응해 나가야 한다는 위기의식, 그리고 삶의 방식 변화에서 비롯된 것이라고 할 수 있다. 기후 위기에 대한 인식이 어린 학생들 사이에서 자리 잡고, 환경교육의 가치가 더욱 커지기 위해서는 어린이부터 성인에 이르기까지 환경 행동의 주기적인 실천이 중요하다.

🌡 ESG 사례 분석

선진국은 어떤 환경교육을 시행하고 있을까?[6]

"지구 기후변화는 굉장히 중요한 수업 주제로, 여러 과목을 통합해서 가르쳐야 한다. 교육이란 학생들에게 닥쳐올 미래를 잘 대비시키는 것이며 이런 의미에서 환경 과목은 더 큰 의미가 있다." 2010년 핀란드 교육문화부 장관은 북유럽 교육부 장관 회의에서 이처럼 말하며 환경교육을 주요 과목으로 가르쳐야 할 필요성을 강조했다. 7세부터 일찌감치 환경교육을 시작하는 핀란드는 환경 문제에 대해 어린 학생들 스스로 사고할 수 있는 능력을 키우도록 교육한다. 2021년에는 기후변화 및 환경의 지속가능성에 대한 교육을 위해서 초등교육, 중등교육에 각 400만 유로(약 57억 원), 100만 유로(약 14억 원)를 할당했다.

미국은 정부 내 환경교육 전담 조직인 환경교육국(Office of Environmental Education, OEE)을 환경보호청 내 신설했고, 국가 환경교육 예산을 위임했다. 또한, 민간 분야와 협력하기 위해서 비영리기관인 국가환경교육재단(National Environmental Education Foundation, NEEF)의 설치를 국가환경교육법(NEEA)에 명시하였다. 캘리포니아주는 2003년 환경원리 및 개념(EP&Cs)에 입각한 교육과정 개발을 주 법으로 정하였으며, 2010년부터는 교육 및 환경 이니셔티브(Education and the Environmental Initiative) 교육 과정을 주 내 모든 공립학교에 도입하기로 하였다.

이 외에 대만은 2011년 강력한 규제와 의무사항이 포함된 환경교육법을 제정하여, 환경교육 관련 인증제를 시행했다. 정부와 공공기관 직원, 초중등 교사와 학생들은 1년에 4시간

---

5 제10조의 2(학교 환경교육의 실시) 「초·중등교육법」 제2조에 따른 초등학교와 중학교의 장은 학생을 대상으로 학교 환경교육을 실시하여야 한다.

6 본 사례는 아래 자료를 참고하여 작성하였음을 밝힌다.
- 교육부 공식 블로그, 환경생태 교육, 어떻게 이루어지고 있는지 알아볼까요?, 2021년 4월 2일.
- 세종특별자치시환경교육센터, 성인 핀란드의 환경교육
- 이은주, 외국의 환경교육 현황: 미국 환경교육의 특징과 시사점, 한국환경교육학회 학술대회 자료집, 2019, pp.102-105.
- 김찬국, 외국의 환경교육 현황: 대만 환경교육의 특징과 시사점, 한국환경교육학회 학술대회 자료집, 2019, pp.116-120.

이상의 환경교육을 의무적으로 받아야 한다. 또한, 대만의 환경교육법은 환경보호기금 중 5%, 폐기물 회수 소득 중 10%, 환경 위반 벌금 중 5%의 금액을 환경교육 기금으로 활용하도록 하였다. 환경교육 기금은 2013년 약 3억 신대만달러(NT, 약 125억 원)에서 2018년 약 6억 신대만달러(약 250억 원)로 두 배 규모 증가한 것으로 나타났다.

 한 줄 요약

- 환경교육이 특히 중요한 것은 환경교육의 핵심이 시민 스스로 환경 행동을 끌어내는 데 있기 때문이다.
- 국내 연구 결과(박우용 & 서은정, 2021)에 따르면, 기후변화 위험을 비롯한 환경교육의 중요성은 학생의 성향과 관심에 따라 다르게 인식될 수 있다. 교육 당국과 현장 교사들의 각별한 관심이 필요하다.
- 우리나라는 2023년부터 「환경교육의 활성화 및 지원에 관한 법률(약칭 환경교육법)」에 따라 초등학생과 중학생은 의무적으로 학교에서 환경교육을 받아야 한다.

 토론 주제

- 우리나라에서 환경교육을 확산시키기 위해서 가장 필요한 것은 무엇인가? (예 환경 교사 의무 확보, 환경 과목의 필수 지정 등)[7]
- 환경 외에도 사회(S), 지배구조(G) 이슈는 국내 초중고 교육에 반영할 수 있는가?

---

7 뉴스트리, [단독] 환경수업 '찬밥신세'…875개 중고교에 환경교사는 49명, 2023년 6월 5일.

46
英 이코노미스트가 제기한 ESG 무용론

"그저 환경(E)에만 집중하는 것이 좋다(It is better to focus simply on the E)."

"이상적으로 말하면, ESG라는 용어는 이제 폐기되어야 한다(Ideally, the term ESG should be scrapped)."

영국의 유명 주간지인 이코노미스트지는 ESG에 대해 이와 같은 평가를 했다.[8] 'ESG 무용론'이 제기된 것은 어제오늘만의 일은 아니다. 다양한 국내외 매체와 투자 전문가, 연구자들이 ESG, 그리고 ESG 경영의 필요성에 의문을 제기하였다. 그런데 이코노미스트지의 기사가 특히 관심을 끈 것은 전 세계적으로 권위를 자랑하는 글로벌 유력 주간지가 무려 11페이지에 달하는 장문의 기사로 ESG 무용론을 언급했기 때문이다.

---

[8] 2022년 7월 23일~7월 29일 기사(지면 기준)

Leaders | Sustainable investing

ESG should be boiled down to one simple measure: emissions

Three letters that won't save the planet

Mark Harris

그림 13-1 '**ESG는 (탄소) 배출량이라는 하나의 간단한 척도로 요약되어야 한다**'**라는 영국 이코노미스트지 온라인판 기사 제목** (출처: https://www.economist.com/leaders/2022/07/21/esg-should-be-boiled-down-to-one-simple-measure-emissions)

논란이 되는 이코노미스트지 기사의 주요 내용과 각 내용에 대한 필자의 의견을 정리하면 다음과 같다. 첫째, 이코노미스트지는 광범위한 ESG 요소에 신경 쓰기보다는 환경(E), 이를테면 탄소 배출량 규제나 탄소세와 같은 환경 규제에 집중할 것을 주문했다. ESG라는 개념 자체가 좋은 취지라 하더라도 기후변화 대응이라는 핵심적인 과제를 외면하고 오히려 주의를 분산시킬 수 있다는 것이다. 이에 더해 이코노미스트지는 개별 ESG 요소가 상호 관련성이 뚜렷하지 않을 뿐 아니라 서로 간에 상충하는 지점도 존재할 수 있다고 언급하였다.

필자는 '환경 보호에 더 집중하자'라는 이코노미스트지 주장의 취지를 이해한다. 협력사의 ESG 경영, 교육훈련비, 복리후생비 등 사회(S) 항목은 산업군과 제품 생산 방식에 따라 편차가 클 수 있으며, 지역 커뮤니티 기여 등 일부 항목은 측정하기에 다소 추상적으로 느껴질 수 있다. 지배구조(G) 역시 기업 내부 통제 및 모니터링 측면에서 중요하지만 당장 기후변화만큼 가시적인 전 세계적인 어젠더로 분류하기 어려울 수 있다. 뿐만 아니라, 자본시장의 성숙도 여부, 국가의 선진국 혹은 후진국 여부에 따라 사회(S)와 지배구조(G)는 통일적인 잣대로 평가하기가 쉽지 않다. 하지만 기업의 탄소 배출량 측정은 국가와 산업에 상관없이 일관적이며 일정한 신뢰를 갖추고 있다.

그렇다 하더라도 사회(S)와 지배구조(G)를 등한시하는 것은 완전히 다른 얘기이다.

환경(E)에 초점을 맞추자는 이코노미스트의 주장은 기업 경영의 메커니즘에 대한 무지(無知)에서 비롯된 것이다. 이코노미스트지의 주장처럼 기업이 탄소 배출량을 줄이는 것은 최고경영자의 의지대로만 가능한 것이 아니다. 큰 비용이 수반되는 탄소 배출량 감축 관련 의사 결정은 이사회 내 ESG 안건으로 다뤄지거나, 추후 내부 감사가 이뤄지는 등 지배구조(G)와 긴밀히 관련되어 있다. 또한 탄소 배출량 감축과 같은 기업의 친환경 경영은 환경단체와 지역 커뮤니티의 입김에서 벗어날 수 없다. 기업 입장에서 상생 협력과 지역 발전 등 주요 CSR 활동은 ESG 평가 체계에 스며들어 있는데, 기업이 외부 여론에 신경 쓰게 된다면 기업의 의사 결정에 영향을 받을 수 있다. 다시 말해, 기업의 친환경 경영 관련 의사 결정은 '지역 커뮤니티·환경단체 등 외부 여론(사회) → 경영진의 의사 결정에 대한 이사회 감시(지배구조) → 기업의 탄소 배출량 감축(환경)'이라는 각 단계를 밟기 때문이다. 앞서 2장[9]에서 환경(E)·사회(S)·지배구조(G) 등 각 요소의 상관성이 높게 나타나는 것도 바로 이러한 이유때문이라고 할 수 있다.

둘째, 이코노미스트지는 기업의 ESG 경영 수준을 판단하는데 필요한 데이터의 가용성(availability)이 상당히 떨어진다고 지적하였다. 이코노미스트지는 MSCI(Morgan Stanley Capital International Inc.)를 인용해 자사의 ESG 지수에 약 1만 개의 기업이 있지만 40%가 채 안 되는 기업들만 스코프 1과 2의 배출량을 공개하였으며, 이 비율은 비상장 기업이나 국영 기업의 경우 더 낮아질 것이고 탄소 배출량이 높은 신흥국에서는 이러한 현상이 더욱 심해질 것이라고 비판하였다. 뿐만 아니라 원자재 추출부터 최종 사용자에 대한 공급자에 이르기까지 전체 공급망 과정을 포함하는 공급자 데이터 자체를 찾기 어려울 뿐 아니라 소비자 데이터의 경우 추정치에 의존해야 한다는 점을 이코노미스트지는 비판했다. 이에 대해 필자는 이코노미스트지가 '현재 시점'의 데이터 가용성에만 매몰되어 있는 것은 아닌지 되묻고 싶다. 앞서 11장에서 필자는 월마트 캐나다 지사가 블록체인 기술을 활용하여 외부 운송업체의 송장 및 결제를 자동 관리하는 시스템을 개발한 사례를 언급했다. 월마트 캐나다 지사가 블록체인 기술을 활용해 공급망 내 상품 정보의 정확성을 개선한 것은 ESG 경영을 도입하는 기업들에 있어 자사의 공급망 관리를 개선하는 하나의 모범 사례가 될 수 있다고 생각한다. 다시 말해, 단순히 '현재 시점'에서의 이용 가능한 데이터만 살펴볼 것이 아니라, 월마트 캐나다 지사와 같은 사례를 참고하여, 자사만의 공급망 관리 노하우를 ESG 경영에 적용하는 기업들의 장기적인 노력이 더욱 중요하다고 생각한다. 만약 이코노미스트의 주장처럼

---

9 '4. 무엇이 먼저일까? 환경(E), 사회(S), 지배구조(G), 혹은 ESG?'

기업들이 환경(E) 요소만 신경 쓴다면, 월마트 캐나다 지사와 같이 독창적인 사회
(S) 개선 노력을 찾아보기 어려울 것이다.

셋째, 이코노미스트지는 ESG 금융 상품의 수익률이 ESG 측정 방법(how ESG is
measured)에 의존하고 있다고 언급하였다. 특정 ESG 투자 전략은 수익률을 보기
까지 시간이 오래 걸리며, ESG 평가가 기업의 핵심 사업에 중대한(material) 경우
로 국한되어 있다는 것이다. 그러나 필자는 평가기관마다 ESG 측정 방법이 상이
한 것은 사실이지만, 다양한 ESG 지표에 근거한 연구가 많아질수록 ESG 투자 수
익률에 대한 건설적인 논의가 더욱 많아질 것이라 생각한다.

넷째, 이코노미스트지는 ESG 평가기관들의 ESG 지표 비일치성(inconsistency) 문
제를 언급했다. 이코노미스트지는 연구 결과를 인용하여 6곳의 평가기관들이 64
개의 카테고리에 걸쳐 709개의 상이한 지표를 활용하고 있고, 공통적인 카테고리
는 10개에 불과했으며 이러한 공통지표들은 온실가스 배출과 같은 기초적인 지표
를 포함하지 않았다고 비판하였다. 하지만 ESG 지표는 국가, 기관, 문화별로 우
선시되는 중대성에 따라 다를 수 있으며, 이러한 논란은 유럽연합(EU)의 '유럽 지
속가능성 공시 기준(ESRS, European Sustainability Reporting Standards)' 2024년 확정,
2021년 한국 정부의 'K-ESG 가이드라인' 도입 등에 힘입어 자연스럽게 줄어들
것이다.

다섯째, ESG 투자 포트폴리오에 대해 펀드매니저가 높은 수수료를 책정한다는 점
을 언급하였다. 필자가 금융 산업에 종사하고 있지 않아 언급하기 조심스러운 측면
은 있지만, ESG 투자 포트폴리오 구성에서 수수료 책정은 단순히 수익률만을 고려
하는 것이 아니다. 앞서 22장에서 언급한 것처럼 ESG 투자 상품 포트폴리오 구성은
포지티브 스크리닝, 네거티브 스크리닝 등 까다로운 검증 절차를 거쳐야 하며, 이 과
정에서 전문 투자 인력까지 확보해야 한다. 높은 포트폴리오 수익률을 고수하면서도
ESG 요소까지 고려한 상품을 구성하기 위해서는 더 큰 노력과 더 많은 시간이 쓰이
기 때문에 수수료가 높아지는 것은 당연한 수순이다. 이코노미스트지의 주요 주장
과 각 주장에 대한 필자의 의견을 요약하면 〈표 13-2〉와 같다.

표 13-2 이코노미스트지의 주요 주장과 필자의 의견

주요 주장	쟁점	필자 의견
주장 1	광범위한 ESG 요소보다 환경(E), 이를테면 탄소 배출량, 탄소세에 집중	기업 경영 특성상 사회(S), 지배구조(G)와 함께 고려되어야 함.
주장 2	기업의 ESG 경영 수준 판단에 필요한 데이터 가용성이 떨어짐.	(월마트 캐나다 지사 등) 우수 공급망 관리 사례를 참고하여 기업들의 데이터 통합에 대한 노력이 커질 것
주장 3	ESG 금융 상품의 수익률이 ESG 측정 방법에 의존	다양한 ESG 지표 기반 연구가 많아질수록 건설적인 논의 가능해질 것
주장 4	ESG 평가기관들의 ESG 지표 간 일치성이 떨어짐.	EU의 ESRS 확정(2024년) 등 정부 간 공시 기준 도입 및 통합 노력에 따라 논란 해소
주장 5	ESG 펀드 운용 수수료가 높음.	포지티브 스크리닝, 네거티브 스크리닝 등 검증 절차가 까다롭고 전문 인력 확보를 고려하면 높은 수수료는 자연스러움.

기업에 ESG 경영이 꼭 필요한지에 대한 논란은 앞으로도 끊이지 않을 것이다. 특히, ESG 경영을 달가워 하지 않는 기업 경영진과 일부 투자사에 의해 제기될 수 있다. ESG의 적용이 기업 경영과 까다로운 규제로 작용하는 것은 사실이지만, 기업 경영과 사회 발전에 필요한 요소가 ESG 평가 항목에 고루 포함된 만큼 기업의 지속가능성에 이로울 것이며, ESG 평가 기준 역시 이에 발맞춰 꾸준히 개선될 것이다.

🌡 ESG 사례 분석

이코노미스트지가 제기한 ESG 무용론, 그 이후

이코노미스트의 보도 이후 투자업계의 반향은 컸다. 국내외 투자업계 등에서 이 보도에 반대하는 의견이 이어졌다. 먼저 투자 매체이며 '책임 있는 투자자(Responsible Investor)'를 발행한 리스폰스 글로벌 미디어의 공동 창업자인 휴 휠런(Hugh Wheelan)은 "99%의 상관성이 있는 신용평가와 달리, ESG 평가는 상관성이 떨어진다."라고 비판한 이코노미스트지 보도에 대해 "신용평가기관과 비교한 것 자체가 오류가 있다."라고 반박했다. "ESG 평가는 의무적인 정보(공시)에 의존하지 않고 있지만, 신용평가는 법적으로 정해진 회계 보고에 상당히 의존하고 있기 때문"이라는 것이다.[10]

국내 유명 ESG 평가기관인 서스틴베스트(Sustinvest)의 류영재 대표 역시 "ESG가 여러 목표를 한 더미에 묶은 일관성 없는 평가 프레임워크"라는 이코노미스트의 지적에 대해 "ESG는 UN SDGs의 17가지 목표와 같이, 인류의 지속가능성 제고를 위한 다양한 과제들을 포괄하고 있다."라며 "해당 과제 간 상충은 불가피하다. 하지만 이러한 현상들은 비단 ESG

---

10 https://www.responsible-investor.com/in-defence-of-esg-a-response-to-the-economist/

영역에만 존재하는 것은 아니라 세상 거의 모든 부문에 존재한다."라고 반박했다.[11]

논란이 커지자 이코노미스트지의 미국 LA 주재 글로벌 비즈니스 컬럼니스트인 헨리 트릭스는 자신의 링크드인에 "탄소 배출량 등 환경(E)에 초점을 맞추자는 것은 다른 현안이 중요하지 않다는 것을 뜻하지 않는다."라며 "환경(E), 사회(S), 지배구조(G)를 하나의 평가 체계로 묶는 것은 필연적인 상충 관계를 무시하게 된다."라고 해명했다.[12]

한 줄 요약

- 이코노미스트지는 광범위한 ESG 요소보다 탄소 배출량 규제, 탄소세 등 환경(E) 요소에 집중할 것을 주문했다. (필자 의견: 기업의 환경(E)은 사회(S), 지배구조(G)와도 높은 상관성이 있다.)
- "99% 상관성의 신용평가와 달리, ESG 평가는 상관성이 떨어진다."라는 이코노미스트 지적과 관련하여 리스폰스 글로벌 미디어의 공동 창업자인 휴 휠런은 "ESG 평가는 의무적인 정보(공시)에 의존하지 않지만, 신용평가는 법적으로 정해진 회계 보고에 의존하고 있다."라고 반박했다.
- 기업 경영 중요 요소가 ESG 평가 항목에 고루 포함된 ESG 평가 기준은 꾸준히 개선될 것이며, 궁극적으로 기업의 지속가능성에 기여할 것이다.

토론 주제

- 이코노미스트의 주장(5가지 주장 중심)에 찬성하는가, 반대하는가? 그 이유는 무엇인가?
- 환경(E) 요소에 집중하는 것과 ESG 요소를 고루 집중하는 것의 장단점은 각각 무엇인가?

---

11 뉴스웨이, 英 이코노미스트 'ESG 비판'에 대한 비판, 2022년 9월 22일.

12 이코노미스트지는 다른 언론과 달리 기사에 기자명을 밝히지 않는 것으로 유명한데, 이는 통일적인 보도 방식으로 소통하는 데 따른 것이다. 이를 고려하면 해당 매체의 기자 개인이 해명성 글을 작성한 것은 매우 이례적이라고 할 수 있는데, 그만큼 자사의 보도에 대한 외부 비판을 예민하게 받아들인 것으로 해석된다. (https://www.linkedin.com/posts/henry-tricks-5b045b48_measure-less-but-better-activity-6957048782056259584-uihA?trk=public_profile_share_view)

47
ESG와 ESG 경영의 미래

최근 가까운 지인이 필자에게 "ESG는 이제 좀 오래되고 한물간 경영 이슈 아니야?"라며 "아직도 기업들이 ESG에 관심을 가지고 있어야 해?"라고 물어본 적이 있다. 이는 직무상 ESG와 무관한 이들이 생각하는 가장 큰 오해 중 하나다. 한편으론 '경영 트렌드'와 '(비)재무 공시 기준'을 구분하지 못해 빚어지는 오해라고 할 수 있다. 대표적으로 ESG 경영의 척도인 ESG 공시 기준과 기업의 재무제표를 비교해볼 수 있다. 기업의 경영 상황을 판단할 수 있는 재무제표의 사업보고서, 손익계산서, 현금흐름표는 아무도 '트렌드'라고 부르지 않는다. ESG 공시 기준 역시 기업들이 충실히 따라야 하는 (비)재무 기준이 될 것이기 때문이다.

앞서 살펴본 것처럼 ESG의 중요성은 주식 투자 · 기업 투자 · 기업 경영 · 교육 · 스포츠 등 다양한 분야에서 시간이 흐를수록 커지고 있다. 다양한 분야에서 ESG 실천이 중요하다는 것은 분명하지만, 기업의 ESG 경영 도입은 기후변화를 비롯하여 우리 사회에 적지 않은 영향을 미친다는 점에서 더더욱 중요하다. 우리나라와 우리 사회에서 ESG 경영이 확산하기 위해서는 기업들의 자발적인 노력과 정부 차원의 제도적 관심이 필요한데, 이와 관련하여 몇 가지 제언을 남기고자 한다.

첫째, 우리나라 기업들의 자발적인 ESG 경영을 유도하기 위해서는 정부와 규제기관이 관련 제도를 더욱 꼼꼼히 설계해야 한다. 대표적인 예는 탄소배출권거래제인데, 이 제도는 운영 과정에서 탄소배출권 수급 등 시장 기능 문제가 지속적으로 제기된 바 있다.[13] 한국개발연구원(KDI)에 따르면 유럽연합(EU)을 비롯하여 선진국에서 온실가스 감축 목표 상향에 따라 주요 배출권의 가격이 2~3배 이상 급격히 상승하고 있지만, 우리나라의 배출권 가격은 3분의 1 수준으로 다른 국가의 배출권 거래제와 비교하면 가장 낮은 수준을 나타내고 있다. 배출권 가격이 낮게 형성되고 있는 것은 미래에 대한 기대가 현재 시장에 반영되지 못하고 있으며 탄소배출권거래제의 가격 조절 기능이 효과적으로 작동하지 않아 시장 효율성이 저해된다는 것이 KDI의 분석이다.

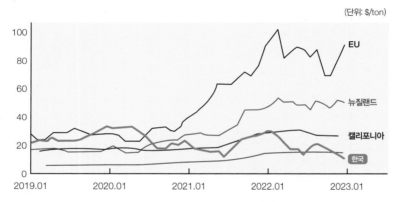

주: RGGI는 미국 북동 부의 12개 주(州)가 참여하는 발전부문 대상의 배출권 거래시장 임.
자료: ICAP(https://icapcarbonaction.com/en/ets-prices)를 기반으로 저자 작성.

그림 13-2 **국내외 배출권의 월별 가격 변화(2019년 1월~2023년 1월)**
(출처: https://www.kdi.re.kr/research/focusView?pub_no=18034)

둘째, ESG 경영 도입을 중소기업에 일방적으로 요구하는 것보다는 충분한 정책 인센티브를 제공함으로써 ESG 경영 도입 측면에서 대기업과 격차를 줄여야 한다. 규모의 경제 측면에서 봤을 때 중소기업의 제품 생산 과정에서 탄소 배출량 등 환

---

13 관련 자료는 다음과 같다.
- 김길환, 심성희, 이지웅, 우리나라 온실가스 배출권거래제 진단과 개선 방안, 에너지경제연구원, 2017.
- KDI, 배출권거래제의 시장기능 개선 방안, 2023 Vol. 123, KDI Focus.

경오염 유발은 대기업보다 그 정도가 작지만, ESG 규제 및 제도 이행에 따른 재무적 부담은 대기업에 비해 크다. 이러한 상황에서 두 기업군의 '체질' 차이를 충분히 고려하지 않고 ESG 경영을 요구하는 것은 두 기업군의 ESG 경영 수준 차이를 오히려 벌릴 수 있다.

셋째, 대학 교육, 이르게는 초중고부터 학생들에게 ESG의 중요성을 숙지시켜야 한다. 우리나라 교육 체계에서 환경교육이 의무화되는 것은 반가운 일이지만, 환경(E)뿐 아니라 ESG 전반의 중요성을 어린 시절부터 숙지하는 노력도 중요하다. 특히 기후변화와 환경 보호 등 환경(E) 요소는 초등학생이나 중고생도 익숙하지만, 이해관계자·인권 등 사회(S) 요소, 그리고 기업 경영을 아우르는 지배구조(G)는 어린 학생들에게 낯설게 느껴질 수 있다. 필자가 앞서 언급한 바와 같이[14] 기업의 환경오염 유발이 기업 이사회와 감사(지배구조), 그리고 지역 커뮤니티(S)의 감시를 통해 어떻게 효과적으로 통제될 수 있는지 그 메커니즘을 이해하는 것이 중요하다.[15]

넷째, 한국 자본시장에 만연한 코리아 디스카운트 문제를 해소해야 한다. 우리나라는 2016년 스튜어드십을 도입하는 등 각종 지배구조 개선 시도에도 불구하고 경영진의 도덕적 해이 문제는 지속적으로 반복되고 있다. 이러한 기업 상황에서 적극적인 주주환원율, 투명한 회계 경영 등의 기업 지배구조 개선이 필요할 것이다. KB증권에 따르면 지난 10년 동안(2023년 기준) 우리나라 상장기업의 평균 주주환원율[16]은 29%에 불과한 것으로 나타났다. 가장 높은 시장인 미국은 92%에 달했으며, 미국을 제외한 선진국(68%), 신흥국(37%), 중국(32%) 순으로 나타났다.[17] 수치로만 살펴보면 우리나라의 주주환원율 수준은 신흥국이나 중국보다 떨어지는 셈이다.

ESG는 당장 오늘내일의 일이 아니다. 10년 후, 20년 후에도 환경(E)·사회(S)·지배구조(G)를 중심으로 한 기업의 경영 활동은 더욱 요구될 것이며, ESG 규제를 충실히 이행하는 기업이 지속가능성 측면에서 선도 기업이 될 것이다. 이를 위해서는 현시점에서 정부의 적확한 제도 시행, ESG 경영을 도입하기 위한 국내 기업의 자발적인 노력이 필수다.

---

14 '46. 英 이코노미스트가 제기한 ESG 무용론'

15 대표적으로 한국ESG교육협회에서 ESG 초중고 과정을 운영하고 있으며, 커리큘럼은 'ESG란 무엇인가?', 'ESG 환경 영역', 'ESG 사회 영역', 'ESG 지배구조 영역' 등 다양하다(1일 차 기준). 참고로 교육 참가 신청은 유료이다. https://kesge.or.kr/sub02/sub07.php

16 주주환원율은 배당과 자사주 매입액의 합을 순이익으로 나눈 비율을 의미한다.

17 매일경제, "한국이 중국보다 별로다"…코리아 디스카운트 자초한 '주주환원율', 2023년 7월 9일.

🌡 ESG 사례 분석

ESG는 미래에 대체될 수 있을까?

"가장 최선의 일은 ESG란 개념을 포기하는 것이다(The best thing would be to retire the concept)."

'밸류에이션 닥터(Valuation Doctor)'로 불릴 정도로 기업 가치평가 분야의 대가로 꼽히는 미국 뉴욕대 스턴비즈니스스쿨(경영대학원) 애스워드 다모다란(Aswath Damodaran) 교수의 평가다. 그는 ESG와 관련하여 좋은 기업, 나쁜 기업을 구성하는 데 공통적인 합의가 없다는 점을 언급하며, 특히 사회(S) 요소가 그렇다고 하였다.[18] 다모다란 교수의 주장이 조금 극단적인 것처럼 들리지만 필자는 이와 같은 ESG 반대 논리도 충분히 수긍하고 받아들여야 한다고 생각한다.

다만, ESG 반대론이 심심치 않게 들릴 때마다 필자가 되묻고 싶은 질문은 다음과 같다.

"환경오염 배출(환경), 장애인 고용(사회), 주주환원 저조(지배구조) 등의 문제가 지속되는 가운데, 기업과 우리 사회의 지속가능성을 유도하는 데 있어 ESG를 대체할 수 있는 개념은 무엇인가?"

필자는 이러한 질문에 대해 속 시원하게 답할 수 있는 ESG 반대론자는 그리 많지 않을 것이라고 확신한다.

물론 ESG가 완벽하게 정립된 경영 개념이 아닌 것은 사실이다. 단기적으로는 ESG 평가기관 간 ESG 평가가 일치하지 않는 등 신뢰성 논란이 불거지고, 기업 입장에서는 ESG 경영을 도입하는 데 재무 부담이 발생할 수 있다. 하지만 중요한 사실은, ESG는 '시장 혹은 정부'라는 기존의 이분법적 구분에서 벗어나 '시장과 정부의 협력'이라는 글로벌 어젠더로 기업의 지속가능성을 끊임없이 유도할 것이라는 점이다. 궁극적으로 기후변화 위험, 불투명한 지배구조, 직원 인권과 같은 다양한 기업 현안을 통합적으로 대응하는 대체 불가능한 글로벌 스탠다드로 자리매김할 것이다.

---

18 VettaFi Advisor Perspectives, Aswath Damodaran: It's Time to Retire the ESG Concept, 2023년 4월 26일.

한 줄 요약

- ESG 공시 기준은 기업의 재무제표와 같이 기업들이 충실히 따라야 할 (비)재무 기준이 될 것이다.

- 우리나라와 우리 사회에서 ESG 경영이 확산되려면 기업들의 자발적인 노력과 정부 차원의 제도적 관심이 필요하다.

- ESG 반대론이 끊임없이 나오고 있지만, 지금 당장은 기업의 지속가능성을 담보할 수 있는 '대체 기준'이 눈에 띄지 않고 있다.

토론 주제

- ESG 경영 확산을 위해 가장 시급한 정부의 규제 및 제도는 무엇이라고 생각하는가?

- ESG를 대체할 수 있는 기준이 등장할 것으로 생각하는가?

부록. INTERVIEW

정부, 대기업의 포용적 ESG 공급망 유도해
중소기업 ESG 관리 수준 높여야

나수미 박사

• 2018년 서울대 경제학 박사 졸업

　(졸업논문명: 기업의 사회 공헌 활동과 기업 가치)

• 2018년 중소벤처기업연구원 입사(연구본부 창업벤처혁신연구실)

[주요 연구실적]

• 에너지 부문 중소기업의 ESG 경영 현황과 지원 방안, 에너지경제연구원, 2022

• 2022/23년 경제발전경험공유사업(KSP) 아르메니아 정책 자문사업, 한국개발연구원, 2022

• 중견기업 혁신성장을 위한 CVC 및 M&A 활성화 방안 연구, 산업통상자원부, 2021

• 중소기업 ESG 연구: 탄소중립을 중심으로, 중소벤처기업연구원, 2021

• 기술기반 벤처기업을 위한 IP금융 고도화 방안, 중소벤처기업연구원, 2021

Who She Is

공급망 실사, ESG 평가, 사회적 책임 이행 등 ESG 규제가 다양한 가운데, 우리나라 중소기업의 대응 역량을 개선하는 것도 시급한 과제로 꼽힌다. 사회적 경제와 중소기업 생태계에 관심을 가져온 나수미 중소벤처기업연구원 연구위원(경제학 박사)은 관련 보고서와 논문을 통해 우리나라 중소기업의 ESG 역량을 강조한 바 있다. 「ESG 확산이 중소기업에 미치는 영향 및 지원 방향」, 「중소기업 ESG 연구 – 탄소중립을 중심으로」 등이 대표적이다. 나 연구위원은 필자와 이메일 인터뷰에서 "중소기업이 스스로 ESG 경영을 관리할 수 있도록 (정부 차원의) 지원이 필요하다."라며 "이 과정에서 공적 금융 지원 및 교육이 필요하며, 대기업의 참여 역시 유인해야 한다."라고 강조했다. 다음은 그와의 일문일답이다.

Q1 중소벤처기업진흥공단·대한상공회의소 등 다양한 기관 통계에 따르면, 우리나라 중소기업의 ESG 역량이 상당히 부족한 것으로 나타나고 있다. 이에 대한 배경과 원인은 무엇인가?

A 한국의 중소기업은 숫자가 많은 만큼 이질성이 커서 원인과 배경을 일반화하긴 어렵지만, ESG에 대한 인지 수준의 부족이 가장 큰 원인으로 느껴진다. 중소기업을 대상으로 하는 강의나 세미나 등을 참석해보면 ESG 확산 수준보다 중소기업 내 인지 수준이 매우 낮다는 것을 느낄 수 있다. ESG를 아예 들어보지 못한 수준부터 이를 알고는 있지만 필요성을 못 느끼는 수준까지 사례도 매우 다양하다. 따라서 중소기업 ESG 역량 강화를 위해서는 먼저 ESG를 알리고 필요성을 환기시키는 일이 중요하다고 여겨진다. 두 번째는 여유 자원의 부족이다. ESG 관리도 기업 가치를 제고하기 위한 일종의 투자 활동이라고 보는데, 대부분의 중소기업은 재정적으로도 빠듯할 뿐만 아니라 ESG를 위한 인력과 조직을 갖추기도 어려운 것이 현실이다. 이러한 이유와 배경으로 중소기업의 ESG 역량이 아직 부족한 것으로 보인다.

Q2 대기업 입장에서 봤을 때 중소기업은 1·2차 협력업체로 포함되는 등 '공급망 관리'에 포함되어 있다. 대기업의 ESG 경영 요구 수준에 맞추기 위하여 중소기업에 가장 필요한 지원책은 무엇인가?

A 시급한 과제는 ESG 경영 요구에 닥친 중소기업을 대기업이 지원하는 일이다. 보통 중소기업은 ESG에 대한 대비가 전혀 되어있지 않은 상황에서 ESG 경영 요구에 닥치는 것이 현실이다. 이때 찾아갈 수 있는 긴급 지원 창구가 필요하다. 궁극적으로는 공급망 상 중소기업이 ESG를 스스로 잘 관리할 수 있도록 필요한 지원을 해야 한다. 첫 단추는 현재 상태를 평가하고 ESG 성과 제고를 위한 데이터 관리 체계를 구축하는 일이다. 이를 위해서는 자금과 노하우가 필요하기에 공적 금융과 교육에 대한 지원이 필요하다. 이 과정에서 대기업의 참여를 유인해낼 수 있는 인센티브 체계를 갖추는 것도 필요하다.

Q3 「ESG 확산이 중소기업에 미치는 영향 및 지원 방향」 보고서[1]에서 "한국 중소기업이 선제적으로 대응한다면 글로벌 공급망에서 큰 부분을 차지하는 중국 기업의 자리를 대체할 기회"라고 진단한 바 있다. 조금 더 구체적으로 설명한다면?

A ESG를 관리하지 않으면서 글로벌 공급망에 참여하기는 어려운 시대가 되었다. 그런 면에서 중국의 기업들은 현재의 위치를 방어하기 어려워졌고, 한국의 중소기업은 글로벌 공급망에 새로이 편입될 기회가 커졌다고 생각한다. 한국의 중소기업이 ESG를 상대적으로 더 잘할 수 있다고 판단하는 이유는 크게 두 가지다. 우선 한국은 중소벤처기업부(중기부)라는 정부 부처가 존재하고, 이보다 더 촘촘할 수 없는 수준의 중소기업 지원을 수행하고 있다. 중소기업의 ESG 대응에 대해서도 그 중요성을 충분히 인지하고 적극적인 지원 정책을 펼치고 있다. 대표적으로 중소벤처기업부는 중소기업을 위한 ESG 통합플랫폼을 운영하고 있으며, 이를 통해 중소기업의 ESG 자가진단 서비스, 탄소중립 전환지원 서비스 등을 공급하고 있다. 자가진단을 통해 ESG 수준이 우수하다고 판명된 중소기업은 유리한 조건으로 시중은행에서 융자를 받을 수 있다. 두 번째 요인은 한국의 제조 중소기업은 대부분 한국 대기업의 공급망 안에 있는 경우가 많아 대기업의 공급망 ESG 관리의 대상이 되며, 이와 더불어 한국은 대기업을 대상으로 상생의 수준을 평가하는 동반성장지수 등을 운영하고 있다는 점이다. 이러한 상황은 대기업이 포용적인 공급망 ESG 관리를 하도록 유인하며 공급망에 속한 중소기업의 ESG 관리 수준이 높아지게 만든다.

---

1 https://www.kosi.re.kr/kosbiWar/front/functionDisplay?menuFrontNo=3&menuFrontURL= front/basicResearchDetail?dataSequence=J210809K01

Q4 시중은행에서 중소기업 등을 대상으로 ESG 특화 대출상품을 내놓는 등 금융 지원을 내놓고 있다. 이러한 금융 지원책이 대기업-중소기업 간 ESG 경영 수준 차이를 좁히는 데 주효할 것이라 생각하는가?

A 아무리 금융 지원을 해도 대기업-중소기업 간 ESG 관리 수준의 격차를 좁히기는 쉽지 않으며, 중소기업 ESG에 특화된 금융의 목표도 대기업-중소기업 간 ESG 수준 차이를 좁히는 데 있지 않다고 생각한다. 한국에서 대기업과 중소기업의 ESG 관리는 독립적이지 않으며 촘촘한 공급망 아래 서로 엮여 있는 측면이 있다. 따라서 과정이 아닌 결과만 볼 때 대기업이 잘하면 중소기업도 잘하게 될 수밖에 없는 구조이다. 금융 지원은 중소기업의 자체 역량 강화를 위한 것이다. 그런 측면에서 매우 중요한 영역이며, 정책 금융도 더 적극적으로 이뤄져야 할 영역이라고 생각한다.

Q5 산업통상자원부를 비롯하여 다양한 정부·민간기관에서 ESG 가이드라인을 공개하였다. 특히 산업부의 중견·중소기업을 위한 가이드라인(v 1.0)에 대하여 어떻게 평가하는지, 또, 개선책은 무엇이라고 생각하는가?

A 논문이나 보고서가 초안에서 시작하여 여러 독자의 피드백 아래 점차 개선되어가듯이, 가이드라인도 마찬가지다. 현재 시점의 중소 및 중견 기업에는 충분하고 넘치는 일반적인 정보 전달이라고 여겨지지만, 향후 간담회 등 기업과 이해관계자의 피드백을 바탕으로 정기적이고 지속적인 개선이 필요하다. 특히 업종별, 비즈니스 모델별로 ESG의 중요도와 관리의 접근 방향이 달라질 수 있으므로, 일반적인 정보 전달에서 특화된 정보 전달로 개선해나갈 필요가 있다.

Q6 중소기업의 ESG 경영 수준 강화책으로 대기업과 중소기업 간 ESG 파트너십 강화가 꼽히고 있다. 이러한 파트너십의 장점과 한계는 무엇인가?

A   장점은 대기업의 ESG 관리 수준으로 중소기업의 관리 수준도 빠르게 맞춰질 수 있다는 것이다. 한계는 대기업이 과연 그럴 만한 유인이 있는가에 대한 부분에서 찾을 수 있을 것이다. 한국은 동반성장지수, 자상한 기업 등 대기업을 유인하기 위한 위한 다양한 정책 수단을 활용하고 있다. 실효성 있는 대기업의 인센티브 체계를 구축하는 것이 이러한 파트너십 지속가능성의 한계를 극복하는 중요한 키가 될 것이다.

Q7   ESG 의무 공시가 오는 2025년부터 자산 2조 원 이상 기업을 대상으로 시작될 예정이다. 이후에는 중견·중소기업 역시 그 대상이 될 수 있는데, 이들 기업의 ESG 의무 공시에 대한 부담을 경감하기 위하여 필요한 조치는 무엇인가?

A   현실적으로 상장기업이나 외감법인이 아닌 중소 및 중견기업에 대한 ESG 의무 공시는 이루어지지 않을 것이라 생각한다. 하지만 ESG 관리의 차원에서 자발적인 지속가능경영보고서 발간 등은 이루어질 수 있으며, 중소기업의 경쟁력 강화를 위해 독려해야 할 부분이긴 하다. 실제로 자발적인 지속가능경영보고서 발간을 이유로 글로벌 공급망에 편입되고 큰 장기 계약을 따낸 중소기업 사례들이 존재하기 때문이다. 이러한 부분을 유인하기 위해서는 먼저 이러한 선제적이고 자발적인 투자가 시장에서 더 큰 기회로 보상될 수 있음을 알려야 할 것이다. 즉, 경영자의 ESG 인지 수준을 높이는 것이 우선이라고 할 수 있다. 또한 정책 금융을 통해 의지가 있는 중소기업은 적극적으로 지원할 필요가 있다. 이와 별개로 상장기업이나 외감법인의 수준까지 올라간 중소 및 중견기업은 마땅히 그러한 부담을 스스로 짊어져야 할 상황이라고 생각한다.

Q8   ESG 경영 추진에 있어 중소기업의 가장 큰 '내부적 제약'은 무엇인가?

A   경영자가 ESG의 중요도에 대해 인지하고 있다는 전제하에 기업 내 여유 자원이 부족하다는 점이 가장 큰 내부적 제약이다. ESG가 중요하다는 것을 알게 되더라도 당장 ESG 관리를 위해 투입할 인력과 조직의 여유가 없는 것이 대부분의 현실이다. 또한 인력을 할당하여 ESG 관리를 시

작하면 선제적으로 투자가 필요한 부분이 새로이 발견된다. 결국 추가적인 외부 자금 조달이 필요하게 되는데 ESG 관리를 위한 시장에서의 투자나 융자 유치도 쉽지 않다.

Q9 우리나라 정부의 ESG 정책 시행과 관련하여 참고할 만한 선진국의 중소기업 지원책 모범 사례가 있다면 무엇인가?

A 해외의 ESG에서 정부의 주도로 모범적인 사례가 발생한 예는 찾기 힘들다. '정부의 중소기업 지원' 측면에서 한국만큼 열심히 하는 나라를 찾을수 없으며, 이는 ESG 지원도 마찬가지이다. 다만, 해외 시장에서 자연스럽게 모범 사례가 발생하는 예는 찾을 수 있는데, 이러한 부분에서 정책적 시사점을 얻을 수는 있다. 예를 들어, 독일 제조 중소기업들이 공급망내 경쟁력을 갖고 거래에서의 주도권을 지니는 사례는 한국 중소기업 정책이 보호와 육성에서 경쟁력 강화로 변모해야 한다는 정책적 시사점을준다. 마찬가지로 ESG가 활성화된 선진국가의 사례는 궁극적으로는 중소기업도 이러한 환경 변화 아래 과감하게 ESG에 투자하고 스스로 경쟁력을 높여야 할 것을 시사한다. 정부의 중소기업 ESG 지원의 궁극적인목표 달성 지점도 그곳에 있다는 것을 잊지 않아야 할 것이다.

INTERVIEW

한국 시장의 정보 접근성 개선,
코리아 디스카운트 해소의 첫걸음

로메인 듀크렛(Romain Ducret) 박사

2023년 스위스 프리부르대학 졸업(경영학 박사)

[주요 연구실적]

- "Chasing dividends during the COVID-19 pandemic" International Review of Finance (2022)
- "The Korea Discount and chaebols" Pacific Basin Finance Journal (2020)

Who He Is

코리아 디스카운트는 국내 상장된 기업들의 주식이 외국 기업보다 그 가치가 낮게 평가되는 것을 뜻한다. 코리아 디스카운트의 원인으로는 북한 문제, 취약한 기업 지배구조 등 여러 요인이 꼽힌다. 이러한 가운데 몇 년 전 아시아권 유명 SSCI저널[2]에 "한국 기업에 코리아 디스카운트가 존재한다."라며 "재벌의 코리아 디스카운트는 비재벌에 비해 낮다."라는 주장을 제시한 논문이 실렸다. 이 논문의 주인공은 2023년 스위스 프리부르(Fribourg) 대학을 졸업한 경영학 박사 로메인 뒤크렛(Romain Ducret)이다.[3] 스위스 현지의 젊은 연구자가 먼 나라 한국 재벌 문제에 관심을 두게 된 이유와 논문의 취지는 무엇일까. 필자는 이 논문을 바탕으로 그를 이메일 인터뷰했다.

Q1 당신은 한국 시장의 코리아 디스카운트를 "북한과의 긴장, 사회 및 정치적 위험 또는 부실한 기업 지배구조"와 같은 여러 요인에 기인한다고 주장했다. 가장 중요한 요인은 무엇인가?

A 코리아 디스카운트는 시장 외적인 요소와 내적인 요소로 구분할 수 있다. 먼저 시장 외적인 요소는 북한과의 긴장 상태다. 한국 전쟁 종료 이후 한반도는 평화 조약으로 끝나지 않은 전략적 불안정성을 겪고 있다. 남북한 간의 긴장은 여전히 해결되지 않았으며, 자본시장은 이러한 불확실성을 싫어한다. 핵실험 또는 미사일 발사는 전쟁이나 불안정 고조 등의 두려움을 부추긴다. 다른 어떤 선진 시장도 이렇게 오랫동안 직접적인 위험에 노출되어 있지 않다. 이러한 상황은 두 국가 사이, 혹은 두 블록 간의 긴장으로 (확장해) 볼 수 있다. 예를 들어 미국/동맹과 중국 간의 관계처럼 말이다.

내적인 요소는 먼저 시장 접근성이 꼽힌다. 외국 투자자가 기업 정보에 접근하는 것은 여전히 어렵다. 실제로 대부분의 정보와 데이터는 한국어로만 제공되며 소수의 한국 기업만 영어로 연례 보고서를 게시한다. 외국 투자자로서 한국어를 구사할 수 있는 직원 없이는 직접 정보를 얻는 것이 어려울 수 있다. 국제 투자자들은 내부 분석을 수행할 수 없다면 투자에 주저할 것이다. 마지막으로, 코리아 디스카운트 해소는 글로벌 시장의 가격 수준을 한국 주식 시장의 성과가 뛰어넘을 때 가능하다. 코리아 디스카운트가

---

2 Romain Ducret, Dušan Isakov, The Korea discount and chaebols, Pacific-Basin Finance Journal, Volume 63, 2020.

3 이 논문은 그의 지도교수인 두샨 이사코프(Dušan Isakov) 교수와 함께 쓴 것이다.

없어질 때까지는 시간이 걸릴 것이다. 또 다른 내적 요소로 꼽히는 정치 및 사회 리스크는 더는 해외 투자자에게 심각한 문제가 아니며, 기업 지배구조 수준 역시 글로벌 스탠다드에 맞춰 상당히 개선됐다.

Q2 다른 국제 기업들이 상대적으로 높은 시장 평가를 받는다는 것은 (한국과 같이) '디스카운트' 요소가 없다는 것인가?

A 우리 논문은 한국 주식이 시장과 산업 수준에서 외국 기업들에 비해 디스카운트 된다는 증거를 제시했다. 모든 한국 기업에 코리아 디스카운트가 존재하는 것은 아니다. 그러나 코리아 디스카운트는 주가에서 쉽게 관찰된다. 예를 들어, 현대자동차와 삼성전자는 그들의 미국이나 일본 경쟁사보다 상당히 낮은 주가—이익(price to earning) 비율을 보인다. 그러므로 나는 여전히 많은 기업에 코리아 디스카운트가 현실임을 믿고 있다.

Q3 논문의 결론에서 당신은 다음과 같이 언급했다. 좀 더 구체적으로 설명해 달라.

> 우리는 2007년 이후로 재벌의 코리아 디스카운트 요소가 다른 한국 기업보다 상당히 낮다는 것을 발견했다. 이 결과는 재벌의 상당한 시장 권력과 비재벌 기업에 미치는 영향과 관련이 있다. 이것은 또한 일부 재벌 기업이 국제적 평판과 인지도를 쌓았다는 사실로 인해 발생할 수도 있다. 이는 투자자가 재벌 기업을 덜 알려진 한국 기업과 다르게 고려할 수 있게 만들 수 있다.

A 외국 자본 투자에 대한 정보 접근을 통한 장벽이 코리아 디스카운트의 지속적인 원인 중 하나다. 한국은 대중문화를 기반으로 한 '소프트 파워'로 유명한데, 이러한 정책을 자본시장에도 적용해야 할지도 모른다. 그러나 나는 한국 기업의 평가는 궁극적으로 국제적인 인식과 트렌드에 자연스럽게 따라갈 것이라고 믿는다.

우리 연구에서는 재벌/비재벌 기업 모두 코리아 디스카운트가 존재한다는 사실을 발견했다. 그러나 재벌 및 계열사의 코리아 디스카운트는 상당히 낮은데, 이들 기업이 국내 경쟁사를 앞지를 수 있는 시장 권력을 활용할 수 있다. 또한 재벌들의 인지도는 개인 및 외국 투자자를 유치하는 데 기여한다. 삼성이나 현대차 같은 브랜드는 누구나 그들의 휴대폰이나 차를 알기 때문에 익숙하게 느껴진다. 미국의 제조 시설에 대한 재벌 기업들의 투자는 주요 산업에서 한국 기업의 리더십을 확인한다. 이 모든 요소는 재벌 및 계열사의 국내 및 국제적 인지도에 기여한다. 어떤 시장에서든 인지도와 평판은 중요하지만, 이는 외국 투자를 유치해야 하는 신흥 시장에서 특히 중요하다.

Q4 당신은 논문에서 "코리아 디스카운트가 시간이 지남에 따라 감소하고 최근 몇 년 동안 더 작아졌다"라고 밝힌 바 있다. 그러나 한국에서 재벌 문제는 여전히 논란이다. 당신의 연구 결과와 현실 사이의 '차이'를 어떻게 설명할 수 있는가?

A 개인 투자자는 주식 거래량 측면에서 한국 자본시장의 상당 부분을 차지한다. 이들 투자자에게 기업 지배구조가 첫 번째 투자 기준인지 모르겠다. 실제로 기업 지배구조를 평가하는 것은 쉬운 일이 아니다. 관련 정보를 수집하는 것은 복잡할 수 있다. 규제가 덜 된 소규모 기업은 더 그렇다. 반면 재벌 및 계열사들은 엄격한 모니터링과 공시 요건을 준수해야 해 관련 정보 수집이 더욱 용이할 수 있다. 또한 재벌은 인지도 측면에서 개인 및 외국 투자자를 더 쉽게 유치할 수 있다. 수천 곳의 상장기업이 있는 한국 주식 시장에서 개별 투자자들은 먼저 잘 알려진 기업들을 선택할 가능성이 높다. 이것은 나의 나라(스위스)에서도 마찬가지로 벌어지는 현상이다. 대부분의 사람들이 네슬레, UBS, 노바르티스와 같은 유명 기업은 알지만 작은 기업들은 무시한다.

Q5 ESG 측면에서 '지배구조(G)'의 성과가 한국 자본시장의 개선을 이끌 수 있는가?

A 중요한 것은 "지배구조(G)를 어떻게 측정할 것인가?", 그리고 "좋은 지배구조(G)는 무엇인가?"이다. 기술 탈취나 스캔들과 같은 뚜렷한 위험을 인식하지 않는 한, 수익을 좇는 주주들은 지배구조에 크게 신경 쓰지 않을

것이라고 난 확신하지 못한다. '지배구조(G)' 점수는 규정을 준수해야 하는 기관 투자자나 자금 관리자에게 더 중요할 수 있다.

이사회의 다양성은 전 세계적으로 화두인 문제다. 한국을 포함한 많은 국가가 성별 다양성을 위한 할당제를 도입했다. OECD에 따르면, 여성은 스위스의 이사회 멤버 중 약 1/3을 차지하고 있으며, 노르웨이와 같은 국가들은 거의 성평등을 이뤘다. 하지만 한국의 경우 여성 비율은 약 13% 정도에 불과하다.

물론 이사 할당제의 적절성에 대해 의문을 제기할 수 있다. 실제로 여성의 기업 지배 및 성과에 관한 학문적 연구는 명확한 결론을 내리지 못하고 있다. 나는 여성 이사 숫자를 늘리는 것이 한국 경제에 이바지하여 새로운 여성 경영자 시대를 개척하는 데 도움이 될 것이라 생각한다. 이사회의 다양성 향상은 기관 투자자들이 다양성을 중요시하는 한국 기업을 더 매력적이게 여기는 데 기여할 수 있을 것이다.

Q6 외국의 젊은 연구자로서 당신이 한국의 재벌 문제에 관심을 가지게 된 계기는 무엇인가? 한국 자본시장의 어떤 측면이 관심을 끌었나?

A 재벌은 한국의 산업화에서 중추적인 역할을 해왔으며 지금도 한국 경제를 선도하고 있다. 이들 기업은 국내 시장을 지배하는 데 그치지 않고 혁신성과 경쟁력을 개발해왔다. 현재에 이르러 재벌은 반도체와 전기차용 배터리와 같은 주요 산업 분야에서 세계적인 선두주자로 발전했다. 나는 현대자동차의 예를 자주 든다. 2000년대 서양인들은 가격경쟁력 때문에 현대차를 구매했다. 디자인이나 기술 때문이 아니었다. 지금은 한국 자동차가 서양 자동차 제조사들의 경쟁 상대로서 많은 두각을 나타내고 있다.

또한, 한국 시장은 재벌과 같은 기업집단(재벌)에 관한 연구를 위한 데이터가 잘 갖춰져 있어 매우 흥미롭다. 기업집단의 범위를 식별하는 것은 중요한 문제이기 때문이다. 한국 공정거래위원회가 양적 및 질적 기준에 기초해 기업집단의 목록을 제공한다. 외국 학자로서 데이터를 식별하고 처리하는 것은 어렵고 시간이 오래 걸리지만, (공정거래위원회의) 노력은 가치가 있다고 생각한다. 또한, 재벌의 구조가 일가족의 통제하에 있다는 점도 흥미로운 특징인데, 이는 일본의 자이바쓰(일본어: 財閥)와는 대조적이다.

탄소세, 징수 절차의 타당성과 효율성부터 논의해야

김신언 세무사
· 미국 UC버클리 로스쿨 LL.M. 졸업(법학석사—IP/Business law 전공), 2016.8
· 고려대학교 일반대학원 법학과 졸업(법학박사 – 조세법 전공), 2016.2

[주요 경력]

· 앤트세무법인 사당지점 세무사, 2007~
· 서울지방세무사회 총무이사, 2023~
· 한국납세자연합회 이사, 2023~
· 한국조세정책학회 이사, 2022~

Who He Is

탄소세(carbon tax)는 탄소를 배출하는 원료에 세금을 부과하는 행위다. 국내 정치권에서도 기본소득의 재원 마련 등 다양한 취지에서 탄소세 법안을 발의했지만, 아직 국회의 문턱을 넘지 못했다. 탄소세가 부과되는 대상과 재원의 사용처에 대해서도 사회적 합의가 필요한 상황이다. 이러한 가운데 몇 안 되는 국내 탄소세 전문가인 앤트세무법인 김신언 세무사는 「기본소득형 탄소세의 과세 논리와 타당성 검토」 논문에서 "탄소세라는 새로운 세목이 창설될 경우 징수 절차의 타당성과 효율성 등에 대해서도 입법단계에서부터 반드시 심도 있는 논의가 필요하다."라고 일찌감치 강조하였다. 위 논문으로 김 세무사는 2023년 한국조세연구소 학술논문상을 받은 바 있다. 필자는 2023년 9월 1일 김신언 세무사를 만나 탄소세에 대한 그의 의견을 들었다. 김 세무사는 법학박사이자 미국 변호사(일리노이주)이기도 하다. 다음은 그와의 일문일답이다.

Q1 우리나라에서 탄소세 도입이 쟁점이 되는 가장 큰 이유는 무엇인가?

A 우리나라에서는 기본소득당 용혜인 의원(2021년 3월), 정의당 장혜영 의원(2021년 7월) 등이 교통·에너지·환경세의 대안으로 탄소세 법안을 발의한 바 있다. 이들 법안의 문제점은 탄소세로 징수한 재원의 사용 용도가 복지용 지출에 치우쳐 있다는 것이다. 탄소세의 도입이 정말 탄소를 줄이기 위한 목적을 달성할 수 있는지에 대한 의문도 있다. 또한, 세금 관련 법안 마련에 법학자가 아닌 전문성이 떨어지는 사회정치학자들만 참여하여 실제 법률이 작동하기 곤란한 구조이다.

Q2 현행 탄소세 법안들의 가장 큰 맹점은 무엇인가?

A 기본적으로 탄소세는 세금을 부과할수록 환경이 개선되니 궁극적으로 세수가 줄어야 맞다. 그런데 특이한 것은 용혜인 의원의 법안은 탄소를 배출하는 화석연료의 사용이 줄어들더라도 기본소득 재원은 계속 확보되어야 하므로 같은 양의 화석연료를 소모할 때 징수세액은 점점 올라가는 구조이다. 이를테면 휘발유 사용량이 줄어들면 톤당 부과되는 금액을 5만 원에서 10만 원으로 올리는 구조이다. 이 법안은 확보된 재원으로 탄소를 줄이거나 친환경 연료를 개발하는 등의 목적으로 사용하는 것이 아니라 국민에게 기본소득으로 나눠줘서 저소득층의 연료비 부담을 완

화한다는 목적을 가지고 있다. 탄소를 줄이기 위해서는 점차 화석연료의 소비를 줄여야 하는데 올라간 세금만큼 국가가 보전해 주니 국민이 탄소 배출을 줄이려고 노력하지 않을 것이다. 직접 국민에게 불편을 줘 탄소 배출을 막기 위한 조정적 목적의 탄소세가 오히려 개인의 화석연료 소비를 부추기는 꼴이 되는 것이다.

Q3 탄소세에 대해 정의한다면?

A 탄소세가 탄소 발생을 '제로(0)'로 만드는 세금 제도라고 정의한다면, 해외 20여 개 국가가 도입한 탄소세는 '100% 탄소세'가 아닐 수 있다. 외국에서 탄소세로 보이는 것이 실제로는 환경세(environmental taxes) 성격인 것도 있다. 만약 정치권에서 환경개선 부과금 형태의 세금을 의도했다면 이미 휘발유와 경유에 과세하는 우리나라의 교통·에너지·환경세도 '탄소세' 역할을 한다고 볼 수 있다. 이러한 의미에서 다른 나라 학자들은 우리 조세를 탄소세의 하나라고 볼 가능성도 있다. 또한, 여러 연구에서 탄소세를 도입했다고 하는 국가들의 사례가 우리의 과거 교통세가 교통·에너지·환경세로 일부 재원의 활용 목적이 변경된 것과 같이 탄소 배출을 감소시키기 위한 목적으로만 입법되었다는 증거는 없다.

Q4 최근 정치권에서 더불어민주당 기동민 의원 등 15인이 '탄소세 기본법안'을 발의한 바 있다. 이 법안은 휘발유, 가스, 석탄 등이 에너지산업, 제조업, 건설업 등에 사용될 때 온실가스가 배출되는 경우 그 물품을 탄소세의 과세 대상이 이에 대한 세율을 1 이산화탄소상당량톤(tCO₂-eq)당 5만 원으로 정하는 등의 골자이다. 이러한 법안이 탄소 감소를 위한 적절한 인센티브가 될 것으로 평가하는가?

A 이 법안도 결국에는 교통·에너지·환경세를 개정하는 것으로, 법안의 모양새는 기존에 발의된 법안들과 비슷하다. 1 이산화탄소상당량톤(tCO₂-eq)당 일정한 세율을 부과하는 방식은 이미 장혜영 의원 법안에서부터 다루고 있다. 휘발유와 경유에서 발생하는 탄소 발생량에 대해서는 이미 국제적으로 기준이 세워져 있다. 이 기준에 근거하여, 1리터당 발

생하는 탄소에 대하여 얼마나 세금이 걷힐지 계산을 할 수 있다. 결국 계산 방식은 장혜영 의원 법안과 기동민 의원의 법안이 비슷하다. 다만, 기동민 의원 법안의 특징은 세금 부과 정도가 탄소상당량톤당 5만 원인데, 왜 세액을 5만 원으로 한 것인지에 대한 객관적인 자료는 없다.

Q 조금 더 구체적으로 설명해 달라.

A 탄소세 법안의 맹점은 탄소 저감을 실현하기 위한 목적인지, 세수 확보를 위한 목적인지 명확하지 않다는 것이다. 현행 탄소세 법안들은 구체적으로 (확보한) 재원을 탄소 저감을 위해 어떻게 쓸 것인지 명확하지 않기 때문이다. 기동민 의원의 법안 역시 그 취지가 신재생에너지 기술 개발과 기후변화 대책 마련에 필요한 재원 확보라면, 구체적으로 신기술 개발에 얼마의 재원이 필요하며 (법안 취지대로) 1 이산화탄소상당량톤당 5만 원을 걷음으로써 해당 재원이 어디에 쓰일 수 있는지 밝히는 것이 필요하다. 장혜영 의원은 탄소세 전환과정에서 피해를 보게 되는 취약계층을 보호하는 데 탄소세 일부를 사용한다고 밝히고 있다. 그렇지만 취약계층이 누구인지, 얼마나 혜택을 입게 될 것인지, 또한 어떠한 방식으로 이를 지원할 것인지에 대한 구체적인 계획은 밝히지 않고 있다. 오히려 탄소세를 도입하기 전에 해당 연구 용역부터 하자는 정부를 비판하고 있다. 이렇게 세원의 사용처가 장기적으로 화석연료를 줄이면서 대체 연료나 에너지 개발에 사용됨으로써 지금 당장 국민의 부담이 되더라도 향후 10년, 20년 이후에는 탄소세를 적게 부담하면서 깨끗한 환경에서 살 수 있을 것이라는 비전이 제시되어야 하는데, 이러한 장기적 계획이 없다는 것이 (탄소세) 법안들이 가지고 있는 공통적인 문제다. 이러한 법안들은 국회에서 통과되기도 힘들 뿐만 아니라 국민에게 지지를 받는 것도 기대하기 힘들다. 정치적 쇼에 불과하다.

Q5 탄소세 도입 시 (탄소배출권거래제(ETS)와 같은) 기존 정책과의 조합이 가능한가?

A 불가능하다. 납세와 규제 대상이 다르다. 탄소배출권거래제의 경우 오염 물질이 과다한 기업은 탄소배출권을 구매하도록 하는 등 기업 생산량을 줄이는 데 목표가 있다. 탄소 국경세는 탄소가 적은 곳으로 생산지를 옮기는 것을 막자는 취지다. 반면, 탄소세는 실제 소비자를 상대로 조세를 부과함으로써 비싸서 적게 쓰도록 유도하는 것이다. 공략 대상이 다르므로 이러한 정책들을 동일한 연결 선상에서 매칭하는 것은 어렵다. 탄소배출권거래제가 적용된다고 해서 기업에 탄소세 부과를 면제해준다든지, 세액을 공제해줄 수 없다는 것이다. 탄소 관련 제도들은 공존할 수 있지만, 서로 중복된다고 하여 규제를 제거하는 것은 어렵다.

Q6 탄소배출권거래제와 탄소세가 공존하는 해외 사례도 있지 않은가?

A 앞서 얘기했듯이, 우리가 생각하는 탄소세가 외국에서는 환경세 개념일 수 있다. 유럽연합(EU)의 경우에는 일괄적으로 규범이 존재하겠지만 기본적으로 나라마다 기준이 다르다. 나라별로 일일이 규정과 제도를 살펴봐야 한다.

Q7 우리나라의 사례로 본다면?

A 우리나라에는 2015년부터 존재하는 탄소배출권거래제와 교통·에너지·환경세 등 기존 조세 제도 역시 연결고리가 마련되어 있지 않다. 이 분야를 연구하는 세법학자도 없다.

Q8 앞서 국회예산정책처는 한 보고서에서 "탄소세의 세 부담은 소득 및 소비가 낮을수록 높고, 소득 및 소비가 높을수록 낮다."라고 분석했다. 탄소세의 역진성 문제를 어떻게 생각하는가?

A 역진성 문제는 피할 수 없고, 반드시 피할 필요도 없다. 다만 조세 부담 측면에서 국민을 설득해야 한다. 10년, 20년, 30년 계속 내야 할 세금이 기 때문에 국민은 피로함을 느낄 수밖에 없다. 또한 기본소득을 주장하는 분들은 탄소세 재원으로 국민에게 탄소 배당을 하면 재분배 효과가 있다고 주장하지만, 물가 인상 요인을 고려하지 않고 있다. 이를테면, 연료비가 오르면 자가용 대신 대중교통을 이용할 수 있다고들 생각하겠지만, 대중교통 요금도 연료 인상과 연계해서 올라간다. 연료비는 우리나라 물가를 올리는 중요한 요소 중의 하나이다. 예를 들어, 비닐하우스에도 탄소세가 부과되면 채소가격에 직접 영향을 미칠 것이다. 탄소세는 물가 인상 고려 없이 추진하면 안 된다.

Q9 환경오염과 관련하여 바람직한 과세 방향은 무엇인가?

A 얼마 전 국내 정유사에 대한 횡재세 도입에 대한 논의가 있었다. 그런데 사실 정유산업보다 석유화학 산업의 수익률이 더 높다. 또한, 화석연료의 사용보다는 플라스틱이나 비닐 같은 석유화학제품의 제조와 소비를 줄이려는 노력은 하지 않는 것 같다. (환경오염 물질로 보면) 대체에너지로 주목받는 태양광 패널, 배터리와 더불어 원전 폐기물의 환경오염 문제도 심각한데, 우리의 탄소세는 단지 연료에만 과세하여 탄소 배출을 줄이는 것으로 되어있다. 또한, 세원의 사용 용도를 대체 연료 개발, 석유화학 제품의 소비감소(재활용), 저탄소 제품 개발에 사용하는 방안도 필요한데, 우리나라에서 탄소세 도입을 주장하는 사람들은 이러한 점을 간과하고 있다.

경영자가 ESG 경영과
글로벌 경기 흐름을
모두 고려해야 하는 이유는?

조용두 고문

- 영국 옥스포드대학교 경제학 박사, 1995
- 서울대학교 경제학과 경제학 석사, 1986
- 성균관대학교 경제학 학사, 1984

[주요 경력]

- 삼일회계법인 고문, 2023.3~
- 성균관대학교 경영학과 초빙교수, 2022.2~
- 포스코경영연구원 부원장, 2018.12~2020.12
- 포스코건설 경영기획본부장(CFO), 2015.7~2017.2
- 포스코 가치경영실 재무위원, 2014.2~2015.6
- 포스코 경영진단실장, 2012.2~2014.1

Who He Is

'코로나19 발생 → 과잉 유동성 → 인플레이션 → 미국 연방준비제도(FED)의 금리 인상…' 일련의 글로벌 경제 상황을 요약하면 이와 같다. 글로벌 경기가 불확실한 상황에서 몇몇 국내외 기업들이 ESG 경영을 재무적 비용으로 인식하는 것은 부인할 수 없는 사실이다. 필자는 2023년 9월 27일 조용두 삼일회계법인 고문을 그의 사무실에서 만나 인터뷰했다. 영국 옥스포드대학교 경제학 박사인 조 고문은 한국개발연구원(KDI)·아시아개발은행(ADB)을 거쳐, 포스코경영연구원 경제동향분석그룹장과 부원장을 지낸 글로벌 경제 전문가다. 현재 성균관대 경영학과 초빙교수를 역임하고 있다.

Q1   기업의 ESG 경영은 글로벌 경제 측면에서 왜 중요한가?

A   ESG 경영이란 용어는 글로벌 기업에서 많이 사용하는 지속가능경영이란 개념과 유사하다. 하지만 지속가능경영은 기업의 관점에서 사회적 가치 창출을 통해 경영을 지속가능하도록 하는 활동을 뜻한다면, ESG 경영은 최근 금융시장의 ESG 평가에 집중하여 ESG 중심으로 경영을 한다는 의미를 담고 있어서 관점의 차이가 있다. ESG 경영을 기업들이 진심으로 추진하게 되면, 특히 가치 사슬(Value Chain) 상에서 탄소 발생을 줄이기 위한 다양한 활동을 벌이게 되며, 이러한 활동이 광범위하게 이루어지면 글로벌 경제에 영향을 줄 수밖에 없다. 탄소 배출을 줄이기 위해 운송 방식이 변화하고, 에너지원의 사용에도 변화가 오면 글로벌 기업의 공급망이 변화하며 글로벌 경제에도 변화가 일어날 것이다.

한국과 같이 수출 비중이 높은 경제의 경우 수출 대상 지역이나 회사에 따라 ESG 경영을 제대로 하지 않으면 생존이 어려워지는 일도 있을 수 있다. 이처럼 ESG 경영은 글로벌 재화와 서비스의 이동에도 지대한 영향을 준다. 유럽의 경우에는 탄소국경세를 도입하게 되면 동아시아 철강의 수출에도 지대한 영향을 줄 수밖에 없으며, 향후 그린수소를 확보하기 위한 경쟁이 가속화되면 사우디아라비아, 호주 등 친환경 에너지를 이용하여 수소를 생산할 수 있는 국가들로 부(富)가 이동할 수 있다. 이러한 것들이 ESG 경영이 글로벌 경제에 영향을 미치는 예라고 할 수 있다.

Q2   왜 기업 경영인은 ESG 경영과 글로벌 경기 흐름을 동시에 고려해야 하는가?

A 기업이 ESG 경영을 한다는 것은 기본적으로 금융자본 외에 환경 자본, 사회 자본, 인적 자본을 중요시한다는 얘기다. ESG 경영 기업들은 환경적, 사회적 가치를 고려하여 투자하고 글로벌 가치 사슬에서의 리스크를 줄인다. 그래서 글로벌 경기 흐름이나 글로벌 경제의 다양한 이벤트에 민감할 수밖에 없다. 또한 ESG 경영을 하려면 이윤극대화를 추구했던 방식과는 달리 환경적, 사회적 가치를 위해 단기적인 비용 상승과 이윤 축소를 감내해야 할 수도 있다. 그래서 경영자는 의사결정을 할 때 글로벌 경제의 전망과 향후 시나리오를 면밀히 고려해야 한다.

Q3 미국 연준이 최근 추가적인 금리 인상을 내비쳤고, 인플레이션 역시 여전히 높다는 진단이 나오고 있다. 일련의 경제 상황은 기업의 ESG 경영에 (장단기적으로) 어떠한 영향을 미치는가?

A 기업이 제일 꺼리는 것은 불확실성이다. 현재는 금리가 추가로 인상되고 있고 언제 이러한 상황이 해소될지도 불확실하다. 그래서 최근 기업들의 대형 인수합병(M&A)도 급격히 감소세를 보인다. ESG 경영도 마찬가지다. 특히 미국의 몇몇 보수 성향 주(州)에서는 ESG를 지지하는 은행이나 금융기관을 주(州) 관련 금융 업무에서 배제하고 있다. 이처럼 ESG 경영이 정치적인 이슈로 비화하고 있는 이유는 글로벌 경제 상황이 불확실하기 때문이다. ESG가 중요해지는 것은 지구를 위협하고 있는 기후변화의 원인에 대처하는 차원에서 기업에 근본적인 변화를 요구하고 있기 때문이다. ESG 경영의 중요성은 글로벌 경기와 무관하게 중요한 트렌드로 자리를 잡으리라 생각된다.

Q4 ESG 경영은 장기적 관점의 기업의 가치이고, 경영인은 단기적인 관점의 주주 가치를 우선시한다. 상충 요소는 없는가?

A 지속가능경영을 잘 이해하는 경영진과 이사회라면 이해관계자의 요구를 잘 충족하여 기업의 가치를 올리는 것이 주주에게도 결국 도움이 된다고 생각한다. 물론 단기적으로 ESG 경영을 하려면 비용이 수반되어

주가에 영향이 있을 수는 있다. 기업의 이사회에서는 이러한 점을 ESG 경영의 어려움으로 인식하고 있다. IFRS 산하기관의 ISSB(International Sustainability Standards Board) 위원장 임마누엘 파버(Emmanuel Farber)는 3년 전 다논(Danone) CEO직에서 해임되었다. 이사회에서는 파버 CEO의 ESG 경영을 지지하지만, 지속적으로 경쟁사보다 수익률이 낮다는 점을 지적했다. 이사회는 기업의 ESG 경영을 추진할 때 주식 시장에서 평가되는 가치와 장기 가치 간에 민감한 균형(Delicate Balance)을 유지하는 것이 필요하다.

Q5 전통적으로 중앙은행의 존재 목적은 물가와 금융 안정이었지만, 최근 들어 통화정책에 기후위험을 고려해야 한다는 목소리도 커지고 있다. 기후변화 위험을 고려하였을 때, 중앙은행의 존재 목적을 어떻게 정의하는가?

A 기후 관련 재무정보공개 태스크포스(Task Force on Climate Related Financial Disclosures, TCFD)는 G20 국가의 재무장관 및 중앙은행 총재가 금융안정위원회(Financial Stability Board, FSB)에 기후변화가 금융산업에 미치는 영향을 검토할 것을 요청하여 구성된 조직이다. 중앙은행들은 기후변화에 대한 기업들의 대응 태도가 물가 안정에 영향을 줄 수 있다고 판단하여 TCFD 조직을 마련했다고 생각된다. 중앙은행의 존재 목적이 물가 안정 및 금융 안정이라는 사실은 변하지 않지만, 이제는 리스크 운영 측면에서 기후변화도 하나의 요소로서 고려할 때가 되었다고 생각한다.

Q6 미국·유럽연합·우리나라 등 주요 국가 중앙 정부의 탄소 규제 정책은 기업에 단기적인 비용(예 전기차 전환, 일부 원자재 가격 급등 등)을 초래할 수 있다. 어떻게 생각하는가?

A 유럽에서 화석연료 관련 규제가 강하지만, 정작 넷제로(탄소중립) 정책과 반대되는 움직임도 보인다. 올해(2023년) 영국 정부가 북해 유전·가스권 개발 면허를 내주고, 유럽연합(EU)의 내연기관 퇴출 법안 관련 투표가 연기된 것이 대표적이다. 이러한 소식을 접하면서 넷제로 정책이 전 세계적으로 후퇴하고 있는 것으로 보는 시각도 있다. 글로벌 경기 등 다

양한 요소에 의해 넷제로 정책 추진이 쉽지 않을 수 있지만, 수소 에너지와 같은 대체에너지를 확보하는 노력은 계속되어야 한다.

2021~2022년에는 전 세계 정부와 기업들이 앞다투어 넷제로(Netzero) 2040, 2050의 청사진을 제시하였다. 특히, 유럽에서 이러한 움직임을 선도했다. 사실 우크라이나 전쟁 이후 경기가 어려워지면서 각국의 탄소 규제 정책이 다소 완화되고 있는 느낌이다. 올해(2023년) 영국 정부가 북해 유전·가스권 개발 면허를 연장해주고, 리시 수낵(Rishi Sunak) 현 총리가 전통적인 내연기관차의 퇴출을 2030년에서 5년 연기한 사례가 대표적이다. 사실 2040, 2050년까지 탄소 배출을 완전히 없애는 정책은 실행 가능성이 낮아 보이기는 하지만, 기후변화와 같은 지구의 현실을 생각하면 피하기 어려운 선택이다. 미국에서는 전통적인 화석원료 산업과 관련하여 ESG에 대한 공격이 더욱 강화되며, 심지어는 ESG가 정치적 이슈로 비화하는 움직임이 있다. 미국에서는 우스갯소리로 그린허싱(Green Hushing)이라는 말도 나온다. 이는 미국의 CEO들이 ESG에 대해 말하기를 조심스러워하고, 귓속말로 ESG에 대해 이야기한다는 뜻이다. 탄소규제 정책이 제대로 시행되면 분명히 기업들은 추가 비용으로 인식해야 하는 부분이 늘어날 것이다. 이러한 미래에 선제적으로 대응하여 비즈니스 모델을 혁신하고 필요한 기술을 개발하는 것이 지속가능기업이 나갈 길이라고 생각한다.

Q7 최근 기업의 ESG 성과와 거시경제 성과를 다룬 몇몇 논문을 살펴보면 기업의 ESG 성과와 거시경제 성장 간의 양(+)의 관계가 있다는 연구 결과가 도출되고 있다. 이러한 연구 결과에 동의하는가?

> **예시 1:** 기업의 ESG 경영, 거시경제 GDP 성장률도 높인다.http://www.esgeconomy. com/news/articleView.html?idxno=101
>
> **예시 2:** ESG performance and economic growth: a panel co-integration analysishttps://link.springer.com/article/10.1007/s10663-021-09508-7

A 기업의 ESG 성과와 1인당 국내총생산(GDP) 성장률 간의 상관관계를 확인할 정도의 기간이 연구에서 확보됐는지 의심스럽다. 그러나 ESG 경영이 확대될수록 기업이 새로운 가치를 창출할 것이라는 시각에는 동의한다. 그러한 기업이 늘어날수록 궁극적으로는 ESG 경영과 1인당 GDP 간의 양(+)의 상관관계가 있을 것으로 생각한다. 영국의 생활용품 다국

적 기업인 유니레버(Unilever)의 최고경영자(CEO) 폴 폴먼(Paul Polman)은 기업의 성장과 환경에 대한 악영향이 디커플링되는 것을 증명하기도 했다.

Q8 일반적으로 대기업은 ESG 평가 부서와 경제 연구 부서를 모두 갖추고 있지만 상당수 국내 기업은 후자(경제 연구 부서)를 갖추고 있지 않다. 이와 같은 조직 차이는 기업 경영인의 판단에 어떤 영향을 미치는가?

A 요즘 대부분의 대기업은 그룹 내 경영전략 관련 인하우스 컨설팅 회사나 연구소를 두고 있다. 초기에는 경제분석이나 경영환경을 연구하고 리스크를 관리하는 연구조직으로 시작하였는데, 요즘은 경영의 새로운 트렌드를 연구하고 상당수 기관이 ESG 경영을 연구하는 조직을 두고 있다. 그룹의 운영 방향에 따라 연구소/컨설팅 조직이 발전한 것이라 일관적으로 얘기하기는 어렵지만, ESG 경영전략을 수립하고 평가하고 공시하는 부분을 잘 지원하는 것이 중요할 것이다. 또 글로벌 경제에 대한 분석 기능이 있다면 ESG 트렌드 강화에 따른 글로벌 경제의 변화를 읽을 수 있고 경영에 반영할 수 있어서 그룹의 싱크탱크(think tank)로서의 역할을 더 충실하게 할 수 있을 것이다.

Q9 지속가능한 기업 경영을 위해 우리나라 경영인이 반드시 신경 써야 할 ESG 요소는 무엇이 있나?

A ESG 경영에 대한 관심이 있는 경영인들은 자사의 존재 목적에 대해 한마디로 요약할 수 있도록 깊이 성찰하는 것이 매우 중요하다. 지속가능 경영에 진심인 글로벌 기업들도 기업의 존재 목적(purpose)의 중요성을 강조하고 있다. 역사가 오래된 기업이라면 (현재에도 본받을 만한) 창업정신에 현재 경영의 목적을 연결해보는 것이 중요할 것이다. 환경(E) 관점에서 보면 우선 회사의 가치 사슬(value chain) 분석을 통해 탄소 감축을 어떻게 내재화할 것인지 모든 직원이 참여하여 고민하는 것이 필요하다. 또 이해관계자, 협력사들과 소통하여 기업이 속한 생태계 내에서 모두 같이 지속가능경영을 실천하도록 하는 것이 중요하다. 사회(S)에 대해

서는 사회에 대한 다양한 기여와 기부도 중요하지만, 회사가 일할 만한 직장인지, 직원들이 행복한 회사인지가 무엇보다 중요하다. 마지막으로 지배구조(G)는 이 중에서 제일 중요하다. 이사회를 비롯하여 회사의 지배구조에서 회사가 추구하는 가치를 공유하고, ESG 경영을 통해 감내해야 하는 비용과 기간이 얼마인지에 대해 공감대를 확실히 형성해야 한다. 그리하여 주주 가치와 이해관계자 가치를 동시에 추구하는 전략이 필요하다.

탄소 규제 제도와 더불어 기후소송이 기후변화 대응에 중요한 까닭은?

반 베르켈(Dennis Van Berkel) 변호사

- 뉴욕대 로스쿨(LLM, 환경법), 2012~2013
- 영국 런던경제대학교(LLM, 유럽법), 2005~2006
- 네덜란드 레이던대 로스쿨(전공: 정부 및 행정법), 1999~2005

[주요 경력]

- 네덜란드 스티베(Stibbe) 로펌에서 변호사 활동, 2006~2010
- 네덜란드 헤이그 소재 네덜란드경쟁당국(the Dutch Competition Authority) 근무, 2010~2012
- 우르헨다 재단 상근 변호사, 2013~
- 환경소송네트워크의 창립자, 디렉터 겸 전략 어드바이저, 2016~

Who He Is

지난 2013년 네덜란드 환경단체인 우르헨다(Urgenda) 재단은 시민 900여 명과 함께 네덜란드 정부에 기후변화 소송을 냈다. "정부가 기후변화 대응책임을 소홀히 하여, 국민의 생존권이 위협받는다."라는 이유였다. 하급심에서 "기후변화는 정부의 책임"이라는 기후변화 관련 세계 첫 판결이 나왔다. 이어 지난 2019년 12월에는 네덜란드 대법원이 "정부의 국가 온실가스 감축 목표를 기존 17%에서 25%로 올려야 한다."라고 판결했다. 이 판결은 전 세계적인 이목을 끌었으며 이후 독일 · 체코 · 아일랜드 대법원이 자국의 기후변화 대책에 대하여 비슷한 취지의 판결을 내렸다. 필자는 2023년 9월 7일 우르헨다 재단의 소송을 이끈 데니스 반 베르켈(Dennis Van Berkel) 상근 변호사를 화상 인터뷰해 기후소송의 의미와 그 중요성에 대해 들었다. 다음은 그와의 일문일답이다.

 Q1 네덜란드 정부를 상대로 승소한 우르헨다(Urgenda) 기후 판결의 의미는 무엇인가?

A 2015년 파리기후협정의 목표는 전 세계의 온도 상승을 1.5~2도 상승까지 억제하도록 노력하도록 명시했지만, 이러한 목표를 성취하기 위한 전 세계적인 노력은 부족했다. 다양한 단체가 기후변화에 우려를 표하며 과학적 근거를 가지고 정치권에 변화를 요구했다. 정치권은 기후변화 문제는 인지했지만, 적극적으로 대응하지 않았다. 이러한 맥락에서 (나를 비롯한) 네덜란드의 변호사들은 국민이 기후위험과 같은 위험한 상황에 놓이지 않을 권리가 있다고 생각했다.

정부는 현존하는 기후위험을 방지하기 위하여 마땅한 조치를 취할 필요가 있는데, 기후변화에 대한 인식이 잘 제도화되어 있지 않다는 느낌이 있다. 가장 큰 문제는 '다른 국가도 하지 않는데 왜 우리가 나서야 하나'라는 네덜란드 정부의 태도였다. 다른 국가의 정부도 비슷한 태도일 것이다. 이러한 인식을 바꾸기 위해서 우리는 법정에서 과학적 근거를 기반으로 정부의 책무를 강조했다. 우리의 승소는 법원이 개별 정부의 기후변화 책무를 인정한 것이라고 볼 수 있다.

 Q2 기후소송에 있어 인권 보호가 중요한 이유는 무엇인가?

A 　파리기후협정은 국가들이 충분한 기후행동을 취하도록 만들지 못하고 있다. 우리는 국제 규범과 규정이 있지만, 기후변화 측면에서 각 정부를 집단으로 움직이도록 만들 방법이 없었다. 중요한 사실은 이미 현존하는 국제인권규범과 국제인권조약에 근거하여 정부가 기후변화 행동을 이끌어낼 수 있다는 것이었다. 각 국가의 헌법에는 정부가 국민과 미래 세대의 안전을 수호할 수 있도록 명시돼 있다. 인권 관점에서 본다면 기후변화는 우리의 안전할 권리를 위협하는 것이었다. 정리하자면, 인권은 정부가 기후행동을 이끌어내는 '법적 도구'로 활용될 수 있다. 온실가스 감축에 있어 인권의 역할이 큰 것이다.

Q3 　탄소배출권거래제, 탄소세와 같은 현행 탄소 규제 제도가 효과적이라고 생각하는가?

A 　유엔환경계획(UNEP)은 2010년 이래 매년 배출 격차 보고서(emissions gap report)를 발표하고 있다. 이 보고서는 현재 탄소 배출량 감축 수준을 계산해 공표한다. 그런데 현 탄소 배출량 감축 수준과 목표 감축 수준은 큰 차이가 나는 것으로 나타나는데, 이는 탄소배출권거래제(ETS)와 같은 제도만으로는 국가별 탄소 배출량을 줄이는 것이 역부족이라는 사실을 보여준다. 각 국가의 탄소 배출량은 여전히 많기 때문이다. 나는 우르헨다 판결과 같은 기후소송이 탄소 배출량 현행 감축 수준과 목표 감축 수준의 차이를 더욱 줄여줄 것이라고 기대하며, 기후소송이 늘어난다면 온도 상승이 1.5도에 그칠 수 있다.

Q4 　언론 매체 인터뷰에서 『빈곤의 종말(제프리 삭스 저)』이라는 책을 읽은 것이 기후소송을 시작한 계기였다고 밝힌 바 있다. 어떤 내용 때문인가?

A 　내가 2~3년 차 주니어 변호사였을 때 이 책을 처음 읽었다. 당시 나는 환경 문제에 대한 인식이 적었는데, 이 책을 읽으면서 수억 명에 달하는 사람들이 굶주림과 가난에 시달리고 있다는 사실을 깨달았다. 이것은 분명한 불공정(injustice)이었다. 이 책에 따르면 이러한 문제는 해결될 수 있

지만, 기후변화가 가난을 없애기 위한 모든 노력을 헛되게 할 수 있다고 한다. 이러한 사실은 나에게 기후변화가 인류 구성원으로 맞닥뜨리는 가장 큰 불공정이라는 점을 깨닫게 했다. 탄소 배출이 강화될수록 부자 국가에서는 더 많은 사람의 부가 증가하지만, 가난한 국가에서는 더 많은 사람이 가난해지기 때문이다. 부의 수준이 낮거나 나이가 어릴수록 큰 피해를 보는 구조이다.

Q 구체적으로 설명해달라.

A 첫째, 기후변화가 일으키는 극단적인 폭염과 가뭄, 그리고 심각한 폭풍에 가장 취약한 사람들은 저개발 국가의 국민이다. 문제는 정작 이러한 나라는 탄소 배출이 적으며, 이에 따라 이 나라의 국민은 기후변화에 기여한 정도가 적다는 것이다. 둘째, 선진국의 큰 도시는 폭우 등 기후변화에 따른 피해는 작거나 지하에 마련된 집에 거주하는 가난한 사람들만 피해를 보는 경우가 많다. 셋째, 기후변화에 따른 피해 당사자는 어린이, 즉 미래 세대라는 것이다. 이들은 현재까지 발생한 탄소 배출과 아무런 관련이 없다.

Q5 기후변화 대응에 대해서는 '사다리 걷어차기' 논란도 불거지고 있다. 선진국은 환경오염을 일으키며 경제 성장을 했지만, 현재 개도국은 온실가스 감축 의무 등 부담만 지고 있기 때문이다. 어떻게 생각하나?

A 기후변화 대응에 있어 선진국과 개도국 간 불공정성(Unfairness)이 존재한다는 점은 인정한다. 하지만 개도국 역시 선진국과 같이 기후변화에 대응해야 할 의무가 있다. 선진국을 비롯하여 다량의 탄소 배출 국가가 자국의 탄소 배출량을 감축할 뿐만 아니라, 개도국이 지속가능한 에너지 체계를 갖출 수 있도록 돕는다면 그러한 논란은 줄어들 것으로 생각한다. 그뿐만 아니라 몇몇 재생에너지 가격은 화석연료에 비해 저렴한 경우도 있다. 현재 국가별 추세를 보면 한국과 일본의 경우 화석연료 기반 산업을 지원하는 경우가 관찰되는데, 이는 기업의 이익만을 고려한 경우이며 이러한 지원은 즉각 중단되어야 한다.

앞으로 기후변화를 어떻게 전망하나? 개인적인 기후행동 계획이 있다면?

 전 세계적으로 크게 두 가지 움직임이 감지된다. 첫째, 기후변화가 빠른 속도로 악화되고 있으며, 둘째, 이와 동시에 기후변화 행동 역시 활발해지고 있다는 것이다. 무엇보다 정치권의 제도 도입이 활발해져, 기후변화에 따른 최악의 영향을 막길 바란다. 우리는 모두 심각한 기후변화 문제에 대한 책임이 있다. 무엇보다, 기후변화에 따라 지금 이 순간에도 피해를 보는 취약계층이 있다는 사실을 인지해야 한다. 나 역시도 아직 더 구체화하지는 않았지만, 기후변화에 대응하기 위한 법적 행동을 이어갈 것이다. 개인적인 바람으로는 더 많은 변호사가 기후변화에 관심을 갖고 이러한 문제를 해소하는 데 기여했으면 한다.